权威·前沿·原创

皮书系列为
"十二五""十三五""十四五"时期国家重点出版物出版专项规划项目

BLUE BOOK

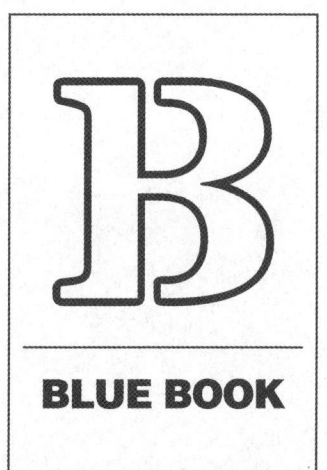

智库成果出版与传播平台

河南省社会科学院哲学社会科学创新工程试点项目

河南蓝皮书
BLUE BOOK OF HENAN

河南能源发展报告
（2024）

ANNUAL REPORT ON HENAN'S ENERGY DEVELOPMENT (2024)

加快建设新型能源体系

主　编／魏澄宙　王承哲
副主编／田春筝　王玲杰　杨　萌　白宏坤

社会科学文献出版社
SOCIAL SCIENCES ACADEMIC PRESS (CHINA)

图书在版编目（CIP）数据

河南能源发展报告.2024：加快建设新型能源体系／魏澄宙，王承哲主编；田春筝等副主编.--北京：社会科学文献出版社，2023.12
（河南蓝皮书）
ISBN 978-7-5228-2888-6

Ⅰ.①河… Ⅱ.①魏… ②王… ③田… Ⅲ.①能源发展-研究报告-河南-2024 Ⅳ.①F426.2

中国国家版本馆CIP数据核字（2023）第223940号

河南蓝皮书
河南能源发展报告（2024）
——加快建设新型能源体系

主　　编／魏澄宙　王承哲
副 主 编／田春筝　王玲杰　杨　萌　白宏坤

出 版 人／冀祥德
组稿编辑／任文武
责任编辑／李　淼
文稿编辑／李惠惠
责任印制／王京美

出　　版／社会科学文献出版社·城市和绿色发展分社（010）59367143
　　　　　地址：北京市北三环中路甲29号院华龙大厦　邮编：100029
　　　　　网址：http://www.ssap.com.cn

发　　行／社会科学文献出版社（010）59367028
印　　装／天津千鹤文化传播有限公司

规　　格／开　本：787mm×1092mm　1/16
　　　　　印　张：22.5　字　数：337千字
版　　次／2023年12月第1版　2023年12月第1次印刷
书　　号／ISBN 978-7-5228-2888-6
定　　价／128.00元

读者服务电话：4008918866

▲ 版权所有 翻印必究

《河南能源发展报告（2024）》编委会

主　编　魏澄宙　王承哲

副主编　田春筝　王玲杰　杨　萌　白宏坤

委　员　（以姓氏笔画为序）

丁志强　卜飞飞　于昊正　于泊宁　马　杰
王　辰　王　艳　王　略　王　涵　王　磊
王元亮　王世谦　王江波　王佳佳　王星海
王晓玉　王圆圆　尹　硕　邓方钊　邓振立
孔志增　史　岳　司佳楠　华远鹏　刘　方
刘军会　齐桓若　闫　利　闫向阳　许长清
孙建华　杜晓勇　杨　洋　杨　敏　杨钦臣
李　斌　李　尊　李　想　李　鹏　李小明
李体明　李虎军　李秋燕　李慧璇　吴　豫
吴宇华　吴军波　时　昱　邱国卓　狄方涛
宋大为　张艺涵　张泓楷　张鸿雁　陈　兴
陈　晨　陈姝彧　陈维慎　陈鹏浩　邵颖彪
武志东　苗福丰　苑　帅　范　磊　罗　潘
金　曼　周信华　郑永乐　孟恩超　赵　阳

郝元钊　皇甫霄文　祖文静　秦开明　秦军伟
贾一博　柴　喆　郭　放　郭夫然　郭长辉
郭兴五　郭培源　崔　岚　康祎龙　彭俊杰
韩　丁　韩　鹏　谢安邦　路　尧

主要编撰者简介

魏澄宙 女，国网河南省电力公司经济技术研究院院长，正高级会计师。长期从事能源电力发展、能源数据分析、宏观战略咨询、企业经营管理等领域研究，先后参与河南省"十三五""十四五"能源电力规划工作。牵头建成全国首个省级能源大数据中心，在国内率先提出能源大数据标准框架和实施路线图，先后立项能源大数据领域标准17项、发布10项。全面负责兰考农村能源互联网平台试点建设，推动发布《兰考农村能源革命实践与展望》白皮书。近年来，先后荣获国家级管理创新奖励1项、省部级科技创新及管理创新成果奖励多项，主持出版论著十余部。

王承哲 男，河南省社会科学院院长、研究员。中央马克思主义理论研究和建设工程重大项目首席专家，中国社会科学院大学博士生导师，河南省和郑州市国家级领军人才，《中州学刊》主编。主持马克思主义理论研究和建设工程、国家社科基金重大项目2项以及国家社科基金一般项目2项。主持河南省委、省政府重要政策的制定工作，主持起草《华夏历史文明传承创新区建设方案》《河南省建设文化强省规划纲要（2005—2020年）》等多份重要文件。

摘　要

本书由国网河南省电力公司经济技术研究院与河南省社会科学院共同编撰，全书深入学习贯彻党的二十大精神，从研究角度出发，以"加快建设新型能源体系"为主题，深入系统分析2023年河南能源发展态势，并对2024年发展形势进行了研判，提出新形势下统筹安全保障与绿色发展、加快建设新型能源体系的有关对策建议，对于政府部门施政决策，能源企业、广大研究机构和社会公众研究、了解河南能源发展具有较高的参考价值。全书内容包括五个部分：总报告、行业发展篇、新型能源体系篇、新型电力系统篇、调查研究篇。

总报告是河南能源运行的年度分析报告，阐明2023年河南能源发展态势和2024年预测展望的基本观点，提出了统筹安全保障与绿色发展、加快建设新型能源体系的对策建议。2023年，是全面贯彻党的二十大精神的开局之年，面对复杂严峻的国际环境和艰巨繁重的改革发展稳定任务，河南以习近平新时代中国特色社会主义思想为指导，全面贯彻落实党的二十大精神，坚持稳中求进工作总基调，完整、准确、全面贯彻新发展理念，全面落实能源安全新战略，全力以赴保障能源安全，坚定不移推动绿色低碳发展，能源生产稳中有增，能源消费稳步复苏，能源供应量足质优价稳，能源惠民惠企坚决有力，全年能源发展牢牢把握住了加快建设新型能源体系这一战略方向、保障能源安全这一核心职责、服务高质量发展这一首要任务，以能源保供力度加大、转型速度加快、服务广度拓展的发展态势，为全省全力以赴拼经济、促发展提供了坚实能源保障。2024年，河南能源发展面临的有利条件与不利因素并存，宏观环境总体向好。初步预计，2024年全省能源消费总量平缓增长，约为2.56亿吨标准煤，绿色转型步伐持续加快，安全保障能力稳步提升。

行业发展篇分别对河南省煤炭、石油、天然气、电力、可再生能源、新型储能、电动汽车充电基础设施等各能源行业2023年发展态势进行分析，对各行业2024年发展形势进行展望，围绕新型能源体系建设，提出河南各能源行业高质量发展的对策建议。

新型能源体系篇站位河南能源发展新阶段，重点对新型能源体系建设路径、乡村清洁能源建设、碳排放监测、能源大数据产品确权定价、锂矿资源开发利用等开展深入研究，提出新形势下加快建设新型能源体系的对策建议。

新型电力系统篇围绕党中央有关新型电力系统的新部署，聚焦农村现代智慧配电网、分布式光伏出力特性、新型储能有效保供能力、电动汽车充电基础设施与配电网协同发展、电网防汛抗灾能力建设等开展基于河南的探索性研究，可为新型电力系统建设提供路径建议。

调查研究篇聚焦新形势下能源行业发展新问题，分别对河南省分布式光伏开发情况、分时电价执行情况和优化方案、重点产业链发展和负荷可调节能力、新型物理储能发展情况等进行调查研究，可为相关政策制定提供参考。

关键词： 能源安全　绿色发展　新型能源体系　河南省

目 录

Ⅰ 总报告

B.1 统筹安全保障与绿色发展　加快建设新型能源体系
　　——2023年河南省能源发展分析与2024年展望
　　……………………………………… 河南能源蓝皮书课题组 / 001

Ⅱ 行业发展篇

B.2 2023~2024年河南省煤炭行业发展形势分析与展望
　　………………………………………… 李虎军　邓方钊 / 025

B.3 2023~2024年河南省石油行业发展形势分析与展望
　　………………………………………… 路　尧　刘军会 / 039

B.4 2023~2024年河南省天然气行业发展形势分析与展望
　　………………………………………… 柴　喆　邓振立 / 051

B.5 2023~2024年河南省电力行业发展形势分析与展望
　　……………………………… 于泊宁　邓方钊　司佳楠 / 061

B.6 2023~2024年河南省可再生能源发展形势分析与展望
　　……………………………… 皇甫霄文　李虎军　宋大为 / 075

B.7　2023~2024年河南省新型储能发展形势分析与展望
　　……………………………………… 陈　兴　李虎军　宋大为 / 092

B.8　2023~2024年河南省电动汽车充电基础设施发展形势分析与展望
　　………………… 华远鹏　杨　洋　白宏坤　王世谦　闫　利　时　昱 / 105

Ⅲ　新型能源体系篇

B.9　河南省新型能源体系建设路径探讨与建议
　　……………………………………………… 新型能源体系课题组 / 120

B.10　河南加快乡村清洁能源建设的思考与建议
　　………………………………… 陈姝彧　杨钦臣　李　鹏　李慧璇 / 133

B.11　基于"电-能-碳"模型的河南碳排放监测分析研究
　　………………………………………… 王　涵　王圆圆　韩　丁 / 145

B.12　河南能源大数据产品确权定价体系构建
　　………………………………………… 李秋燕　宋大为　王圆圆 / 156

B.13　河南省锂矿资源开发利用分析及建议 ……… 苑　帅　尹　硕 / 174

Ⅳ　新型电力系统篇

B.14　河南省建设农村现代智慧配电网的路径思考
　　………………………………… 杨钦臣　杨　萌　张泓楷　赵　阳 / 185

B.15　河南省分布式光伏出力特性分析与发展建议
　　………………………………………… 贾一博　李秋燕　卜飞飞 / 195

B.16　河南省新型储能有效保供能力评估分析
　　………………………………………… 邓振立　杨　萌　李虎军 / 215

B.17　河南省电动汽车充电基础设施与配电网协同发展模式研究
　　………………………………… 皇甫霄文　于昊正　许长清　马　杰 / 228

B.18　河南电网防汛抗灾能力建设和发展建议
　　………………………………………… 杨　敏　陈维慎　王晓玉 / 246

目录

Ⅴ 调查研究篇

B.19 河南省分布式光伏开发情况调研及发展建议
　　…………………………………… 分布式光伏调研课题组 / 259

B.20 河南省分时电价执行情况调研及优化调整建议
　　…………………………………… 分时电价调研课题组 / 276

B.21 河南省重点产业链发展调查与负荷可调节能力研究
　　………………………………… 刘军会　陈　兴　谢安邦 / 295

B.22 国内新型物理储能发展调研及河南发展建议
　　………………………… 周信华　李　想　王　辰　孔志增 / 306

Abstract ……………………………………………………………… / 320
Contents ……………………………………………………………… / 323

总报告

B.1
统筹安全保障与绿色发展 加快建设新型能源体系
——2023年河南省能源发展分析与2024年展望

河南能源蓝皮书课题组[*]

摘　要： 2023年，是全面贯彻党的二十大精神的开局之年，面对复杂严峻的国际环境和艰巨繁重的改革发展稳定任务，河南省以习近平新时代中国特色社会主义思想为指导，坚持稳中求进工作总基调，完整、准确、全面贯彻新发展理念，凝聚开局之力、展现开局之为，全面落实能源安全新战略，能源安全保障坚实，能源绿色发展加快，能源消费稳步复苏，能源价格较为稳定，能源投资力度加大，能源惠民惠企坚决有力，为中国式现代化建设河南实践提供了坚强能源保障。2024年，是贯彻党的二十大精神的关键之年，

---

[*] 课题组组长：魏澄宙、王承哲。课题组副组长：田春筝、王玲杰、杨萌、白宏坤。课题组成员：李虎军、邓方钊、张艺涵、邓振立、刘军会、宋大为、尹硕、陈兴、柴喆、路尧、皇甫霄文、陈姝彧、于泊宁。执笔：邓振立，工学硕士，国网河南省电力公司经济技术研究院工程师，研究方向为能源电力规划与转型。

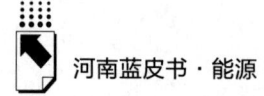

是推动"十四五"规划目标任务全面落地的攻坚之年，加快建设新型能源体系面临新形势新挑战，绿色转型步伐持续加快，安全保障能力稳步提升，初步预计，全省能源消费总量平缓增长，约为2.56亿吨标准煤。为加快建设新型能源体系，河南应一体推进安全保障能力提升、供给消费绿色转型、产业竞争优势培育、现代治理体系加快形成等，以高质量发展的实际行动与成效，为中国式现代化建设河南实践提供清洁低碳、安全高效的能源保障，为加快建设新型能源体系贡献河南方案。

关键词： 能源安全 绿色发展 新型能源体系 新型电力系统 能源行业

加快建设新型能源体系是党中央赋予能源行业的重大时代命题和重要历史责任。2023年，面对复杂严峻的国际环境和艰巨繁重的改革发展稳定任务，河南省以习近平新时代中国特色社会主义思想为指导，全面贯彻落实党的二十大精神，坚持稳中求进工作总基调，聚焦经济建设这一中心工作和高质量发展这一首要任务，锚定"两个确保"，全面实施"十大战略"，统筹能源安全保障和绿色发展中心任务，加快建设新型能源体系，书写了能源安全保障坚实有力、能源转型步伐提速推进、能源发展质效稳步提升的出彩答卷，为全省经济运行"稳中向好、稳中提质、动能增强"提供了坚强能源保障。2024年，面对难得的战略机遇和诸多挑战，河南能源行业应全面贯彻党的二十大精神和河南省委、省政府决策部署，坚持稳中求进、以进促稳、先立后破，以推动高质量发展为主题，以加快建设新型能源体系为主线，统筹做好强供应保安全、调结构促转型、提质量谋创新、促改革强治理等各项工作，奋力推动新时代能源事业高质量发展。

一 2023年河南能源发展态势分析

2023年，面对全球能源市场博弈持续、经济运行稳定恢复带动用能需求释放、全国各地夏季普遍高温、全省大范围极端雨雪冰冻灾害天气等多重考验，河南能源行业深入贯彻落实党中央、省委省政府决策部署，坚持把保障能源安全放在首位，着力推进能源结构调整、能源改革创新发展、能源重大项目建设、能源为民为企服务，能源生产稳中有增，能源消费稳步复苏，能源供应量足质优价稳，以能源转型速度加快、保供力度加大、服务广度拓展的发展态势，为全省全力以赴拼经济、促发展提供了坚实能源保障。

（一）2023年河南能源发展总体情况

1. 能源生产稳中有增，煤油气电全面实现增长

2023年，河南深入贯彻落实党中央、国务院关于能源工作的决策部署，坚决扛起能源保供政治责任，通过煤炭增产稳供、电力稳发满发、油气增储上产，全面提升能源自主供给能力。1~10月，全省原煤产量8473万吨，同比增长3.9%；省内电源能并尽并、稳发满发，总发电量达到2831亿千瓦时，同比增长1.1%，其中非化石能源发电量827亿千瓦时，同比增长18.7%；原油产量160万吨，同比基本持平；天然气产量1.8亿立方米，同比增长4.1%。初步判断，随着省内稳产保供措施不断落实，一批煤矿、电源项目加速落地，全省能源生产能力得到巩固，预计2023年全省能源生产总量约1亿吨标准煤，较上年略有增长。

2. 能源消费稳中向好，成品油消费实现恢复性增长

2023年，河南全力以赴拼经济、促发展，抢抓疫后经济恢复的重要窗口期，经济运行呈现"稳中向好、稳中提质、动能增强"的良好态势，全省能源消费实现恢复性增长。1~10月，全省全社会用电量3385亿千瓦时，同比增长3.0%，汽车、信息、食品、交通运输、住宿餐饮等行业实现快速增长；成品油消费量1384万吨，同比增长28.4%，实现疫后复苏式增长；天然气消费量96亿立方米，受新能源加速替代、年初暖冬等因素影响出现回落，同比下降6.7%。初步判断，随着河南经济运行持续回升，支撑能源消费增长的有利因素将不断增多，预计2023年全省能源消费总量为2.5亿吨标准煤，在经济社会加快绿色低碳发展背景下，较上年略有增长。

3. 能源供需形势持续改善，量足质优价稳成为主基调

2023年，面对疫后能源需求增长较快、高温暴雨交织、保供难度复杂度持续提升的形势，河南能源行业全力抓好能源增产增供，以一次能源供应"量足质优价稳"、省内电源顶峰出力"稳发满发、应发尽发"，确保能源供应平稳有序。一次能源供应创新高。煤炭方面，依托浩吉、瓦日等运煤通道调入晋陕蒙等煤炭1.1亿吨，入夏前全省电煤库存达到1147万吨，较上年增加230万吨，其中优质煤占比超过50%；天然气方面，落实年度合同气量108亿立方米，度夏期间燃气电站购气量较上年增长近三成。省内电源出力创新高，加强各类机组稳发满发管理，确保了各类常规机组关键时刻顶得上、发得出、稳得住，煤电、燃气、水电及地方电厂机组顶峰能力较上年提升350万千瓦以上。能源价格回归合理区间。2023年，国际能源市场秩序相对好转，能源价格走出急涨急跌的行情，煤炭、天然气价格较年初明显回落。截至10月下旬，山西优混（5500大卡）煤价990元/吨，较年初下降18%；液化天然气（LNG）价格5045元/吨，较年初下降26%；成品油价格保持高位震荡，受6月中旬以来国际油价持续上行等因素影响，95#汽油涨至9378元/吨，较年初增长11%（见图1）。

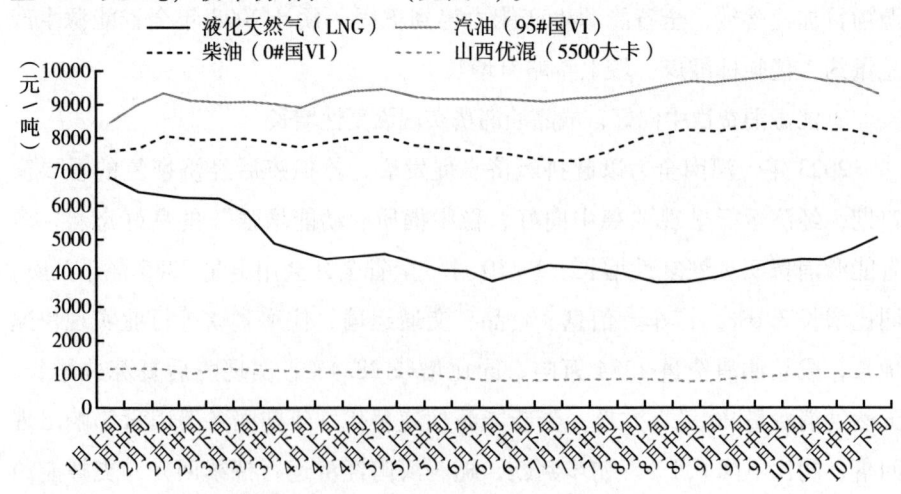

图1　2023年1~10月我国主要能源产品价格

资料来源：国家统计局。

（二）2023年河南能源行业发展情况

1. 守好保供刚性与供给弹性，煤炭兜底保障能力筑牢筑实

着力增供稳供，守好保供刚性。2023年，河南在确保安全生产的前提下，释放先进产能，积极引入省外资源，煤炭兜底保障作用充分发挥。生产方面，平煤集团夏店150万吨原煤生产项目正式投产，平煤梁北二井120万吨原煤生产项目启动试运行，神火集团梁北、大磨岭煤矿逐步达产，确保了省内煤炭日均产量稳定在25万吨以上，能源供应的"基本盘"更加稳固。外引方面，协调晋陕蒙等主产区调入煤炭资源1.1亿吨，有力保障了度夏、度冬关键时段电煤量足质优供应，能源供应的"压舱石"作用进一步夯实。初步判断，2023年全省原煤产量约1亿吨，同比增长2.0%。

着力增储扩产，提升供给弹性。增储方面，持续加快8个煤炭储备基地建设，南阳煤电运一体化国家级储煤基地一期建成投运、二期储煤基地开工建设，西峡、焦作等省级在建煤炭储备项目顺利推进；豫西二期、鹤壁二期等4个中央政府煤炭储备项目获国家批复，数量居全国第三，煤炭应急供给弹性进一步提升。扩产方面，持续开展煤矿安全改造和智能化建设，2022年煤矿安全改造项目全部竣工，累计建设智能化煤矿20处，获批2023年煤矿安全改造及智能化建设项目中央预算内资金4亿元，占全国的比重为13.3%，安全基础得到加强、生产效率得到提升，煤炭中长期供给弹性进一步提升。

2. 强化供应能力与调峰能力，油气产供储销体系加快完善

着力内增外引，油气供应能力得到有效保障。围绕油气资源保障，着力稳定省内油气产量，积极争取入豫资源，保障了油气平稳有序供应。生产方面，持续加强技术和工艺创新，着力稳定产能，全省原油、天然气产量保持相对稳定，初步预计原油产量约190万吨，天然气产量约2亿立方米。外引方面，着力稳定入豫气源，及早与驻豫央企协商，签订合同气量107.7亿立方米，保障了油气资源平稳供应。消费方面，考虑疫后交通物流保持快速增长、居民出行恢复增长，以及电动汽车快速发展对燃油车的替代作用，初步预计全年成品油消费量约1600万吨，同比增长21%；考虑全省主要经济指标持续回升、工业生产持续恢复，天然气消费量降幅将逐步收窄，初步预计全年天然气消费量约120亿立方米，同比下降5%。

着力提升油气调峰和输配能力，油气管道里程有望突破1万公里。2023年，河南加快储备基地建设增强调峰能力，加快管道设施建设提升输配能力，油气储备体系和管网互联互通建设取得显著成效。储气调峰项目取得新突破，濮阳文24储气库工程建成投产，中原储气库成员增至6座。随着濮阳文23储气库二期建成投产，中东部地区最大地下储气库全容建成，新增库容19.34亿立方米，中原储气库群库容增至147亿立方米，全省储气库容超过年消费总量。中石油平顶山盐穴储气库、国家管网叶县盐穴储气库开工建设，迈出里程碑式的重要一步。油气管网建设加快推进，西气东输三线河南段基本建成，周口—漯河输气工程试投产，实现西气东输一、二两线互联互通，国家中东部地区天然气基础设施重点工程中开线与平泰线互联互通工程建成投运，洛阳—新郑机场航煤管道工程开工建设，初步预计2023年油气管道里程有望突破1万公里。

3. 统筹安全保供与低碳转型，新型电力系统建设积极推进

用电负荷两创新高，电力保供攻坚战取得圆满成功。度夏期间，全省范围内出现连续高温天气，用电负荷持续攀升。一是最大负荷峰值高，全网用电负荷在上年涨幅全国第一的高基数上，两创历史新高，最高负荷达到7917万千瓦，较上年增加125万千瓦，晚高峰最高达到7889万千瓦，同比增加372万千瓦。二是用电高峰持续时间长，7~8月共有48天超过6000万千瓦，时长为上年同期的1.5倍。三是负荷特征有变化，在新版分时电价政策引导下，除降雨天气外，全省日最大负荷出现时段转移至晚间，较午间高约300万千瓦，晚间保供难度加大。面对复杂严峻的保供形势和暴雨、洪涝等多重考验，河南充分发挥政策机制宏观调控作用、煤电基础保障和兜底作用、各类电源有效支撑作用、电网资源平台配置作用，确保了"未启动有序用电、未发生拉闸限电、未发生因汛停运"。初步判断，在经济发展持续向好带动下，2023年全省人均用电量将突破4000千瓦时，全社会用电量突破4000亿千瓦时，达到4065亿千瓦时，同比增长4%左右。

新型电力系统建设积极推进，煤电装机占比历史性降至 50% 以下。着力推动煤电绿色升级。截至 10 月底，全省煤电在电源装机中的占比降至 48.7%，较上年底下降 6.1 个百分点；全省 60 万千瓦以上机组占比达到 2/3，平均供电标煤耗降至 299 克/千瓦时；加快核准在建煤电项目建设进度，洛阳万基 2 台 60 万千瓦机组建成投产，南阳电厂二期、陕煤信阳电厂开工建设。灵活性电源建设取得新突破，出台加快新型储能发展实施意见，提出 2025 年力争建成投运 600 万千瓦、进入全国第一方阵的发展目标；全省独立储能示范项目进入开工建设高峰期，首个独立储能电站在平顶山建成投运。抽水蓄能电站加快建设，南阳天池 120 万千瓦项目全部投产，洛阳洛宁、信阳五岳项目进入机电安装阶段。重大电网工程加快推进，驻马店—武汉特高压双回线路建成投运，华中"日"字形环网初步建成，豫南地区保供问题得到有效缓解。陕电入豫直流工程前期工作加快推进，外电入豫第四直流通道提前谋划，全省第 50 座 500 千伏变电站信阳金牛变电站建成投运，农村电网巩固提升等重大工程加快实施，电网供应保障能力持续加强。

4. 协同量的突破与质的提升，可再生能源实现多个里程碑式突破

以新能源大规模发展调结构，可再生能源发展取得多项突破。从装机看，截至 2023 年 10 月底，全省可再生能源装机 6417 万千瓦，较上年底增加 1491 千瓦，装机占比 47.3%，较上年底提升 6.1 个百分点，其中分布式光伏新增装机 1148 万千瓦，占可再生能源新增装机的八成；新能源装机达到 5739 万千瓦，占比突破 40%，其中风电、光伏装机分别突破 2000 万、3000 万千瓦，风光总装机突破 5500 万千瓦，全国率先提前完成"十四五"规划目标。从发电量看，截至 2023 年 10 月底，全省可再生能源发电量达到 827 亿千瓦时，同比增长 18.7%，占全省总发电量比重接近 30%，较 2022 年提升 2 个百分点，超过同期城乡居民生活用电量。初步预计，2023 年全省可再生能源装机达到 6500 万千瓦以上，发电量有望突破 1000 亿千瓦时，同比增长超过 20%。

以新能源高质量发展提质效，新能源可持续发展基础不断巩固。全力保障新能源消纳。2023 年，河南统筹供给和消纳，深化运用省内省间调峰辅助服务市场，最大限度挖掘调峰潜力，确保新能源消纳最大化。截至 10 月

底，全省新能源发电量720亿千瓦时，较上年同期增加132亿千瓦时、同比增长22%，新能源发电量占全省发电总量的比重在中东部省份中率先突破1/4，全省新能源利用率97.7%，保持在较高的合理水平。创新服务新能源发展。立足河南新能源渗透率、出力率居全国各省份前列的新形势，以及午间风电和光伏出力超2000万千瓦的新常态，创新出台《关于促进分布式光伏发电行业健康可持续发展的通知》，配合国家做好分布式光伏承载力试点工作，第一时间上线运行河南省分布式光伏承载力与可开放容量发布平台，保障分布式光伏行业长期健康可持续发展。

（三）2023年河南能源发展成效特征

1.牢牢把握建设新型能源体系这一战略方向，能源转型速度持续加快

2023年，河南深入实施绿色低碳转型战略，全面建立碳达峰"1+N"政策体系，推进能源低碳转型发展等13个专项行动，以发展新能源作为优化能源供给结构的主抓手，通过加快"发展绿色能源、推行绿色制造、布局绿色产业、持续深化改革、创新绿色技术"，不断把绿色低碳发展机遇转化为科技创新的动力、产业发展的竞争力，新能源发展多项指标提前完成"十四五"规划目标，进入全国前列。

加快发展绿色能源，新能源装机年内连续迈上5000万、6000万千瓦两个台阶，进入全国前五，新能源装机占电源装机的比重突破40%、位居中东部省份第一。分布式光伏新增装机自2022年以来持续领跑全国，2023年内新增超1000万千瓦，光伏装机总量迈入全国前三，分布式光伏装机总量跃居全国第二。全面推行绿色制造，相继发布河南省碳达峰实施方案、工业领域碳达峰实施方案、制造业绿色低碳发展行动计划等支持政策，切实增强绿色转型变革的历史主动，在政策引领下，河南"零碳工厂"实现零的突破，首个绿色能源装备制造产业园在信阳开工建设，累计建成绿色工厂109家[①]。加快布局绿色产业，加快郑汴洛濮氢走廊建设，制

---

① 2023年6月16日，河南省工业和信息化厅公布2023年度省级绿色制造名单。

定20项重点工作清单，实施25个氢能重点项目，推动氢能产业加快形成规模；中国石化洛阳百万吨乙烯项目暨绿色石化先进材料产业基地正式开工，石化产业绿色高端转型取得新的突破；比亚迪郑州基地实现量产下线，上汽郑州整车、发动机及动力电池三大基地加快形成，现代能源经济不断发展壮大。能源改革创新步履坚实。第三监管周期输配电价、新型储能和抽水蓄能价格机制落地实施，进一步理顺电价形成和疏导机制；中长期交易全面实现按工作日连续开市运营，电力现货市场具备整月长周期结算试运行条件，电力辅助服务和"两个细则"相关费用结算机制进一步完善；绿电交易顺利启动，煤电容量电价机制落地实施，煤电参与省间现货市场支持政策顺利出台，电能量市场、容量市场、辅助服务市场等高效协同的电力市场体系加快形成，各类市场主体合理收益得到更好保障。深化技术创新和交流合作。龙子湖新能源实验室正式投入运营，龙门实验室首批科研成果正式"出炉"，成功举办2023年农村能源发展大会、大象财富第三届碳经济（中国）论坛、首届"零碳中原杯"河南绿色制造技术创新应用大赛等重大活动，成功入选世界地热科考路线，并与国际地热协会签署《河南地热领域战略合作备忘录》。截至9月，河南新能源与高效节能领域技术合同成交额同比增长超40%，能源领域技术创新和交流合作持续拓展。

2.牢牢把握保障能源安全这一核心职责，能源保供力度持续加大

党中央、国务院高度重视能源安全保障工作。2023年4月28日、7月24日，习近平总书记两次主持召开中共中央政治局会议，对做好迎峰度夏能源电力保供做出重要部署。河南坚决贯彻习近平总书记关于能源保供的重要指示精神，以"时时放心不下"的责任感，充分发挥"政企协同、行业协同、一次二次能源协同、源网荷储协同"作用，以电煤最高库存、机组最好出力、外电最大签约、电网最佳状态成功应对用电负荷13天破7000万千瓦、两创新高的严峻考验，取得了迎峰度夏能源电力安全保供全面胜利。

及早谋划扛牢保供核心职责。河南省委、省政府组织召开2023年全省迎峰度夏能源电力保供工作会议，要求充分发挥煤电油气运保障厅际协调机制作用，做到能源电力保供心中有数、手中有策。电煤库存创历史新高。电

煤中长协合同签订量充足，入夏前全省电煤库存达到1147万吨、优质煤占比超过50%，度夏期间电煤库存始终保持在1000万吨的较高水平。机组出力达到最高水平。煤电机组"稳发满发"，首次实现大负荷日"全开机、零非停"，顶峰能力同比提升200万千瓦；燃气机组"应发多发"，全开机顶峰能力同比提升40万千瓦；水电机组发电"能多尽多"，首次实施小浪底水电站浑水发电；地方电厂潜力"能挖尽挖"，晚高峰时段顶峰能力同比提升70万千瓦；在建电源"应并尽并"，南阳天池抽蓄、洛阳万基及新能源配建储能顺利投运。外电入豫中长期签约创历史新高。度夏午、晚高峰时段签约外电分别达到1372万、1070万千瓦，同比分别增长64%、26%，购入外电电量205亿千瓦时，同比增长18%，电力电量双创历史新高。各级电网保持"最佳状态"。45项主网、2183项配网度夏工程如期投产，新增变电容量近800万千伏安，高质量完成特高压集中年检等近5000项主配网检修任务，守牢大电网安全生命线。

3. 牢牢把握服务高质量发展这一首要任务，能源服务广度持续拓展

2023年，河南紧紧围绕服务高质量发展这一首要任务，全力以赴拼经济、促发展。河南能源行业在扩大能源投资助力稳经济、提升能源优质服务促发展、强化绿色出行畅通保障、做好乡村振兴能源支撑等方面彰显担当，有效支撑和服务河南经济运行持续恢复向好和高质量发展。

扩大能源投资助力稳经济。坚持"项目为王"，充分发挥能源项目投资规模大、产业链条长、带动效应强的优势，聚焦能源绿色转型和供给能力提升，以新能源、抽水蓄能电站、电网工程、煤油气储备设施、充电基础设施等建设为着力点，加快形成有效投资。初步预计，全年有望完成投资1100亿元左右，以能源项目投资的强劲增势为扩内需、稳投资、促增长、保安全提供重要牵引支撑。提升能源优质服务促发展。持续深化"阳光业扩"、大力推广"三零""三省"办电服务，全力做好比亚迪、宁德时代等557个省级重大项目用能服务，创新研发工业税电用工指数，发挥能源和税务大数据穿透性强、覆盖面广的优势，服务工业经济运行调度。强化绿色出行畅通保障。出台电动汽车充电基础设施建设三年行动方案，加快"一县一站"县域示范站建设，实现全省高速公路服务区充电设施全覆盖，累计建成公共充电站近5000座、公共充电桩8万余个，绿色出行保障能力不断增强；依托郑州城市群国家燃料电池汽车示范工程，年内推广燃料电池汽车1000余辆、建设加氢站20余座，超额完成示范任务，全面供应"国六B"高清洁车用汽油，成品油质量达到国际先进水平。做好乡村振兴能源支撑。聚焦粮食播种、灌溉、抢收用电用油保障，强化"三夏"用能服务，尤其是面对夏收期间十年来最严重"烂场雨"，全力做好抢收现场、烘干设备、晾晒场所用电用油服务，守好了"大国粮仓"用能需求。加快农村电网提档升级，建成配电台区5000余个、高标准农用配套电网工程535万亩，提前完成8842座烟叶烤房电代煤配套电网工程建设任务，助力农民增产增收。持续开展农业废弃物综合利用生产天然气项目，建成滑县、商水等多个生物质热电联产民生工程，服务居民增收和民生供暖。

二 2024年河南能源发展形势与展望

2024年，是贯彻党的二十大精神的关键之年，是推动"十四五"规划目标任务全面落地的攻坚之年，也是全省"十大战略"蝶变成势的突破之年，加快建设新型能源体系面临一系列新机遇、新要求、新挑战。河南能源行业应全面贯彻党的二十大精神，科学把握面临的战略机遇和风险挑战，坚持把保障能源安全放在首位，科学有序推进能源绿色低碳转型，着力在"保安全、强供应、调结构、促改革、惠民生"等领域做出新贡献，预计全省能源发展保持安全可靠、稳中向好的良好态势。

（一）面临形势

当前，俄乌冲突、巴以冲突等地缘政治影响加深，能源博弈持续加剧，横跨多国的能源危机加深了世界各国对能源安全的担忧，加快能源转型成为全球普遍共识和一致行动，全球能源从资源依赖向技术依赖、产业依赖转移。近年来，我国能源安全保障进入关键攻坚期、能源绿色发展进入重要窗口期、能源产业发展进入创新升级期，能源受关注程度、能源保供难度、能源转型速度、改革创新力度前所未有。在新形势下，河南能源发展既要持续为中国式现代化建设河南实践提供坚强能源保障，又要在新一轮能源产业竞争中占据先机和主动，为高质量发展提供坚实产业支撑，面临诸多机遇与挑战。

1. 能源安全保障水平持续提升，但能源安全保障任务依然艰巨

能源安全关系我国经济社会发展全局。习近平总书记强调："能源保障和安全事关国计民生，是须臾不可忽视的'国之大者'。"① 党中央高度重视能源保供工作，习近平总书记多次做出重要指示批示，国务院《政府工作报告》连续4年强调保障能源安全。近年来，面对席卷多国的能源危机，我国相继出台一系列保供稳价政策，充分发挥煤炭煤电兜底保障作用，持续加大油气资源勘探开发和增储上产力度，不断提升电力保供能力，大力加强能源储备体系和预测预警体系建设，煤炭产量连创新高、原油产量重回2亿吨、天然气产量超过2200亿立方米，超额完成"七年行动计划"阶段性目标，以能源供给能力和质量的持续提升，有效应对了国际市场传导冲击，在较短的时间内扭转了局部地区能源供应紧张局面。"十四五"以来，在省委、省政府的坚强领导下，河南能源行业齐心协力，打赢了"7·20"特大暴雨、电煤供应紧缺、极端高温等能源电力保供攻坚战，破解了许多长期没有解决的难题困局，出台了一系列开新局的政策举措，争取了一批事关全省能源长远发展的项目纳规获批。整体来看，全国及全省做好能源安全保障工作具备坚实基础及丰富经验。

但同时应看到，新形势下地缘冲突接连不断、极端天气持续上演，一系列长期性和短期性、周期性和突发性等不稳定、不确定、难预料的因素明显增多，区域性、时段性能源供需紧张时有发生、影响加大，对能源安全保障提出新要求。从供给侧看，省内煤炭、油气可开发资源后备不足，储备体系尚需完善，每年需净调入煤炭1亿吨以上，天然气98%以上依赖省外调入。

---

① 《能源保障和安全是"国之大者"（评论员观察）》，《人民日报》2023年7月14日，第5版。

煤电近年来经营压力显著加大，在建煤电进度不及预期，给电力保供带来一定隐患。新能源作为新增装机主体，用电高峰顶峰能力有限，入豫电力现有通道能力短期可挖潜力不足。从需求侧看，全省经济平稳健康发展、新型城镇化建设等将带动能源消费需求进一步增长，度夏降温负荷仍处于快速增长阶段，能源电力保供的严峻形势仍将持续。

2. 能源绿色低碳转型走在前列，但能源领域深层次矛盾仍需破解

能源低碳发展关乎人类未来。习近平总书记强调，"要把促进新能源和清洁能源发展放在更加突出的位置"，[①] "在经济发展中促进绿色转型、在绿色转型中实现更大发展"[②]。进入新时代，我国把生态文明建设作为关系中华民族永续发展的根本大计，开展了一系列开创性工作，决心之大、力度之大、成效之大前所未有，可再生能源装机总量超越煤电，实现了能源发展历史性跨越。"十四五"以来，河南牢固树立和践行"绿水青山就是金山银山"的发展理念，深入实施绿色低碳转型战略，紧抓可再生能源高质量发展重要窗口期，一体推进"控煤、稳油、增气、引电、扩新"，在产业结构偏重、能源结构偏煤、新能源开发条件一般的情况下，取得了新能源装机总量、装机结构占比和发电量占比均迈入全国前列的成绩，尤其2022年以来分布式光伏新增装机规模持续领跑全国，2023年"月增百万千瓦"成为常态，户用光伏新增装机超大幅度领先其他省份，达到第二名山东省的2倍、第三名河北省的5倍，能源绿色低碳转型速度走在全国前列。

但同时应看到，新能源发电强不确定性和低保障性带来的深层次矛盾和问题更加凸显，行业面临可靠替代尚未形成、并网消纳难度显著加大的新挑战，进入新题难题破题深化期，需要进一步统筹兼顾多种约束、多重目标，促进新能源和系统调节能力协调发展，共促全省新能源健康可持续发展。一方面，新能源消纳压力显著加大。自2020年发生弃电以来，全省新能源消

[①] 《能源保障和安全是"国之大者"（评论员观察）》，《人民日报》2023年7月14日，第5版。

[②] 《习近平：在经济发展中促进绿色转型、在绿色转型中实现更大发展》，中国政府网，2021年11月11日。

纳压力逐年加大，2023年全省新能源弃电概率明显增加，对系统运行的影响日益加重，特别是分布式光伏大规模接入，使配电网承载能力面临严峻挑战。另一方面，新能源发展结构性问题突出。风电项目建设周期过长，2022年以来新增装机仅为同期光伏的1/10；光伏新增装机中户用光伏占绝对主导地位，达到工商业光伏新增装机的4倍。截至10月，河南新型储能新增装机仅41万千瓦，与上半年全国装机总量翻番及全省新能源快速增长的发展态势相比，速度严重滞后。

3. 能源行业高质量发展面临重大机遇，但产业发展和改革任务依然繁重

发展是解决一切问题的基础和关键。习近平总书记强调："要顺应当代科技革命和产业变革大方向，抓住绿色转型带来的巨大发展机遇。"①"十四五"以来，河南深入实施"十大战略"，坚持创新引领、项目带动、产业支撑，积极推动能源产业高质量发展。龙子湖新能源实验室揭牌成立，风光电及生物质能、氢能储能、低碳工业用能及多能互补智慧系统的"产—储—用"创新链条加快形成。新能源产业链逐步完善，建成安阳、信阳等风机装备制造基地，洛阳、安阳等光伏产业集群。新型储能产业蓬勃发展，平高、许继、中航锂电等市场份额快速增长，开封时代全钒液流电池、洛阳宁德时代等项目相继落地。新能源汽车产业加速崛起，宇通新能源商用车基地、比亚迪郑州基地等标志性项目加快建设。新兴能源产业加快布局，郑州、新乡氢能产业集聚效应初显，"1+5"燃料电池汽车示范应用城市群建设加速推进。煤炭清洁高效利用实现突破，以炼焦煤资源绿色开发全国重点实验室为引领，煤炭洁净加工技术迈入世界前列，煤层气勘探开发技术迈入全国前列。整体来看，河南促进能源产业转型和改革创新面临难得的战略机遇，有机会有条件以能源产业高质量发展更好支撑新时代新征程新型工业化建设。

但同时应看到，当前新兴能源技术加快迭代，能源改革创新全面铺开，区域竞争日趋激烈，能源产业高质量发展进入"不进则退、慢进亦退"的

---

① 《习近平在"领导人气候峰会"上的讲话（全文）》，中国政府网，2021年4月22日。

关键突破期。从技术引领看，关键核心技术自主创新能力仍需突破，制造高端单品单机和提供产业链成套解决方案的能力仍有欠缺，以国家技术创新中心为代表的高端平台仍需培育，技术创新体系中产学研用协同性和传导性仍需强化，仍需着力推动能源产业基础高级化、产业链现代化，巩固优势产业地位，将新兴产业培育成新的经济增长点。从改革创新看，新形势下统筹保供应、促转型、稳价格等多目标的能源市场体系建设难度进一步加大，2023年中央全面深化改革委员会第二次、第三次会议对石油天然气市场体系改革、电力体制改革、"双碳"战略落实等做出专题部署，河南需要立足省情，加快推动电力、天然气价格机制等重要领域和关键环节改革创新。

（二）2024年河南能源发展研判

1. 能源需求持续增长，能源供需保持平稳

2024年是推动"十四五"规划目标任务全面落地的攻坚之年，也是全省"十大战略"蝶变成势的突破之年，全省经济"稳中向好、稳中提质、动能增强"的基础将更加牢固，现代化河南建设将迈出更大步伐。从发展态势看，全省将持续聚焦经济建设这一中心工作和高质量发展这一首要任务，锚定"两个确保"，全面实施"十大战略"，全力以赴拼经济、促发展，经济运行持续好转，社会预期持续增强，风险隐患持续化解。从发展动能看，全省正加快推进新型工业化建设，实施建设制造业强省三年行动，着力培育7个万亿级先进制造业集群和28个千亿级产业链，以比亚迪郑州基地、洛阳百万吨乙烯等为代表的战略性、引领性、标志性重大项目加快落地，项目结构之变引领发展动能之变的战略举措将逐步显效，经济提速提质发展支撑力带动力将持续增强。整体来看，经济运行"稳"的基础不断加固，"进"的动能加速汇聚，将带动能源需求持续增长。在经济社会加快绿色低碳转型背景下，初步预计，2024年河南能源消费总量平缓增长，约为2.56亿吨标准煤。随着"一带一路"能源合作进入高质量发展新阶段，政企联动保供机制持续健全，保供责任和措施细化落实，多主体保供合力不断凝聚，预计能源供需整体平稳有序。

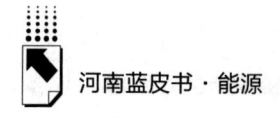

2. 煤炭供需平稳可靠，煤炭价格相对稳定

煤炭生产方面，随着在建煤矿逐步投产、临停煤矿有序复产，煤炭生产能力得到巩固，预计2024年河南煤炭产量近1亿吨，保持相对稳定。煤炭需求方面，经济发展稳中向好稳定煤炭需求基本面，煤炭不合理利用逐步缩减，消费总量保持基本稳定。煤炭价格方面，在优质产能加速释放、煤炭产运销环节更加畅通、长协煤稳定兜底情况下，预计煤炭价格将保持相对稳定，中长期和现货价差进一步缩小。

3. 油气消费保持增长，成品油价格保持中高位震荡态势

油气需求方面，随着经济运行持续恢复向好，居民、工业及交通用油用气需求回归疫情前的常态化增长水平，预计成品油消费量1700万吨、同比增长6.3%，天然气消费量128亿立方米、同比增长6.7%。油气生产方面，省内油气田继续保持稳产及调峰生产基调，预计原油产量保持190万吨左右，天然气产量保持2亿立方米左右。成品油价格方面，全球地缘政治形势依然复杂，国际油气市场深度调整，供需多方持续博弈，叠加OPEC+减产新政推动市场供应趋紧，预计2024年国际油气价格仍将保持中高位震荡态势，受此影响河南省汽、柴油零售价格也将在中高位波动。

4. 电力消费较快增长，电力负荷有望突破8000万千瓦

电力消费方面，全省经济平稳健康较快发展，全球变暖背景下夏季气温大概率较常年同期偏高，初步预计，2024年全省全社会用电量4270亿千瓦时，同比增长5%左右。电力供应方面，预计全省新增发电装机以新能源机组为主，新增装机规模1000万千瓦以上，年底装机总量达到1.5亿千瓦。电力供需平衡方面，初步预计，用电负荷将突破8000万千瓦、降温负荷突破4000万千瓦，电力供需形势进一步趋紧，高峰时段、局部区域可能存在供电缺额，调峰缺额将进一步增大，新能源消纳形势更加严峻。

5. 可再生能源快速发展，新能源将成为第一大电源

当前，全省紧抓"十四五"可再生能源高质量发展的重要窗口期，深入实施绿色低碳转型战略，各地各企业项目开发热情高、项目储备多，考虑存量风电项目全面开工、光伏规范发展意见出台及优质屋顶资源逐渐减少等因素，初步预计，2024年风电项目进入建设并网高峰期、光伏发展逐步回归理性状态，全省新增可再生能源发电装机1000万千瓦左右，装机规模有望达到7500万千瓦，同比增长15%，占全口径装机的比重突破50%；新能源装机将历史性超过煤电，成为全省第一大电源，发电量迈上1000亿千瓦时新台阶。

表1　2023~2024年河南省能源发展预测

年份	能源总量（亿吨标准煤）		煤炭（亿吨）		原油、成品油（万吨）		天然气（亿立方米）		非化石能源（万吨标准煤）
	生产	消费	生产	消费	生产	消费	生产	消费	利用量
2023	1	2.5	1	2	190	1600	2	120	4400
2024	1	2.56	1	2	190	1700	2	128	5500

三　统筹安全保障与绿色发展，加快建设新型能源体系的对策建议

加快建设新型能源体系，是新时代新征程中国式现代化对能源高质量发展提出的新要求。当前，河南以新能源发展为代表的多项指标走在全国前列，具备加快建设新型能源体系的基础和优势，河南应坚持以"安全保障为前提、绿色转型为方向、产业发展为支撑、深化改革为动力"，汇聚"科技驱动、市场带动、政策联动"的前进合力，一体推进"控煤、稳油、增气、引电、扩新"，推动能源体系全面与现代化经济体系、产业体系和创新体系深度融合，全力服务和支撑中国式现代化建设河南实践，为奋力谱写新时代新征程中原更加出彩绚丽篇章提供坚强能源保障。

（一）以安全保障为前提，加快打造更具韧性的能源安全保障体系

面对一次能源资源供应和新能源供给存在不确定性及极端天气频发等挑战，河南应牢牢扛住能源安全保障这一首要职责，着眼现代化河南建设，发

挥好煤炭煤电安全托底保障作用,以"四个着力"增强"四个能力",打造更具韧性的能源产供储销体系,增强能源供应的稳定性、安全性、可持续性,全方位提升能源安全保障能力。

着力稳定煤炭油气生产供应,增强煤炭煤电兜底保障能力。优化煤炭资源开发布局,推动安全有保障的骨干煤矿稳产高产,加大油气田精细勘查力度,积极推进非常规天然气资源开发,保证煤炭油气生产能力维持在较高水平。优化调整煤炭运输结构,积极推进铁路专用线建设,推动运煤专线与矿区、用户、储备基地等无缝衔接,有效抵御各类风险对煤炭运输的影响。以强化省外资源保障为重点,继续加强与中石化、中石油等上游供应商沟通衔接,早签多签供气合同,确保民生用气实现合同全覆盖。夯实保障性电源基础,在加快在建煤电项目建设的同时,积极争取新增规模,在运输条件好的豫北地区、电力缺口大的豫东南地区新增布局先进支撑煤电,形成"在建—新开—储备"的梯次项目格局,充分发挥好传统能源特别是煤炭、煤电的调峰和兜底保供作用。

着力提升能源供应链弹性和韧性,增强能源系统稳定供给能力。持续健全"政府主导、政企协同、企业实施"的保供机制,充分发挥煤电油气运保障厅际协调机制作用,共筑能源安全保供防线。依托资源禀赋和区位优势,加快中原能源储备基地建设,加快完善能源储备体系和调节运行机制,持续健全"地下储气库、沿海LNG储罐、省内区域储气中心"三级储气调峰体系,加快建设中原大型煤炭储备基地和洛阳原油商业储备基地,形成兼具"保底"和"调节"功能的实物储备,确保能源供应保持合理的弹性裕度。持续健全电煤、燃气等燃料供应双储机制,加强电煤中长协合同履约监管、煤电气电等常规机组运行管理,确保关键时期"顶得上、顶得稳"。

着力适度超前布局能源基础设施,增强中长期短缺风险应对能力。统筹利用省内省外"两个市场、两种资源",拓展能源保障途径,加快建设多品种、多方向、多渠道的能源外引通道、内外联通油气管网。对接国家战略布局,积极拓展四大外气入豫通道,加快推进西气东输三线河南段等国家主干输气管道和"两纵四横"省内天然气干线建设,完善县域支线网络,加快形成省外引入方向和途径多元、省内管网互联互通的天然气供应格局。完善油品外引通道，畅通洛阳炼化基地成品油外送通道，持续推进省内油品管道互联互通，提高成品油管输比例和外引能力，加快建设覆盖全省、外通内畅的油品输送网络。加快电网提质升级，提升电网防灾抗灾韧性和互保互调能力，强化核心区域和重要用户的电力安全保障，巩固提升配电网网架适应性，满足多元负荷、高渗透率分布式电源的安全接入。扩大电力外引规模，加快陕电入豫通道建设进度，提前谋划外电入豫第四直流通道。

着力健全能源运行监测预警体系，增强安全风险防控能力。建立健全煤油气电供需预警长效机制，重点关注能源生产、运输供应、市场变化、极端天气等风险因素，坚持底线思维、极限思维，把能源保障、能源安全风险作为防范的首要风险，争取早识别、早预警、早应对。强化应急管控体系建设，分级建立健全应急预案体系，完善"近期和远期结合、常态和极端结合、综合与专项结合"的能源安全风险应急防御体系，统筹做好煤炭、天然气、电力、成品油等各种能源品种的互济互保，提升重点区域、重点时段能源安全可靠供应能力，以大概率思维应对小概率事件，形成有效抵御各类风险的政策措施工具库。

（二）以绿色转型为方向，加快构建更加低碳的能源供给消费体系

当前，河南经济社会发展已进入绿色化、低碳化的高质量发展阶段，应牢牢把握住能源绿色低碳转型这一时代特征，夯实绿色低碳供给基础、打牢节能高效消费基础、完善绿色发展保障基础，加快推动能源发展方式绿色转型，引领形成生态优先、绿色发展的生产方式和生活方式。

夯实绿色低碳供给基础。加快形成多元化清洁能源供应新格局。积极引导新能源开发规模、布局和时序，统筹好新能源和国土空间、生态环境的协同发展关系，推动新能源高质量发展，因地制宜发展生物质能、地热能、氢能等其他可再生能源。着力提升煤炭、油气等传统能源清洁高效开发利用水平，加快形成煤油气上游领域与新能源新产业融合、多能互补的发展新格局，深化推进煤炭与煤电、煤电与新能源"两个联营"，持续开

展煤电机组"三改联动"和煤电企业节能降碳标杆机组评选活动，加快能源生产供应结构转型升级。提升新能源发电并网消纳能力。加快抽水蓄能电站建设，加快洛阳洛宁等核准在建项目建设进度、汝阳菠菜沟等纳规项目前期工作进度，积极谋划新一批项目纳入规划和储备。加快新型储能规模化、高质量发展，促进新型储能和新能源深度融合，提升新能源友好并网和有效支撑能力。持续优化新能源富集区域网架结构，增强县域农村地区分布式电源接入能力。

打牢节能高效消费基础。促进生活领域用能方式绿色转型，持续推进"宜电则电、宜气则气、宜煤则煤"的清洁取暖方式，提升现有大型热电联产机组供热能力，积极发展生物质能和地热能，扩大集中供热覆盖区域；持续拓展电能替代的广度和深度，推动终端电气化水平持续提升。持续巩固绿色公共交通发展成果，积极引导绿色低碳出行、推广新能源汽车、推广燃料电池汽车，持续提升绿色交通出行比例。强化提升供需协同水平，积极落实国家政策要求，依托"1+18"负荷管理中心，加快需求侧管理能力建设；结合新能源出力、用电负荷特性，引导用户优化用能时序，推动能源多品类、多形态、多要素、多主体协调互动、动态平衡。强化用能管理和用能指导，持续健全节能管理制度体系，做好重点用能单位用能预算管理，加强用能统计和审计管理；着力提升绿色制造水平，培育绿色低碳工厂和园区，构建绿色低碳供应链，打造绿色制造服务平台，带动生产方式绿色低碳转型。积极倡导绿色电力消费，持续完善绿色电力交易的常态化机制，发挥党政机关等公共机构、大型国有企业的示范引领作用，加快提升公共机构和居民绿色消费占比。

完善绿色发展保障基础。强化政策法规和标准规范支撑，持续建立健全与能源低碳转型发展相适应的政策法规、标准规划体系，扩大财政金融服务供给，推动各项政策举措有机衔接、有效畅通、有序联动。提升低碳转型技术服务能力，支持建立绿色技术创新联合体，面向企业、园区提供低碳规划、方案设计及碳排放核算等技术服务；培育绿色节能服务平台，围绕工业节能、绿色制造、低碳发展等领域，提供绿色诊断、运营管理、评价认证等技术服务，构建绿色低碳发展技术公共服务体系。积极打造新型电力系统示范工程，以兰考农村能源革命试点为依托，充分发挥兰考新型电力系统要素齐全、数字化支撑平台完善、新能源超高占比等基础优势，打造新型电力系统全域综合示范工程，协同促进前沿技术和先进装备的科研攻关和示范验证。持续探索城乡统筹、多能互补的农村能源开发利用新模式、融合发展新路径。

（三）以产业发展为支撑，加快塑造更具竞争力的现代化能源产业体系

面对产业发展不进则退、慢进亦退、不创新必退的竞争环境，河南应牢牢把握住能源革命这一战略机遇，深化实施创新驱动发展战略，强化科技创新和数字技术支撑，塑造能源传统产业发展新优势、培育能源新兴产业新动能，加快形成新质生产力，以现代化能源产业体系促进现代能源经济高质量发展，支撑新型能源体系加快建设。

塑造传统能源产业发展新优势。巩固提升煤炭行业发展优势。推动煤炭加快释放先进产能、优化产品结构，加快布局高性能纤维材料、碳基半导体等新材料制造基地，推动煤炭和煤化工一体化发展，提高煤炭的综合利用效能。积极培育现代石化产业集群。聚焦高端石化、工业新材料领域，建立健全石化高端产品制造产业链，打造一批具有竞争力的企业集团、石化基地和产业集群。大力发展能源低碳循环经济。创新矿区循环经济发展模式，探索开展采煤沉陷区治理、煤矸石综合利用，积极推动共伴生矿产资源和尾矿综合利用，利用采煤沉陷区、关停高污染矿区发展新能源。

培育新兴能源产业发展新动能。瞄准能源科技和产业变革前沿，围绕清洁能源产业链，聚力补链延链强链，加快形成上中下游一体、各环节相互配合的完整产业链条，充分发挥"链主"企业资源配置能力和协调创新组织能力，加快打造特色鲜明、优势突出的现代化能源产业集群。培育壮大智能电气装备制造、新能源汽车、新型储能、节能环保等战略性新兴产业，着眼长远加快布局氢能装备与利用及碳捕集、利用与封存等战略性新兴未来产

业,立足河南产业基础和市场优势,努力在新赛道上起跑领跑、在新领域里发力抢滩。

强化科技创新同能源经济深度融合。着力提升科技创新成果转化质效。整合创新资源要素,坚持创新链、产业链、人才链一体部署,完善"研究—开发—转化—产业化"创新链条,建立更加高效畅通的产学研供需服务机制。打造协同创新平台,走好"以上带下""以小补大""专精结合"的创新融通发展新路,不断破除制约高水平技术供给的"协同性不足、传导性较弱、要素转化不畅"等障碍。着力突破一批关键核心技术。瞄准能源科技和产业变革前沿,在可再生能源开发、新能源汽车、氢能、储能、节能减排等领域,重点突破平原风机、新型光伏发电、氢能制储运加及燃料电池汽车、地热综合开发利用等关键核心技术,推动科技成果及时转化为产业竞争力,以高质量创新服务能源高质量发展。

提升能源数智技术应用水平。加快能源领域数字技术创新应用,按照急用先行、先易后难的思路,推动数字化智能化技术融入能源产运储销用全链条各环节,推动能源系统运行和管理模式向深度数字化和高度智能化加速转变,提升能源产业链上下游及行业间协同运行效率和安全生产水平。加快能源产业发展服务平台建设,围绕能源供需衔接、生产服务等业务,组成能源经济数字生态圈,绘制产业链高质量发展"图谱"、建设"智慧产业大脑"平台及企业级智慧能源平台,推进能源产业新模式新业态加快涌现。扩大河南能源大数据中心应用范围,深度挖掘"能源—经济—环境—民生"关联关系,持续积累可用、有用、好用、实用的能源大数据资产,不断拓展应用场景;推动数字资源作为新型生产要素的充分流通和使用,持续释放数据的放大、叠加、倍增价值潜力。

(四)以深化改革为动力,加快形成更加健全有活力的现代化能源治理体系

当前,面对经济高质量发展的经济用能需求、人民群众日益增长的优质用能需求、加快建设新型能源体系的深化改革需求,河南应牢牢把握住服务

高质量发展这一首要任务，把深化改革作为新时代能源高质量发展的关键一招，提升能源资源市场化配置效率，优化能源领域营商环境，统筹城乡能源协调发展，加快形成与新型能源体系相适应的现代化能源治理体系，推动能源发展更多更好惠民惠企。

提升能源资源市场化配置效率，打造服务高质量发展的市场机制。积极落实国家统一电力市场指导意见要求，加快构建和完善中长期市场、现货市场和辅助服务市场有机衔接的电力市场体系。深化燃煤发电、燃气发电上网电价市场化改革，探索建立容量充裕度保障机制，保障常规电源"尖峰顶得上、低谷压得下、运行稳得住"。建立健全促进可再生能源发展的价格机制，完善绿电消费市场机制，依托绿电交易、碳交易等多渠道体现新能源发电的绿色价值。持续健全新型储能等新兴主体市场化运营机制，激发新兴主体、新兴业态发展活力。进一步深化天然气价格机制改革，在做好民生用气保供稳价工作的同时，加快推动居民用气市场化改革。着力提升供需协同水平，结合新能源发展、负荷特性变化，适时完善分时电价政策、新能源经济消纳机制。

持续优化能源领域营商环境，强化服务高质量发展的要素保障。以能源领域营商环境之"优"，助项目建设之"进"，促市场主体之"活"，谋经济发展之"稳"。聚焦项目服务，做好优化营商环境"软支撑"。持续深化能源领域"放管服"改革，进一步简化环节、优化流程，深化"企业开办+水电气暖网"报装一站式便捷服务，全力做好省内优先发展产业、重点项目用能保障；积极做好企业节能咨询服务和业务指导，科学指导企业优化用能策略，助力企业降低用能成本。聚焦项目立项，做好优化营商环境"硬支撑"。强化规划引领，建立能源规划与项目一体化管理机制，合理引导能源项目投资品类、规模、时序、布局；建立健全能源项目推进机制，优化审批流程，强化能源项目核准、用地审批、资金扶持等要素保障。

着力统筹城乡能源协调发展，做好能源基本公共服务供给。应持续统筹能源普遍服务与区域发展、城乡能源协调发展，加大能源基础设施和公共服务能力建设投资力度，扩大普遍服务范围，提升优质服务水平，提高城乡居

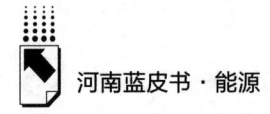

民电、气、冷、热等多样化清洁能源可获得率，持续缩小城乡人均用能水平差距及河南与全国平均用能水平差距。全力服务乡村振兴战略，持续加大农村地区能源服务政策和惠民利民工程支持力度，推动农村能源发展与先进农业栽培、农产品深加工等紧密对接，助力农业经济转型升级；提高新能源开发与乡村振兴、农村建设、乡村生态环境改善协同水平，为全面推进乡村振兴、加快农业农村现代化进程提供有力支撑。

参考文献

习近平：《高举中国特色社会主义伟大旗帜　为全面建设社会主义现代化国家而团结奋斗——在中国共产党第二十次全国代表大会上的报告》，2022年10月16日。

习近平在中央全面深化改革委员会第二次会议上的讲话，2023年7月11日。

习近平：《推动我国生态文明建设迈上新台阶》，在全国生态环境保护大会上的讲话，2023年7月17日。

2023年国务院《政府工作报告》，2023年3月5日。

中共河南省委、河南省人民政府：《河南省碳达峰实施方案》，2023年2月6日。

楼阳生在中国共产党河南省第十一届委员会第五次会议上的讲话，2023年7月27日。

章建华：《为推进中国式现代化贡献能源力量》，《人民日报》2023年7月6日，第9版。

国务院发展研究中心：《加快规划建设新型能源体系》，《经济日报》2023年6月5日，第11版。

行业发展篇

B.2 2023~2024年河南省煤炭行业发展形势分析与展望

李虎军　邓方钊*

摘　要： 2023年，河南煤炭行业全面贯彻党的二十大精神和河南省委、省政府决策部署，紧抓煤炭安全生产，持续释放煤炭产能，加快储煤基地建设，河南煤炭市场整体供应相对宽松，为经济企稳回升提供了有力支撑。2024年，初步判断全省煤炭产量基本稳定，国内外煤炭供应相对充足，煤炭价格小幅下行，供需整体延续宽松态势。河南省应充分发挥煤炭资源相对丰富、基础产业链供应链完备及交通枢纽优势，坚持保安全、助转型、提质量、优效能，促进煤炭清洁高效利用，推动行业高质量发展，为支撑中国式现代化建设河南实践做出更大贡献。

---

* 李虎军，工学硕士，国网河南省电力公司经济技术研究院高级工程师，研究方向为能源电力规划与供需分析；邓方钊，工学硕士，国网河南省电力公司经济技术研究院工程师，研究方向为能源电力规划与供需分析。

关键词： 煤炭行业 新型能源体系 煤电互保 河南省

2023年，河南煤炭行业坚持把保障能源安全摆在首要位置，围绕保稳定、保供应、促提高等行业发展思路，能源安全生产保持稳定向好态势，全省煤炭产量略有增长，煤炭消费有所下降，煤炭供需保持相对宽松，为河南经济保持稳定恢复向好态势提供了有力支撑。2024年，是深入实施"十四五"规划的攻坚之年，河南经济发展保持稳定向好态势，为加快规划建设新型能源体系，煤炭行业要着力推动高质量发展，在保安全、助转型、提质量、优效能方面持续发力，促进行业发展更健康、更绿色、更高效、更智能，为国民经济稳定向好发展保驾护航。

一 2023年河南省煤炭行业发展情况分析

2023年，河南经济呈现企稳回升态势，煤炭产量保持稳定、略有增长，叠加国内煤炭产能持续释放和海外煤炭进口大幅增长，省内煤炭供应比较充足，电煤中长期合同签订量明显增加，煤炭市场价格高位回落，市场供需形势持续改善，全省煤炭供应"基本盘"平稳。

（一）全省煤炭产能持续释放

2023年，河南省全面贯彻落实煤炭稳产增产保供政策要求，有序推进煤矿建设项目，稳步实施煤矿安全改造，加快煤炭储备能力建设，全省煤炭产供储销体系持续完善，煤矿开工率高位运行，煤炭先进产能持续释放。一是有序推进11个煤矿项目建设，平煤集团梁北二井投产运行，神火集团梁北、大磨岭煤矿逐步达产。二是稳步实施煤矿安全改造，2022年煤矿安全改造项目全部竣工，申请2023年煤矿安全改造及智能化建设项目中央预算内资金4亿元，占全国的比重为13.3%，带动地方和企业投资近16亿元。三是加快8个煤炭储备基地建设，豫西二期、鹤壁二期等4个中央政府煤炭储备项目获国家批复，数量居全国第三，西峡等省级储备基地项目正常推进。整体来看，

1~10月，全省煤矿产能约1.2亿吨，原煤产量8473万吨，同比增长3.9%，其中省内骨干煤企原煤产量接近8000万吨，集中度达到95%左右。鹤壁一期、义马一期、焦作等煤炭储备基地存煤在29万吨以上。分阶段看，1~3月，受上年同期疫情低基数影响，全省煤炭产量保持较快增长，同比增长6.3%；4~6月，省内煤炭产量总体平稳，实现小幅增长，同比增长1.8%；7~10月，省内煤炭产量达3200万吨，同比增长5.6%，实现小幅提升（见图1）。初步判断，2023年全省原煤产量约1亿吨，同比增长约2.0%。

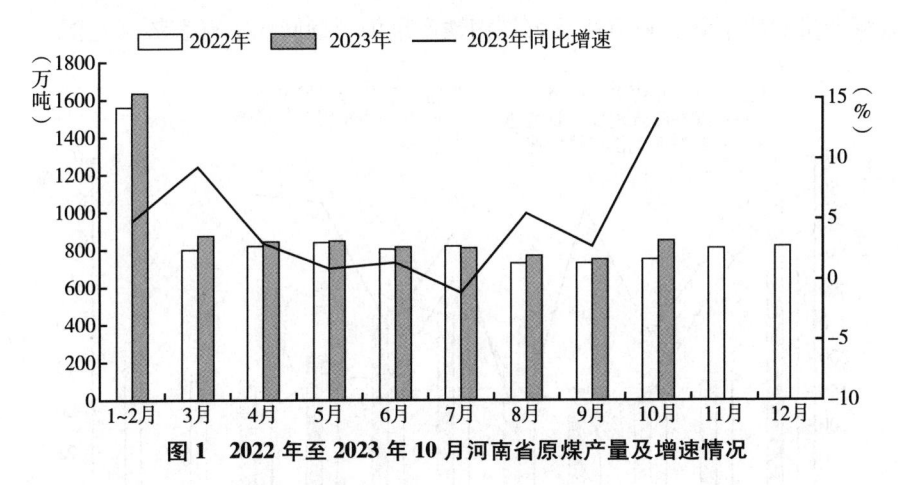

图1 2022年至2023年10月河南省原煤产量及增速情况

资料来源：国家能源局河南监管办公室公布数据。

（二）全省煤炭消费有所下降

2023年，河南省经济呈现企稳回升态势，工业生产持续恢复，服务业增势良好，就业形势整体稳定，经济基本面对能源消费拉动力度稳健。但受高耗能行业恢复乏力、新能源替代煤炭效应明显等因素影响，全省煤炭消费有所下降。1~10月，发电用煤方面，全省煤电发电量下降5.8%。传统工业用煤方面，全省钢铁、水泥市场相对偏弱、需求不旺，行业开工率、生产率有所下降，传统工业煤炭消费量有所下降。分阶段看，上半年，发电用煤方面，河南省经济延续恢复态势，全省电力需求平稳增长，同时，全省可再生能源装机净增1450万千瓦，可再生能源增发电量较全省用电增量高64亿千瓦时，导致煤电发电量同比下降8.1%；工业方面，河南省钢铁、水泥市场相对偏弱，行业开工率有所下降，全省钢铁、水泥产量同比分别下降10.3%、10.5%。7~9月，发电用煤方面，全省平均气温较常年同期偏高0~1℃，未出现持续极端高温，叠加可再生能源装机较上年同期新增190万千瓦，电煤季节性需求受到一定抑制；工业方面，省内钢铁产量延续下降态势，同比下降10.0%，省内水泥行业需求不佳，水泥产量同比下降17.7%，造成传统工业煤炭消费量延续下降的态势。10月，全省发电用煤小幅提升，水泥产量同比下降态势有所缓解，钢铁产量仍延续同比下行态势（见图2）。

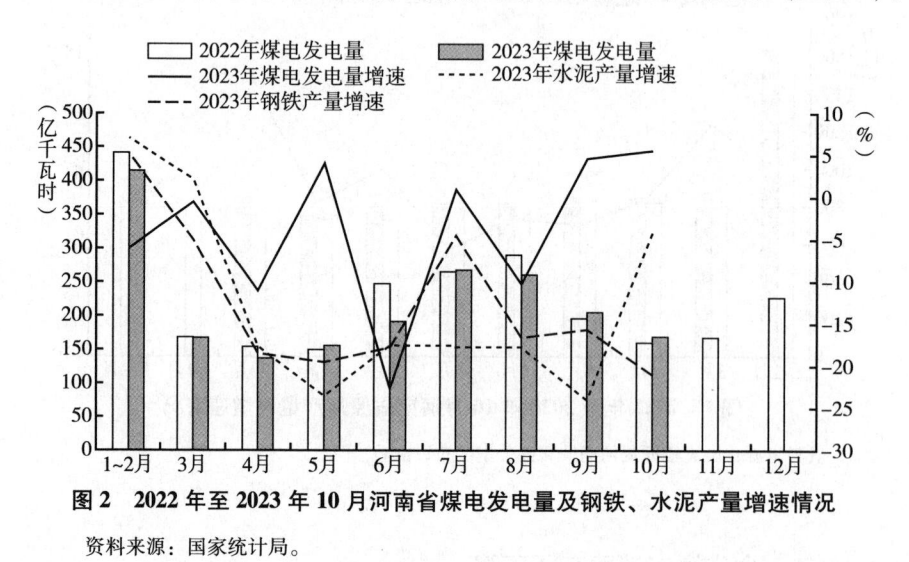

图2　2022年至2023年10月河南省煤电发电量及钢铁、水泥产量增速情况

资料来源：国家统计局。

（三）全省煤炭供需相对宽松

河南煤炭供需情况与全国煤炭生产、运输及进口情况密切相关。生产方面，2023年，我国在上年实现煤炭产量和新增产量双创历史新高的基础上，持续推进煤矿稳产增供，1~10月，全国原煤产量38.3亿吨，同比增长3.1%，煤炭供应保障能力显著增强。进口方面，国务院出台《关于延长煤炭零进口暂定税率实施期限的公告》，2023年4月1日至12月31日对煤炭实施税率为零的进口暂定税率，进口煤炭价格波动下行，煤炭进口量延续大幅增长态势，1~10月累计进口煤炭

3.83亿吨，同比增长66.8%。港口存煤方面，全国主要港口存煤5886万吨，同比增长6.5%，其中环渤海主要港口存煤2551万吨，存煤达到历史较高水平。煤炭运输方面，疫情后影响煤炭运输的因素基本消除，公、铁、海运充分发挥电煤保供运输作用，晋陕蒙新地区和海外煤炭运输能力持续提升，全国铁路累计煤炭发运量20.4亿吨，同比增长1.3%，其中电煤发运量16.9亿吨，同比增长4.9%。河南省依托国家浩吉、瓦日、宁西等运煤通道，不断提高煤炭调入的运力，协调晋陕蒙等省份调入煤炭1.1亿吨。整体来看，2023年入夏前河南省电煤库存达到1147万吨历史最高水平，度夏期间全省电厂存煤长期保持1000万吨以上（见图3），比上年同期增长8%左右，有力保障了能源电力安全稳定供应。随着省内稳产、增储、保供、稳价等措施的稳步实施，全省煤炭供求关系保持宽松态势。

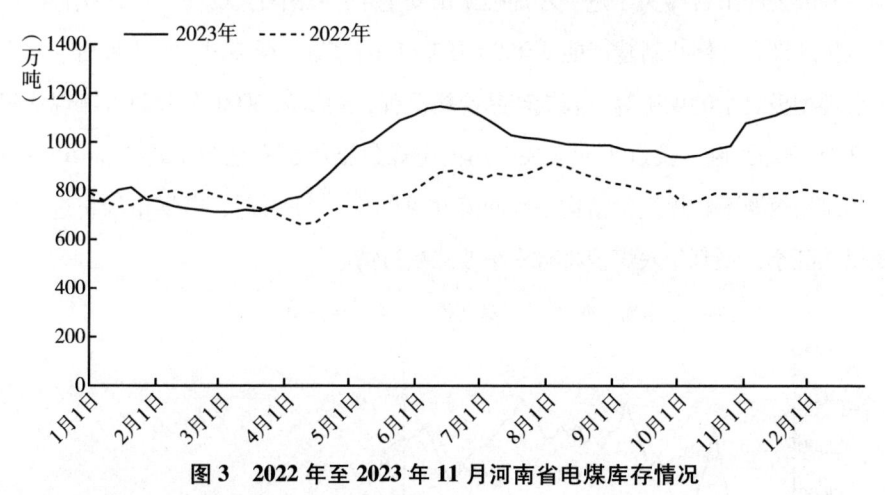

图3　2022年至2023年11月河南省电煤库存情况

资料来源：河南能源大数据中心。

（四）全省煤炭价格回落调整

2023年，随着国内外煤炭供需紧张局面持续缓解，煤炭价格进入下行通道，1~10月，纽卡斯尔港5000大卡动力煤价格从2600元/吨[①]左右下跌至1000元/吨，跌幅达62%，国内秦皇岛5000大卡动力煤价格从1300元/吨

---

① 本部分煤炭价格为均价概念，不影响后续计算。

左右下跌至920元/吨，河南电煤平均价格从950元/吨左右下跌至860元/吨。分阶段看。1~3月，国内煤炭价格回落调整，3月秦皇岛5000大卡动力煤现货报价1080元/吨左右，较年初下跌430元/吨，河南电煤价格为810元/吨，较年初下跌100元/吨。4~6月，国内煤价延续下行态势，6月秦皇岛5000大卡动力煤现货报价740元/吨，较3月下跌340元/吨；河南电煤价格为780元/吨，较3月下跌30元/吨。7~8月，受度夏期间季节性煤炭消费旺盛拉动，国内煤炭需求环比增长较快，对煤价上涨形成一定支撑，8月煤炭价格窄幅波动，秦皇岛5000大卡动力煤现货报价涨至770元/吨，较年初下跌560元/吨，河南电煤价格小幅涨至790元/吨，较年初下跌170元/吨。9月，中共中央办公厅、国务院办公厅出台《关于进一步加强矿山安全生产工作的意见》，严格执行矿山安全生产准入，停止新建产能低于90万吨/年的煤与瓦斯突出、冲击地压、水文地质类型极复杂的煤矿等，煤炭产品价格反弹，秦皇岛5000大卡动力煤现货报价涨至920元/吨，接近千元大关，河南电煤价格小幅涨至860元/吨。10月进入传统用煤淡季，煤炭价格均小幅回落（见图4）。11月后，电煤市场将进入度冬供热旺季，预判年底煤价将有一小波涨幅行情。

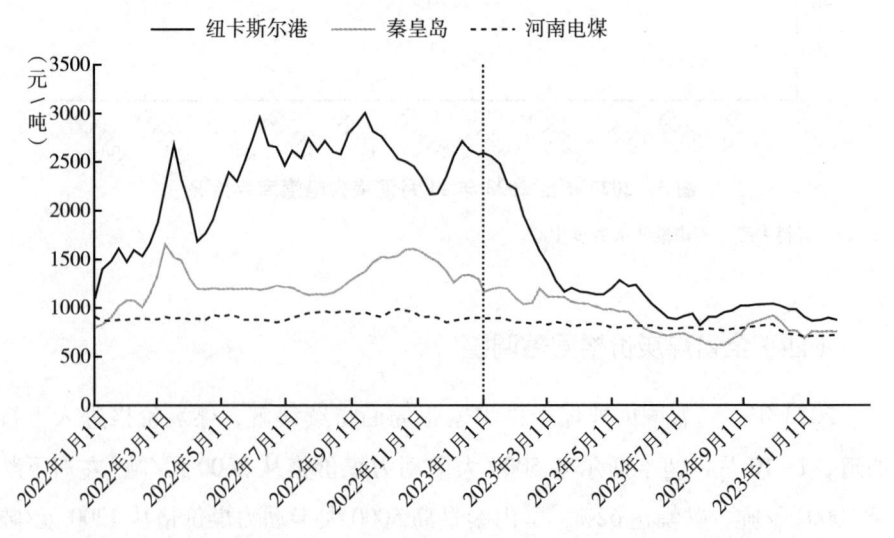

图4 2022年至2023年11月纽卡斯尔港、秦皇岛及河南电煤价格走势

资料来源：煤炭市场网。

二 2024年河南煤炭行业发展形势展望

2024年是深入实施"十四五"规划的攻坚之年，整体来看，河南省经济长期稳定向好的基本面没有改变，煤炭生产、消费预计将保持基本稳定，煤炭清洁高效利用将进一步加快；国内煤炭产量、国外煤炭进口量预计保持增长态势，全省煤炭供需总体维持宽松。同时，煤炭行业一系列长远性、结构性、体系性问题仍需关注。

（一）2024年河南省煤炭行业发展形势

1. 煤炭兜底保障能力持续增强，安全生产仍面临诸多风险

能源安全事关国计民生，煤炭作为能源安全的重要保障，具备平抑能源需求波动的优势，是涉及能源安全的全局性、战略性问题。从省外看，尽管俄乌战争、巴以冲突给我国能源安全保障带来了一些不确定性和不稳定性，但在系列保供稳价政策下，近年来我国煤炭产量、煤炭进口量均显著增加，市场供应持续充足。从省内看，经过数十年不懈努力，河南省煤炭兜底保障能力持续增强，在提高资源保障能力、优化产能布局、增强供应运输能力、强化多部门协同联动、加强煤炭供需风险预警、完善煤炭市场价格机制等方面取得了显著成效，尤其是在煤矿安全生产工作方面，发生安全生产事故起数、百万吨死亡率死亡人数显著下降，全省煤矿安全生产形势保持平稳。2023年，国内煤炭安全生产形势严峻复杂，内蒙古、陕西、贵州等多地发生煤矿事故，煤炭安全生产的深层次问题还需解决。一是近年来我国煤炭行业集中度持续提升，技术面貌有所改善，但与国际先进水平差距仍然较大，仍存在安全隐患。二是部分煤层赋存条件较差，高瓦斯矿井多，生产危险性持续增高。三是迎峰度夏、度冬期间，煤炭需求旺盛、生产压力大，周期性、阶段性风险高。在煤炭增产保供背景下，部分企业超能力、超强度生产冲动增强，事故发生概率增加。河南需持续强化煤炭安全生产专项治理，确保煤炭安全、生产两不误。

2. 煤电企业经营形势好转，煤电互保博弈局面加剧

煤电之间博弈长期存在。2022年10月，国家发展改革委印发《2023年电煤中长期合同签订履约工作方案》，规定煤炭企业签订的中长期合同数量应达到自由资源量的80%以上，全年履约量需达到100%。2023年，随着全国煤炭供需格局进一步调整，煤炭价格整体大幅下跌，煤电企业经营持续好转，受"买涨不买跌"情绪影响，煤电企业电煤中长期合同违约现象陡增。发电企业不按计划进煤，造成部分煤炭生产企业顶库、不能以销定产，正常生产经营活动受到扰动。随着可再生能源迅猛发展、煤炭价格继续下探，若出现极端气候等黑天鹅事件，能源系统脆弱性容易再次被激发。未来河南省需重点关注电煤供需、价格的周期性变化，动态调整监管重心，加强在煤炭价格下行阶段对煤电企业的监管，利用好信用监管等手段促进电、煤双方良性发展。要严格规范合同履约行为，推动电煤中长期合同功能实现从"煤保电"到"煤电互保"的转变。

3. 煤炭多元化发展前景广阔，清洁高效利用任重道远

河南省现代煤化工产业已经形成比较完整的供应链体系，市场规模不断扩大，形成河南省能源化工集团、中原大化、安化集团、义马煤制气、心连心化工、蓝天集团、豫港焦化等一大批优势企业，化肥、煤油、烷基苯等主要产品规模处于全国前列，煤制氢、煤制甲醇、乙二醇等新型煤化工产品也走向规模化开发阶段。《关于"十四五"推动河南省化工行业高质量发展的指导意见》提出构建8个具有引领性的特色化工产业链，其中煤化工产业链是首个产业链，为河南省立足煤炭资源优势、拓展石化原材料来源、降低油气对外依存度、保障能源电力安全开辟了新赛道。但煤化工清洁高效利用还面临一些问题和挑战。一是《关于进一步做好原料用能不纳入能源消费总量控制有关工作的通知》明确原料用能不纳入能源消费总量控制，但考虑到原料用能核算较为复杂、工作基础比较薄弱，在统计项目能耗时容易出现偏差，造成现代煤化工项目"高能耗"的表象。二是河南煤化工还不具备规模化、基地化优势，比如煤制气项目受定价机制、管网输送等因素制约，经济效益较差、盈利能力弱、企业生存压力较大，亟须出台相关政策予以支持。三是"双碳"目标下煤电在从电量型电源向调节型电源转变过程中，发电煤耗有所增大，发电转化效率和运行稳定性有待提升。

4. 煤炭智能化进程加快，体系架构仍需健全

煤炭智能化是煤炭产业高质量发展的必由之路，从源头上改变煤矿粗放式的生产方式，加快实现少人、无人化，对促进煤炭行业绿色、安全、高效开采具有十分重要的意义。截至2023年9月底，全省累计建成省级智能化煤矿20处、智能化采煤工作面98个、智能化掘进工作面157个，智能化采掘工作面总数居全国第二。河南能源集团新桥煤矿、赵固二矿和中国平煤神马集团平宝公司3处国家智能化示范煤矿成功通过验收，通过采用人工智能、5G和数字化智能化技术，井下危险区域作业人员减少50%，智能化采煤工作面直接工效翻倍，为全国煤矿智能化建设提供了"河南样板"。但河南省煤炭智能化体系构建尚处于起步阶段，业务体系不全面、资源投入不均衡、标准体系不健全等问题还较突出。一是技术有短板，部分智能矿山数字化偏重于生产运营阶段，与规划设计、安全控制、企业管理、运销市场等系统的融合度还不高，各系统间存在数据孤岛，导致数据和成果共享性较差，综合分析决策能力不足。二是发展不均衡，部分智能矿山在统筹全要素技术链、技术发展路线图顶层设计方面能力不足，往往重硬件轻软件、重采数轻应用，常规场景投入大，重要复杂场景投入不足，智能化利用效率低。三是标准体系不健全，煤炭智能化包括"产运储销用"各个环节，涉及的硬件、软件接口众多，亟须标准化的统一接口及关键性能指标，形成系统化、标准化、模块化的智能化体系。

（二）2024年河南省煤炭行业发展预测

2024年，随着存量政策和增量政策叠加发力，积极因素不断增多，河南经济将持续回升向好。河南煤炭行业将紧紧围绕煤炭保供稳价和安全生产等重点领域，推动煤炭行业高质量发展，为河南省新型能源体系建设提供坚强支撑。

煤炭生产能力基本稳定。省内煤炭生产将保持稳产的主基调，预计全省全年原煤生产总量将达到1亿吨左右。煤炭消费总量保持稳定。河南省经济长期稳定的基本面没有改变，随着"四个拉动"深入推进，"三个一批"等重大项目加快实施，全省经济增长后劲十足，能源消费仍将保持刚性增长。同时，随着河南省"控煤、稳油、增气、引电、扩新"能源转型战略的深入实施，电能和氢能等清洁能源终端替代力度将逐步加大，预计全省煤炭消费总量约为2亿吨，保持基本稳定。

煤炭价格继续回落。考虑国内煤炭供大于需的基本面没有改变，预计煤炭价格运行区间将保持整体下行，5000大卡煤炭价格将整体处于800~900元/吨的区间，度夏、度冬季节性消费旺季，煤炭价格可能小幅上涨。

煤炭供需总体维持宽松。河南省将持续贯彻国家保供稳价政策，深入推进煤炭增产增供工作，加快在建煤矿建设进度。紧抓煤炭安全，推动临停煤矿复产稳产，全省全年原煤产量基本稳定。同时，考虑国内煤炭产量、国外进口煤炭量均保持增长态势，煤炭供应相对充足，煤炭供需总体维持宽松。

煤炭多元化利用进程加快。河南濮阳新型煤化工基地原料气产业园区已开工建设，以安阳、新乡、驻马店、济源等地"煤焦化""煤气化"项目、平顶山平煤神马集团工程塑料和尼龙纺织产业等为代表的一批规模体量大、布局结构优、支撑带动强、延伸配套性好的现代化工基地也在稳步推进，全省煤炭多元化、协同化、集聚化发展的进程将明显加快。

三 河南省煤炭行业发展对策建议

2024年，面对煤炭行业发展新机遇、新挑战，河南煤炭行业应深入贯彻党的二十大精神和河南省委、省政府决策部署，坚持保安全、助转型、提质量、优效能，加快建设完善煤炭产供储销体系，充分发挥煤炭"压舱石"和"稳定器"的作用，助力新型能源体系建设。

（一）保安全，促进煤炭行业健康发展

煤炭是关系国计民生的重要保障性资源，提升煤炭保供能力，对于保障能源供应安全，助力经济发展意义重大。一是夯实煤炭保供基础。贯彻落实煤炭增产增供政策，优先释放安全高效煤矿、智能化煤矿等生产基础好的煤矿产能，保障全省骨干煤矿稳产满产。加快推进平煤首山一矿改扩建等项目建设，分类解决部分煤矿改扩建缓慢等问题。推动中央政府煤炭储备项目建设，争取早日形成220万吨煤炭储备能力；加快推动西峡、焦作等省级煤炭储备项目建设，持续提升煤炭储运和应急保障能力。推动省内煤炭企业在省外权益煤矿扩能增产，鼓励用煤企业和晋陕蒙新等煤炭主产省份签订战略合作协议，增加市场有效供给。二是夯实煤炭安全基础。牢固树立安全发展理念，推动安全生产各项措施不折不扣落到实处。处理好安全与保供的关系，科学合理制订生产计划，在确保安全生产的前提下做到煤矿能产尽产、稳产增产。三是夯实煤电互保基础。综合评估煤矿资源条件、采矿能力、煤层煤质等，设立煤炭产能弹性释放或收缩的阈值和等级，建立煤矿弹性产能和弹性生产机制，弹性签订电煤中长期合同，推动煤炭产能由刚性管理转为弹性管理。

（二）助转型，促进煤炭行业绿色发展

"双碳"背景下，提高化石能源资源利用效率、推动可再生能源替代化石能源是必然趋势，煤炭高质量发展需加快提升煤炭这一"黑色"产业的"含绿量"。一是加快向碳排放双控转变。加强碳排放双控能力建设，完善煤炭行业碳排放统计核算制度，健全煤炭行业碳排放市场交易及其他双控配套机制，为推动建立和实施碳排放双控制度创造积极条件。二是加快向创新驱动转变。推动纳入国家示范名单的煤矿瓦斯高效抽采利用和煤层气勘探开发示范项目建设，加强技术创新，探索地面规模化抽采技术研究，推动平顶山矿区瓦斯综合利用试验项目建设。在资源禀赋和产业基础较好的地区，推动现代煤化工与绿氢、可再生能源及二氧化碳捕集、利用与封存（CCUS）

等耦合创新发展，形成减污降碳、协同增效的可持续发展模式。三是加快向节能优先转变。对以煤炭为燃料的工业炉窑、燃煤锅炉及自备燃煤电厂，积极拓展清洁能源、工业余热余压余气等替代广度和深度，深化能效服务业务。

（三）提质量，促进煤炭行业高效发展

以煤为主的基本省情，决定了河南需不断优化煤炭产能布局，加快煤炭产能从规模性控制转向结构性优化，提升煤炭行业的整体发展水平。一是扎实推进煤炭存量提质。推进存量煤炭清洁高效利用，持续淘汰落后产能，分类处置30万吨/年以下的矿井，确保河南煤炭年产能维持在1.4亿吨左右，煤炭年均产量力争达到1亿吨左右。二是扎实推进煤炭增量提效。加快释放河南优势煤种产能，加快骨干煤炭企业非煤产业转型升级，鼓励新建现代煤化工项目承担技术创新示范升级，加快布局一批结构优、体量大、配套好、支撑强的现代化工基地，促进煤基化学品向精细化学品和化工新材料延伸。三是扎实推进煤炭创新转型。提高煤矸石、矿井水综合利用水平，加快河南能源枣园矿、平煤五矿等绿色矿山建设。提高煤炭产品质量，推进煤炭洗选能力建设，加强老旧洗煤厂升级改造，推动平煤十矿、十三矿智能选矸系统建设。定期梳理生产过程中需要集中重点攻克的设备和技术，加强重点关键核心领域突破，推动基础性关键技术标准和管理标准的修订。四是扎实推进"煤电""煤新"联营。鼓励发展"煤与煤电""煤电与新能源"联营示范，加快在运煤电机组"三改"联动，研究谋划在资源运输条件较好的豫北地区和电力缺口大的豫东南地区，力争布局一批新增煤电，构建以煤炭保供为基础、以煤电深度调峰为支撑、以新能源协同为方向的发展模式，推动能源系统从高碳向低碳转变，服务新型能源体系建设。

（四）优效能，促进煤炭行业智能发展

煤矿智能化建设是一项复杂的系统工程，通过自动化换人、机械化减

人、信息化管人、智能化无人，推动煤炭行业向全生命周期、全产业链智能化迈进，从根本上消除安全生产隐患，提升煤炭兜底保障能力。一是优化创新环境。构建以市场为主导，以企业为主体，研究机构、装备厂商广泛参与的深度融合创新体系，大力实施跨界合作、协同创新。二是丰富应用场景。探索拓展煤矿智能化应用场景，推动煤炭企业管理模式重塑、业务流程再造，加快全系统、全链条、全流程整体推进，构建状态感知、辅助决策、远程执行的煤矿智能化体系，实现煤炭生产由管现场、管人员向管装备、管数据、管网络、管系统转变，推进智能化应用走深走实。三是加快先行先试。定期遴选一批可靠性高、技术性优、经济性强的典型案例，加快试点和经验推广，推动智能化矿井覆盖范围更大、建设速度更快、单位产出更多。

参考文献

国务院关税税则委员会：《关于延长煤炭零进口暂定税率实施期限的公告》，2023年3月26日。

国家能源局：《关于加快推进能源数字化智能化发展的若干意见》，2023年3月28日。

国家发展改革委、国家统计局：《关于进一步做好原料用能不纳入能源消费总量控制有关工作的通知》，2022年10月27日。

国家发展改革委等：《关于推动现代煤化工产业健康发展的通知》，2023年6月14日。

国务院：《2030年前碳达峰行动方案》，2021年10月24日。

国家能源局：《2023年能源工作指导意见》，2023年4月6日。

河南省人民政府办公厅：《关于优化煤炭资源配置的实施意见》，2022年10月26日。

河南省人民政府办公厅：《进一步促进文化和旅游消费若干政策措施》，2023年5月22日。

河南省人民政府办公厅：《河南省支持重大新型基础设施建设若干政策》，2023年8月4日。

河南省人民政府：《河南省2023年国民经济和社会发展计划》，2023年3月2日。

河南省人民政府：《河南省重大新型基础设施建设提速行动方案（2023—2025

年)》,2023年8月4日。

河南省发展改革委:《河南省发改系统2023年能源安全工作要点》,2023年4月3日。

河南省碳达峰碳中和工作领导小组办公室:《河南省推进碳达峰碳中和暨绿色低碳转型战略2023年工作要点》,2023年3月27日。

B.3
2023~2024年河南省石油行业发展形势分析与展望

路尧 刘军会*

摘　要： 2023年，河南成品油消费需求快速恢复，原油生产与加工保持平稳。面对风险挑战，河南石油行业坚持稳中求进工作总基调，全力保障原油稳产和成品油供应，积极推动产品结构优化与跨行业融合发展，为保障能源安全供给、推动经济社会高质量发展做出了积极贡献。2024年，河南省石油行业将积极服务新型能源体系建设，完善产供储销体系，全面夯实石油安全保障能力，聚力培育现代石化产业集群，着力推动石油化工产品结构优化，持续推进行业低碳、数字化转型，为中国式现代化建设河南实践提供有力支撑。

关键词： 石油行业　保供稳产　绿色低碳　河南省

习近平总书记强调："石油能源建设对我们国家意义重大，中国作为制造业大国，要发展实体经济，能源的饭碗必须端在自己手里。"[1] 2023年，河南石油行业认真落实党中央、国务院关于油气领域的决策部署，围绕油气资源安全稳定供应，以储气设施、油气管网等基础设施建设为抓手，进一步

---

* 路尧，工学硕士，国网河南省电力公司经济技术研究院工程师，研究方向为能源电力经济与企业发展战略；刘军会，工学硕士，国网河南省电力公司经济技术研究院高级工程师，研究方向为能源经济与电力供需。

[1] 《能源的饭碗必须端在自己手里——论推动新时代中国能源高质量发展》，《人民日报》2022年1月7日，第5版。

完善全省石油产供储销体系；以洛阳百万吨乙烯项目为抓手，加快推动全省炼化产业高质量转型发展，为全省高质量发展提供了有力支撑。2024年是深入实施"十四五"规划的攻坚之年，面对稳产保供、低碳转型以及市场化改革的新形势新要求，河南石油行业将加快构建产供储销体系，持续提升安全保供能力，以产业化、多元化、数字化为抓手推动行业高质量发展，助力新型能源体系建设。

一 2023年河南省石油行业发展情况分析

2023年，河南石油行业全面贯彻落实党的二十大精神和省委、省政府决策部署，全力保证油品供应，不断完善产供储销体系，全省油品供需呈现宽松态势，转型发展稳步推进。

（一）需求快速恢复，生产保持平稳

成品油消费恢复性增长。2023年，全省经济运行稳中向好、稳中提质、动能增强，主要经济指标持续回升，交通运输业和物流业保持快速增长，直接拉动成品油消费快速复苏，特别是中秋、国庆双节出游高峰带动成品油消费提振，全省成品油消费量显著回涨。1~10月，全省成品油销费量约1384万吨，同比增长28.4%。当前河南各行各业持续恢复，发展增势较好，大规模物资运输需求仍保持旺盛态势，跨城市出游、商务和办公出行需求大幅增加。初步预计，2023年河南成品油消费快速恢复，全年成品油消费量1600万吨，同比增长20.9%。

省内原油生产与加工保持平稳。原油生产方面，在两大传统油田资源濒临枯竭的局面下，省内原油生产企业积极加强技术迭代升级，推动稠油低成本开发；优化经营管理模式，做好资源接替，确保石油稳产。1~10月，全省原油产量160万吨，同比下降0.5%，保持基本稳定。原油加工方面，省内炼化产能相对充足。受市场需求影响，主要油品产量差异较大，呈现"燃料油产量大增、汽油及柴油产量下降"的特点。1~10月，

全省燃料油产量54.0万吨、同比增长38.3%，汽油产量201.6万吨、同比下降11.9%，柴油产量159.5万吨、同比下降18.6%。当前全力保障能源供给安全的大环境没有改变，石油稳产增供的态势仍将持续。初步预计，2023年全省原油产量190万吨左右，原油加工量915万吨左右，与上年基本持平。

石油基础设施建设不断完善。省内油品充足供应有赖于产供储销体系的不断完善。2023年，锦州—郑州成品油管道全线贯通，以郑州为枢纽的油品骨干网络进一步拓展。采油一厂南阳区域产能建设工程、洛阳—新郑机场航煤管道等项目加快推进。

（二）成品油价格呈窄幅上涨走势

2023年国际原油价格水平较上年有所下降。中东地区是世界最大的石油生产与出口区域，巴以冲突引发市场对国际油价的担忧，国际油价迎来新一轮上涨，后续国际油价有进一步突破的可能，整体或将高位宽幅震荡。1~3月，受经济层面忧虑影响，油价上行乏力；3~4月，主要受多个产油国额外减产表态影响，油价出现阶段性反弹；4月中旬后油价再次跌落，态势延续至6月底；下半年，受供需两侧持续博弈等因素影响，国际石油价格持续上升，实现触底回升（见图1）。总体来看，1~10月国际油价经历"下跌—回升—下跌—回升"的两轮循环，整体价格水平较上年同期低17.9%。

受国际油价波动影响，在当前价格传导机制下，2023年河南成品油价格整体呈窄幅上涨走势，整体水平低于上年（见图2）。截至2023年10月底，国内成品油价格共上调10次，下调8次，整体价格水平较上年同期低5.2%。

（三）产品结构优化取得重大突破

当前，随着新能源汽车的快速发展，成品油消费增速进入换挡期，但石化产品需求保持快速增长，"多油少化"问题凸显。乙烯作为石油化工产业的中游产品，是打造下游高端化工材料产业集群、推动延链补链强链的关键

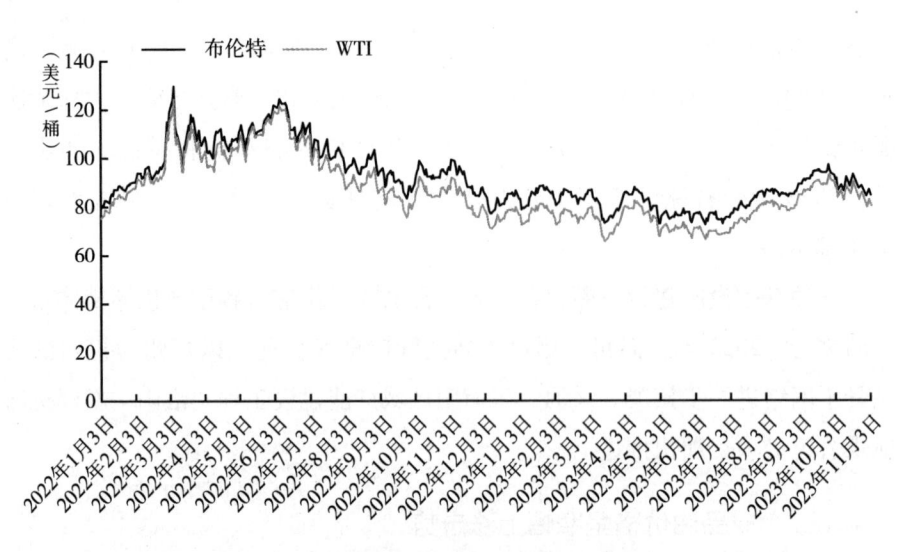

图1　2022~2023年国际原油期货价格走势

资料来源：布伦特、WTI期货数据。

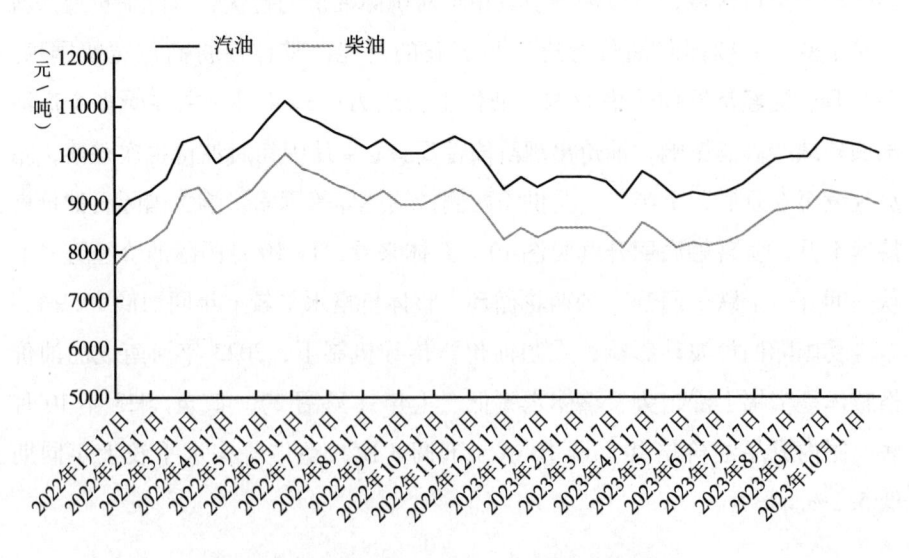

图2　2022~2023年河南汽柴油价格调整

资料来源：2023年国内成品油价格调整日历，参见中国金融信息网。

环节（见图3）。2023年5月，中石化洛阳百万吨乙烯项目开工建设，催生了大量乙烯及其关联产业的产品创新需求，为河南石化产业产品结构调整提供重大契机。项目建成后，将延伸发展下游茂金属聚乙烯、高压聚乙烯等高端石化产品，年产各类化工产品约 300 万吨。该项目将推动河南石化产业朝规模化、高端化、绿色化方向转型升级，将洛阳加快打造成国内一流绿色石化先进材料产业基地。

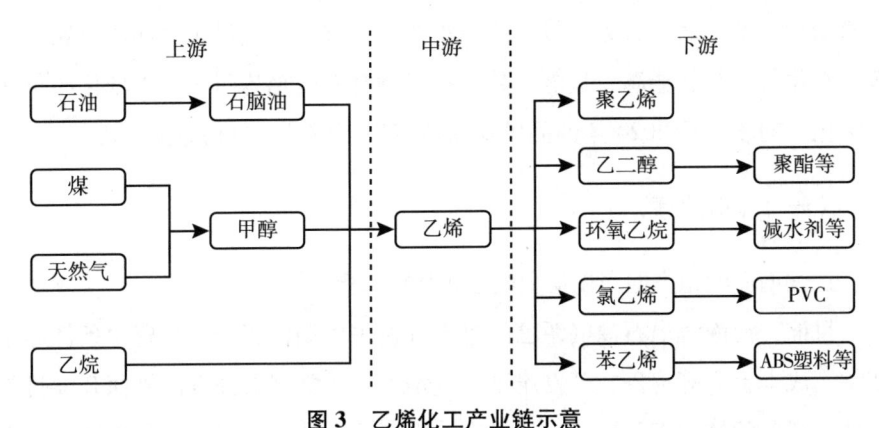

图 3　乙烯化工产业链示意

（四）跨行业融合发展加速推进

2023 年是加快郑汴洛濮氢走廊建设、推动全省氢能产业发展的重要一年。《郑汴洛濮氢走廊规划建设 2023 年 20 项重点工作清单》出台，明确提出拓展河南省与中石化氢能领域合作，由中石化牵头 25 个氢能重点项目，为石化产业低碳转型发展提供更明确的方向与收益渠道，河南石化产业与氢能产业融合发展态势向好。一是石化行业可以加大在电解水制氢、储氢碳纤维材料、加氢系统装备、氢能智能管控等产品研发力度，并可以在河南优先布局、落地实施。二是在已有加油站的基础上增加加氢功能，打造高速氢走廊示范专线，开展非交通领域氢能应用示范，叠加石化行业副产氢气丰富、品质好、价格低的优势，降低行业低碳转型成本。三是石化企业制氢项目进展顺利。2023 年 8 月，中原油田绿氢制造项目建成投产，日产高纯度绿氢 1.12 吨，预计未来五年内，中原油田将建成年产能 4500 吨的中石化豫北地区"绿氢"供应中心。当前，开封东大化工 16 兆瓦光伏制氢示范项目也在积极推进。

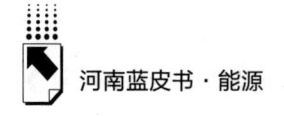

二 2024年河南省石油行业形势展望

在实现"双碳"战略目标、构建新型能源体系的任务要求下,当前河南原油稳产增产面临较大挑战,石油消费领域继续从燃料属性向原料属性过渡,石化行业与新能源、氢能、数字技术融合发展趋势明显,市场化改革逐步深化。初步预计2024年油品供需保持宽松,成品油价格有所上涨。

(一)面临形势

1. 河南原油稳产增产和安全供应面临较大挑战

目前,河南省内石油资源已经进入开发中后期,普遍存在资源条件逐年变差、成本上升等现象,开发难度日益增大。非常规石油资源勘探开发目前仍处于局部领域探索阶段,大规模商业性开采的技术和经济可行性还有待进一步验证。同时,河南石油自给能力有限,受国内石油供应整体充裕度影响较大。我国作为能源消费大国和最大石油进口国,石油对外依存度较高。俄乌冲突叠加巴以冲突,世界正面临冷战结束以来前所未有之大动荡时期,全球能源供应稳定性和有序性面临新挑战,能源发展的外部环境友好性逐步降低,不确定性骤增,国内石油供应潜在风险较大,这对省内油气行业完善基础设施建设、推动多元化供应提出更高要求。

2. 石油消费逐步实现燃料属性向原料属性过渡

油品的消费主要分为燃料、原料两大类。燃料用途包括汽油、煤油、柴油、燃料油等,主要用于交通部门;原料用途主要在工业领域。随着新能源汽车行业的快速发展及市场替代,未来石油的原料属性将进一步凸显,但原料用油需求难以弥补燃料用油需求的下降,石油消费增长即将见顶,在较长时间内仍将保持较大的消费规模。据测算,碳达峰背景下,中国石油消费量大概率在2030年前达峰,峰值7.8亿吨左右,2060年降至2.5亿吨左右。其中,化工用油在较长一个时期内仍将保持稳步增长,其占石油消费的比例预计将由当前的44%增至2060年的约60%。河南省发布《关于"十四五"

推动河南省化工行业高质量发展的指导意见》，提出到2025年培育形成以洛阳石化、洛阳炼化等为龙头的2个超千亿元化工产业集群，加快推动石化行业产品结构升级，围绕新能源、汽车、医疗、绿色农业等领域，积极开展高质量、高附加值产品的研制开发，以日益增长的化工产品需求为重点，加快相关行业领域发展。

3. 能源低碳转型推动行业融合发展新模式形成

习近平总书记指出："绿色低碳发展，这是潮流趋势，顺之者昌。"①"双碳"目标下我国加快优化顶层设计、完善政策供给，对低碳转型发展提出了具体要求，也为石化行业加快与清洁能源、新兴技术融合发展，推动低碳转型提供了更多契机。"石化+新能源"方面，2023年3月，国家能源局发布《加快油气勘探开发与新能源融合发展行动方案（2023—2025年）》，大力推动油气勘探开发与新能源融合发展，积极扩大油气企业开发利用绿电规模。到2025年，通过低成本绿电支撑减氧空气驱、二氧化碳驱、稠油热采电加热辅助等三次采油方式累计增产原油200万吨以上；加快开发利用地热、风能和太阳能资源，积极推进环境友好、节能减排、多能融合的油气生产体系，努力打造"低碳""零碳"油气田。"石化+氢能"方面，氢能作为零碳原材料、零碳高密度燃料、零碳超长时储能，是用能终端实现绿色低碳转型的重要载体。石化企业油田矿区一般占地面积大、光照充分、风力充足，电解水制氢具备良好的条件，石化企业正积极促进氢能规模化、效益化、产业化发展。中原油田的中石化兆瓦级可再生电力电解水制氢示范项目，为河南绿氢产业发展提供了可复制、可推广的示范案例。"石化+数字技术"方面，以云计算、大数据、物联网等为代表的数字技术成为驱动石化行业转型发展的重要手段。《关于加快推进能源数字化智能化发展的若干意见》提出，全面支撑能源行业数字技术与能源产业融合发展、提质增效。与新能源、氢能、数字技术的融合发展，为河南石化行业低碳转型发展指明了方向。

---

① 《能源的饭碗必须端在自己手里》，《人民日报》2022年8月17日，第1版。

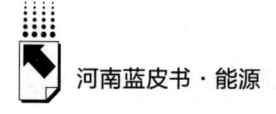

4. 市场化改革推动全国能源市场建设有序推进

近年来,国际能源环境发生较大变化,极端气候对能源供需的影响范围更广、幅度更大、时长更长,能源安全问题比以往更加严峻。2023年7月,中央全面深化改革委员会第二次会议审议通过的《关于进一步深化石油天然气市场体系改革提升国家油气安全保障能力的实施意见》,从上、中、下游体制机制改革,深化石油天然气市场体系改革,加大市场监管力度,深化油气储备等四个方面对今后油气发展提出指引。同时,《中共中央 国务院关于加快建设全国统一大市场的意见》提出,在有效保障能源安全供应的前提下,结合实现碳达峰碳中和目标任务,有序推进全国能源市场建设。目前我国只有原油期货品种,还没有成品油期货市场,相关品种基准价格的形成机制尚不完善。河南石化行业需要密切关注油气领域市场化改革和能源市场建设的新动态,依靠规则统一、竞争充分、运行有序的能源市场确保省内各类油品稳定供应。

(二)2024年河南省石油行业供需形势研判

1. 原油产量基本保持稳定

河南两大油田经历几十年开发,石油资源已相对匮乏,综合考虑现有石油资源发掘情况,预计2024年,河南省原油产量基本可保持190万吨。省内炼化所需原油仍需大量从外省调入,需继续加强与中石油、中石化等上游企业沟通衔接,及时掌握全省资源供应保障情况,协调中海油以代输、串换等方式为全省提供更多资源。

2. 成品油供需整体保持宽松态势

需求方面,随着国家支持新能源汽车行业发展的一系列文件出台,电动汽车的产销量大幅提升。河南省新能源汽车保有量从2019年的25万台,阶跃式增长至2023年9月的超100万台。电动汽车提质降价、充电设施不断完善,电动车对燃油车大范围替代阶段已经开启,全省成品油消费增长受到一定影响。随着经济持续稳定恢复,基础设施投资将拉动柴油消费增长,航空运输业、水上运输业增长将带动燃料油消费增长,成品油消费可能会继续保持小幅增长。综合预判，2024年河南成品油消费量约1700万吨，同比增长6.3%。油品供应方面，全国炼油产能整体处于过剩状态，预计河南成品油供应延续宽松态势，成品油供需整体基本平衡。

3. 成品油价格仍将高位震荡

全球地缘冲突形势日益严峻，经济因素交叠更加复杂，整体来看，全球石油仍处于去库存状态，供需整体持续偏紧，预计2024年国际油价大概率将维持较高位波动。综合判断，受国际油价走势影响，河南省汽、柴油零售价格将仍呈现高位震荡态势。

三 河南省石油行业发展对策建议

2024年是深入实施"十四五"规划的攻坚之年，河南石油行业立足服务全省"十大战略"，坚持"项目为王"鲜明导向，紧紧围绕构建清洁低碳安全高效的能源体系，一体推进减碳增绿、减油增化、减能延链，着力加强产供储销体系建设，切实保障油品安全供应，着力推动产品结构调整，推动行业低碳、数字化转型，为建设现代化河南提供坚实支撑。

（一）全面夯实石油能源安全保障能力

能源安全是关系全省经济社会发展的全局性战略问题，是实现能源高质量发展的重要保障。河南省应着力推动构建石化行业产供储销体系，深化行业上、中、下游环节体制机制改革，增强石化行业能源资源安全保障能力，打造坚实稳固的石油能源安全保障体系。一是增加原油生产供应，加大全省石油勘探开发投入，推动石油资源增储上产。加快页岩气、煤层气、致密油气等非常规油气资源规模化勘查和开发。二是持续夯实石油能源储备，建立健全石油储备体系，加强石油储备能力建设，构建稳定高效的石油储备系统，提升石油储备应急和调节能力。以油气输送管道保护隐患整治和培训演练为抓手，着力提升全省管道安全运行水平。三是规范成品油市场秩序，加强成品油价格监管，严格排查价格欺诈等不正当行为进入市场，强力堵截不合格油品的市场流通。推动落实国家关于成品油行业整治工作部署,持续做好成品油行业整治工作,对可能涉及的一次炼油企业和二次炼油能力企业进行全面排查。

(二)聚力培育拓展现代石化产业集群

加快推动战略性新兴产业集群发展,积极培育现代石化产业集群,对河南打造现代化产业体系新支柱、培育区域经济发展新引擎意义重大。河南要着重做大产业集群规模,持续增强产业集群韧性,推动提升产业集群质效,不断激发产业集群活力。一是建成中西部地区最具影响力的高端石化产业集群。以洛阳石化为龙头,依托千万吨级炼油产能基础,依托百万吨乙烯及下游配套项目、百万吨芳烃产业链项目,带动焦作、济源等地协同融合发展。二是持续拉动石化产业链产品需求,培育形成郑州新能源汽车、洛阳新能源电池、濮阳氢能产业、鹤壁尼龙小镇等一批新产业园区,着力构建完整的产业链条,持续打造空间上高度集聚、上下游紧密协同、供应链节约高效的产业链集群。三是建成全国最大的生物降解材料和高端功能性新材料产业集群,以濮阳、鹤壁、商丘、义马为主,支持河南能源"1+4"产业集群建设,着力打造"1个"全系列生物降解材料产业,做优做强"4个"高端功能性新材料产业。

(三)多元驱动石化行业绿色低碳转型

在"双碳"大背景下,积极推进新型能源体系规划,服务构建新型电力系统,走清洁化、高端化路线,全面提升绿色发展水平,是石化行业实现绿色低碳转型的必由之路。一是加强新能源产业融合发展。推进油气勘探开发过程绿色低碳,借助风光等清洁可再生能源,大力发展CCUS技术,推动CCUS项目在驱油利用领域工业化应用和产业链延伸。立足服务河南"十大战略",围绕资源开发带动产业发展,制定体系化、可操作的行动方案,就整合、共建风光地热等资源引进企业培育产业进行系统研究探索。二是推动氢能产业链发展。依托濮阳中原油田兆瓦级可再生电力电解水制氢项目,完善加氢站等基础设施建设,推动氢能产业链上下游企业深度整合,带动氢能产业发展。三是加快油气传统企业转向"油气热电氢"综合服务商，推动老区节能降碳、新区清洁替代、拓展新兴市场，推动形成产品多样化、高端化、清洁化的新模式新业态。四是深入开展节能降碳管理。深入挖掘行业节能潜力，持续深入推进节能降耗改造。积极打造绿色工厂、绿色园区、绿色产品，逐步构建绿色制造体系，促进行业低碳转型。

（四）数智化赋能石油化工行业提质增效

能源产业是经济社会发展的基础支撑，能源产业与数字技术融合发展是能源产业基础高级化、产业链现代化的重要推动力。石化产业作为重要传统产业，具备坚实的产业基础和广阔的市场空间，加快推动行业数字化转型，对推动河南企业重塑新优势、构建现代化产业体系、实现经济高质量发展意义重大。一是以提升行业安全环保智能化管理为目标，汇集行业基础数据，构建数字化网络管理体系，构建以云服务、云计算等新一代信息技术为核心的"开发—响应—运营"生产经营管理系统，加强生产全流程数字化管理水平。二是针对精细化工大而不强、粗放不精细等难题，充分推进大数据、人工智能和区块链等数智技术与行业深度融合，加强科技创新成果培育，采用高效节能技术、高剪切反应技术和过程强化技术，推进河南石化行业提升生产过程智能化、精细化水平。三是发展能源数据经济，在整合石油化工大数据分析应用场景基础上，急用先行、先易后难研究开发石油化工行业领域监测预警分析应用，提升全省能源安全管理数字化水平。

参考文献

国家能源局：《加快油气勘探开发与新能源融合发展行动方案（2023—2025年）》。
国家能源局：《关于加快推进能源数字化智能化发展的若干意见》。
河南省人民政府办公厅：《关于印发河南省氢能产业发展中长期规划（2022—2035年）和郑汴洛濮氢走廊规划建设工作方案的通知》。
河南省工业和信息化厅：《关于"十四五"推动河南省化工行业高质量发展的指导

意见》。

河南省人民政府：《河南省建设制造强省三年行动计划（2023—2025年）》。

河南省发展改革委：《郑汴洛濮氢走廊规划建设2023年20项重点工作清单》。

河南省发展改革委：《河南省2023—2024年重点领域节能降碳改造实施方案》。

河南省人民政府办公厅：《河南省人民政府办公厅关于促进煤电行业持续健康发展的通知》。

B.4
2023~2024年河南省天然气行业发展形势分析与展望

柴喆 邓振立*

摘 要： 2023年，河南省天然气行业面对复杂严峻的国际环境，不断完善天然气基础设施，稳步提升输储能力，确保全年天然气供需平衡，有效保障了经济社会健康发展。随着城镇化推进、管网设施完善，预计2024年全省天然气消费将呈现增长趋势，全年天然气消费量约128亿立方米。河南省应在构建新型能源体系过程中，进一步扩大天然气终端消费规模，不断完善产供储销体系，布局多元低碳业务，利用数智化技术推动天然气行业高质量发展。

关键词： 天然气行业 产供储销体系 价格联动机制 河南省

2023年，俄乌冲突对天然气供给影响减弱，国际天然气价格恢复至危机前水平，但与此同时，巴以冲突、澳大利亚工人罢工等突发事件给天然气行业带来新的挑战。面对复杂严峻的外部形势，全省天然气基础设施不断完善、输储能力稳步提升、城燃企业数智化转型加速推进，天然气供应和应急保障能力不断加强，经营质效显著提升，天然气行业保持健康稳定发展的态势。2024年，随着全省经济稳中向好、稳中提质、动能增强，天然气消费有望实现快速增长，河南省天然气行业应继续推广生产生活用气、加强天然气基础

---

* 柴喆，工学硕士，国网河南省电力公司经济技术研究院工程师，研究方向为能源电力经济与企业发展战略；邓振立，工学硕士，国网河南省电力公司经济技术研究院工程师，研究方向为能源电力规划和转型。

设施建设、推动天然气与可再生能源融合发展、提升行业数字化智能化水平，进一步完善产供储销体系，提升行业经营效益，推动行业高质量发展。

一 2023年河南省天然气行业发展情况分析

2023年，河南省天然气行业深入贯彻党中央、省委省政府决策部署，坚持把保障天然气安全供应放在首位，加快天然气行业产供储销体系建设，天然气基础设施不断完善、输配和储备能力稳步提升、城燃企业数智化转型加速推进，天然气供应和应急保障能力不断加强，全年天然气供应保障稳定可靠，供需整体平稳。

（一）天然气消费回落，供应保障充足可靠

天然气消费有所回落。1~10月，全省天然气消费量95.7亿立方米，同比下降6.7%。一方面，由于拉尼娜事件结束，年初冬季气温有所回升，居民壁挂炉及供暖锅炉的用气需求明显下降；另一方面，调峰发电用气量下降，1~10月全省燃气发电量较上年同期下降11.5%。考虑到当前全省工业生产持续恢复，交通运输业保持快速增长，第四季度工业、交通用气有望实现增长，全年天然气消费量增速下滑将有所收窄。初步预计，2023年全省天然气消费量120亿立方米，同比下降5%。

天然气生产维持稳定。2023年，河南省加大天然气勘探开发力度，确保天然气产量有序接替，维持天然气产量稳定。1~10月，全省天然气产量1.84亿立方米，同比增长4.1%。考虑省内两大气田资源现状，当前仍以稳产为主，初步判断全年全省天然气产量约2亿立方米，与上年基本持平。

液化天然气价格触底反弹。2023年以来，随着俄乌冲突对能源供给的影响逐渐减弱，天然气价格呈现明显下滑态势。从逐月价格曲线看，河南省液化天然气价格由年初的8000元/吨跌至8月的4000元/吨以下，近期受国内经济复苏、供暖季来临、巴以冲突以及澳大利亚工人罢工等多种因素影响，天然气价格呈触底反弹态势，预计第四季度天然气价格将有所回升，达5000元/吨左右。

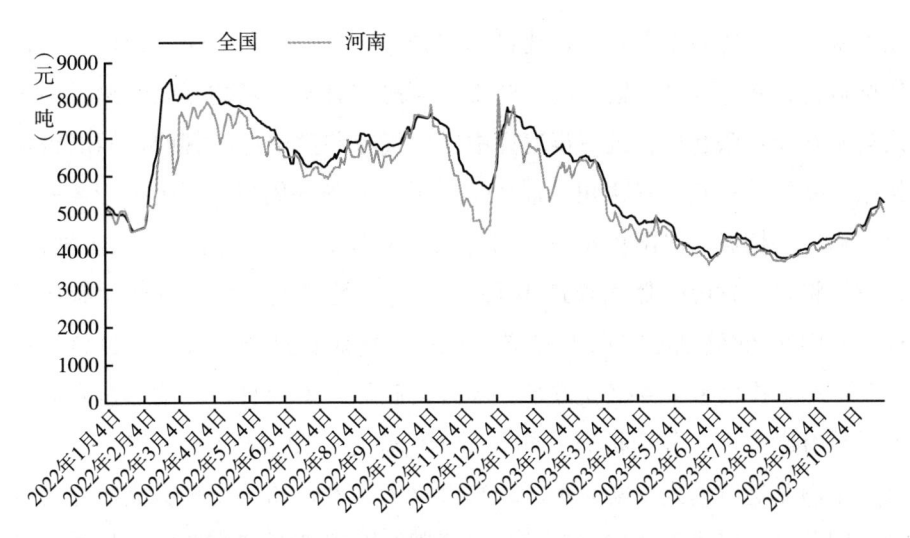

图 1　2022~2023 年全国及河南省天然气价格走势

资料来源：中国石油天然气交易中心。

全年供需保持平衡。河南天然气对外依存度超过 95%，供应主要依托天然气管道由省外引入。为应对外部天然气供应的不确定性，以及部分地区个别时段可能出现供应偏紧状况，一方面，河南省提前与中石油、中石化签订购入合同，落实年度合同气量 107.7 亿立方米，在全国平均压减 10% 合同气量的情况下，保障全省气量未受压减，燃气供应达到较高水平。另一方面，充分利用已建成的文 23 号储气库发挥储气调峰作用。文 23 号储气库自建成以来，已历经四注四采，累计注气突破 110 亿立方米，累计采气突破 42 亿立方米，充分发挥了储气调峰和战略储备的作用。2023 年，在储运均有充足保障的情况下，全年天然气供需保持平衡，未出现天然气短供断供情况。

（二）基础设施不断完善，输储能力稳步提升

2023 年，河南持续完善天然气基础设施，加强与省内外气源合作，不断加强天然气供应保障能力。一是重大输气管道基本建成。西气东输三线河南段管道基本建成，23 条隧道工程已全部贯通，项目年输气能力 300 亿

立方米。二是省内支干线项目建设加快推进。周口—漯河输气管道实现投产试运行，实现西气东输一线、二线及河南省骨架干网的互联互通。中开线与平泰线互联互通，进一步发挥中原储气库和豫中地区管网之间的链接作用。三门峡—新安—伊川、濮阳—鹤壁、开封—周口、博爱—新乡—长垣、周口—柘城、洛阳伊川—郑州薛店共 6 项天然气管道工程加快推进，建成后将增加省内天然气管道 1083 公里。三是储气调峰项目建设有序推进。濮阳文 23 储气库二期工程首座丛式井场成功投产注气，项目整体投产后扩充工作气量 7.4 亿立方米，叶县盐腔储气库项目、平顶山盐穴储气库项目有序推进，分别扩充工作气量 10.56 亿、10.57 亿立方米。四是储气设施商业运营模式不断完善。2023 年 7 月，濮阳市及所辖县完成储气服务合同签订，河南天然气储气设施"两部制"商业运营模式实现地方政府层面落地。

（三）数智化转型加速，生产运营有效赋能

2023 年，河南省天然气行业深入贯彻落实《关于加快推进能源数字化智能化发展的若干意见》，加快推进数智化转型进程，加强智能生产技术装备场景应用，推动油气管网的信息化改造和数字化升级。河南天然气公司以"数字化治理、产业数字化、数字产业化"为主线，基于物联网技术搭建了智慧燃气平台，通过传感器、云计算和大数据分析等技术手段，实现对燃气供应链的全面监控和智能化管理。开封新奥燃气公司推出多种数智化应用产品，应用"智能压力监测终端"系统，对调压设施出口压力阈值进行监控，及时发现压力异常情况，避免发生安全事故，对调压装置性能及健康状态进行诊断，确保用气安全。南阳华润燃气公司打造输配安全"一张图"可视化管理，利用信息化技术打通燃气管网输配端数据及功能连接，利用 GIS 系统实现燃气管网数据信息的可视化、可联动，以燃气数据采集与监测控制、管网地理信息等系统集成，助力燃气输配侧安全管理水平提升。

二 2024年河南省天然气行业发展形势展望

当前,国际天然气市场竞争加剧,国内天然气行业在增储上产、扩大外引规模等措施下,展现出较强的活力,发展态势稳步向好。为推动落实"双碳"战略目标,天然气消费需求仍有一定潜力,而省内天然气生产规模有限,天然气供应仍将依托产供储销体系的不断完善。在新型能源体系和全国统一能源市场建设的大背景下,天然气与新能源、氢能的融合发展呈现新动态,价格机制也在不断完善。考虑到当前经济稳定恢复,初步预计2024年河南省天然气消费量约128亿立方米,供需保持平衡态势。

(一)面临形势

1. 能源安全问题要求天然气安全保障能力进一步提升

持续完善天然气产供储销体系,提升天然气安全保障能力是今后行业发展的主要目标。我国天然气长期以来对外依存度较高,维持在40%左右。当前俄乌冲突、巴以冲突等导致国际能源环境发生较大变化,天然气市场竞争加剧,能源安全问题凸显。2023年7月,中央全面深化改革委员会第二次会议审议通过《关于进一步深化石油天然气市场体系改革提升国家油气安全保障能力的实施意见》,从上、中、下游体制机制改革,深化石油天然气市场体系改革,加大市场监管力度,深化油气储备等四个方面对今后油气发展提出要求。河南天然气行业在上、中、下游都存在不同发展制约,如上游开发环节,河南油气资源有限,天然气增储上产难度较大;中游管输环节,组建了河南省天然气管网有限公司,提升了天然气输送效率,但全省"一张网"仍需补齐,运营机制仍需完善;下游配气环节安全监管需进一步标准和规范。

2. 能源低碳转型推动天然气消费领域需求潜力增长

天然气替代煤炭等高碳能源的减排效果显著。等热值天然气碳排放量较煤炭低40%,在交通领域替代汽柴油,可以实现约30%的二氧化碳减排。

天然气发电作为灵活调节电源，在增强电力系统灵活性、配合新能源调峰、减少弃风弃光等方面也将发挥重要作用。在"双碳"目标背景下，天然气消费量仍有较大增长空间。国家及河南省多项政策鼓励居民生活、工业生产与交通运输提升天然气消费水平。城市燃气消费方面，《"十四五"全国城市基础设施建设规划》提出，要进一步提升城镇管道燃气普及率。工业用气方面，2023年3月，河南省出台《工业领域碳达峰实施方案》，提出有序引导天然气消费，合理引导工业用气和化工原料用气增长。交通用气方面，国家及河南相继出台《"十四五"节能减排综合工作方案》《河南省碳达峰实施方案》等多项政策，提出加快推进LNG在交通领域的高效利用及加注站等基础设施建设，支持船舶使用液化天然气作为燃料，预计2030年河南天然气需求量将提升至200亿立方米。

3. 新型能源体系构建加速天然气多元融合发展

党的二十大报告明确提出要"深入推进能源革命，加快规划建设新型能源体系"。天然气领域重点突出多元化发展、多维推动，聚焦清洁电力、伴生资源、氢能和负碳等领域，打造"天然气+风光电、余压发电、伴生资源、氢能、CCS/CCUS"五大业务链，全力推进"气、电、热、氢"深度融合发展。2023年3月，国家能源局发布《加快油气勘探开发与新能源融合发展行动方案（2023—2025年）》，提出到2025年，大力推动油气勘探开发与新能源融合发展，积极扩大油气企业开发利用绿电规模。通过油气促进新能源高效开发利用，满足油气田提高电气化率新增电力需求，替代勘探开发自用油气，累计清洁替代增加天然气商品供应量约45亿立方米。2023年7月，国家发展改革委发布《产业结构调整指导目录（2023年本，征求意见稿）》，鼓励类新增了天然气与新能源融合发展项目及技术开发与应用。"三桶油"大力推进"增储上产"，积极进行新能源产业建设，未来有望强化新能源产业和油气勘探开发的协同效应，在保障中国能源安全的同时实现产业转型。此外，氢能与天然气的基础设施具有一定相似性。天然气掺氢能实现氢能的大规模储存、高效低成本输送，是降低天然气利用过程碳排放强度以及保障燃气供应的有效途径，推动实现掺氢/纯氢利用协同发展。天然气与新能源融合发展、天然气掺氢等发展新业态为行业扩围发展提供了新思路。

4. 完善上下游价格联动机制推进天然气市场化改革进程

天然气上下游联动价格机制是天然气价格改革体系中的关键一环，居民用气价格联动则是该机制中的一块"硬骨头"。调整天然气基准门站价上浮幅度、缩短上下游联动调价周期、简化联动价格公式等，成为天然气产业上下游联动机制调整的方向。2019年，我国建立了天然气上下游价格联动机制，2021年对其进行了完善。目前，国内非居民用气价格基本实现了市场化，上下游价格联动顺畅；居民用气采取政府指导价，顺价联动较为滞后。2023年9月，国家能源局印发《天然气利用政策（征求意见稿）》，要求落实好天然气上下游价格联动机制，建立健全能涨能降、灵活反映供需变化的终端销售价格形成机制。2023年6月以来，全国20余个地市发布天然气价格联动政策，设置与优化了价格联动的范围、周期和方式，居民用气价格开始纳入联动范围。青岛、西安、南京、济南、兰州、许昌等市调整了居民天然气销售价格。其中，自2023年9月1日起，许昌市居民用气一档和二档标准分别上调0.19元/立方米和0.24元/立方米，天然气上下游价格联动机制有效推动了天然气市场化改革。

（二）2024年河南省天然气供需形势预测

1. 天然气消费保持增长

2024年，随着全省稳经济促发展的政策措施逐步见效，工业生产全面恢复后稳定运行，工业用气需求进一步增长。随着城镇化推进、管网设施完善，河南民用天然气消费需求也有较大增长空间。预计2024年河南省天然气消费量约128亿立方米，同比增长约6.7%。

2. 天然气供给相对稳定

俄乌冲突、巴以冲突对国际天然气市场的影响仍在延续，考虑到国产气持续增长、中俄东线增供、新增LNG进口长协履约，其对国内的影响整体可控，预计2024年中原、南阳两大油田的天然气产量继续保持稳产基调，

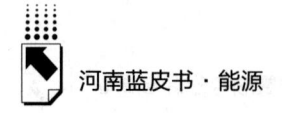

年产量仍可维持在 2 亿立方米左右。

3. 天然气供需保持平衡态势

2024 年，随着省内天然气储备和管网设施的持续完善，以及外气入豫通道的进一步扩容，文 23、文 24、平顶山盐穴储气库等储气库群的进一步增容和完善，储气库运营与 LNG 的使用将更加稳定，河南省天然气供应保障能力将不断提升，预计 2024 年全省天然气供需呈整体平衡态势。

三 河南省天然气行业发展对策建议

面对严峻复杂的全球能源供需形势，2024 年河南省天然气行业应抓住新型能源体系建设关键期，持续扩大天然气终端能源消费规模，加强天然气基础设施建设，提升行业数字化水平，全面提升省内天然气供应保障能力，确保行业健康稳定发展。

（一）推广生产生活用气，扩大天然气终端消费规模

随着"双碳"战略目标的推进，河南省天然气消费量有望保持快速增长态势，需不断扩大天然气在终端能源消费规模，做出碳减排贡献。一是增加城镇燃气消费，依托"气化河南"、"气化乡村"、城镇化等战略，利用北方地区冬季清洁取暖、煤改气等政策优势，持续扩大用户群体，促进城镇燃气消费快速增长。二是增加工业用气消费，依托全省"两个确保""十大战略"等有利政策，扩大冶金、陶瓷、玻璃加工、食品加工、印染、造纸等领域的天然气消费。三是增加交通用气消费，充分利用天然气绿色低碳和安全高效的比较优势，促进交通领域天然气消费快速增长。

（二）加强基础设施建设，完善天然气产供储销体系

为满足全省天然气消费量快速增长的需求，应统筹规划提前部署与天然气消费领域增长相匹配的基础设施，不断健全产供储销体系。一是积极拓展天然气入豫增量，加固多渠道多途径的外引体系。加强与山西、陕西对接，

尽快启动运城—三门峡输气管道建设；加强与新疆等资源产地对接，通过贸易方式引入增量；尽快启动 LNG 现货贸易，开拓海外气源。二是加强省内天然气管网设施互联互通，构建"全省一张网"输配体系。进一步整合省内管网资源，加强国内干线管道、省内管网、县域支线、LNG 接收站、储气库等设施的互联互通，保障天然气供应安全。三是持续提升天然气储气能力，完善应急调峰体系。加快中原油田储气库群、平顶山盐穴储气库等储气基地建设，提升储气应急和调峰能力。四是建立健全需求侧管理机制，完善天然气安全保障体系。以供需预测预警、发展综合协调、需求侧管理和调峰等机制建设为核心，促进天然气行业健康有序发展。

（三）推动融合多元化发展，提升天然气行业经营效益

在未来发展过程中，天然气行业统筹好增储上产和自身转型的问题。一方面大力发展新能源产业，因地制宜推进太阳能、风能在气田矿区的综合利用。通过绿电开发就地就近消纳，持续提升生产环节电气化进程和绿电消纳比例，置换出一定规模油气产品，增加对外供给能力。另一方面推进氢能业务布局。利用天然气管输储运优势，打通制氢、储氢、运氢、用氢产业链，推进低碳制氢、低沉本高效运氢、掺氢/纯氢利用协同发展。依托油气田周边开发的绿电生产绿氢，开展纯氢输送和天然气管道掺氢示范，探索氢能多元化应用场景。

（四）提升数字化智能化水平，推动天然气行业高质量发展

加快推进能源数字化智能化发展，赋能天然气行业数字化智能化转型升级，推动天然气产业基础数字化、产业链现代化。一是打造"智能天然气田"，推进天然气行业生产组织运营模式转型。以数据融合为基础，加快生产全过程智能联动与自动控制；推进项目、投资、设备、销售等领域智能化管控，实现生产数据实时可观可控、生产运行智能调控，提升生产和工作效率。二是打造"智能技服"，建立智能井筒，实现作业现场智能预警、作业参数智能优化，实时监控和分析作业状态。打造工程作业智能支持中心，建

设智能作业现场，提供区域后方集中支持和前端即时响应，提升技术服务水平。三是加快关键技术研发，加快人工智能、物联网等数字技术在能源领域的创新应用，推动跨学科、跨领域融合，促进创新成果的工程化、产业化。

参考文献

住建部、国家发展改革委：《"十四五"全国城市基础设施建设规划》，2022年7月。

河南省工信厅、发改委、生态环境厅：《河南省工业领域碳达峰实施方案》，2023年3月。

国家能源局：《关于加快推进能源数字化智能化发展的若干意见》，2023年3月。

国家能源局：《2023年能源工作指导意见》，2023年4月。

河南省住建厅：《河南省管道燃气特许经营评估管理办法（试行）》，2023年4月。

国家能源局：《天然气利用政策（征求意见稿）》，2023年9月。

B.5
2023~2024年河南省电力行业发展形势分析与展望

于泊宁 邓方钊 司佳楠*

摘 要： 2023年，河南省电力行业全面贯彻国家关于做好能源电力安全保供、加快构建新型电力系统的要求，全力保障全省经济发展和民生用电需求，有力支撑了全省经济的稳步恢复和平稳运行。2024年，随着河南省加快构建新发展格局，新型电力系统建设进入加速建设期，全省电力供需双侧都将面临新的发展机遇与挑战。河南省电力行业应科学规划新型电力系统建设路径，一体推进电力系统"清洁低碳、安全充裕、经济高效、供需协同、灵活智能"发展，为中国式现代化建设河南实践提供坚强电力保障。

关键词： 电力行业 新型电力系统 绿色低碳转型 河南省

2023年是全面贯彻党的二十大精神的开局之年，全省围绕高质量发展这个首要任务和构建新发展格局这个战略任务，锚定"两个确保"，全面实施"十大战略"，全力以赴拼经济、促发展，经济运行持续恢复向好，带动用电负荷两创新高。河南省电力行业深入贯彻落实党中央、省委省政府的决策部署，以"时时放心不下"责任感，全力以赴保障电力平稳有序供应，坚定不移推动清洁低碳转型和电力市场化改革，为全省高质量发展提供了坚

---

* 于泊宁，工学硕士，国网河南省电力公司经济技术研究院工程师，研究方向为能源电力供需与市场分析；邓方钊，工学硕士，国网河南省电力公司经济技术研究院工程师，研究方向为能源电力规划与供需分析；司佳楠，工学硕士，国网河南省电力公司经济技术研究院工程师，研究方向为能源电力供需与市场分析。

强电力保障。2024年，河南省电力行业迈入新型电力系统建设加速转型期，行业发展既迎来难得的有利局面，又面临诸多困难挑战。河南电力行业应紧紧围绕服务全省经济社会发展和能源转型全局，牢牢把握新型电力系统发展特征与建设要求，扛牢电力保供首要职责，加快构建新型电力系统，奋力开创新时代电力行业高质量发展新局面。

一 2023年河南省电力行业发展情况分析

2023年，河南省电力行业坚决贯彻落实党中央、国务院对电力保供工作的决策部署，积极服务省委、省政府"全力以赴拼经济、促发展，着力推动经济平稳健康运行"的工作要求，有力保障生产需求的稳步恢复、重大项目的投产达效，以电力保供的"安全充裕"支撑经济运行的"稳中向好"，充分发挥了地方发展"先行官"的作用。

（一）电量实现稳步增长，用电负荷两创新高

2023年，河南省经济运行稳定向好，全省用电量实现稳步增长。1~10月，河南省全社会用电量3385亿千瓦时，在上年极端酷暑和高用电量基数的基础上，同比增长3.0%。其中，工业用电基本盘"稳"，全省工业用电量同比增长1.7%，发挥了"压舱石"作用。服务业恢复态势"好"，用电量同比增长8.2%，扩内需促消费成效初现。新兴动能增长"快"，高技术及装备制造业用电量同比增长5.5%，汽车、电气机械等多个高端制造业用电同比增长超过10%，制造业产业体系持续提质升级。初步预计，2023年全省全社会用电量约4065亿千瓦时，同比增长4.0%。

度夏期间，全省范围内出现连续高温天气，用电负荷持续攀升。一是最大负荷峰值高，2023年全省最大用电负荷7917万千瓦，两创历史新高，其中大负荷时刻降温负荷占比达50%。二是用电高峰持续长，2023年7~8月，共有48天用电负荷超过6000万千瓦，为2022年同期的1.5倍。三是负荷特征有变化，受2022年12月分时电价调整等因素影响，夏季用电高峰由午间向晚

间转移的趋势更加明显,"七下八上"用电高峰期内,共有19天最大负荷出现在晚高峰,较2022年增加5天,晚高峰较午高峰高出200万~300万千瓦。

(二)省内电源保障坚实,区外来电争取有力

2023年,河南省电力行业及早布局、多方谋划,通过政企协同、综合施策,全力以赴打赢迎峰度夏电力保供关键战役,守牢民生用电安全底线。

一次能源保障到位。2023年度夏期间,河南省电力行业凝聚多方合力、强化政企协同,发电、电网、贸易等行业上下游各企业积极配合各地主管部门,坚决落实电煤中长期合同签约履约各项工作,严格执行"日跟踪、周通报、月督导"机制,夯实煤炭保供稳价基础,推动全省电煤库存以1147万吨的历史高位入夏,度夏期间电煤库存日均保持1000万吨以上。在全国合同气量平均压减10%的情况下,完成燃气电站购气1.45亿立方米,同比增幅近三成,筑牢电力保供坚实根基。

电源挖潜做细做实。全省发电机组检修工作提前高质量完成,首次实现大负荷期间统调煤电机组"全开机、零非停",顶峰能力同比提升200万千瓦。电力调度机构和地方发电企业加强厂网双方协同配合,提高机组管理和发电计划执行水平,协调地方电厂集中有序顶峰,挖掘发电潜力140万千瓦。实现南阳天池新建机组提前顺利投产、小浪底电厂首次"浑水"发电,做到省内电源"应发尽发、能用尽用"。

争取外购电力量大价优。度夏期间,购入外电电量205亿千瓦时,同比增长18.3%;午、晚高峰中长期签约电力分别达1372万千瓦、1070万千瓦,同比增长64.3%、25.7%,均创历史新高。争取度夏高峰时段天中直流配套电源闲置电力通过青豫直流转送河南,推动青豫直流晚高峰时段最大输送电力提升约150万千瓦,促成建立华中网内互济机制,最大限度发挥区外电力的保供支撑作用。

(三)技术政策双轮驱动,能源转型步伐加快

清洁能源占比进一步提升。截至2023年10月,全省全口径装机13553

万千瓦，风电、光伏合计装机突破 5000 万千瓦大关，达到 5577 万千瓦，占总装机比重超过四成，较 2022 年底提高 5.8 个百分点。其中，分布式光伏新增装机 1148 万千瓦，占新增光伏装机的比重达 99%，新增规模居全国第一。全省全口径发电量 2831 亿千瓦时，同比增长 1.1%，其中风电、光伏合计发电量 614 亿千瓦时，同比增长 24.5%，占全部发电量的 21.7%（见图 1）。全省新能源最大出力突破 2000 万千瓦大关，度夏期间新能源午间常态化出力已达 1800 万千瓦。

节能降碳清洁替代持续推进。重点推动煤电机组"三改联动"，2023 年共开展 8 台、391 万千瓦煤电机组的节能、供热、灵活性改造。有序开展垃圾发电等项目建设，截至 2023 年 10 月，新增垃圾发电装机 15 万千瓦，余热、余压、余气发电装机 50 万千瓦。科学稳妥推进电能替代，聚焦农产品加工、家庭电气化等领域，全面竣工 8842 座烟叶烤房电代煤配套电网工程，上半年完成电能替代电量 4.4 亿千瓦时。

产业技术水平不断提升。自主研发分布式源网荷储协同控制系统，在全

装机占比

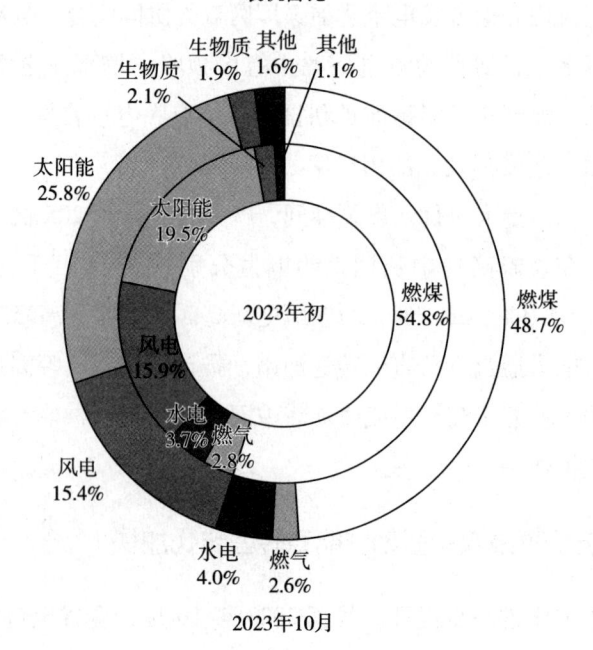

生物质 1.9% 其他 1.6% 其他 1.1%
生物质 2.1%
太阳能 25.8%
太阳能 19.5%
2023年初
燃煤 54.8%
燃煤 48.7%
风电 15.9%
水电 3.7% 燃气 2.8%
风电 15.4%
水电 4.0% 燃气 2.6%

2023年10月

发电量占比

- 太阳能 10.1%
- 生物质 3.7%
- 其他 1.6%
- 风电 11.6%
- 水电 3.8%
- 燃气 0.3
- 燃煤 68.9%

2023年1~10月

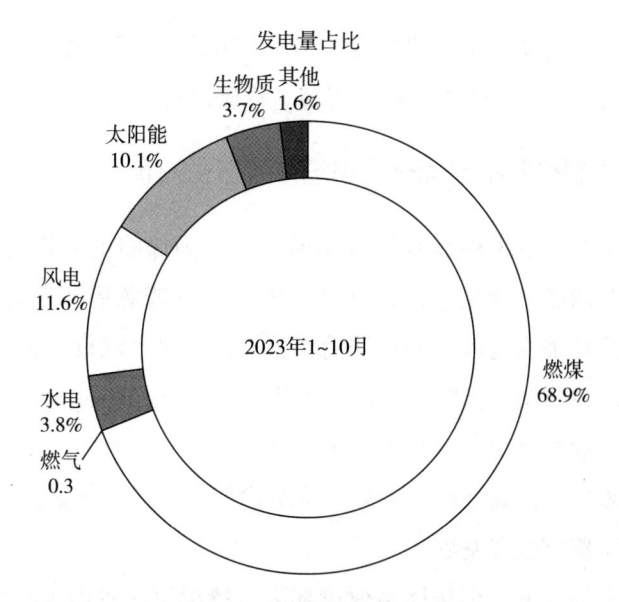

图1 截至2023年10月河南省电源装机及发电量情况

资料来源：国家能源局河南监管办公室公布数据。

国率先实现全省分布式光伏发电项目线上"群调群控"。成功研制全球最长风电叶片，为支撑全球单机功率最大的风电机组研发贡献"河南力量"。全省首个"双碳"经济产业标杆示范项目明阳绿色能源装备制造产业园在信阳市豫东南高新区正式开工建设，带动清洁能源装备制造能力持续提升。成功举办第二届全国农村能源发展大会暨清洁能源装备展览会，联动政产学研多方智慧，推进乡村电气化、清洁用能与建筑节能、新型储能技术等加快发展。

政策引领坚强有力。河南省先后印发《河南省新能源和可再生能源发展"十四五"规划》《2023年首批市场化并网风电、光伏发电项目开发方案》《关于促进分布式光伏发电行业健康可持续发展的通知》《关于加快新型储能发展的实施意见》等一系列政策文件，明确"十四五"期间可再生能源的发展目标和重点任务，规范新能源项目管理。在全国率先明确新能源配储财政奖补政策，加大在上网电价、容量租赁、电网调度等方面对新型储能的支持力度，新型储能规划规模居全国第一方阵。出台《河南省电动汽车充电基础设施建设三年行动方案（2023—2025年）》，加快构建覆盖全省的智能充电网络，进一步引导绿色消费、低碳出行。

（四）体制机制不断优化，市场体系日益完善

适应新型电力系统的体制机制不断完善。为保障电力系统安全稳定运行、促进新型储能产业发展，2023年7月，国家能源局河南监管办公室颁布《河南新型储能参与电力调峰辅助服务市场规则（试行）》，引导新型储能充分发挥调节作用，保障新兴市场主体合理收益。贯彻落实国家第三监管周期省级电网输配电价调整精神，从用户分类、电价制式、成本差异等多个方位，进一步优化提高河南省输配电价结构和水平，为行业良好运行、更好服务地方发展奠定坚实基础。

稳步落实统一电力市场体系建设部署。持续深化省内多品种、多周期、高频次电力市场建设，首次组织开展省内电力中长期市场日滚动交易，基本建成中长期连续运营、多品种融合、标准化合约买卖的新机制，有效降低市场风险、满足市场主体灵活交易和合同调整需求，助力电力保供与新型能源体系建设。持续推进以月为周期的电力现货结算试运行前期准备工作，基本具备开展电力现货结算试运行条件。组织开展首次绿电交易，共有5家新能源企业与4家售电公司完成交易，成交电量0.38亿千瓦时，成交均价0.4534元/千瓦时。

（五）服务发展亮点纷呈，惠及民生成果丰硕

全力服务经济发展。2023年春节期间，配合省政府出台阶段性用电优惠稳岗稳产政策，减免工业电费近3亿元，助力全省经济运行取得"开门红"。创新研发工业税电用工指数，及时客观反映全省工业运行状态，服务政府统筹谋划、精准施策。扎实推进郑州比亚迪新能源产业园、洛阳宁德时代生产基地等省内重点项目的配套工程建设工作，切实保障企业用电需求，助力河南加快建设先进制造业强省。持续强化"三零""三省"服务成效，上半年节省用户办电支出15.5亿元，"获得电力"服务水平保持领先。

全力助推乡村振兴。积极服务高标准农田建设，坚实做好"三农"电力服务，全力保障春耕春灌、夏粮抢收、秋收冬播农业用电。持续落实全省1.7万余个光伏扶贫电站管理服务，推进乡村电气化项目建设和农村电网升级发展。倾力打造"村网共建"电力便民服务体系，建立乡村客户用电故障点对点应急快速响应机制，完成全省36个省级示范点建设，推动供电、便民服务入田间、到村头。

二 2024年河南电力行业发展形势展望

2024年，是推动"十四五"规划全面落地的攻坚之年，也是贯彻党中央关于加快构建新型电力系统决策部署的起步之年，全省经济预计保持向好态势，电力系统安全保供能力和清洁低碳水平持续提升，发展环境整体有利。预计2024年全省全社会用电量约4270亿千瓦时，同比增长约5.0%，实现稳步增长。

（一）2024年河南省电力行业发展形势

1. 经济运行企稳向好，发展基础仍需巩固

2023年，河南省经济运行复苏明显，产业结构转型升级进一步加快，消费市场逐步回暖，有效投资平稳增长，积极因素明显增多。2024年，河南经济运行将迎来更加有利的机遇。一是"三个一批"活动滚动接续、压茬推进，大项目、好项目不断落地，重大项目接续投产达产，为经济发展注入强劲动能。二是"万人助万企"活动深入开展，企业经营状况不断好转、育链强链做稳做实，产业链现代化水平不断提高。三是制造业体系硬支撑不断健全，产业集群规模不断扩大，创新能力不断提升。四是扩大内需战略成效初显，重大事项、重大项目2张清单重点突出，供给体系对市场需求的适配性不断提升，发展动能不断增强。整体来看，全省经济发展的向好态势更加稳固，进一步筑牢电力需求增长的基础。

同时，河南省经济运行仍面临一些困难挑战与不确定因素。一是国际形

势依然严峻复杂，世界经济尚未走出困境，进出口贸易环境、能源和原材料市场格局存在较大变数。二是内需潜力尚未充分释放，经济循环有待进一步畅通，房地产、金融等部分领域风险隐患仍未完全化解，市场信心需要继续提振。三是产业结构调整的阵痛期还将持续，省内一些企业在经营、转型等方面仍面临困难。综合来看，全省经济恢复性增长必将是一个波浪式发展、曲折式前进的过程，发展基础尚需进一步巩固。

2. 电力保供能力持续提升，保供挑战依然存在

2023年度夏期间，河南省从电煤库存预警、机组出力考核、区域电网互济等多个方面，持续完善多层次的电力保供措施体系，为今后的电力保供工作提供了宝贵经验。展望2024年，河南电力保供的基础更加坚实。一是能源环境有所好转，随着煤炭进口政策逐步放宽、俄气增供以及国内自产煤、气产能释放，2024年省内电源运行保障基础将得到进一步夯实。二是重点项目陆续建成，洛阳万基电厂竣工，第一、二批省级独立储能电站和风光配储加快落地，煤电兜底能力和新型主体保障能力持续提升。三是外电通道更加完善。驻马店—武汉特高压交流工程于2023年底建成投运，华中电网"日"字形特高压环网逐步成形，叠加青豫直流配套电源陆续投产，青豫直流、鄂豫通道送电功率有望进一步提升。

同时，做好2024年电力保供仍不轻松。一是电力需求刚性增长潜力大，近年来河南省降温、采暖用电需求增长迅速，叠加极端高温等天气频发，电力保供工作仍然面临挑战。二是新能源顶峰能力不足，"十四五"以来河南省净增装机中风电、光伏占比接近90%，全省有效电力供应能力提升有限。2023年8月大负荷期间，晚高峰风电平均出力474千瓦，出力率不足10%，仅为同时段平均负荷的6.6%。三是支撑性电源建设慢，河南省在建煤电项目规模有限，在建的5个煤电项目进度均不及预期。四是外电入豫仍存在不确定性，近年来受端省份在省间电力市场的竞争越发激烈，河南省竞价能力较东部地区偏弱，度夏期间外电支援特别是增购现货的不确定性增大。

3. 电力系统清洁化转型加速，消纳和投资问题日益突出

截至2023年10月，河南省可再生能源装机总量已突破6000万千瓦，提前完成"十四五"规划目标，随着中央深改委《关于深化电力体制改革加快构建新型电力系统的指导意见》出台，新型电力系统的建设目标与路径进一步明确，河南省新型电力系统建设步伐将进一步加快。风电方面，2024年河南省将持续推动风电项目压茬接续发展，预计风电装机增长较2023年有所提速。光伏方面，河南省发布《关于促进分布式光伏发电健康可持续发展的通知》，规范分布式光伏的建设、接入和运行维护，护航分布式光伏有序发展。氢能方面，省政府与中国石化统筹推进郑汴洛濮氢走廊规划建设，氢能的非交通领域应用将拓展深化氢与电的融合发展。

同时，高比例可再生能源接入带来的问题日益突出。一是消纳压力与日俱增，2023年河南首次出现度夏期间因调峰缺口造成新能源弃电，随着风电、光伏装机规模的继续扩大，河南省面临的消纳压力将进一步加大。二是电网运行面临挑战，全省分布式光伏迅猛增长，春秋季午间光伏出力较高、潮流从低电压等级逐级上翻，电力系统安全运行压力加大，对电网、特别是配电网的承载能力提出更高要求。三是电网投资需求持续扩大，随着分布式光伏规模化并网，户用屋顶光伏集中连片接入低压配电网，现有电网条件无法满足电力送出和消纳需求，为加强电网建设、满足分布式电源发展，各级电网需层层补强，建设改造成本巨大。

（二）2024年河南省电力行业发展预测

2024年，河南省电力行业将持续全力推进新型电力系统建设，做好电力保供、能源转型、深化改革等工作，积极服务河南省经济社会发展与产业提质升级，坚决保障高质量发展和民生用电需求。

全社会用电量保持稳定增长。2024年，全省将继续把制造业高质量发展作为主攻方向，实施传统产业优势再造、培育壮大新兴产业，全省制造业向着"能极高、结构优、创新强、融合深、韧性好"的目标不断迈进；市场需求显著扩大，带动交通运输、住宿餐饮等服务业发展进一步向好。预计2024年河南省经济运行将持续向好、动力持续增强、结构持续优化，全省全社会用电量约4270亿千瓦时，同比增长约5.0%，电力需求实现稳步增长。

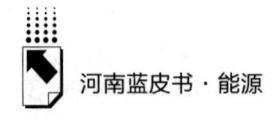

新型电力系统建设扎实推进。装机方面，预计2024年全省电源总装机突破1.5亿千瓦。电源结构进一步优化，新能源装机超过7000万千瓦，占总装机比重接近50%；新型储能装机预计将突破200万千瓦。煤电方面，预计装机约6660万千瓦，电煤供应环境有望进一步宽松，煤电顶峰意愿和能力有所提升。外电方面，随着青豫直流配套电源的投产和受端网架的完善，外电入豫能力将明显提升，为河南省用电需求的增长与清洁用电提供有力支撑。

保供和消纳压力依然存在。2024年，河南省最大用电负荷预计将接近8500万千瓦，受晚间光伏"零出力"特性及青豫直流送电功率较低等因素影响，迎峰度夏度冬局部地区、部分时段存在电力供应短时紧张的可能性。在春秋季午间风电光伏大发时段，预计新能源出力将突破2500万千瓦，电力系统调峰压力将进一步加大。

三 河南省电力行业发展对策建议

2024年，河南电力行业应全面贯彻落实党中央关于加快构建新型电力系统的决策部署，紧紧围绕"清洁低碳、安全充裕、经济高效、供需协同、灵活智能"五个方面，加快推进新型电力系统建设河南实践，以电力行业的高质量发展全力支撑河南经济社会的高质量发展。

（一）促转型，推进用能清洁低碳

清洁低碳是构建新型电力系统的战略目标，新能源大规模发展趋势下，亟须科学合理规划新型电力系统建设路径，推动新能源高质量发展。

一是滚动优化新能源发展规模、布局和时序，有序推进新能源建设。结合河南省电力系统的实际情况滚动测算电网承载能力，优化新能源发展布局和建设时序，有序推动存量和增量项目建设。二是推动分布式新能源高质量发展。根据各地自然资源禀赋实际情况，合理布局新能源多能互补一体化项目。结合地区用电负荷、电网结构、新能源发展规模等因素，加强电网承载能力建设，提高分布式微网调控水平。三是进一步探索绿电绿证交易。建立健全绿电消费激励约束机制，完善绿证交易、强化绿证应用，做好绿电绿证与碳排放交易市场的有效衔接，扩大绿电绿证交易规模。四是持续推进电能终端替代。持续推进工业生产、建筑供冷供暖电能替代，提升建筑电气化水平。加快全省电动汽车充电基础设施建设，有序推动码头岸电设施改造，实现岸电设施普及率100%。

（二）强基础，保障电力安全充裕

安全充裕是构建新型电力系统的重要基础，为满足经济社会快速发展与民生用电需求增长，河南省电力行业应进一步强化政企协同、多方联动，持续做好能源电力保障工作。

一是加强支撑性电源建设。加快已纳规煤电建设，确保许昌能信热电顺利迁建，南阳电厂二期、陕煤信阳等项目按期开工。全力争取新一批清洁高效煤电机组纳入国家电力规划，早日实现核准开工，进一步夯实基础电源保障能力。二是加快调节性电源建设。持续推进洛阳洛宁、信阳五岳、平顶山鲁山等抽水蓄能项目，争取国家早日批复河南省抽水蓄能需求规模。加快新型储能体系发展，持续推进配套政策完善落实，争取已批复独立储能示范项目2024年全部建成投产，研究制定新型储能年度规划建设方案。推动煤电机组调相功能改造，提升电力系统灵活调节能力。三是进一步优化电网结构。持续完善全省"一核五翼"主网架结构，重点实施豫西送出加强、豫北豫中跨黄河加强等输电工程，加强省内区域间电力互济能力，持续推进全省农网巩固提升。四是加强外电资源争取。扩大外电中长期吸纳规模和加大省间长协履约力度，用好各类应急交易模式。加快陕豫直流前期工作，尽快推动主体电源和配套工程开工投产。争取长南Ⅱ回线纳入国家电力规划，完善跨区特高压交流网架，进一步释放现有外电通道输送能力。

（三）优机制，助力市场经济高效

经济高效是高质量发展的必然要求，当前新型电力系统建设正处于加速转型期，新兴市场主体不断涌现、市场态势不断变化，要及时完善适应新型电力系统特点、符合河南省电力行业实际的电力市场体系。

一是进一步优化调整分时电价政策。充分考虑全省新能源发展、区外来电、用电负荷特性等新变化，结合保供和调峰实际需求，进一步优化峰谷时段划分和价格系数，适时考虑出台春秋季深谷电价机制，充分发挥分时电价信号作用，引导负荷削峰填谷，改善调峰状况。二是积极参与省内省间现货市场建设。持续优化中长期、现货交易组织模式和流程，完善拓展省内交易机制和规模，开展多品种、多周期、多频次电力市场交易。在保障省内电力安全稳定供应的前提下，统筹推进煤电机组参与省间现货市场和华中区域备用辅助服务市场，缓解煤电企业经营压力，进而提升度夏度冬关键时段的保供能力。三是不断完善市场规则。研究探索新能源、独立储能参与电力市场的方式，推动储能行业高质量发展。

（四）挖潜力，促进电力供需协同

随着电力系统的加速转型，系统运行特性从"源随荷动"向"源网荷储协同互动"转变，用好用户侧弹性资源、实现源荷互动平衡已成为保障用电充裕、提升系统灵活性的重要调节手段。

一是加强需求响应能力建设。引导用户优化用电行为，加强重点行业电价敏感性分析和响应资源整合，充分释放工业、建筑、交通、居民用电弹性。重点加强空调降温负荷特性研究分析，测算挖掘空调负荷参与需求响应的潜力，提升空调制冷设备的精准调控水平。积极探索电动汽车、5G基站等新兴柔性负荷参与电网调节的方式方法。二是完善创新需求响应机制。进一步优化需求响应补贴制度，提高用户参与积极性，营造良好的市场氛围，积极探索需求响应市场化运营模式。鼓励电力需求侧管理服务机构开展相关服务，满足用户差异化用能需求，实现各类需求响应资源有效整合和分类施策。三是加强负荷控制系统建设，积极探索发展虚拟电厂。持续完善负荷管理体系，探索虚拟电厂运行模式，研究制定虚拟电厂参与电力市场的机制规则。四是加强新能源发电功率和负荷预测技术研究。提升多种时间尺度上的预测精度，建立极端天气下发电能力与负荷需求的预测方法，强化基于源荷互动的调度运行辅助决策和电力系统双向信息交互，推动"源随荷动"向"源网荷储协同互动"模式演进。

（五）谋创新，实现运行灵活智能

随着高比例新能源、高比例电力电子设备的接入，电力系统正逐渐转型成为广阔的数字化能源平台，电力系统数智化建设与创新应用有待进一步探索。

一是推动电力基础设施数字化升级。围绕"云大物移智链边"等新兴技术，提升新能源发电、新型储能、新兴负荷等"源网荷储"各环节的信息采集、处理、应用能力，进一步加强电力生产、传输、分配、消费过程的自动化与智能化水平，提升电力系统安全保障和应急处理能力。二是加强源网荷储协同优化控制。依托各类先进信息和控制技术，统筹源网荷储多环节、集中分布多形态、高中低压多层次海量元素，构建多源数据广泛接入、多方资源统一调度的电力系统协同优化控制平台。三是提高电力数据应用水平。深入开展数据挖掘和治理工作，推动各级各类电力数据联动对接气象、经济、能源等多领域信息，提升电力供需各侧分析预测的准确性、能源电力预警的及时性，全面服务能源电力规划与经济社会运行。四是创新探索电力行业新生态。积极开发多元化智能用电服务，支撑智慧城市、智能工厂、智能楼宇建设，节约用户用能成本，提升社会生产能效。

参考文献

国家发展改革委：《关于第三监管周期省级电网输配电价及有关事项的通知》《关于第三监管周期区域电网输电价格及有关事项的通知》，2023年5月9日。

国家能源局等：《新型电力系统发展蓝皮书》，2023年6月2日。

河南省发展改革委等：《河南省新能源和可再生能源发展"十四五"规划》，2023年4月10日。

河南省人民政府:《关于加快新型储能发展的实施意见》,2023年6月11日。

国家能源局河南监管办:《河南新型储能参与电力调峰辅助服务市场规则(试行)》,2023年7月19日。

河南省人民政府:《河南省电动汽车充电基础设施建设三年行动方案(2023—2025年)》,2023年8月7日。

《河南电力中长期市场实现按日连续开市》,《河南日报》2023年5月27日。

B.6 2023~2024年河南省可再生能源发展形势分析与展望

皇甫霄文 李虎军 宋大为*

摘 要： 2023年，河南统筹能源安全供应和绿色低碳发展，持续推进光伏、风电和抽水蓄能项目建设，大力支持地热能、氢能发展，可再生能源结构和品种进一步优化，产业逐步聚链成势，绿电交易取得新进展，有力推动全省可再生能源高质量跃升发展。2024年，随着关键技术的创新突破和市场机制的不断完善，预计全省可再生能源继续保持高速发展态势。面对日益严峻的电力保供、高效消纳等方面的挑战，河南应抓住重大战略机遇期，推动可再生能源"大规模、市场化、高质量"协同发展，稳步推进可再生能源开发利用大省和可再生能源产业强省建设，为中国式现代化建设河南实践提供绿色能源可靠保障。

关键词： 可再生能源 绿色发展 能源转型 电力消纳 河南省

发展可再生能源是推动能源生产和消费革命、应对气候变化和加快能源转型升级，实现绿色发展的重要途径和举措。2023年，河南按照深入推进能源革命和加快规划建设新型能源体系新要求，大力发展风能、太阳能、生物质能等可再生能源，协同推进新型储能、抽水蓄能、地热能、氢能等能源

---

* 皇甫霄文，工学硕士，国网河南省电力公司经济技术研究院工程师，研究方向为配电网规划与新能源并网；李虎军，工学硕士，国网河南省电力公司经济技术研究院高级工程师，研究方向为能源电力规划与供需分析；宋大为，管理学博士，国网河南省电力公司经济技术研究院高级经济师，研究方向为能源大数据与市场化运营。

的开发，多项指标取得新突破，有力地推动了全省能源结构优化。2024年，面对电力保供和高效消纳的新要求，河南应统筹安全保供和能源转型，坚持统筹协调布局规划，推动新型电力系统建设稳步实施，着力加强科技创新和市场机制"双轮"驱动，充分发挥河南风电、光伏技术竞争优势，加快推进全省能源高质量发展。

一 2023年河南省可再生能源发展情况分析

2023年，国家层面不断完善可再生能源政策体系，促进可再生能源市场化交易和消纳利用，提升可再生能源技术创新和产业竞争力。河南积极响应国家深入推进能源革命和加快建设新型能源体系的新要求，全省可再生能源发展规模达到新高度，技术取得新突破，能源转型呈现新特征。

（一）装机规模实现阶跃，可再生能源进入规模化发展快车道

2023年，河南省面对需求收缩、供给冲击、预期转弱三重压力，坚持全力抓项目强保障、促开工快建设，扩大有效投资。"三个一批"项目滚动实施、持续发力，新能源项目全面加快投资建设。截至2023年10月底，河南可再生能源发电装机6417万千瓦，同比增长36.6%，占全省电源装机总量的47%，相比2022年同期提高了7.3个百分点。其中，光伏装机3496万千瓦，风电装机2081万千瓦，风光合计装机占全省总装机的41%。在禀赋一般、基础较高的情况下，河南在全国率先提前两年完成"十四五"规划设定的5500万千瓦发展目标。生物质装机262万千瓦，同比增加7.3万千瓦；水电装机537万千瓦，同比增加128万千瓦（见图1）；新型储能并网容量40.8万千瓦。第四季度，预计全省可再生能源装机规模进一步扩大，2023年全年新能源装机将有望突破6000万千瓦，可再生能源发电装机将突破6500万千瓦，将首次历史性超过煤电，成为第一大电源。

（二）发电消费占比双升，可再生能源消纳有保证

2023年，河南统筹调配省内省外资源，保障了可再生能源的合理利用

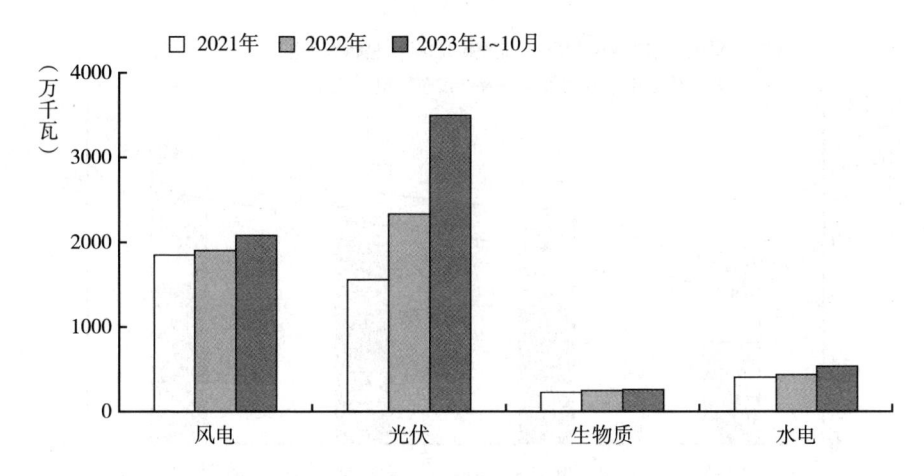

图1　2021年至2023年10月河南省可再生能源装机增长情况

资料来源：国家能源局河南监管办公室公布数据。

水平。1~10月，河南可再生能源发电量827亿千瓦时，同比增长18.7%，占全口径发电量的29.25%，占全省全社会用电量的24.46%，相比上年同期提高3.2个百分点。全省非水可再生能源发电量占总发电量的比重首次突破25%，其中，光伏、风电、生物质、水电发电量分别为287亿、327亿、106亿、108亿千瓦时（见图2），年利用小时数分别为963、1661、4077、2234小时。全省新能源累计利用率为97.70%，其中光伏、风电分别为98.45%、97.06%，与全国利用水平基本相当。预计2023年可再生能源发电量将历史性突破1000亿千瓦时，同比增长超过30%，全年可再生能源电力消费量达到1300亿千瓦时（含外电），可再生能源电力总量消纳责任权重达到32%，可超额完成国家下达的目标任务。

（三）分布式光伏增量全国领跑，技术和管理实现新突破

2023年，河南成为国家能源局指定的分布式光伏承载力提升试点之一。河南大力推动屋顶分布式光伏开发建设，支持多模式创新合作建设户用光伏项目等，推动分布式光伏迅猛增长。技术创新方面，河南以低成本实现全量分布式光伏用户级15分钟级刚性"可观可测"和分布式光伏刚性并离网"可

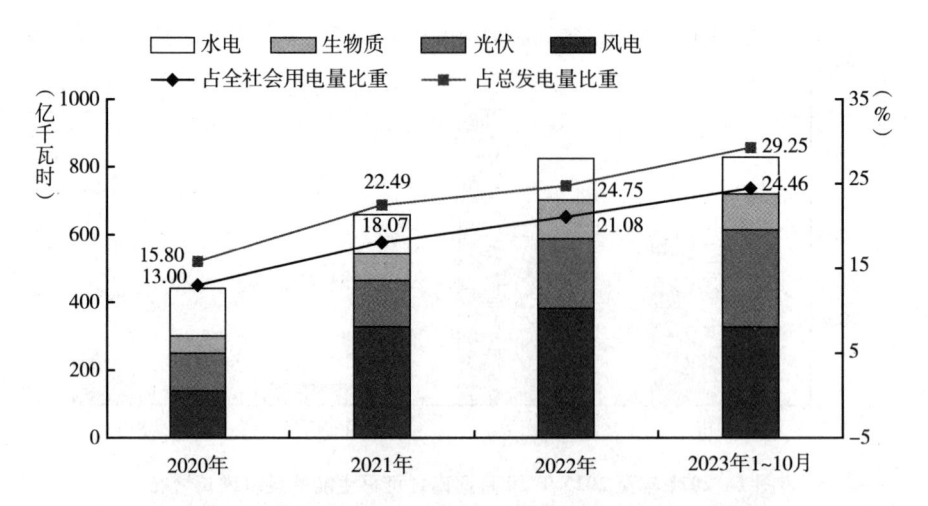

图2 2020年至2023年10月河南省可再生能源发电量增长情况

资料来源：国家能源局河南监管办公室公布数据。

控"操作。在管理方面，河南省印发《关于促进分布式光伏发电行业健康可持续发展的通知》《分布式光伏接入电网技术指导意见》等，规范光伏开发建设。河南在全国率先实现分布式光伏乡镇级红、黄、绿等级评估及可开放容量可视化展示，并将结果定期向社会发布，引导分布式光伏科学有序发展。截至10月，全省分布式光伏总装机达2852万千瓦，其中，2020～2022年和2023年1~10月分别新增115万千瓦、359万千瓦、774万千瓦、1148万千瓦，实现连续阶跃式增长（见图3）。其中，2023年1~10月，月增规模超110万千瓦，户用分布式光伏新增装机897万千瓦，实现连续两年新增规模位居全国第一，户用分布式光伏新增装机超过山东并跃居全国第一。此外，绿电交易取得新进展。8月，省电力交易中心首次开展绿电交易，共有5家新能源企业与4家售电公司达成交易，成交电量0.38亿千瓦时，成交均价0.4534元/千瓦时。

（四）多元化储能同发力，储能赛道开启加速度

抽水蓄能加快推进。2023年，南阳天池项目全部投产，至此河南共有

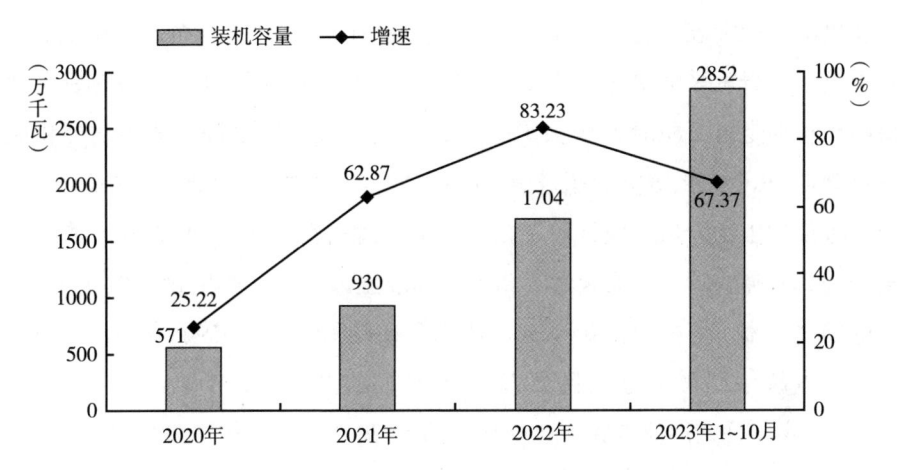

图3　2020年至2023年10月河南省分布式光伏装机及增长情况

资料来源：国家能源局河南监管办公室公布数据。

抽水蓄能电站3座，总装机容量252万千瓦，分别为新乡宝泉抽蓄（120万千瓦）、南阳回龙抽蓄（12万千瓦）、南阳天池抽蓄（120万千瓦）。洛阳洛宁、信阳五岳、鲁山花园沟、辉县九峰山、林州弓上5个项目进展顺利，巩义后寺河、嵩县龙潭沟2个项目计划年底前实质性开工，汝阳菠菜沟项目年底前核准，灵宝窄口、济源逢石河2个项目已开展前期工作。电化学储能提速发展。9月，中国电力姚孟发电100兆瓦/200兆瓦时创孟储能电站首并成功，成为河南首个并网的储能项目。自2022年底以来，河南已公示两批示范项目，总规模达到3.6吉瓦/7.4吉瓦时。第一批示范项目要求于2024年建成投运，第二批示范项目要求2023年1月开工建设，采用磷酸铁锂技术路线的项目在2023年建成投产。压缩空气储能纳入布局。河南信阳与豫东南高新区、中国科学院工程热物理研究所和中储国能公司签订战略合作协议，300兆瓦压缩空气储能示范项目已成功落地，加速了大规模压缩空气储能技术在河南省的应用及规模化推广，助力河南新型储能产业高质量发展。

（五）非电利用多点突破，可再生能源利用拓展多渠道

地热供暖稳步推进。根据河南地热勘探结果，截至2020年底，全省地热能供暖面积突破1亿平方米，占全国总规模的23%以上。全省浅层地热能资源及干热岩可采资源潜力共计19亿吨标准煤，中深层水热型地热资源热储面积达到全省面积的30%。2023年，河南待办理取水许可的地热能供暖项目共计79个，供暖能力超过1600万平方米。生物质天然气成效显著。河南兰考仪封生物天然气项目竣工投产，年处理畜禽粪污约20万吨，农作物秸秆约3万吨，日产生物天然气2.5万标准立方米，年产生物天然气912.5万标准立方米。氢能取得新进展。河南濮阳中原油田的中国石化兆瓦级可再生电力电解水制氢示范项目2022年底顺利投产，可日产高纯度"绿氢"1.12吨。《郑汴洛濮氢走廊规划建设2023年20项重点工作清单》发布，2023年推广氢车1055辆、投资67亿元。"零碳工厂"实现突破。德力西电气濮阳基地，被工信部机构授予"零碳工厂"证书，是河南省首个"零碳工厂"，可每年输送绿色电能220万千瓦时以上，减少碳排放1500多吨，节约电费超过150万元，实现经济效益和生态效益"双丰收"。全球首座重量级甲醇工厂落户。河南安阳迎来全球首个十万吨级绿色低碳甲醇项目，该项目每年产能为甲醇11万吨、液化天然气7万吨，预计年创收5.6亿元，每年可减排二氧化碳16万吨，相当于每年新增森林面积16万亩。

（六）新能源产业链逐步延伸，蓄积产业发展新势能

河南风电产业链逐步完善。近年来，河南加快推进新能源开发与装备制造联动发展，以濮阳、信阳、安阳、许昌四大风电生产制造基地为核心，引进了明阳智慧、天能集团、远景能源、许继风电等头部企业，带动风电零部件企业发展，实现风机、塔筒、叶片等风力发电装置"三大件"实质落地。2023年，河南建成全省首个风储装备制造产业基地，同时拥有全国单机容量最大（容量7兆瓦）的陆上风电装备制造基地，再创全球最长105米陆上风电叶片生产线，企业智能装机市场份额不断扩大，年产值超100亿元。光伏产业链持续延伸。平煤隆基加大与隆基绿能的合作，积极谋划40吉瓦光伏超级工厂项目，力争建成全国规模、技术、质量领先的高效单晶硅电池片生产基地，建成后产值可达到400亿元，利税32亿元，带动就业近万人。在此基础

上，还建设了金萌科技1吉瓦太阳能电池组件、安彩新能年产4800万平方米光伏玻璃等一批新能源企业，为健全光伏全产业链打下了坚实基础。储能产业以点带面加速兴起。继2022年底开封6兆瓦/24兆瓦时全钒液流电池储能示范电站竣工之后，2023年开封时代新能源科技公司加速推进平顶山24兆瓦/96兆瓦时全钒液流电池安全生产保障储能电站项目，其申报的"新一代全钒液流电池储能关键技术及产业化"项目获重大科技专项支持，获得支持资金近2000万元。郑汴洛濮氢走廊夯实产业支撑节点。全省加快构建良好氢能产业生态，在全国率先建成氢能公交示范运营，近4年在郑州累计投入燃料电池公交车323辆，运营里程超过3000万公里，减少二氧化碳排放超3万吨。河南逐步形成"制—储—运—用"全产业发展链条，中原大化、远东科技等13家制氢企业加速兴起。地热产业呈蓬勃之势。河南已逐渐形成集技术研发、项目应用、设备制造于一体的地热产业。中国国家地热能中心河南分中心同国际地热协会签署了《河南省地热领域战略备忘录》，"周口地区地热清洁取暖项目"入选国家能源局中芬能源合作示范项目。

二 2024年河南省可再生能源发展形势展望

2024年，随着河南绿色低碳转型战略深入实施，各项政策、规划及指导意见逐步落实，可再生能源项目储备数量不断增多，各地各企业项目开发热情高涨，可再生能源发电装机将保持快速增长，河南可再生能源将迎来"大规模、高比例、市场化、高质量"协同发展的重大机遇期和攻坚期。同时，河南是农业大省，土地及资源环境约束较强，随着装机规模和占比不断提高，未来发展也将面临多重挑战，可再生能源规模化发展仍是难题，此外，可再生能源的可靠支撑以及高效消纳形势日益严峻，供需矛盾也面临巨大挑战。

（一）发展机遇

1. 全球可再生能源发展势头强劲

加快开发利用可再生能源已成为世界各国的普遍共识和一致行动，2022

年全球可再生能源装机容量创纪录地增加了300吉瓦，由于政策支持、化石燃料价格上涨、太阳能和风能发电项目积极推进，预计2023年全球可再生能源装机容量将新增1/3，2024年全球可再生能源总产能将继续增长，达到4500吉瓦。各国日益重视并持续加大对可再生能源领域的投入，全球绿色低碳转型也为世界经济发展注入新动能，相关领域增长动力强劲，光伏、风电等迈入产业成熟期，大规模电化学储能、氢燃料电池等技术步入市场先导期，推动可再生能源建设成本持续下降和发展业态融合重塑，部分地区可再生能源中标电价屡创新低，经济性显著提升，推动全球能源转型步入快车道。中国在可再生能源领域处于全球领先地位，碳达峰碳中和目标对可再生能源发展提出了新任务和新要求，明确"到2030年非化石能源占一次能源消费比重将达到25%左右，风电、太阳能发电总装机容量将达到12亿千瓦以上"等发展愿景和目标，推动可再生能源规模化发展已成为实现庄严承诺的必然要求，也是负责任大国的主动作为。

2. 系列政策发布推动行业发展规范有序

党的二十大报告提出大力发展可再生能源是推动能源结构转型、实现经济社会绿色发展的重要抓手。2023年，国家聚焦可再生能源"市场与消纳"方面出台一系列政策，市场交易方面，相继出台《关于2023年可再生能源电力消纳责任权重及有关事项的通知》《关于做好可再生能源绿色电力证书全覆盖工作促进可再生能源电力消费的通知》《关于可再生能源绿色电力证书核发有关事项的通知》，打出政策"组合拳"，从明确可再生能源配额，到提出可搭配绿证完成指标，再到规范绿证核发、明确可再生能源绿证全覆盖等具体要求，各政策相互衔接配套，为引导绿色电力消费、促进可再生能源开发利用提供了持续强劲动能。消纳方面，《关于印发开展分布式光伏接入电网承载力及提升措施评估试点工作的通知》选取河南作为全国6个承载力提升试点省份之一，要求积极有序开展试点建设工作，建立完善定期评估和发布等机制，确保分布式光伏"应接尽接"。《关于实施农村电网巩固提升工程的指导意见》指出统筹可再生能源开发、农村负荷增长等情况，有序推进农村电网建设改造，实现分布式可再生能源和多元化负荷的安全可靠、灵活高效接入。

河南充分承接国家政策，围绕全省可再生能源发展需求、行业痛点、新模式新业态培育等方面提出系列政策。《河南省新能源和可再生能源发展"十四五"规划》明确了发展目标、重点任务等，为"十四五"全省可再生能源的发展提供了指南。《关于加快新型储能发展的实施意见》将"十四五"目标从200万千瓦提高到500万千瓦，力争600万千瓦，建设规模居全国第一方阵。《河南省碳达峰实施方案》《河南省城乡建设领域碳达峰行动方案》提出，支持绿色微电网、分布式光伏、储能、区域综合能源等新兴技术和模式应用，加快智能光伏产业创新升级和特色应用。《关于促进分布式光伏发电行业健康可持续发展的通知》《分布式光伏接入电网技术指导意见（暂行）》明确分布式光伏开发红、黄、绿区域，提出储能差异化配置原则，规范备案管理，推行合同约定规范化，强化企业自律行为，为户用光伏健康发展提供制度保障。《关于组织2023年首批市场化并网风电、光伏发电项目申报有关事项的通知》推动煤炭和新能源优化组合、通过火电机组灵活性改造满足市场化项目调峰能力需求。在各项利好政策支持下，河南可再生能源行业发展势头强劲。

3. 新能源建设投资仍保持高位

2024年，河南抽水蓄能、清洁高效煤电、新型储能、充电基础设施、新能源等一批重大项目加快实施，新能源投资仍将保持高位态势。全省能源项目计划投资848.5亿元。其中新能源投资预计300亿元，投资占比35%，新能源领域高强度投资将推动众多新能源重点项目落地见效。风电方面，存量项目2023年全面开工，预计2024年将进入并网高峰。推进实施规模化开发，将促进风电成本进一步下降，产业带动作用得到进一步体现和增强。光伏发电方面，整县（市、区）屋顶光伏开发试点加快建设，将推动一批"光伏+"特色工程落地见效。各地结合土地修复和生态治理需求，按照现行用地政策，因地制宜推动建设大型光伏基地建设。地热方面，将持续加快推动郑州、开封、周口、濮阳4个千万平方米地热能供暖集中连片示范区建设。氢能方面，将持续推动在谈项目尽快落地、落地项目加快建设、试点项目重点实施,在关键装备制造、氢能储运等领域积极谋划实施一批重点项目。生物质方面,推动存量生物质热电联产项目建设,在生物质原料"收储运"产业体系较为完善的部分县域地区加快推进一批综合效益明显的垃圾发电工程、生物天然气示范项目。

4. 全省可再生能源产业发展前景广阔

2024年,河南将坚持"科技引领、创新发展"的原则,以"规模化开发、产业融合集中力量办大事"的思路,引导全省各地在新能源、可再生能源利用上不断加快布局,大力推动可再生能源技术进步、成本下降、效率提升,培育可再生能源新技术新模式新业态,以"示范引领、试点先行、以点带面、整体推进"为主线,加快构建全省绿色零碳产业体系,打造千亿级高端装备产业集群,巩固提升可再生能源产业链供应链现代化水平,持续提高全省可再生能源经济性和产业竞争力。《河南省建设制造强省三年行动计划(2023—2025年)》明确提出,到2025年,形成1~2个世界级、7个万亿级先进制造业集群和28个千亿级现代化产业链。传统产业高端化、智能化、绿色化改造率达80%以上,建成省级及以上绿色园区(工厂)500家,高端制造、智能制造、绿色制造达到全国一流水平。随着河南经济发展进入创新引领加速、质量全面提升的新阶段,河南将以创新带动产业链供应链提高效率、增强韧性,注重产业端与应用端协调并进,持续聚焦可再生能源产业链核心环节,继续引入产业链优质企业,推动可再生能源产业迈向中高端,风能、太阳能等可再生能源产业将成为全省经济发展的重要增长点,氢能、新型储能等未来新兴产业示范带动效应将持续增强,全省迈入协同推进可再生能源开发利用大省和可再生能源产业强省建设的发展新阶段。

(二)面临挑战

1. 可再生能源消纳困难形势严峻,系统午间调峰压力最大

2023年夏末秋初,受天气转凉影响,河南用电负荷大幅下降,最高用电负荷回落至4500万~4800万千瓦,午间腰荷仅维持在4200万~4500万千瓦,大幅下降1500万千瓦以上,而外电保持高位运行,午间时段外电计划为1350万千瓦左右，省内火电机组开机容量较高，河南煤电机组深调至32%，已达到调峰极限，同时全省风光进入大发时期，最大出力达到2260万千瓦，为同时刻用电负荷的45%，新能源消纳较为困难。迎峰度夏期间全省首次出现新能源大量弃电问题，且首次启动低压分布式光伏参与电网调峰。

2. 负荷高峰时刻电力保供对可再生能源的可靠支撑提出更高要求

新能源"大装机、小出力"特征明显（见图4）。受分布式光伏快速增长影响，度夏期间午高峰新能源平均出力1551万千瓦。晚峰时段光伏不出力，风电出力受昼夜温差、环境湿度影响较大，在前半夜一般出力较小。在7月底、8月初持续高温湿热天气期间，晚高峰时段风电平均出力337万千瓦，占用电负荷比例仅为5%，极端情况下全省风电出力不足100万千瓦，难以发挥可靠支撑作用，电网晚峰供电压力明显大于午峰。此外，度夏期间储能并网规模仅有29.5万千瓦，尚不能形成有效顶峰能力。目前新能源装机规模已突破"十四五"规划目标，虽然储能规划规模调增至500万千瓦，但与新能源装机规模相比仍然较小。

3. 产业链强链、补链、延链任务任重道远

近年来，省内新能源相关装备制造产业集聚式发展，形成了一批龙头企业，但是相关装备制造业还存在低端、规模小、重复建设等现象，产业带动作用及强链、补链、延链任务较重。在光伏产业领域，硅料与硅片企业、硅片与组件企业、组件与发电企业未实现深度协同，长效合作机制尚不健全，共同抵御供应链风险与挑战能力有待进一步提升。在风电产业领域，自主可控的全产业链体系尚未充分建立，亟须加快单一业务风电企业向"风力发电—风电制造—风电服务"全链业务升级，以及风机制造头部企业向综合能源服务商转变。总体来看，可再生能源的大力发展促进了河南省能源结构转型升级，降低了碳排放，一定程度也带动了相关产业的发展，而全产业链尚未充分形成，发展不平衡问题日益突出，可再生能源的经济回报和产业竞争力有待进一步提高，对整个社会经济发展综合带动效应还需进一步挖掘提升。

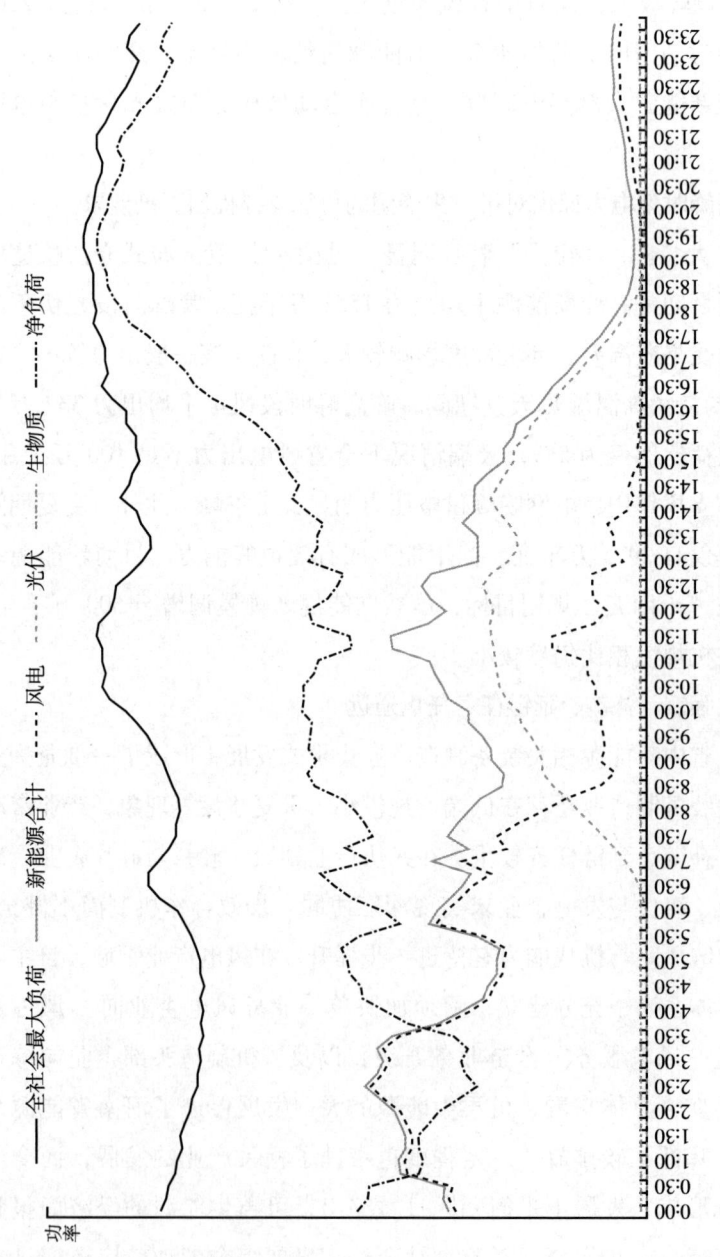

图 4 河南典型日全社会用电负荷、可再生能源出力曲线

资料来源：行业统计。

4. 可再生能源规模化均衡化发展面临自然资源、政策、经济等约束

省内可再生能源长期以来受到土地资源、耕地红线、生态红线、林业使用等因素制约，随着生态文明建设要求的不断提升，集中式光伏发电、陆上风电等可再生能源在土地资源等方面约束进一步趋紧，存在项目找地难、落地难、推进难等情况，可再生能源规模化发展空间受到一定限制。此外，全省各类型可再生能源发展不平衡，可再生能源非电应用明显滞后于发电类项目，太阳能热利用、地热利用以及生物质燃料的发展尚处于起步阶段。可再生能源非电应用政策支持和经济激励力度不足，生物质热力、生物燃气、生物柴油等产品缺乏具体的支持政策，受特许经营限制，难以公平进入市场。随着可再生能源补贴退坡、原材料价格上涨、市场价格竞争白热化等，省内可再生能源产业发展存在一定的经济风险。

（三）发展预测

2024年，河南省将继续把发展可再生能源作为优化能源结构、推动全省碳达峰的主攻方向，进一步扩大可再生能源应用规模，着力提升可再生能源电力在全社会用电量中的比重，推动可再生能源高效消纳。

光伏方面，随着行业发展规范意见出台和可开放容量统一发布上线，预计2024年全省光伏发展更加规范有序。风电方面，加快风能资源规模化开发利用，加快建设4个百万千瓦高质量风电基地。在工业园区、经济开发区、油气矿井及周边地区，就地就近就负荷推进开发分散式风电。探索推进千乡万村驭风行动，助力乡村振兴。积极推进风能资源较好地区老旧风电机组升级改造，提升风能利用效率。《2023年首批市场化并网风电、光伏发电项目开发方案的通知》要求风电项目自核准之日起24个月内建成投产。生物质方面，积极发展生物质供热供暖，着力推进生物质发电布局优化，因地制宜推进生物质热电联产项目建设。积极开展生物天然气示范工程建设，加快建立以县域为单位的原料收储运、生物质天然气消纳、有机肥利用的产业体系。地热能方面，持续推进地热资源勘查评价，推进沿黄绿色能源廊道建设，打造4个千万平方米中深层地热供暖集中连片示范区。探索推动"地热能+"多能互补的供暖形式。氢能方面，加快推动突破氢能在交通领域的应用，积极建设国内先进的燃料电池汽车产业示范集群，布局建设燃料电池及动力系统规模化生产基地，在郑州、开封、洛阳、新乡、焦作、安阳等地，率先开展燃料电池汽车示范应用。

总体来看，初步预计2024年全省可再生能源新增发电装机1000万千瓦左右，可再生能源装机总量有望达到7500万千瓦，将实现超过火电的历史性突破预计2024年新型储能容量达到280万千瓦。全省可再生能源发电量超过1100亿千瓦时，同比增长超过10%。

三 河南省可再生能源发展对策建议

2024年，河南可再生能源发展机遇和挑战并存，机遇大于挑战。河南将在提高规模化发展质量、提升灵活调节能力和绿电、绿证、碳市场发展等方面下大功夫、创新突破，稳步持续推进全省可再生能源高质量发展。

（一）优化系统规划布局，提升可再生能源综合竞争能力

坚持统盘规划、协调发展，统筹省内和省外两方面资源，可再生能源与经济社会发展、国土空间、生态环境协调发展关系，增强系统思维，处理好局部和全局、当前和长远、重点和非重点的关系，掌握可再生能源发展节奏和步骤，结合可再生能源各品种间联动特性，因地制宜、分类有序推进可再生能源各类品种的统一规划。统筹推进资源开发和产业布局协调发展，加快风电、屋顶分布式光伏配套产业形成完整体系，加强产业链上下协同，保障产业链的畅通稳定，增强新能源产业链韧性，增加竞争优势，推动企业竞争格局更加合理，不断提升试验与服务能力，持续提升可再生能源在能源电力消费中的比重。

（二）推动新型电力系统建设，提升可再生能源配置能力

统筹可再生能源与电网协调发展，加快构建新能源占比逐渐提高的新型

电力系统，充分发挥电网优化能源电力资源配置平台作用。增强系统调峰能力，按照"近中期依靠火电灵活性改造和新型储能，中远期依靠抽蓄电站和氢基长时储能"的思路，推动煤炭和新能源优化组合，加快全省调节能力建设，进一步推动煤电机组深度调峰改造，推动新型储能技术发展应用。加强电网规划建设，加快可再生能源项目配套送出及电网加强工程协同，进一步完善电网主网架，积极推动特高压长南Ⅱ回线、豫中东和豫北特高压交流站纳规建设，为直流大功率运行提供电压稳定支撑。推动配电网扩容改造升级，着力打造适应大规模分布式可再生能源并网和多元负荷需要的现代智慧配电网，全面提升可再生能源消纳能力。

（三）创新消纳模式，提升可再生能源消纳能力

坚持就地就近消纳，因地制宜，构建可再生能源多能互补、多元发展新局面，提升可再生能源消纳与存储能力。强化源网荷储一体促进、多能协同。培育可再生能源发展的新模式、新业态，重点在消纳条件好、发展潜力大、渗透率高的地区，推进以可再生能源为主、分布式电源多元互补、与储能、氢能等深入融合、无需大电网调峰支撑的新能源微电网、多能互补、源网荷储一体化等能源新业态，增强与电网的友好互动，实现源网荷储深度协同，探索电力能源服务的新型商业运营模式，构建多源协同、供需平衡、灵活互济的能源生产和消费模式，提升能源综合利用水平。着力推动可再生能源消纳模式创新。探索建设新一代电网友好型可再生能源电站，合理确定风光储配比，探索完善配套储能配置的市场规则、商业运营模式、共享共建机制等，提高可再生能源出力稳定性和并网友好性，保障可再生能源高效消纳利用。探索开展规模化可再生能源制氢示范，实现季节性储能和电网调峰，推进化工、交通等重点领域的绿氢替代，提升能源资源利用效率和绿色化水平。

（四）健全市场体制机制，提升可再生能源发展经济效益

建立健全可再生能源电力消纳保障机制。强化以可再生能源电力消纳责任

权重为中心的管理模式，促使售电企业和电力用户等市场主体优先消纳可再生能源电力，公平承担消纳义务。科学制定可再生能源利用率指标，从电网保障消纳、市场化自主消纳、分布式发电交易消纳三个维度构建多元并网消纳机制，提高可再生能源利用水平。完善可再生能源市场化发展机制。依托国家可再生能源信息管理中心河南分中心，加强各类可再生能源项目信息管理和非电利用生产运行信息统计分析，建立健全以市场化竞争配置为主的可再生能源项目开发建设管理机制，完善风能、太阳能等新能源发电市场化价格形成机制、分布式发电市场化交易机制，促进技术进步和成本降低。建立绿色能源消费机制。完善可再生能源绿色电力证书交易制度，强化绿证的绿色电力消费属性标识功能，做好绿证交易机制、电力现货市场机制、碳交易等与可再生能源电力消纳保障机制的有效衔接，积极引导新能源设备制造、汽车、互联网等企业增加绿色能源消费比例，鼓励广大用户持续扩大绿色能源消费，推动全社会形成支持发展可再生能源、优先使用可再生能源的良好新风尚。

（五）加强创新技术引领和环境培育，提升可再生能源行业创新发展能力

加快可再生能源技术创新。发挥河南在风电装备、光伏产业等方面的技术优势，加强可再生能源前沿技术和核心技术装备攻关，加大新型电力系统关键技术研究与推广应用。抢抓新一轮绿色技术革命机遇，以已建成的河南能源大数据应用中心基地为依托，积极推进新能源与云计算、大数据、物联网、移动互联网和智慧城市等新技术深度融合。优化可再生能源产业链。在河南濮阳、安阳、许昌、信阳等风电光伏基地基础上，增强关键核心装备自主研发能力，扩大高端制造产能，打造全产业链竞争优势，推动形成更加完备、更富活力、更趋精密的可再生能源装备产业链。强化创新支撑体系建设。积极争取国家级风光储实证实验平台，带动风光储等新能源相关产业升级。整合全省可再生能源产业的人才资源，建立可再生能源专家库，整合省内外科研院所、高校、企业等创新资源，构建以企业为主体、市场为导向、产学研深度融合的技术创新体系，实现共性技术共研共享。

参考文献

国家发展改革委、财政部、国家能源局：《关于做好可再生能源绿色电力证书全覆盖工作 促进可再生能源电力消费的通知》。

国家能源局：《关于印发开展分布式光伏接入电网承载力及提升措施评估试点工作的通知》。

国家发展改革委、国家能源局：《电力现货市场基本规则（试行）》。

河南省发展改革委等：《河南省新能源和可再生能源发展"十四五"规划》。

河南省发展改革委：《关于组织2023年首批市场化并网风电、光伏发电项目申报有关事项的通知》。

河南省发展改革委：《关于促进分布式光伏发电行业健康可持续发展的通知》。

河南省人民政府办公厅：《关于加快新型储能发展的实施意见》。

河南省人民政府办公厅：《河南省制造业绿色低碳高质量发展三年行动计划（2023—2025年）》。

河南省发展改革委：《郑汴洛濮氢走廊规划建设2023年20项重点工作清单》。

B.7
2023~2024年河南省新型储能发展形势分析与展望

陈兴 李虎军 宋大为*

摘　要： 2023年，河南省深入贯彻国家关于加快推动新型储能发展的部署，出台一系列政策支持措施，积极开展新型储能项目遴选示范，引导新型储能产业投资，在国内率先迈出坚实一步。2024年，随着新能源渗透率不断提高、电力保供形势日趋严峻以及新型储能建设成本下降，全省新型储能行业将迎来快速发展期，产业布局不断完善，预计2024年全省新型储能有望新增200万千瓦。本文梳理了全省新型储能规模、成本、盈利模式、产业情况，分析了新型储能发展面临的机遇与挑战，提出坚持融合发展、完善市场体系、加强技术创新等建议，以期促进河南新型储能行业高质量发展。

关键词： 新型储能　储能时长　收入模式　河南省

　　新型储能是建设新型电力系统、推动能源绿色低碳转型的重要基础装备和关键支撑技术，是实现碳达峰碳中和目标的重要支撑。2023年，河南省出台《关于加快新型储能发展的实施意见》等一系列政策文件，明确细化新型储能发展的落地保障措施，有力支撑全省新型储能行业稳步发展。为加快建设新型电力系统，河南省需紧抓新型储能发展的战略机遇，通过统筹规

---

* 陈兴，经济学博士，国网河南省电力公司经济技术研究院工程师，研究方向为能源经济和企业发展战略；李虎军，工学硕士，国网河南省电力公司经济技术研究院高级工程师，研究方向为能源电力规划与供需分析；宋大为，管理学博士，国网河南省电力公司经济技术研究院高级经济师，研究方向为能源大数据与市场化运营。

划新型储能资源合理配置，完善市场体系增强新型储能市场主体投资热情和参与活力，加强技术创新开拓新型储能多元探索，助推河南省新型储能行业高质量发展。

一 河南省新型储能发展情况分析

2023年，河南全面贯彻国家加快推动新型储能发展的部署，出台一系列政策措施推动新型储能建设，新型储能并网规模稳步增长，建设成本不断降低，收入盈利模式更加多样，储能配套产业投资迅速增长，全省新型储能行业呈快速发展的态势。

（一）新型储能规模稳步增长

2023年1~10月，河南新型储能新增装机容量71.11万千瓦，电源侧、用户侧、独立储能投运规模逐渐增长。从电源侧储能来看，新能源配建新型储能并网电站数量为52个，并网总容量达到40.76万千瓦[1]，平均每个新型储能电站并网容量为0.78万千瓦，其中规模最大的容量为10万千瓦，从接入电压等级来看，38%接入220千伏电压等级，40.4%接入110千伏电压等级，25%接入35千伏电压等级，30.8%接入10千伏电压等级。从用户侧储能来看，1~10月，全省共备案11个新型储能项目，容量为20.35万千瓦，其中规模最大的项目位于漯河市舞阳经开区化工园区，容量为12.8万千瓦/100万千瓦时[2]。从独立储能来看，独立储能实现零的突破，河南省首座独立储能电站——创孟储能电站于9月实现并网，该储能电站位于平顶山市姚孟电厂，使用磷酸铁锂技术，容量为10万千瓦/20万千瓦时，预计每年可实现1亿千瓦时电量的新能源消纳。

河南积极开展新型储能项目遴选示范，电源侧储能、独立储能规划项目

---

[1] 国网河南电力公司统计数据。
[2] 《各省10月储能备案项目全名单》，"能源电力说"微信公众号，2023年11月16日。

持续增加。从电源侧储能来看，2021年、2022年河南下达风电、光伏项目建设方案，明确规定两批新能源项目共配建296万千瓦新型储能①，2023年9月，河南发布《关于印发2023年首批市场化并网风电、光伏发电项目开发方案的通知》，首批市场化并网的25个风电、集中式光伏发电项目承诺配建新型储能148.25万千瓦/296.5万千瓦时，其中22个风电项目承诺配建新型储能138.45万千瓦/276.9万千瓦时，3个集中式光伏发电项目承诺配建新型储能9.8万千瓦/19.6万千瓦时。从独立储能来看，河南省组织遴选两批独立储能电站示范项目，总规模360万千瓦/740万千瓦时，其中2022年第一批示范项目共11个，总容量为110万千瓦/220万千瓦时，2023年第二批示范项目数量和储能容量均大幅增加，共27个，总容量为250万千瓦/520万千瓦时，其中3个项目涉及全钒液流技术路线，1个项目应用抽水压缩空气复合储能，其余项目均使用磷酸铁锂技术。独立储能投资方以能源企业为主，中核汇能立项数量最多，共8个，合计容量为70万千瓦/140万千瓦时，其他投资主体包括中广核、国电投、平煤神马集团等企业。独立储能规划布局优先考虑迎峰度夏缺口大、新能源消纳困难、变电站主变功率波动大的区域。

（二）建设成本在波动中下降

2022年下半年以来，河南省新型储能建设成本下降较快。全省新型储能系统EPC项目平均中标价呈波动下降趋势，与全国平均中标价整体走势相近，河南省新型储能系统EPC项目平均中标价从2022年8月的2.14元/瓦时，降至2023年10月的1.33元/瓦时（见图1）。

碳酸锂等原材料价格走低、设备成本下降是新型储能EPC工程总承包费用下降的主要原因。碳酸锂产能扩张导致供给过剩，引起碳酸锂价格下降，截至2023年10月，国内已投产的碳酸锂总产能达到87.1万吨/年，同

---

① 《关于下达2021年风电项目开发方案的通知》《关于下达2022年风电、光伏发电项目开发方案的通知》。

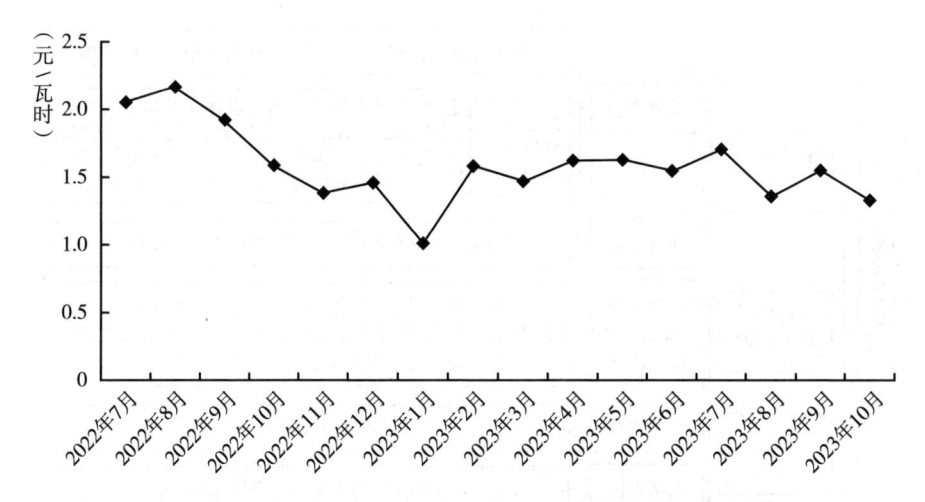

图 1　2022 年 7 月至 2023 年 9 月河南新型储能中标均价走势

资料来源：2022 年 7 月至 2023 年 10 月储能项目分析，"储能头条"微信公众号。

比增长 45.2%。新增产能中盐湖提锂等技术的发展与应用直接降低了碳酸锂开采成本，受此影响，电池级碳酸锂由 2022 年 12 月的最高点 56 万元/吨下降至 15 万元/吨左右。此外，新型储能电芯价格同比下降了 30%以上、国内集成环节竞争加剧、工程总承包毛利空间收窄，也是导致新型储能 EPC 中标价下降的重要原因。

（三）收入盈利模式更加多样

丰富的新型储能盈利模式可以有效确保储能项目合理收益，激发企业投资建设新型储能积极性。河南省《关于加快新型储能发展的实施意见》明确了独立储能的具体收入形式（见图 2），率先提出"充放电价差+调峰辅助服务+容量租赁"的组合套餐，在新型储能项目充放电量政策执行、储能容量租赁方式等方面细化相关措施，在电价政策、财政补贴等方面加大支持力度。同步出台了电力辅助服务等配套政策《河南新型储能参与电力调峰辅助服务市场规则（试行）》，实际运行手册《河南电网独立储能电力调度管理指导意见（征求意见稿）》，进一步增强了可实施性、可操作性，使得储能项目在实际运行中有章可循。

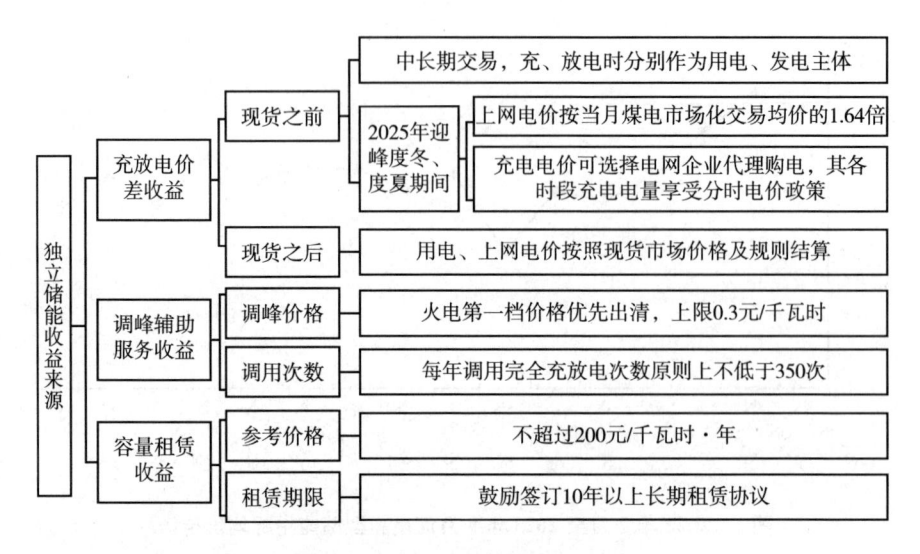

独立储能收益来源	充放电价差收益	现货之前		中长期交易，充、放电时分别作为用电、发电主体
			2025年迎峰度冬、度夏期间	上网电价按当月煤电市场化交易均价的1.64倍
				充电电价可选择电网企业代理购电，其各时段充电电量享受分时电价政策
		现货之后		用电、上网电价按照现货市场价格及规则结算
	调峰辅助服务收益	调峰价格		火电第一档价格优先出清，上限0.3元/千瓦时
		调用次数		每年调用完全充放电次数原则上不低于350次
	容量租赁收益	参考价格		不超过200元/千瓦时·年
		租赁期限		鼓励签订10年以上长期租赁协议

图2 河南省独立储能收益来源分析

资料来源：河南省人民政府《关于加快新型储能发展的实施意见》。

明确新型储能租赁指导价、调峰报价与调峰保障次数起到提振新型储能投资信心的作用。《河南省"十四五"新型储能实施方案》是我国第一个由政府指导新型储能容量租赁价格的文件，指导租赁价格为200元/千瓦时·年，按此标准，新型储能一年的租赁收入约占其建设成本的15%[①]。独立储能参与调峰辅助服务时，报价上限为0.3元/千瓦时，年保障满充放电次数为350次，按此标准，新型储能一年的调峰辅助服务收入约占其建设成本的7.9%。租赁指导价、调峰报价与调峰保障次数在《关于加快新型储能发展的实施意见》中再次进行明确，增强了市场主体对新型储能投资的信心。

河南运用财政补贴手段鼓励新型储能项目投资建设。《关于加快新型储能发展的实施意见》提出，以财政补贴形式向满足规模要求（1000千瓦时以上）并通过验收的电源侧、用户侧非独立储能提供资金支持，补贴标准2023年定为140元/千瓦时，之后逐年减少20元/千瓦时，直至2025年。按照2023年140元/千瓦时的补贴标准测算，企业建设一个1万千瓦时的储能

---

① 新型储能建设成本按照2023年10月储能系统EPC中标平均单价。

项目可享受补贴140万元，约占其建设成本的10.5%。河南出台的《河南省支持重大新型基础设施建设若干政策》指出，对于配套建设规模在1000千瓦时以上新型储能的超算中心、智算中心、新型数据中心等算力基础设施，同样给予一次性奖励。

峰谷分时电价机制有助于引导用户侧储能发展。2022年12月，河南省印发《关于进一步完善分时电价机制有关事项的通知》，提出适当扩大分时电价执行范围，将季节性峰平谷电价比由1.74∶1∶0.5调整为1.71∶1∶0.47，在迎峰度夏、度冬保供困难时段设置了尖峰电价，充分发挥新型储能可及时灵活响应的特性，获取对应的尖峰电价收益，该收益较其他月份的峰段放电收益高20%。峰谷价差的拉大，为工商业电力用户通过配储降低用电成本创造了空间，为用户侧配置储能提供了动力。

（四）新型储能产业蓬勃发展

河南省新型储能产业集群规模化发展进程加速。河南省围绕锂离子电池，在郑州市、洛阳市等地发展核心产业，在开封市、许昌市等地打造产业集群。开封市时代新能源科技有限公司的项目"新一代全钒液流电池储能关键技术及产业化"入选2023年度河南省重大科技专项，获得1000万元以上省级科技资金支持，助力其成为钒液流电池龙头企业。安阳市龙安区先进制造业开发区投资10.58亿元，建设3万吨磷酸铁锂及钠电池正极材料生产基地，达产后可实现年收入9.5亿元。濮阳市钠离子电池产业项目总投资51亿元，建设14条100万千瓦时钠离子电池生产线，建成后将具备1400万千瓦时产能，可实现年产值50亿元。

河南省龙头企业项目投资拉动效应明显。宁德时代新能源电池生产基地项目已经在洛阳市开工，首期项目总投资约140亿元，打造具有全国竞争力的新型储能研发生产基地，宁德时代作为全国新型储能行业的龙头企业，在河南的投资建设将产生较大的示范拉动效应，投产后预计可拉动相关产业实现2000亿元的年产值。比亚迪全资子公司弗迪电池有限公司在郑州航空港经济综合实验区投资80亿元建设刀片磷酸铁锂电池生产线项目，建成后将形成40吉瓦时的动力电池生产规模。中国平煤神马集团与郏县人民政府年产10万吨锂电负极材料项目签约，投资50亿元，主要建设锂电池负极材料全流程一体化生产线，建成后可形成每年10万吨锂电池负极材料生产能力，实现年销售收入45亿元。

新型储能产业产品已逐步成为河南增长经济新增长极。伴随国外储能市场增长及其对新型储能电池需求增加，2022年以来，锂离子蓄电池与电动汽车、光伏产品被并称为"新三样"，成为全省高技术、高附加值绿色出口产品的新增长点。2022年，河南省锂离子蓄电池出口总额13亿元，同比增长85.8%，2023年1~8月，锂离子蓄电池出口总额12亿元，同比增长74.1%，增长曲线持续上扬，远超全省外贸发展总体水平。

二 河南省新型储能发展形势展望

河南省新型储能产业市场前景广阔、政策支撑有力、成本优势彰显，各有利因素叠加效应持续显现，新型储能发展迎来重大机遇期。新型储能面临分电压等级接入、长时储能缺失和系统安全、低碳环保的挑战。2024年，随着市场机制的不断完善以及产业技术的不断成熟，预计全省新型储能将新增200万千瓦，储能规模不断扩大，其电力保供能力将逐步增强。

（一）发展机遇

1. 战略引领新型储能进入规模化发展阶段

新型储能产业被定位为万亿级战略性新兴产业，储能市场迎来了"爆发式"增长。新型储能是我国重点支持培育的战略性新兴产业，对实现"双碳"目标、建设新型电力系统至关重要，中国物理与化学电源行业协会预计，"十四五"末期全国新型储能产业将突破1万亿元，"十五五"末期可突破3万亿元。2023年全国新型储能装机快速增长，仅上半年新型储能新增装机863万千瓦/1772万千瓦时，新增规模与之前存量规模相当。河南省提出将新型储能产业打造成为战略性支柱产业①,《关于加快新型储能发展的实施意见》明确了以500万千瓦作为"十四五"末期全省新型储能需要实现的规模目标,规划容量位居全国第4(见图3),是2022年《河南省"十四五"新型储能实施方案》规划发展目标220万千瓦的2.3倍,全省新型储能已经迈入规模化发展新阶段,发展前景广阔。

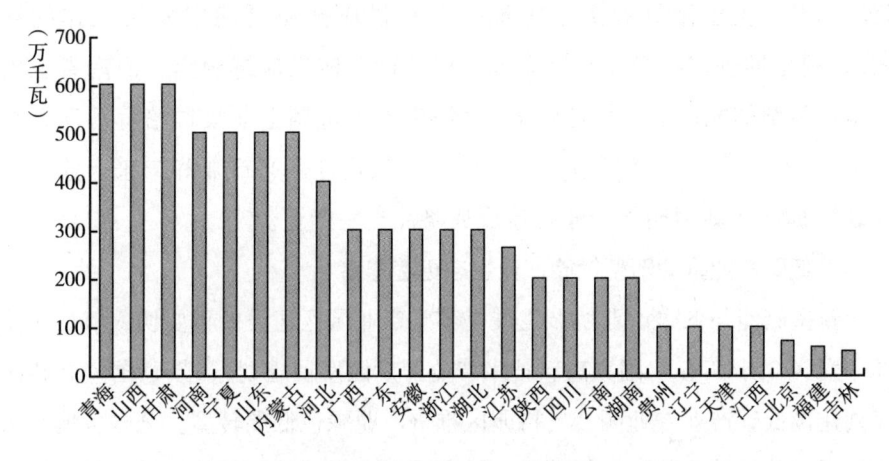

图3 中国部分省份"十四五"新型储能规划规模

资料来源:相关省份新型储能"十四五"发展规划、实施意见。

2. 政策发力持续激发新型储能发展内生动力

近年来,从中央到地方密集出台了一系列支持新型储能发展的配套政策,为新型储能发展注入了源源不断的动力。一是明确新型储能独立主体地位。河南省《关于进一步推动新型储能参与电力市场和调度运用的通知》明确独立储能可提供辅助服务,价格标准按照《电力辅助服务管理办法》执行。二是新能源配建储能比例持续提升。严格落实《关于加快新型储能发展的实施意见》中对电源侧配建储能的要求,全省2021年及以后的风电、光发电项目应当按照开发方案中承诺比例配建新型储能。河南省发展改革委9月发布的《关于印发2023年首批市场化并网风电、光

---

① 《河南省先进制造业集群培育行动方案(2021—2025年)》《河南省"十四五"战略性新兴产业和未来产业发展规划》。

伏发电项目开发方案的通知》中，25个市场化并网的风电、集中式光伏发电项目，除了1个项目承诺配建新型储能比例为35%以外，其余项目承诺新型储能配建比例均在40%以上，7个项目配建比例超过50%，最高达到55%，相较于之前10%~20%的配建比例[①]要求已经整体提升2倍以上。三是配套产业持续完善。2023年，工信部办公厅、国家市场监管总局办公厅印发《关于做好锂离子电池产业链供应链协同稳定发展工作的通知》，提出推进锂电产业有序布局，保障产业链供应链稳定。河南省也出台多项新型储能产业支持性政策，《河南省先进制造业集群培育行动方案（2021—2025年）》《河南省"十四五"战略性新兴产业和未来产业发展规划》提出将新型储能产业打造成战略性支柱产业。

3. 低碳产业推动新型储能产业生态更趋丰富

新型储能与低碳产业协调发展是零碳产业园区建设的重要切入口。科技部印发《"十四五"国家高新技术产业开发区发展规划》，鼓励国家高新区谋划建设低碳产业专业园，支持园区推进产业绿色低碳转型。全国各地开始推进近零碳排放示范区、低碳城、低碳园区、低碳社区等的建设，新型储能已经成为零碳园区的标配。2023年8月，河南省首个"双碳"经济产业标杆示范项目——明阳绿色能源装备制造产业园在河南省信阳市豫东南高新区正式开工建设，通过风光发电技术与配套建设100万千瓦/200万千瓦时共享储能，以多能互补聚合管理技术为基础，聚合周边风光发电资源，实现园区100%零碳电力的稳定供应。

（二）面临挑战

1. 规模化分布式光伏消纳亟须配建储能

分布式光伏"井喷式"建设并接入引发的配电网安全稳定运行问题突出，亟须通过配建新型储能解决。一是分布式光伏发电引起的配电网反向重过载问题日益突出，源网不匹配导致电网设备运行风险日益凸显，配电变压

[①] 河南省发展改革委：《关于2021年风电、光伏发电项目有关事项的通知》。

器等设备故障频发。二是随着分布式光伏规模不断扩大，就地、就近消纳压力持续加重，甚至出现火电机组压至最低、集中式新能源全停、分布式光伏发电无法消纳导致层层上送的现象。三是按照现行政策，分布式光伏发电不承担电力系统调峰责任，常规电源和集中式新能源场站承担调节任务，电网灵活性调节资源不足，其他电源的调节压力日益增大。

2. 电网灵活性调节对储能时长有更高的需求

随着天气等外部波动性、不确定性影响因素不断增加，新能源在周度、月度、季度间的随机性和不均衡性出力，使得电网新能源消纳压力持续加大，随之电网季节性调节、月度调节、周调节能力需求持续增长，对储能的时长提出更高要求。根据全国新能源消纳监测预警中心公布数据，2023 年 1~10 月，河南省风电、光伏利用率分别为 97.06% 和 98.45%，相较于上年同期分别下降 1.5 个和 1.1 个百分点，随着分布式光伏的规模化发展，未来还有进一步下降的风险，亟须加快推进压缩空气、氢储能、热储能等长时储能技术研发与工程示范。

3. 安全环保压力持续存在

新型储能规模不断壮大，由于化学储能既有的技术路线，其安全运行面临着安全与环保双重挑战。从安全角度来看，自 2011 年起，全球发生储能安全事故达 70 多起，2022 年，全球在不包括用户侧储能的情况下，发生了 17 起储能事故。随着新型储能在新型电力系统中发挥越来越大的作用，安全重要性日益凸显，电池容量增大对散热的要求更高，安全挑战更大。从环保角度来看，2023 年 6 月，欧洲全体议会通过《欧盟电池与废电池法》，要求可充电工业电池计算产品生产周期的碳足迹，未满足相关碳足迹要求的，将被禁止进入欧盟市场。新型储能电池将成为河南省未来主要出口产品，需建立健全节能环保体系。

（三）发展预测

河南省新能源装机快速增长，但是由于新能源对晚高峰有效支撑能力不足，河南省电力保供形势依然严峻复杂，2024 年，综合新能源配储、独立储能和用户侧储能的立项规模和建设进度（见表1），预计全年将新增200万千瓦，总规模达到280万千瓦。

表1 河南省新型储能项目遴选示范规划容量

单位：万千瓦

投资主体	新型储能项目遴选示范	新型储能规划
电源侧	2021年、2022年河南省关于下达风电、光伏项目建设方案	296
	2023年首批市场化并网风电、光伏发电项目开发方案	148.25
独立储能	2022年第一批示范项目	110
	2023年第二批示范项目	250

三 河南省新型储能发展对策建议

科学合理布局新型储能，推动新型储能互补化应用，建立完备的市场体系，可以为新型储能各场景应用提供价值尺度、为投资主体自主经营提供选择机会，引导更具活力的市场主体投资新型储能行业，加大技术创新力度、助推科技项目应用，加快储能示范项目建设。

（一）坚持融合发展，推动新型储能互补化应用

新型储能与新能源发电行业、新能源汽车行业等高度互补，推动新型储与相关行业融合发展，既是对相关行业的赋能，又为新型储能发展创造空间。一是推动新型储能与风电光伏融合发展。当前，河南新增分布式光伏发电中全额上网占比超过90%，无任何调节能力，且需全额消纳，严重挤压其他电源生存空间，亟须在电源侧通过多能互补的商业融合形式，提升电源的调节能力，提高电网安全运行水平和应急保障能力。二是加强与交通运输行业融合发展，加强新型储能与新能源汽车、充电桩、V2G等行业的融合

发展，拓展新型储能在提升全省新能源汽车充电服务等方面的应用。三是推动新型储能与环保、资源回收利用等产业融合发展，降低新型储能电池生产过程中污染材料的使用比例，加快废旧储能电池二次回收利用，支持废旧锂电池回收处理产业的发展，从新型储能设计之初考虑到后期的拆解回收环节，保障钴、锂等稀缺资源高效回收利用。

（二）完善市场机制，推动新型储能市场化发展

贯彻落实国家推进新型储能电站参与电力市场交易的要求，建设并完善适应新型储能发展的电力市场机制，通过电能量市场、辅助服务市场与发电容量成本回收机制，为新型储能发展创造利润空间。一是加快电力现货市场建设进度。2023年9月，国家发展改革委、国家能源局印发《电力现货市场基本规则（试行）》，明确推动储能等新型经营主体参与交易。河南作为第二批电力现货试点，目前已完成模拟试运行，在制定交易、调度、结算规则时，应明确新型储能参与电力市场的准入条件、交易机制和技术标准。二是加快解决辅助服务市场新型储能公平调度问题。当前辅助服务的调度策略缺少针对独立型储能电站的优化调度机制，存在冗余机组挤压优质资源市场空间的现象，独立储能电站很难与其他市场主体真正公平竞争。三是探索新型储能容量市场化交易。以一定期限的新型储能容量为交易标的，鼓励新型储能企业与需求方通过双边协商、挂牌、集中竞价等方式进行交易。

（三）加强技术创新，推动新型储能多元化突破

以科技创新为引领，重点攻克关键核心技术，不断突破技术瓶颈，降低规模化应用成本。一是加大技术创新力度，加快钠离子电池、氢燃料电池、压缩空气电池等多元新型储能技术攻关，增进新型储能行业与高校的合作交流，推动转化郑州大学等高校在新型储能优势专业领域研究上的先进理论成果，结合河南资源禀赋实际，合理把握不同时间尺度的新型储能技术推广应用节奏。二是推动技术创新应用，加快储能示范项目建设。发挥全省资源禀赋优势，挖掘全省盐穴资源，推进建设条件好、经济成本优的压缩空气储能

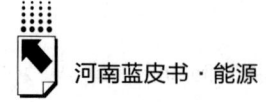

示范项目；利用全省在钒液流电池技术上的研发投入，推动打造钒液流储能项目示范工程。三是鼓励商业模式创造。持续探索独立储能电站与新能源企业及相关市场主体之间商业合作模式，通过市场化合作协议实现多方共赢，提高储能利用效率，降低经营风险。

参考文献

国家能源局：《关于开展电力系统调节性电源建设运营综合监管工作的通知》，2023年5月4日。

河南省人民政府办公厅：《关于加快新型储能发展的实施意见》，2023年6月28日。

河南省发展改革委：《关于印发2023年首批市场化并网风电、光伏发电项目开发方案的通知》，2023年9月25日。

国家能源局河南监管办：《河南新型储能参与电力调峰辅助服务市场规则（试行）》，2023年7月18日。

河南省发展改革委：《河南省"十四五"新型储能实施方案》，2022年8月22日。

河南省人民政府办公厅：《河南省支持重大新型基础设施建设若干政策》，2023年7月28日。

关立等：《独立储能电站参与电力现货市场机制及试运行分析》，《中国电力》2022年第10期。

朱妍：《储能是构建新型电力系统的必要环节——访中国科学院院士赵天寿》，《中国能源报》2023年1月16日，第7版。

B.8
2023~2024年河南省电动汽车充电基础设施发展形势分析与展望

华远鹏 杨洋 白宏坤 王世谦 闫利 时昱*

摘　要： 新能源汽车是国家战略性产业，充电基础设施建设是助力新能源汽车发展普及的重要保障。"十三五"以来，得益于利好政策叠加出台、行业资本的不断注入，河南省电动汽车充电基础设施呈现爆发式发展态势，有力支撑了全省新能源汽车产业的高质量发展。2024年，随着新政策密集出台、新技术不断涌现、新模式有序落地以及市场机制不断完善，预计全省电动汽车充电基础设施将继续保持高速发展态势。本文梳理了近年来河南省电动汽车及充电基础设施发展现状和态势，以及在发展过程中存在的主要问题，对充电产业新技术、新模式、新政策的发展趋势和方向进行分析，提出了健康有序推进充电基础设施建设的对策与建议。

关键词： 电动汽车　充电基础设施　充电特性　河南省

2023年，河南省加快电动汽车充电基础设施发展步伐，相继出台《河

---

* 华远鹏，工学硕士，国网河南省电力公司经济技术研究院工程师，研究方向为能源经济和大数据分析；杨洋，工学硕士，中国电建集团河南省电力勘测设计院有限公司，研究方向为电网规划设计、充电设施规划建设；白宏坤，工学博士，国网河南省电力公司经济技术研究院教授级高级工程师，研究方向为能源经济和大数据分析；王世谦，工学硕士，国网河南省电力公司经济技术研究院高级工程师，研究方向为能源经济和大数据分析；闫利，工学学士，河南九域腾龙信息工程有限公司高级工程师，研究方向为电力信息化研究、光储充能效协同应用；时昱，工学学士，河南九域腾龙信息工程有限公司高级工程师，研究方向为电动汽车有序充电技术、充电信息化平台开发应用。

南省电动汽车充电基础设施建设三年行动方案》等系列政策，按照网络化、数字化、智能化发展方向，构建适度超前、布局均衡、智能高效的充电基础设施体系和覆盖市、县、乡三级的公共充电网络，推动全省电动汽车充电基础设施产业快速发展。2024年，在政策和市场双重驱动下，面对新能源汽车快速增长的行业发展趋势和构建高质量充电基础设施体系的新要求，河南省应充分发挥河南人口大省和汽车工业大省的优势，加快推进河南省电动汽车充电基础设施高质量发展。

一 河南省电动汽车充电基础设施发展现状

新能源汽车是国家七大战略性新兴产业之一，受利好政策密集出台、新技术不断突破、整车成本稳步下降、充电市场快速发展等因素拉动，河南新能源汽车和充电设施保持快速增长态势，全省电动汽车由2016年的1.7万辆增长到2023年9月的117.3万辆，公共充电基础设施由2016年的0.2万台增长到2023年9月的10.2万台。

（一）河南省新能源汽车发展现状

新能源汽车渗透率不断提升。2022年，全国新能源汽车行业受到疫情扰动、原材料价格波动、芯片短缺等不利影响，但得益于国家刺激消费政策密集出台、新技术不断突破、整车成本稳步下降，全国新能源汽车产销量均创新高，渗透率突破25%，提前完成"十四五"新能源汽车渗透率达到20%的发展目标。河南省新能源汽车渗透率达到27.9%，超过全国平均水平；其中，洛阳新能源车渗透率达38%，济源、焦作、濮阳、驻马店和许昌均超过30%。

新能源汽车保有量保持高速增长态势。截至2023年9月，河南省新能源汽车保有量突破117万辆，"十四五"期间年均增长率65.7%，居全国第6位。其中，郑州、洛阳、商丘位列全省前三，分别达到45.3万辆、10.7万辆、7.6万辆；分车辆类型来看，受新能源汽车个人消费市场增长拉动，乘用车增长迅速，全省私人乘用车92.8万辆，占比79.1%；单位乘用车9.9万辆，占比8.4%；受地域影响，中重型货运与专用车辆整体占比较低，仅占比1.5%。

新能源汽车技术不断突破。电耗方面，平均电耗相比2016年下降了22%，下降至2021年的12.24千瓦时/100公里；续航里程方面，30%的车型续航里程超过500公里，同比提升约16%，平均续航里程相比2016年提升了93%，达到约395公里；电池能量密度方面，以三元电池系统和磷酸铁锂电池系统为例，能量密度分别超过160瓦时/千克、140瓦时/千克，较2020年分别提升15%、3%。

头部新能源企业相继落户河南。2022年9月，位于洛阳市伊滨区的宁德时代洛阳新能源电池生产基地（中州时代）正式开工建设，项目规划用地面积1700亩，首期项目总投资约140亿元。2023年4月，郑州比亚迪工厂一期正式投产，首辆汽车正式下线，项目实现37天内开工、17个月顺利投产，创造"郑州速度"。头部新能源汽车产业链企业相继落户河南，为全省新能源产业发展起到重要推动作用，助力河南省加快融入全国新能源汽车产业发展格局。

（二）河南省公共充电设施发展现状

公共充电设施高速发展。截至2023年9月，河南省公共充电桩保有量突破10万个，"十四五"期间年均增长率56.2%，位居全国第9。其中，郑州、洛阳、安阳位列全省前三，分别达到4.8万个、0.9万个、0.5万个，合计占比超过60%。分充电桩用途来看，社会运营充电桩居首，占比为83.3%，其次为公交专用充电桩9.6%，两者合计占全省总量的92.9%；分充电桩类型来看，直流快速充电桩增长迅速，占比逐步提高，由2020年的42%上升至53%，提升11个百分点。

高速公路服务区全覆盖。截至2023年9月，河南省充电智能服务平台接入高速服务区充电站300余座，全省高速公路服务区除新通车路段外，基本实现公共充电设施全覆盖，初步建成全省高速公路充电一张网，单个高速公路服务区基本满足单区4台以上车辆同时充电需求,进入全国第一梯队。

农村地区设施尚处于起步阶段。综合考虑经济、成本、消费习惯等因素,充电设施运营企业在农村地区建设充电设施上动力不足、发展不够。截至2023年9月,河南省农村地区公共充电设施仅占全省公共充电设施总数的28.6%。

充电市场服务竞争激烈。公共充电设施行业发展完全由市场主导,降低充电服务费是吸引客流的主要营销手段。以郑州为例,基于河南省充电智能服务平台监测数据,2020年至2023年上半年,郑州充电运营市场服务费基本维持在0.1~0.3元/千瓦时区间,在全国范围内处于较低水平;自2023年7月起,部分运营商开始上调服务费价格,2023年9月郑州市充电服务费价格普遍提升到0.3~0.45元/千瓦时区间,与全省平均服务费基本持平(见图1),但仍略低于国内大多数同类型城市。

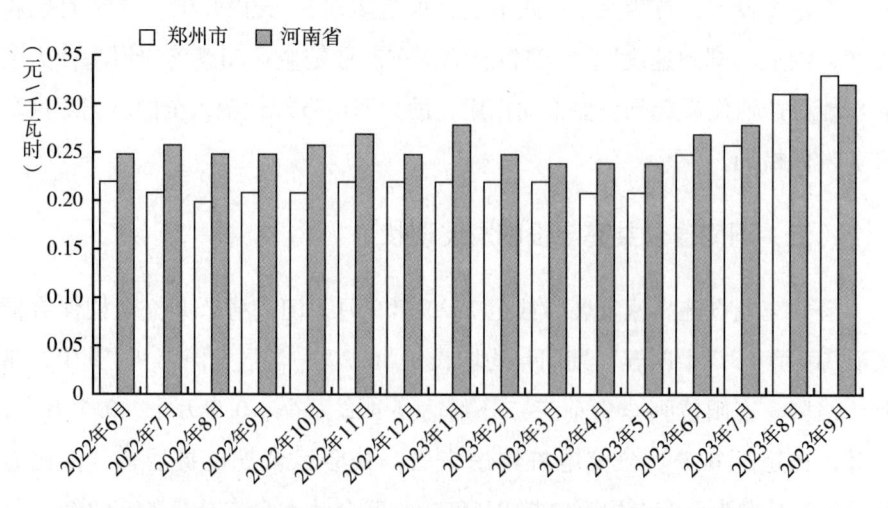

图1　2022年6月至2023年9月郑州市和河南省平均充电服务费变化情况

资料来源:河南省充电智能服务平台。

(三)河南省电动汽车充电特性分析

公共充电行为依分时电价分布调整。公共站充电特性与峰谷电价分布强相关，电价引导效应明显。2022年11月，河南省发展改革委发布《关于进一步完善分时电价机制有关事项的通知》，自2022年12月1日起实施优化峰谷电价、实行季节电价、恢复尖峰电价的机制。新电价政策实行后，充电负荷曲线发生三个明显变化：一是日充电负荷最高峰随着谷电价时段提前而前移一个小时，由0：30演变至23：30左右；二是午后平电价时段时间段减少导致14~17时充电负荷需求集中释放，整体负荷水平明显抬升；三是特征曲线由"双M"型演变为"3n"型（见图2）。

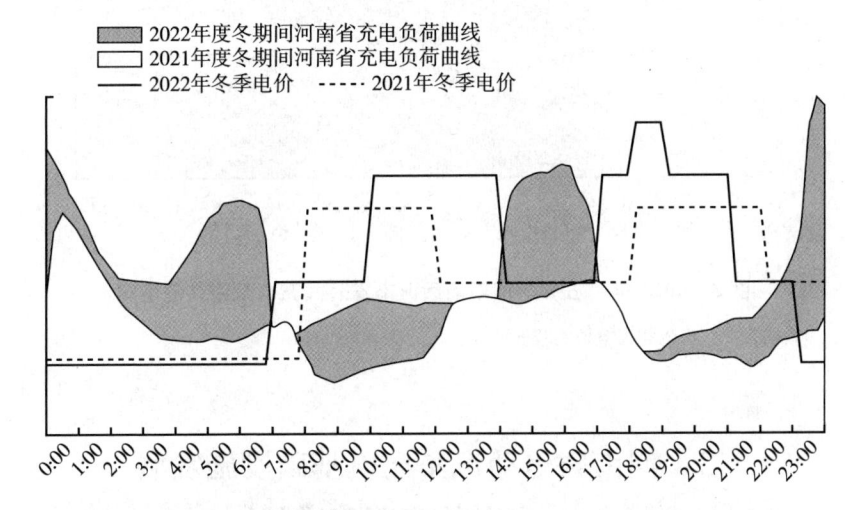

图2 分时电价实行前后河南省电动汽车充电负荷特性曲线变化情况

资料来源：河南省充电智能服务平台。

节假日高速公路充电"潮汐"特征突出。随着河南省电动汽车爆发式增长，特定时期特定地点公共充电供需不平衡现象越发突出，其中节假日高速公路"充电潮汐"现象尤为明显。以2023年"五一"假期为例，基于河南省充电智能服务平台监测数据，全省公共充电需求明显高于平日同期时段，高速公路充电需求明显远高于全省平均水平（见图3）。全省公共充电单桩日均充电量168.4千瓦时，同比增长47.0%，单桩日均充电时长4.9小时，同比增加1.5小时，增长44.1%，单桩日均充电次数5.8次，较上年3.8次增长52.6%；其中，高速公路公共充电单桩日均充电量321.7千瓦时，同比上升411.3%，单桩日均充电时长8.4小时，同比增加6.4小时，单桩日均充电次数13.8次，较上年的2.9次增长375.9%。

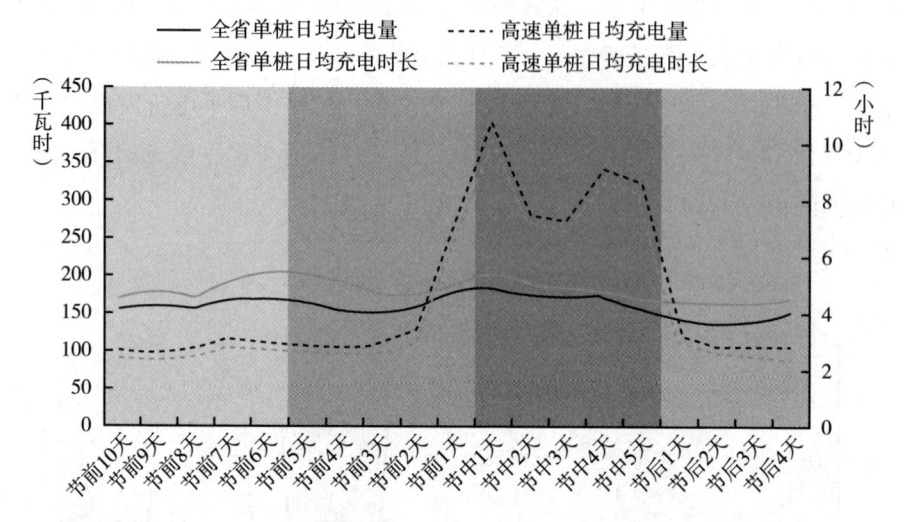

图3 2023年"五一"假期前后河南省公共充电设施充电情况

资料来源：河南省充电智能服务平台。

二 河南省电动汽车充电基础设施发展存在的问题和挑战

河南省作为人口大省、农业大省、新型工业大省，在充电基础设施建设方面取得了显著成果。行业在快速发展的同时，也存在空间布局不均衡、行业标准规范有待完善、充电供需不匹配等问题，制约着行业的高质量发展。

（一）城市居民小区和农村公共充电设施不足

目前河南省电动汽车保有量的70%是私家车，随着电动汽车技术不断突破、里程焦虑逐步缓解、公共交通领域电动化替代趋于饱和，预计未来电动汽车增量以私家车为主，私家电动汽车对充电方式、充电场景有更多需求。城市地区，居民快速增长的充电需求与城市配套资源紧缺之间的矛盾日益突出，尤其是成熟地区老旧小区受限于停车位紧张、空间资源有限、施工改造难度大，居民建桩难问题依然突出。同时，激增的居民区建桩需求引发电网企业零散报装压力陡增，对配电网承载能力也提出更大需求。省内某供电所2023年4月共受理完成102个居民私人桩报装与接电，分布在38个小区、69台配变下，平均每天完成3.4个工单任务，工作量激增。农村地区，公共充电基础设施建设数量少，布局以乡镇中心区域、政府机关及热门景区为主，存在分布不均衡问题。截至2023年9月，河南省农村地区公共充电设施仅占全省的28.6%，其中偏远地区占比不足1%，随着新能源汽车下乡逐步推广，农村公共充电基础设施建设面临较大缺口，难以满足县乡地区营运类、归乡探亲、假期旅游等产生的充电需求，农村地区的充电设施网络建设亟须补强。

（二）行业标准规范有待完善

近年来，随着政策助力和资本加速涌入，充电市场爆发式增长，在建设运营标准、行业发展规范，产品质量保障及市场竞争等方面仍存在一些问题。标准建设方面，我国已初步建立了充电基础设施标准体系，为我国电动汽车充电基础设施的建设发展提供了指引，但消防、运维等相关方面的标准还不健全。随着新能源汽车及充电设施行业快速发展，新技术、新设备、新模式不断涌现，还需不断完善标准体系、扩大标准覆盖面、及时修订标准，以满足电动汽车快速发展的需要。行业管理方面，河南省充电服务多元竞争格局逐步形成，市场竞争激烈，亟须在充电站建设布局和运营服务费定价方面规范引导，鼓励充电服务商拓展各类增值服务，避免恶性竞争，提升充电服务盈利能力，促进充电服务市场良性发展。

（三）节假日高速公路充电难现象依然突出

随着河南省电动汽车保有量爆发式增长，特定时期特定地点公共充电供需不平衡现象仍很突出，节假日高速公路服务充电难现象尤为明显。以2023年"五一"假期为例，基于河南省充电智能服务平台监测数据，全省公共充电需求明显高于平日同期时段，高速公路充电需求明显远高于全省平均水平，全省公共充电单桩日均充电量、单桩日均充电时长、单桩日均充电次数较平日增长50%，但高速公路各项指标增速均超过300%。部分热点地区和方向充电需求旺中更旺。全省高速公路主干道（京港澳高速、连霍高速）公共充电需求较全省高速平均水平明显抬升，东西方向的连霍高速充电需求较南北方向的京港澳更为旺盛，三门峡（通往陕西）、商丘（通往山东）、焦作（云台山）、漯河（京港澳河南中段）等4个地市充电量同比增速位居前列，全省6座高速充电站"五一"期间单桩日均充电时长达到12小时以上，部分高速充电站充电供给接近满负荷。

三 河南省电动汽车充电基础设施发展展望

随着河南省新能源汽车的普及，新技术逐步赋能行业发展、"充电+"模式逐步落地、市场化态势日趋成熟，充电基础设施行业发展正向新技术、新模式和新格局引领推动转变，全省大功率、超级快充渐成行业发展新趋势，换电模式逐渐成熟，车辆与电网互动技术快速应用，以"光储充检"一体化电站为代表的新运营模式逐步落地。预计2024年，全省电动汽车保有量将达到150万辆，公共充电设施超12万个，最高充电负荷将突破300万千瓦，全年充电量达77亿千瓦时。

（一）新技术赋能行业发展

1. 大功率、超级快充成为行业发展新方向

从逐年直流充电设施平均功率及占比变化情况来看，公共直流桩功率及占比逐年快速提升。2023年河南省新增公共直流充电桩单桩功率普遍提升至120千瓦（见图4）。其中，服务重卡、工程机械的充电设施最高可达360千瓦。2021年以来河南公共充电桩主流功率逐步演变为160千瓦，直流快充桩正逐步向大功率、超级快充趋势发展。

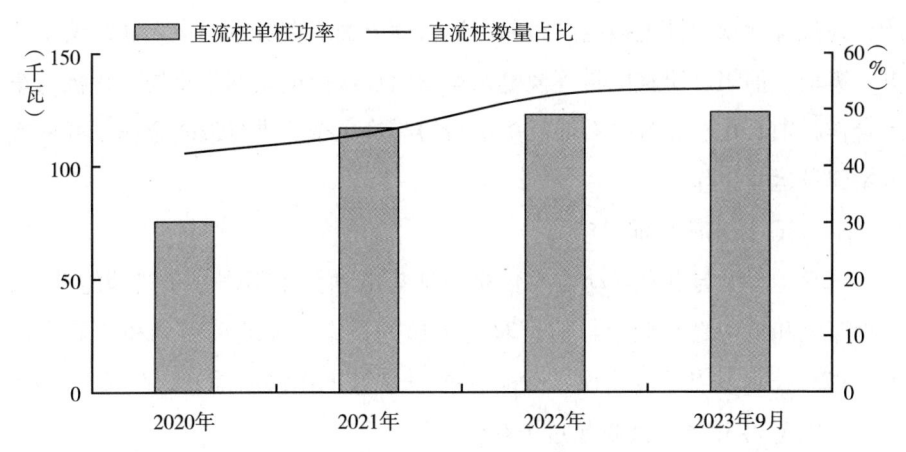

图4 2020年至2023年9月河南省公共直流充电桩平均功率变化情况

资料来源：河南省充电智能服务平台。

2. 换电技术逐步成熟，实现协同充电布局

"十四五"期间，政策倾向和产业资本密集涌入推动换电开启高速发展阶段，我国新能源汽车充换电模式将从"充电为主、换电为辅"转换为"充换电并行发展"，进一步推进换电相关产品、技术的标准化统一。截至2023年9月，河南省充电智能服务平台已接入换电站41座，换电柜441个，额定功率3.79万千瓦。预计到2025年全省将建成换电站100座。

政策合力，助力行业快速发展。国家方面，2019年以来，相继发布多项政策鼓励开展换电模式应用，2020年和2021年分别发布国家标准《电动汽车换电安全要求》和《2022年汽车标准化工作要点》，进一步推进换电相关产品、技术的规范统一，对国内换电市场发展起到了重要的推动作用。河南方面，河南省先后发布《河南省电动汽车充电基础设施建设三年行动方案（2023—2025年）》《许昌市重卡换电支持政策》等政策，推动换电站标准化建设运营，加快换电项目布局实施，进一步探索省级换电示范应用城市建设。

资本催化，产业企业密集涌入。车企方面，随着换电技术的进步、电站建设成本的降低和换电标准的完善，各大车厂先后进入换电领域，蔚来、东风、吉利、北汽新能源等车企加快换电模式研发与实践及换电车型推出和量产，并且有计划地推进换电站布局。运营商方面，在资本的注入和政策支持下，奥动、伯坦、协鑫能科等换电站运营商加快换电站网络布局，积极与车企合作；中石化、壳牌等石油巨头也纷纷与换电企业进行战略合作，开展换电站建设运营工作。

3.V2G技术应用前景广阔

V2G（车辆与电网互动技术）是一项将电动汽车用作分布式储能单元，实现车辆和电网之间能量与信息双向传递的技术。在政策引导和产业支持下，V2G技术试点示范建设、战略合作项目等正在快速铺开，预计到2025年，全国V2G市场空间将超过1000亿元。

政策引领，加快车网互动技术落地。国家方面，"十四五"以来，我国在上海、北京、深圳、广州等重点地区开展车电互联V2G示范应用，依托较为成熟的区域电力交易市场探索新能源汽车深度参与电力市场交易的机制与模式，并且将包括V2G在内的新能源汽车项目纳入全国碳排放权交易市场配额管理的减排项目范围，推动V2G技术的发展和项目落地。河南方面，2022年发布《进一步加快新能源汽车产业发展的指导意见》和《河南省电力市场运营基本规则（试行）》，鼓励新型储能、虚拟电厂等资源参与有偿辅助服务市场，加快新能源汽车与电网能量互动示范应用。

行业提速，推进技术产业化发展。2023年3月，全国首份《车网互动规模化应用与发展白皮书》在深圳发布，首次提出车网互动规模化发展道路，为破解大规模新能源接入电网、新能源汽车爆发式增长带来的能源安全难题提供了思路。2023年9月，中国电力企业联合会发布了《车网互动技术标准体系（2023版）》，系统梳理车网互动标准需求与功能需求，为车网互动技术的发展提供了重要的指导和规范要求，并提出未来3年制定车网互动技术标准，推动中国车网互动技术走向标准化、产业化和国际化。

（二）"充电"+模式逐步落地

1.光储充检一体化开启能源综合利用模式

光储充检一体化是一种集成光伏发电、充电设施、储能设施和电池检测功能的综合充电服务站,是新能源、储能、智能充电协调共生的高科技绿色充电模式。"十四五"以来,河南省充电行业在政策引导下积极探索和开展光储充检一体化应用。

2023年,河南省首座光储充放检一体化示范场站——焦作龙源湖智慧场站正式上线运营,标志着河南绿色出行时代的正式开启,具有里程碑意义。该场站集光伏发电系统、储能系统、功率池(含液冷)超充系统、车网互动双向充电系统、电池检测系统、综合能源管理平台于一体,可同时满足76辆电动汽车的充电需求。

2.运营商探索居民区充电新蓝海

市场需求推动社区充电产业步伐加速。新能源汽车高速发展带动充电需求持续高增,2018~2022年河南省电动汽车保有量年均增长率为56.9%,其中私人乘用车增长最为迅猛,年均增长率达71.2%,整体规模由7.6万辆增长至65.3万辆,增长了近8倍(见图5)。面向未来,预计公交客车、出租网约车等公共服务电动汽车增长趋缓,私人乘用车数量将保持高速增长趋势,私人充电桩建设运营将有巨大的市场需求。

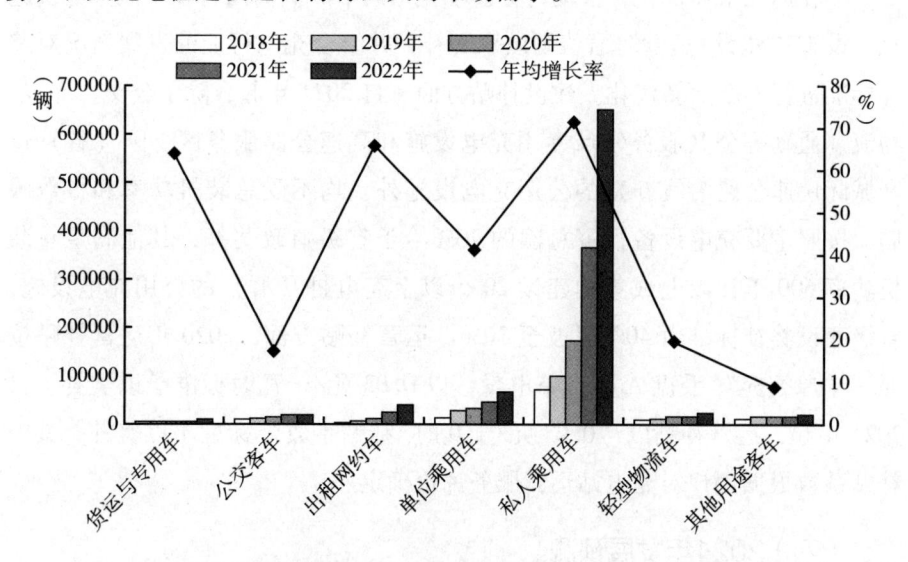

图5 2018~2022年河南省不同类型电动汽车发展趋势

资料来源:新能源汽车国家监测与管理中心。

多家运营商加快布局居民区充电服务。随着私人电动汽车规模快速增长，居民小区充电渐成行业新蓝海，各大运营商发力居民小区集中充电业务，聚焦打通充电设施居住地"最后一百米"。全国范围内，特来电、星星充电等头部运营商加快推广居民区"统建统营"模式；河南省内，相关充电运营企业不断尝试居民充电服务布局，2022年中国铁塔郑州分公司结合"智慧社区"行动，开展居民小区充电站布局。

（三）充电市场化态势日趋成熟

充电行业市场化特征明显，完成"快速化布局"到"精细化运营"。电动汽车公共充电是高度市场化的细分行业，行业发展初期，充电服务运营商以"重建设"为主，但由于前期发展不均衡，充电设施整体利用率较低，投资回报周期较长。随着充电基础设施的高速发展和政府部门的有序引导，充电市场开始从"重建设"向"重运营"方式转变，积极拓展与充电相关的增值服务，改进用户体验，提升用户黏性，助力行业破解投资回报周期较长、充电桩利用率低等痛点。

奖补标准不断优化，推动行业市场化格局形成。河南省在全国率先实施充电设施"建设+运营"省级财政双奖补，并结合充电行业的发展情况对奖补标准进行不断更新优化。建设补贴方面，自2021年起，除了公交、环卫、物流、通勤等公共服务领域专用充电设施和高速公路服务区、国（省）道和城际快速公路沿线新建的公用充电设施外，均不受总装机功率和桩数限制，按照主要充电设备投资总额的40%给予省级财政奖补，其他满足总装机功率600千瓦以上或集中建设20个以上充电桩（群）的公用充电设施，省级建设奖补标准由40%退坡至30%。运营补贴方面，2020年运营补贴按照"中原智充"手机App订单电量，以0.03元/千瓦时标准予以奖补。自2021年起，运营补贴以"0.03元/千瓦时×补贴系数"标准予以奖补，其中补贴系数根据用户对充电站运营服务评价确定。

（四）2024年发展预测

基于河南省充电智能服务平台归集公共充电站、私人充电桩负荷大数据测算，充电负荷方面，截至2023年9月，全省最高充电负荷发生在夏季23：30，达202.3万千瓦，随着新能源汽车充电设施的不断增加，预计2023年全省最高充电负荷发生在冬季23：30左右，约为240万千瓦，同比增加75万千瓦；充电量方面，2023年1~9月全省电动汽车充电量达34.2亿千瓦时，基于新能源汽车和充电基础设施的增速，预计全年全省电动汽车充电量达58亿千瓦时，同比增加18亿千瓦时，年增幅超过36%。

综合考虑省市相关政策要求和行业发展趋势，运用渗透分析、回归分析和趋势分析等多种方法，预计2024年全省电动汽车保有量将达到149.8万辆、公共充电设施将超过12万个，届时全省最高充电负荷将突破300万千瓦，全年全省电动汽车充电量预计超过77亿千瓦时，同比增长33%。

四　河南省电动汽车充电基础设施发展建议

锚定推动河南省电动汽车充电基础设施健康快速发展的总体目标，从充电设施与电动汽车配套协同、充电需求与电网建设保障协同、行业充分发展与政府高效监管共生协同等视角出发，结合河南省充电基础设施发展现状以及在发展过程中存在的主要问题，有针对性地提出河南省电动汽车充电基础设施发展建议。

（一）统筹推进充电设施协同规划

大规模充电设施建设对土地、电网资源的需求很大。一是加强与城乡、电网、停车场等规划有效衔接，推进交通、市政、电力等公共资源高效协同，合理确定充电设施建设规模和空间布局，按照"适度超前、科学合理"的原则编写充电设施与公共资源协同规划建设方案。二是做好电网规划与充电基础设施规划的衔接，统筹考虑充电设施建设和输配电网发展，将充电设施配套电网建设纳入电力规划，加强充电基础设施配套电网建设和改造，因地制宜、适度超前、科学合理规划各级电网容量，适当提高中压配电网供电裕度，增强电网支撑保障能力，培育"车—桩—网"共享共赢生态。三是

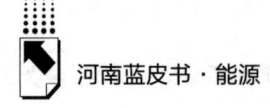

加强高速服务区、景区周边、城际主干道等重点区域专项建设，加大升级改造力度，合理预留高压、大功率充电保障能力，推动政府相关部门在特定区域用地保障、廊道通行等方面给予充电企业政策性支持。

（二）提升充电智能服务平台监测效能

一是持续推动运营商平台全量数据接入，有效整合全省公共充电服务信息资源，实现行业全量高频数据互联互通；建立健全数据治理机制，推动平台数据质量稳步提升。二是充分发挥平台资源优势，以省、市、县（区）等多维视角开展数据监测分析，开展充电智能服务平台"三库四热点"功能建设应用，建设项目投资意向库、建设进度库、补贴管理库，实现全省充电设施投资、建设、补贴、运营全流程全方位管理；开展全省站桩投资、建设、布局、充电热点信息发布，提升平台监测效能，为政府规划决策提供支撑。

（三）推动新技术、新模式快速落地应用

一是引入超级快充技术，在高速服务区逐步布局超级充电桩，解决高速服务区充电慢和节假日充电拥堵的问题。二是探索实施分时共享充电模式，基于有限的居民小区车位和台区配变资源，利用互联网技术实现充电桩在线共享使用，提高充电设施利用率，服务更多电动汽车用户。三是积极推动车、桩、网协同共赢发展，创新技术与商业模式，健全新能源汽车参与需求侧响应、电力市场和碳市场的市场和交易机制，促进不同领域之间的互联互通，实现车、桩、网融合发展。

参考文献

王震坡、梁兆文等：《中国新能源汽车大数据研究报告2022》，机械工业出版社，2022。
魏澄宙、王承哲主编《河南能源发展报告（2023）》，社会科学文献出版社，2022。

中国电动汽车充电基础设施促进联盟：《2022 中国电动汽车用户充电行为白皮书》，2023。

国务院办公厅：《关于进一步构建高质量充电基础设施体系的指导意见》，2023。

河南省人民政府办公厅：《河南省电动汽车充电基础设施建设三年行动方案（2023—2025 年）》。

河南交通运输战略发展研究院：《车网互动（V2G）发展的河南构思》，2023。

《电动汽车充电基础设施发展挑战与机遇研究》，汽车测试报告，2023。

新型能源体系篇

B.9 河南省新型能源体系建设路径探讨与建议

新型能源体系课题组[*]

摘　要： 党的二十大报告提出"加快规划建设新型能源体系",为我国能源事业高质量发展指明了方向。本文梳理党的十八大以来我国推动能源革命的政策要求及演变历程,分析中国式现代化背景下新型能源体系的内涵特征,结合河南新型能源体系建设基础和中长期河南能源发展展望,分析河南加快规划建设新型能源体系面临的问题和挑战。为有序规划建设新型能源体系,河南需要扛牢能源安全保供使命,推动传统能源与新能源优化组合,加快建设新型电力系统,加强技术革新激发能源产业发展动力,深化体制改革提升能源治理效能,为加快规划建设新型能源体系贡献河南力量。

---

[*] 课题组组长：杨萌、王佳佳。课题组成员：李虎军、邓方钊、司佳楠、邓振立、于泊宁、郭兴五、金曼。执笔：邓方钊,工学硕士,国网河南省电力公司经济技术研究院工程师,研究方向为新型能源体系规划；司佳楠,工学硕士,国网河南省电力公司经济技术研究院工程师,研究方向为能源转型与规划。

关键词： 新型能源体系　能源产业　能源安全

党的二十大擘画了中国式现代化的宏伟蓝图，党中央结合国际、国内能源转型变革新形势，对新时代能源高质量发展做出系统部署，提出深入推进能源革命，加快规划建设新型能源体系，确保能源安全，为我国能源事业发展指明了方向。河南作为能源生产消费大省，仍处于工业化和城镇化快速发展阶段，在保障能源安全可靠供应、实现碳达峰碳中和、推动传统能源产业升级等方面仍面临一些问题和挑战，需要深刻把握新型能源体系的基本内涵和建设路径，有计划、分步骤推进新型能源体系规划建设，为实现"两个确保"、建设出彩中原提供坚强能源支撑。

一　新型能源体系的基本内涵

新型能源体系是对"四个革命、一个合作"能源安全新战略的系统凝练，也是中国式现代化对能源高质量发展提出的全新要求。立足新发展阶段、贯彻新发展理念、构建新发展格局，推动能源高质量发展，需深化对新型能源体系这一重要概念的认识，把握其核心要义。

（一）相关政策要求与演变历程

能源是经济社会发展的重要物质基础，能源安全是国家安全的优先领域。国家高度重视能源工作，党的十八大以来，党中央针对能源安全、能源革命、能源体系等做出一系列重要论述。

2014年6月，习近平总书记主持召开中央财经领导小组第六次会议，研究我国能源安全战略，强调"积极推动我国能源生产和消费革命"，并提出"推动能源消费革命，抑制不合理能源消费""推动能源供给革命，建立多元供应体系""推动能源技术革命，带动产业升级""推动能源体制革命，打通能源发展快车道""全方位加强国际合作，实现开放条件下能源安全五

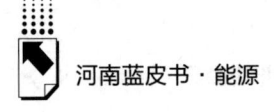

点要求。①

2017年，党的十九大报告提出"推进能源生产和消费革命，构建清洁低碳、安全高效的能源体系"。2021年3月，"十四五"规划提出"推进能源革命，建设清洁低碳、安全高效的能源体系，提高能源供给保障能力"。2021年10月，国务院印发《2030年前碳达峰行动方案》，提出"'十五五'期间，产业结构调整取得重大进展，清洁低碳安全高效的能源体系初步建立"。

2022年3月，国家发展改革委、国家能源局印发《"十四五"现代能源体系规划》，对"十四五"时期能源保障、低碳转型、能源效率、创新能力、服务水平五大方面提出具体目标，提出到2035年，能源高质量发展取得决定性进展，基本建成现代能源体系。

2022年10月，党的二十大报告提出，"加快规划建设新型能源体系"。2022年底，中央经济工作会议再次强调加快规划建设新型能源体系。2023年3月，国务院《政府工作报告》明确提出，"推进能源清洁高效利用和技术研发，加快建设新型能源体系，提升可再生能源占比"。

整体来看，国家对能源革命的相关要求与论述，呈现一以贯之的演进过程。新型能源体系的重要论述，是对"四个革命、一个合作"能源安全新战略的系统凝练，是对党的十九大报告提出的"清洁低碳安全高效的能源体系"的理论升华，是服务中国式现代化建设对现代能源体系的拓展延伸。

（二）新型能源体系的内涵特征

加快规划建设新型能源体系，要深刻认识其发展定位。从国家安全看，抓住能源就抓住了国家发展和安全的"牛鼻子"，在百年未有之大变局下，能源问题政治化、工具化倾向明显，极端天气、关键技术"卡脖子"、能源信息及网络安全等非常规安全问题日益凸显。加快规划建设新型能源体系，

---

① 《习近平：积极推动我国能源生产和消费革命》，中国政府网，2014年6月13日。

就是要在能源基础设施、能源资源、关键产业链和技术等领域做到安全可控，夯实国家安全基础。从产业发展看，能源产业是现代化产业体系的重要支柱，是培育绿色低碳竞争优势的重要赛道，是促进制造业迈向中高端、关键环的重要支撑。加快规划建设新型能源体系，就是要加快推进能源产业基础高级化和产业链现代化，构建能源产业高质量发展新格局。从可持续发展角度看，能源生产消费活动与生态环境密切相关，推动能源转型变革是破解我国能源资源环境约束的根本途径。加快规划建设新型能源体系，就是要加快能源结构调整优化，协同推进降碳、减污、扩绿、增长，坚定不移走好生态优先、绿色低碳的高质量发展道路。

加快规划建设新型能源体系，要牢牢把握其内涵特征。与以往概念相比，新型能源体系具有以下特征。一是安全保障新。新形势下，能源安全将由传统的煤油气供给安全转向经济、产业、生态、气象、信息等多系统深度耦合的新型能源体系安全，需要持续强化对战略性矿产资源、重要能源基础设施、关键能源产业链供应链的自主可控能力，塑造更具韧性的能源产供储销体系。二是能源结构新。在当前化石能源清洁化、可再生能源规模化发展的基础上，能源结构加快从高碳向低碳甚至零碳转型，主体能源逐步实现从化石能源到非化石能源的更替。预计到2060年，全国非化石能源消费比重将提高到80%以上，且非化石能源增量组合将呈现多种可能。三是系统形态新。对现有能源体系不断进行升级变革，在可电气化的领域和环节，打造新型电力系统，推动源端绿电替代和终端电能替代；在难以电气化的领域和环节，打造氢、氨、甲醇等新的二次能源系统，实现与新型电力系统的调节互动；在其他领域和环节，保留必要的化石能源低碳化零碳化利用系统，整体实现多能互补、柔性灵活、供需互动。四是产业体系新。新能源、绿色制造等新兴产业成为新的增长引擎，新供给与新需求将催生新技术、新产业、新模式，低碳零碳负碳技术装备广泛应用，新一代信息技术、人工智能等与能源系统深度融合，促进数字能源产业发展壮大。五是治理体系新。法律法规政策体系更加完善，体制机制更加高效有活力，各种要素资源实现高效配置，形成与现代化强国相适应的能源治理体系。

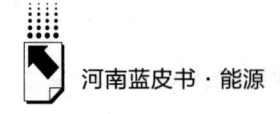

二 河南加快规划建设新型能源体系面临的形势与挑战

"十四五"以来，河南省以习近平生态文明思想和"四个革命、一个合作"能源安全新战略为根本遵循，着力稳定能源供应保障，深入推进能源结构调整，不断深化体制机制改革，有效服务民生福祉改善，为新型能源体系建设提供了良好基础。同时，面对新形势、新要求，河南在能源保障、结构转型、效率提升、基础建设等领域仍存在短板，需要持之以恒推动高质量发展。

（一）河南加快规划建设新型能源体系的基础优势

能源保障更加安全有力。"十四五"以来，一批抽水蓄能、绿色煤电、风电、光伏发电等重大能源项目加快建设，煤炭、电力、天然气持续安全稳定供应，省内能源保障能力进一步增强。截至2023年8月，全省电力总装机达到1.3亿千瓦，人均装机达到1.3千瓦，较"十三五"末增长27%。电网建设全面加强，平顶山广成扩、南阳天池送出、商丘沙盟等一批500千伏工程建成投产，骨干网架承载能力进一步增强。日照—濮阳—洛阳原油管道建成投运，西气东输三线中段河南段开工建设，全省"两纵三横"天然气长输管网更加完善，油气长输管道总里程突破9800公里。濮阳卫11等储气库、鹤壁等3个煤炭储备园区相继建成，辉县九峰山等760万千瓦抽水蓄能电站开工建设，能源储备调节能力显著增强。

能源低碳转型成效显著。紧扣"双碳"工作要求，突出"先立后破"，立足以煤为主的实际，在保障能源安全供应基础上有序推动能源绿色低碳转型。持续推动煤电机组节能改造、供热改造和灵活性改造，实施新一轮煤电机组节能低碳标杆引领行动，完成改造超过1000万千瓦。全省60万千瓦以上机组占比达到65%，平均供电标煤耗降至299克/千瓦时。风电、光伏等新能源快速发展，可再生能源发电装机占总装机比重为46.6%，较"十三五"末提高16个百分点。全省能源消费中煤炭占比降至63%，非化石能源消费占比提高至15%左右，与全国平均水平差距明显缩小。

能源改革创新深入推进。电力市场化改革持续深化，电力市场主体数量、年交易电量规模持续保持全国前列。濮阳、商丘等6个多能互补和周口西华经开区等7个源网荷储一体化示范项目加快建设，22个增量配电改革试点落地运营。兰考国家农村能源革命试点建设落地见效，建成"源网荷储"协调可控的智慧能源平台，县域新能源装机突破百万千瓦，新能源发电量超过全社会用电量，清洁取暖率、垃圾处理率、秸秆利用率均超过95%。

能源服务民生水平显著提升。能源基础设施灾后恢复重建取得阶段性成果，全面进入以能力提升为主的建设阶段。加快农村电网提档升级，农网10千伏线路互联率、电压合格率显著提高，停运率、低电压台区数量明显降低，有效满足农村用电增长的需求。持续推进清洁取暖，商丘、周口2市成功入选国家清洁取暖试点城市，累计新增可再生能源供暖能力超过3300万平方米。大力发展充电基础设施，实现高速公路服务区充电桩全覆盖。

（二）河南加快规划建设新型能源体系的形势研判

从全球能源发展趋势来看，能源消费总量基本稳定，增速明显放缓。2021年世界能源消费总量为203亿吨标准煤，2010~2021年年均增长1.3%。预计2030~2040年达到峰值平台期，2060年降至约173亿吨标准煤。消费结构上，当前世界能源消费结构呈煤、油、气、非化石能源四分天下格局，占比分别为26.9%、31.0%、24.4%、17.7%。预计到2060年非化石能源占比将达到80%。空间布局上，能源消费重心向东转移，亚太地区成为推动世界能源消费增长的主要因素，占世界能源消费比重在48%左右。

从我国能源发展趋势来看，非化石能源消费占比持续提升。2022年，全国能源消费总量为54.1亿吨标准煤，同比增长2.9%，煤、油、气、非化石能源消费占比分别为56.2%、17.9%、8.4%、17.5%，能源综合自给率保持在80%以上。全国能源生产总量为40.8亿吨标准煤，煤、油、气、非化石能源占比分别为67.6%、6.8%、6.0%、19.6%。根据相关预测，全国能源消费总量于2030年前后达到峰值57亿~58亿吨标准煤，2060年降至46亿吨标准煤左右；2030年非化石能源消费占比提升至25%以上，2060年非化石能源消费占比达到80%以上，煤炭消费占比降至10%以内。

从河南能源发展趋势来看，更加强调能源安全绿色供应。当前河南仍处在从工业化中期向工业化后期迈进、城镇化快速发展的阶段，对能源的需求在近期较长一段时间将保持较为稳定的增长。预计到2025年，河南能源消费总量为2.6亿吨标准煤左右，煤炭消费比重降至约60%，非化石能源消费比重提升至17%左右；预计到2030年，河南能源消费总量为2.8亿吨标准煤左右，增速有所放缓，煤炭消费比重降至约50%，非化石能源消费比重提升至25%左右；预计到2035年前后，河南能源消费总量达到峰值2.9亿~3.0亿吨标准煤；到2060年，河南能源消费总量降至约2.4亿吨标准煤。

（三）河南加快规划建设新型能源体系面临的问题与挑战

能源生产总量不足，保障压力大。2022年，河南能源自给率仅为41.7%，预计2025年全省能源生产总量1.1亿吨标准煤，但消费总量将增长至2.6亿吨标准煤，能源缺口扩大至1.5亿吨标煤，需要从省外调入。河南新能源装机增长速度快但保障能力不足，煤电发展受限，省内电力生产能力增量有限，预计到2035年河南省用电量将在目前4000亿千瓦时的基础上翻一番，能源电力保障压力大。

能源结构偏煤，转型难度大。河南煤炭资源相对丰富，风、光等新能源资源属于国内落后区域，与全国平均水平相比，河南煤炭消费占比高6个百分点，非化石消费占比低5个百分点，能源电力结构偏煤的问题较为突出。着眼未来，在低碳和保供的双重目标约束下，能源转型发展难度较大。

能源利用率不高，管理水平较低。全省六大高耗能行业仅占规上工业增加值的38.3%，但能源消费占比高达87.3%，能源利用效率低。为构建新型电力系统，煤电将由基础性电源向调节性电源转变，煤电机组长期在低负荷工况下运行导致实际煤耗高于设计值。用户侧用能方式不合理，错峰用电和节能意识不强，对用户合理用电管理的宣传引导不足，导致用电时序集中，用电曲线和电网负荷曲线不匹配。

电网网架结构仍需加强，承载能力存在短板。河南主网架局部输电通道输送能力受限，各区域间互济能力不能充分发挥。新能源快速规模化发展，大量分布式电源接入低压配电网，并网难、消纳难、运行问题日益凸显；同时，随着乡村振兴战略的全面推进，农村用电负荷激增，两者对农村电网承载能力都有较大刚性需求。

灵活调节电源增长缓慢，系统调节能力不足。河南抽水蓄能电站、燃气机组电站、灵活煤电机组等规模增长较为缓慢，煤电机组低出力运行方式调整难度大，省外来电曲线与新能源出力匹配度低，适应新能源快速发展的市场机制仍不完善，难以有效应对新能源尤其是分布式光伏的快速发展。

产业创新活力不足，能源创新链产业链仍需完善。河南绿色低碳技术创新中心、重点实验室、中试基地等创新平台与发达省份相比仍有较大差距，关键核心技术自主化水平仍有待提升。能源项目低水平重复建设的情况仍有发生，高新技术企业数量相对较少，亟须加快推动能源产业基础高级化、产业链现代化。

三 河南加快规划建设新型能源体系的路径

加快规划建设新型能源体系，必须把战略思维、系统观念贯彻始终，坚持先立后破、稳中求进，坚持问题导向、目标导向，强化前瞻性、战略性布局，科学把握好节奏，久久为功。

（一）扛牢能源安全保供使命，提升能源供应安全和韧性水平

能源保供是能源系统的首要职责。要加快构建富有韧性、坚强可靠的能源供应链，立足能源资源禀赋，夯实能源生产基础，坚持先立后破，建立完善多轮驱动的能源供应体系，持续增强能源综合生产能力。要提升能源产业链供应链韧性和安全水平，以能源稳产保供的确定性来应对外部环境的不确定性，推进煤炭储备和集疏运体系建设，加快天然气储气调峰设施建设，加

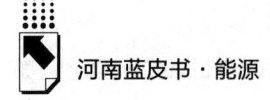

快电力系统灵活调节资源建设，大力提升居民和工商业用电负荷弹性，健全能源安全监测预警体系，为经济社会高质量发展提供能源保障。

（二）推动传统能源与新能源优化组合，构建清洁低碳供应消费系统

要推动煤电油气等传统能源优化升级、清洁高效开发利用，大力推进煤电机组灵活性改造，加快非常规天然气勘探开发。要稳妥推进风电规模化开发，规范发展屋顶分布式光伏，稳慎发展集中式光伏。加快氢能布局建设，构筑郑汴洛新濮五大氢能装备制造产业节点，多元开发稳定氢源供给，有序推进氢能在交通、工业领域应用，依托"郑汴洛濮氢走廊"，布局氢气储运网络。优化调整抽水蓄能开发布局，加快洛阳洛宁、信阳五岳等在建项目进度，尽快开工汝阳菠菜沟等项目。大力发展新型储能，有效促进新型储能和新能源协调发展。

（三）促进源网荷储协同互动，加快构建新型电力系统

要打造以坚强智能电网为平台，以源网荷储协同互动和多能互补为重要支撑，具有清洁低碳、安全充裕、经济高效、供需协同、灵活智能特征的新型电力系统。以提高省内电网互供能力、缓解供电卡口为导向，以提升豫西地区新能源外送、豫北豫中输电通道能力为重点，推动电网南北、东西互济，进一步优化完善全省"一核五翼"的主网架结构。强化城乡配电网结构，按照"适度超前谋划，一步到位实施"的原则，适当提高农村电网建设标准，提高农网投资效率，加快薄弱地区变电站布点，提升电力供应能力和新能源消纳水平。提升负荷侧资源柔性控制水平与管理能力，唤醒沉睡资源，提高电力运行水平。

（四）加快创新平台载体建设，激发能源发展蓬勃动力

要加强能源技术创新平台建设，培育一批绿色技术创新主体，围绕大容量风电、高效光伏、大容量电化学储能、低成本可再生能源制氢及二氧化碳捕集、利用与封存等前沿领域和关键核心技术攻关，打通产学研用各环节。

完善头部企业布局的风机零部件制造、风机制造及风电场的运营等产业链，打造风机光伏装备制造基地。推动能源产业与数字化融合发展，推动首台（套）重大技术装备示范和推广，督促企业实施节能降耗技术改造，推广先进适用节能低碳设备和产品，促进能源新技术产业化规模化应用，以高水平能源科技自立自强引领能源高质量发展。

（五）深化能源体制机制改革，提升能源治理效能

要进一步优化完善能耗双控政策，有效增强能源消费总量管理弹性，合理确定能源消费总量目标。持续深化能源领域"放管服"改革，持续深化电力体制改革，聚焦新业态发展、综合能源服务等方面，推动机制建设取得新突破。大力推进农村能源革命，科学有序建设一批源网荷储一体化项目，发展以消纳新能源为主的智能微电网，减少大电网调节负担。构建便利高效的充电网络，加快充电设施建设，探索换电设施、综合充能试点建设。

四 "十四五"期间河南加快规划建设新型能源体系的相关建议

河南是能源生产消费大省，正处于城镇化工业化快速发展阶段，加快规划建设新型能源体系要结合河南实际，有计划、分步骤实施，需要远近结合，统筹能源中长期发展战略和"十四五"能源电力建设的具体实践，明确发展目标和任务举措，为建设新型能源体系贡献河南力量。

（一）拓展化石能源多元供应渠道，提升基础保障水平

省内方面，加大煤炭资源勘探力度，选择条件好的资源新建一批矿井，争取将省内煤炭产量维持在1亿吨左右。加快建设中央煤炭储备基地，提高煤炭静态储备能力。加快推进中原储气库群和平顶山盐穴储气库建设和增储，打造"百亿方级"储气基地。加大煤层气（煤矿瓦斯）勘探开发力度，加大科技创新和资金投入，争取煤层气地面开发取得突破。省外方面，鼓励

省内企业与晋陕蒙等高品质煤源地建立战略合作共赢发展机制，形成稳定的省外煤炭供应保障格局，提升煤炭外引能力；拓展外气入豫通道，多元引入西气、俄气、川气、海气等资源，提升西气东输河南输气能力。

（二）优化新能源开发布局，提升清洁能源消费比重

稳妥推进风电规模化开发，在省级层面统筹风电装备、氢能等配套产业发展和布局。稳慎发展集中式光伏，有序发展分布式光伏，充分利用党政机关、校园等公用建筑和工业园区发展屋顶光伏，规范企业参与分布式户用光伏的开发模式，确保农户收益。优化调整抽水蓄能开发布局，督促在建项目加快建设，推动纳规项目尽快开工，结合外电落点、负荷中心、新能源开发重点区域谋划推动一批新的抽水蓄能项目纳入国家规划。大力发展新型储能设施，重点建设独立储能，严格新建新能源配储，鼓励存量新能源配储，引导用户侧配储，促进储能与新能源协调发展。

（三）发挥煤电兜底保供作用，提升供电自主可控能力

充分发挥煤电的"压舱石"作用，做优增量，盘活存量，将电力保供牢牢把握在自己手里。存量煤电方面，针对煤电企业普遍亏损、发电积极性不高的问题，支持煤电与煤炭、新能源联营，推动煤电企业签订煤炭中长期合同，出台推动灵活性改造的煤电机组配置新能源规模的政策。新增煤电方面，坚持系统观念，按照"适度超前"的原则，结合厂址、煤源、运力、电网需求等因素，新增一定规模煤电项目，全力做好已纳规煤电的建设工作。

（四）加强入豫外电通道建设，提升区外电力引入能力

积极谋划第四条入豫输电通道，推动河南能源、省投资集团等省内能源企业在省外开发煤矿、建设坑口电站和风光基地，所发电力送入河南提高能源供应能力，促进企业高质量发展。加快现有通道配套电源建设，研究提高天中直流送电能力措施，力争实现满产达产。加快推动陕电入豫工程，争取

省内企业参与陕电入豫配套电源的建设。加强配套的华中"日"字形特高压、省内骨干网架等交流电网建设,提高输电通道输电能力。

(五)加快电网结构优化,提升电能输送配置能力

以提高电网互供能力、缓解供电卡口为导向,以提升豫西地区新能源外送、豫北豫中输电通道能力为重点,进一步优化完善全省"一核五翼"的主网架结构。围绕保障新型城镇化发展用电需求和新能源大规模高比例发展需要,优化市域电网结构,加快薄弱地区变电站布点,提升新能源消纳能力和市域电力调配能力。结合乡村振兴,按照"适度超前谋划,一步到位实施"的思路,以更高的标准实施农村电网改造,提高农网投资效率,提升农村居民用电质量,满足用电需求。

(六)做好节能节电工作,提升需求侧负荷弹性

加强重点行业、重点企业负荷管理,精准匹配重点用户的用电曲线和负荷曲线,降低尖峰用电需求,力争通过需求侧响应降低高峰负荷500万千瓦。推动重点行业绿色低碳用能,推广节能低碳工艺、技术、装备,建立以碳排放、化石能源消费控制为约束的减排机制,完善能耗强度和总量双控制度,降低单位GDP能耗。推行综合能源服务模式,形成市场主体自觉节能的机制,实施能源消费集成化、智能化改造和重点用能单位节能降碳改造,倡导节约用电,加强建筑、交通、公共机构等节能节电管理,推广地热制冷、供暖新技术。

(七)深化体制机制改革,提升能源转型活力

持续深化能源领域竞争性环节市场化改革,有序推进油气、电力体制改革,为能源持续健康发展提供体制机制保障。总结兰考农村能源的经验,依托先进的能源管理技术和农村地区丰富的新能源和生物质资源,拓展农村能源革命示范。科学有序建设一批"光储充"一体化项目,在产业聚集区、

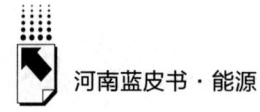

工业园区等建设消纳高比例新能源的源网荷储一体化项目,降低对大电网的冲击和依赖。

参考文献

王志轩:《中国式现代化与新型能源体系建设》,《中国电力企业管理》2023年第10期。

朱晔等:《新型能源体系建设的背景形势、策略建议和未来展望》,《政策与管理研究》2023年第8期。

郝宇:《新型能源体系的重要意义与构建路径》,《人民论坛》2022年11月1日,第2版。

国家发展改革委员会、国家能源局:《"十四五"现代能源体系规划》。

国家能源局:《确保能源安全　为促进经济社会高质量发展提供坚实保障》。

《美丽中国河南说丨李勇刚:双碳目标下河南省能源结构优化对策》,"大河网"百家号,2023年8月10日。

《加快构建新型能源体系　为奋进"两个基本实现"目标提供坚强能源保障》,《山西日报》2023年11月6日。

B.10 河南加快乡村清洁能源建设的思考与建议

陈姝彧 杨钦臣 李鹏 李慧璇*

摘 要： 清洁能源开发是新型能源体系建设的重要内容，乡村地区拥有丰富的清洁能源，加快乡村清洁能源建设对推进新型能源体系建设、实施乡村振兴战略具有重要意义。本文梳理乡村清洁能源建设的政策背景和重要意义，立足河南乡村清洁能源发展的现状和分布式光伏发展经验，总结当前河南在推进乡村清洁能源建设过程中亟须处理好开发节奏的快慢关系、开发模式的权责关系和系统运行的内外关系，提出在规模控制、运行手段、市场机制、政策保障和形式拓展等方面的对策建议，以期为加快河南乡村清洁能源建设提供参考，为全国其他省份做出示范。

关键词： 清洁能源 新型能源体系 乡村振兴 分布式光伏 河南省

广大乡村地区风能、太阳能、生物质能等清洁能源资源丰富，是实现碳达峰碳中和目标、大力发展新型能源体系的重要基础。随着屋顶光伏等分布式电源的大规模开发，河南乡村清洁能源建设如火如荼，有力支撑了河南新型能源体系建设和乡村振兴。在乡村清洁能源发展的提速期，准确把握河南

---

* 陈姝彧，工学硕士，国网河南省电力公司经济技术研究院工程师，研究方向为电网发展规划；杨钦臣，工学硕士，国网河南省电力公司经济技术研究院工程师，研究方向为能源发展战略与农村能源；李鹏，管理学博士，国网河南省电力公司经济技术研究院高级经济师，研究方向为农村能源和能源互联网；李慧璇，工学硕士，国网河南省电力公司经济技术研究院工程师，研究方向为农村能源和能源互联网。

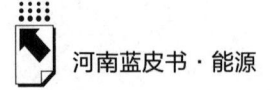

乡村清洁能源发展趋势，及时总结分析存在的问题并提出解决路径，有助于实现"双碳"目标任务，推动农村产业高质高效发展，有力支撑宜居宜业和美乡村建设。

一 加快建设乡村清洁能源的背景与意义

在新型能源体系建设和乡村振兴双重背景下，国家和地方相继出台了多项政策措施，加快推进乡村清洁能源建设。河南发挥自身资源优势，先行先试加快乡村清洁能源建设，是优化河南乡村能源结构、加速河南乡村振兴的必由之路。

（一）乡村清洁能源建设的政策背景

"民族要复兴，乡村必振兴"，乡村清洁能源建设是乡村振兴的重要内容。我国始终高度重视农村地区能源转型发展，针对农村现代化能源体系、农村能源转型、乡村清洁能源建设等方面相继出台了一系列行动方针，建立试点加快探索乡村清洁能源建设路径。

2018年9月，中共中央、国务院印发《乡村振兴战略规划（2018—2022年）》，明确提出"构建农村现代化能源体系"。2021年中央一号文件《中共中央国务院关于全面推进乡村振兴加快农业农村现代化的意见》提出实施乡村清洁能源建设工程，加快农村电网建设、推进燃气下乡、发展农村生物质能源、加强煤炭清洁化利用。2021年底，国家能源局、农业农村部发布《加快农村能源转型发展助力乡村振兴的实施意见》，提出支持县域清洁能源规模化开发、推动千村万户电力自发自用、推动农村生物质资源利用等多项指导性意见。2022年5月，中共中央办公厅、国务院办公厅印发《乡村建设行动实施方案》，将实施乡村清洁能源建设工程列为重点任务之一，提出发展太阳能、风能、水能、地热能、生物质能等清洁能源，在条件适宜地区探索建设多能互补的分布式低碳综合能源网络。

河南省贯彻落实国家相关要求，以兰考农村能源革命试点建设为示范，全方位探索清洁能源建设，并相继发布多项方案意见。2021年5月，河南省政府办公厅发布《河南省乡村建设行动实施方案》，要求实施县域清洁能源建设一体化行动。2023年3月，河南省委、省政府印发《关于做好2023年全面推进乡村振兴重点工作的实施意见》，强调"增强农村电网保障能力，推动农村生物质能、风能、太阳能、地热能等开发利用，实施'气化乡村'工程"。

总的来看，乡村清洁能源建设以多种形式贯穿乡村振兴工作进程，与农村现代化能源体系建设、农村能源转型、农村能源革命等任务一脉相承。在碳达峰碳中和目标下，乡村清洁能源建设是新型能源体系建设在农村地区的具体体现，是推动农业农村现代化目标实现的重要能源发展方向。

（二）乡村清洁能源建设的重要意义

乡村是清洁能源开发的主阵地，是支撑新型能源体系建设的重要战场。中国农村地区的风能、水能、太阳能、生物质能等清洁能源资源丰富。根据农业农村部在2022年进行的估算，我国农村地区可再生能源每年可获得相当于73亿吨标准煤的能量，是当年全国农村能耗总量的12倍。乡村地区土地和建筑屋顶资源丰富，具有开发分布式新能源的天然优势，在乡村地区开展清洁能源建设大有可为。乡村清洁能源建设是推进农业农村现代化的重要抓手，是推进能源低碳转型、加快建设新型能源体系的重要路径。

清洁能源是乡村振兴的战略性资源，是产业兴、生态美、百姓富的助推剂。高效利用乡村丰富的清洁能源能够有效减少化石能源消耗，显著降低碳排放量，推动乡村绿色生态文明建设；清洁能源建设对提升农村电气化水平、吸引大量新能源企业入驻也有重要助推作用，助力农业生产力提升和产业优化升级，增加农村就业岗位，为乡村经济发展注入活力，提高农民收入水平。

河南是典型农业大省，推进乡村清洁能源建设具有示范作用。河南县域承载着全省90%的面积、80%的人口和70%的经济总量。产业结构方面，2023年上半年河南省第一产业增加值2309亿元，占地区生产总值的7.3%，较全国高2.1个百分点。河南省农业占比高，乡村地区清洁能源发展建设空间大。地理资源方面，河南省地处中原，西承自然资源丰富的中西部地区，东接经济发达的沿海省份，省内涵盖平原、盆地、山地、丘陵和水域等各类地形。河南省蕴含丰富清洁能源种类，涵盖大部分地形特征，河南加快发展乡村清洁能源，能为全国大多数省份提供参考。

二 河南乡村清洁能源建设的现状特点

当前阶段，分布式光伏在全省乡村清洁能源建设的主体地位凸显，分散式风电、生物质和地热等能源的开发稳步进行。在政策指引、创新优化和宣传激励的共同推动下，河南乡村清洁能源建设前景广阔。

（一）分布式光伏是发展主体

按照国家"千家万户沐光行动"相关要求，河南因地制宜推广户用光伏建设。2021年7月，河南省发展改革委印发《河南省加快推进屋顶光伏发电开发行动方案》，全省建立66个试点县开展整县（市、区）屋顶分布式光伏开发，以屋顶光伏为代表的分布式光伏快速发展。截至2023年9月，河南分布式光伏装机规模达到2762万千瓦，达到全省电源总装机的1/5。1~9月，全省分布式光伏月均增长超过100万千瓦，占全省清洁能源新增装机的70%以上，其中南阳、新乡、商丘等地分布式光伏装机月均增长超过10万千瓦，分布式光伏已成为目前河南乡村清洁能源建设的最大主体。屋顶光伏投资成本低，可利用屋顶资源丰富，政策日趋完善，分布式光伏已成为河南乡村清洁能源建设的主要增长点。

（二）各类清洁能源多元发展

试点带动发展分散式风电。2022年"千乡万村驭风行动"实施以来，河南省以信阳市为试点率先探索分散式风电建设。截至2023年9月，河南分散式风电装机306万千瓦，占全省风电装机的15%。1~9月，河南分散式风电新增装机已达到2022年新增装机的2倍以上，分散式风电发展提速。挖潜生物质资源供电供暖。《河南省新能源和可再生能源发展"十四五"规划》明确要求积极发展生物质，河南生物质资源利用前景广阔。1~9月，河南生物质发电装机新增11万千瓦，累计发电利用小时数较常规火电高近1000小时，新乡辉县、焦作孟州等地热电联产项目稳步推进。加速推动地热产业发展。《河南省新能源和可再生能源发展"十四五"规划》要求，持续推进地热资源勘查评价，加快中深层地热能集中连片开发，拓展地热能利用方式。河南中深层地热清洁供暖已覆盖超过10个省辖市，供暖面积累计已超过1.1亿平方米。根据河南省规划目标，到2025年建成郑州、开封、濮阳、周口4个千万平方米地热供暖规模化利用示范区，促进河南省乃至全国地热产业发展。

（三）政府市场协同推进

政策引领，健全市场调节机制。清洁能源建设需要市场参与，促进产业健康发展。目前风光发电盈利已不再依赖电价补贴，依托《河南省可再生能源电力消纳保障实施方案》《河南省电力市场运营基本规则（试行）》《关于促进分布式光伏发电行业健康可持续发展的通知（征求意见稿）》等实施方案和市场机制，通过优化用电负荷曲线、合理规划储能建设、实施汇流升压接入等措施，调动分布式电源开发积极性，切实提升清洁能源消纳水平。

优化创新，挖掘潜在开发空间。河南以兰考县为起点，积极探索清洁能源建设新模式。兰考县建立了全国首个集风、光、储、充、放于一体的综合智慧零碳电厂，为农村能源高质量发展探索出一条可实现、可复制、可推广的道路。

注重宣传，激发农民参与积极性。农民作为屋顶、闲置用地等空间资源和秸秆等能源资源的提供者，也是乡村清洁能源建设的最大受益者。近年来，通过政府积极宣传、试点带动引导，农民参与热情持续高涨。

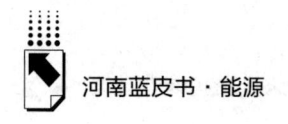

三 河南推进乡村清洁能源建设需要把握的若干关系

河南乡村清洁能源建设以分布式光伏大规模开发为主,已经进入快车道,但是在建设过程中也面临一些新的问题,如分布式光伏大量接入中低压配电网给电力系统安全运行带来了较大影响,对各要素的收益公平性、对清洁能源的稳定安全消纳提出了新的要求。因此,在加快推进乡村清洁能源建设过程中,亟须重点关注"三对关系"。

(一)开发节奏上要处理好"快慢关系"

清洁能源发电技术持续进步,开发建设成本不断下降,全面进入平价无补贴发展新阶段,叠加农村空间与资源优势以及政策因素,装机规模快速阶跃式增长。乡村振兴战略纵深推进促进农村地区用电需求持续释放,清洁能源开发速度远超负荷增长速度,给电网建设和电力系统运行带来新挑战。

1. 协同分布式光伏建设速度与配电网升级改造周期

分布式光伏建设周期短,规模化井喷式建设并接入配电网,基本上是在"消费"原有电网系统的接入裕量。一方面,随着分布式光伏持续规模化接入,县域配电系统将从放射状无源网逐步变为低压有源网,传统的规划理念不再适应有源县域配电网的发展。另一方面,配电网升级改造项目建设周期较长,赶不上分布式光伏的发展速度,源网不匹配导致电网设备运行风险日益凸显。比如因分布式光伏发电引起的配电网反向重过载问题日益突出,配电变压器烧毁现象时有发生。

为保证乡村清洁能源的有效开发利用,在加快农网升级改造的同时,应有序引导分布式光伏建设节奏和布局,滚动研判各地区分布式光伏接入规模和配电网承载能力的匹配程度,有序引导分布式光伏建设节奏,实现分布式电源与配电网升级承载能力协同发展。

2. 匹配清洁能源发电量增长与本地用电负荷释放

规模化清洁能源接入县域电网,地区电力供应能力快速提升,但受风光出力的不确定性和波动性、叠加县域中低压电网调节性资源匮乏影响，源荷难以实现实时匹配，导致可再生能源发电就地消纳存在困难，甚至出现火电机组压至最低、集中式新能源全停，分布式光伏发电也无法就地就近消纳导致层层上送的现象。虽然清洁能源高速发展，促进了县域能源供给的低碳绿色转型，但开发节奏快慢要与本地负荷发展相适应，才能实现清洁能源资源开发就地服务县域能源绿色发展的初衷。乡村清洁能源的发展应考虑本地区的消纳能力，充分论证当地负荷需求及波动、气候特征和可调节电源资源情况，发展规模匹配本地区用电需求。

（二）开发模式上要处理好"权责关系"

国家政策引导下，新能源设备厂商、渠道商、新能源企业等市场主体蜂拥而至，积极推进乡村清洁能源开发模式创新。分布式光伏利用农民闲置屋顶，在生产绿色电能的同时还能为农民提供一份收入，成为乡村清洁能源开发利用中最活跃的要素。然而，置身分布式光伏建设热潮中，有些深层次的、长远的问题要用公平公正的尺度去衡量，方能确保乡村清洁建设行稳致远。

1. 保障农民与分布式新能源企业收益公平

"农户出屋顶+厂商出设备+银行出资金+新能源企业负责运维"的模式成为主流，短期内大大加快了农村地区光伏开发进程。但从长远来看，农户的付出和收入是否匹配、经营分布式光伏的新能源企业是否尽到相应的义务等方面，还有很多需要商榷的地方。从实际调研来看，部分开发主体借用商业模式创新，与农户签订"看似公平"的协议，快速提升分布式光伏市场占有率，在一定程度上影响了分布式光伏发电行业健康有序发展。调研结果显示，在光伏实际开发过程中，光伏企业获得了80%以上的发电收益，却利用户用光伏由农户备案报装等方式，逃避了建设运行安全职责。此外，部分光伏企业利用农户缺乏辨别能力，采用虚假宣传、欺诈投资等手段，向农户承诺虚高发电收益，甚至利用"光伏贷"损害农户利益。为保证农民在分布式光伏开发过程中的合法权益，需要建立健全相关政策、法规，明确划

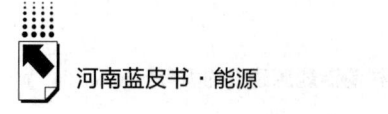

分农户和光伏企业的权责关系,加强分布式光伏收益匹配,提高农户对光伏报装付出与回报的认知。

2.确保分布式电源与其他电源回报公平

按照现行政策,分布式光伏发电基本不参与电力系统调峰和辅助服务费用分摊,主要靠常规电源和集中式新能源场站承担调节任务。随着屋顶光伏规模不断扩大,其他电源的调节任务日益繁重。近两年,河南省统调火电利用小时数持续保持低位,较全国平均水平低750~1100小时,集中式光伏电站利用率也在持续下降。与集中式场站相比,屋顶光伏不承担汇流线路、升压变电站等设施投资,整体投资回报相对较高,更应该与其他电源共同承担电网的调节义务。为保证各类电源的回报公平性,需要进一步提高对分布式光伏的调控能力,提升分布式光伏参与电网调峰服务的程度,适时调整市场机制,实现各要素收益与责任对等,通过数字化智能控制和价格引导,调动各类电源发电和参与电网调节的积极性。

(三)系统运行上要处理好"内外关系"

规模化开发乡村清洁能源,使电力系统形态产生了巨大的变化,提升了电网本地化电源支撑能力,也给电网运行带来了新的问题。一方面,从县域电网来看,本地清洁电力供应能力大幅提升,减少了外部化石能源输入,加速了地区清洁低碳转型步伐,电力系统注入绿色活力;另一方面,县域电网的功能形态、运行方式,电力系统电力电量平衡基础、安全稳定运行机理发生深刻变化,海量分散元素涌入电网,增加各级电网运行调度难度,县域、市域乃至省域电网的运行管理体系都需要重塑。

1.注重高比例县域电网内部智慧运行能力建设

县域清洁能源发电比例持续上升,出力与负荷时空差异增大,加之县域本地可调节资源匮乏,可再生能源发电难以完全实现就地消纳,需要通过外部大电网配合消纳。以全国首个农村能源革命试点为例,可再生能源装机是平均负荷的6倍,但仍然有37.4%的电量由外部电网供电。针对高比例清洁能源县域电网建设,坚持本地资源服务本地能源转型的思路,紧紧围绕

"对内智能"的建设原则,推进源网荷储全要素优化布局,多元调节资源丰富可控,全环节设备状态全息感知,数字化调控手段全面覆盖,确保试点县域各电压等级设备智能调控运行,最大限度实现清洁电力本地使用。

2. 注重高比例县域电网外部友好互动能力建设

乡村清洁能源发电规模化接入县域电网,中低压配电网潮流双向流动,清洁能源出力高峰时段上送上级电网,出力低谷或者不出力时段从上级电网吸纳电力,导致县域电网中低压交互断面"大开大合"现象时常发生,甚至出现完全占用大电网调节资源的情况,带来运行风险。针对以县域为单元的乡村清洁能源开发利用这一未来发展趋势,从全省电力系统安全稳定运行的大局考虑,要坚持"对外友好"的建设原则,推进县域电网建设,着力构建体系完备的源网荷储一体化运行策略,实现源网荷储分层分区自平衡、县域电网与外部电网经济高效协同运行。

四 河南加快乡村清洁能源建设的对策建议

未来一段时间,乡村清洁能源建设仍将是乡村振兴战略的重点任务。乡村清洁能源平稳、高效发展,为新型能源体系建设提供重要支撑。河南应坚持协调发展,注重电力系统源网荷储一体化建设,强化电网灵活运行能力,完善市场机制和政策指导,扩大产业发展半径,推进建设宜居宜业和美乡村。

(一)重协调,合理引导开发规模

坚持源网荷储协调、"量""率"协同原则,推动乡村地区清洁能源有效发展。源网协调,确保乡村清洁能源建设与电网发展同步。在配电网升级改造中,重点关注分布式电源规模化发展趋势,科学评估分布式电源接入方式与极限接入容量,指导清洁能源有序接入。源荷协调,促进乡村清洁能源发展与用电需求同步。科学预测电力需求增长、用电特征变化,引导本地区分布式电源规模与之匹配。源储协调,加快乡村清洁能源发展与储能规模同步。研究制定乡村地区储能发展实施指导意见，明确储能配置原则、应用模式、市场机制，推进集中式风电光伏、整县规模化分布式光伏按照一定比例租赁共享储能，推动多元储能与农村配网协调发展，促进县域发用电就地平衡。

（二）强调控，提高电网弹性互动能力

推动乡村地区清洁能源有效发展，坚持就地转化、就地利用的运行目标，提高电网运行调控能力，实现清洁能源就地消纳。在河南电网已开发分布式源网荷储协同控制系统的基础上，提高对分布式电源、储能、可调节负荷等多要素的协同实时控制能力，提高分布式电源在电力调峰运行中参与的比重。创新电网运行技术，探索智慧能源、微电网、能量路由器、虚拟电厂等新兴调控运行模式，试点运用分布式电源多合一 5G 融合终端等新兴智能技术，借鉴兰考农村能源革命试点县成功经验，持续提高电网运行技术，实现县域电网清洁能源就近消纳、内外部电网协同运行。

（三）提机制，培育促进市场化健康发展

推动乡村地区清洁能源有效发展，充分发挥市场在资源配置中的决定性作用，完善各环节市场机制。市场化引导用户用电行为，持续优化分时电价政策，引导用电特性调整，完善需求侧响应管理实施细则，挖潜可调节负荷资源，缓解电力系统调峰压力。加快推动分布式电源进入电力市场，通过"中长期交易规避风险、现货市场发现价格、绿电交易体现价值"，充分发挥分布式光伏和分散式风电低边际成本、高附加值优势，促进新能源高效消纳。完善储能参与电力市场运行机制，制定新型储能参与现货、辅助服务等各类市场交易的准入、交易、结算细则，建立适应其生产运营特性的商业模式，促进新型储能健康发展。

（四）优政策，保障激励农民参与热情

推动乡村地区清洁能源有效发展，以农民为主体，建立保障农民利益的

政策制度。政府管控，保护企农合作利益。加快推进河南《关于促进分布式光伏发电行业健康可持续发展的通知》相关要求落地实施，加大对企农合作过程的管控力度，审核合作企业，把关合同编制，备案合同信息，回访合作农民，全流程保护农民权益。信息透明，公开市场运行情况。建立信息共享平台，公开政策信息、市场信息和技术信息，向农民提供咨询服务，帮助农民了解市场趋势。

（五）拓渠道，探索乡村产业振兴模式

推动乡村地区清洁能源有效发展，探索多形式能源利用结构、多层次产业发展模式。创新乡村能源综合服务模式。扩大清洁能源转化利用形式，分析村委会、学校、农业园等区域的用能模式，量身定制供热、供冷、供电、供气一体化的能源利用系统。探索清洁能源发展外延产业模式。以清洁能源开发为核心，开发"光伏+""风电+"等外延产业，以乡村清洁能源建设为抓手带动当地农林牧业、农产品加工业、旅游业等多元产业发展，激励人才引进和培育，促进技术和生产水平的提高。

参考文献

张艺涵、郑永乐等：《河南乡村产业用电特征及电气化服务模式研究》，魏澄宙、王承哲主编《河南能源发展报告2023》，社会科学文献出版社，2022年。
中共中央、国务院：《乡村建设行动实施方案》。
国家统计局：《中华人民共和国2022年国民经济和社会发展统计公报》。
国家发展改革委、国家能源局：《电力现货市场基本规则（试行）》。
河南能源监管办：《河南新型储能参与电力调峰辅助服务市场规则（试行）》。
河南省人民政府办公厅：《关于印发河南省乡村建设行动实施方案的通知》。
河南省统计局、国家统计局河南调查总队：《2022年河南省国民经济和社会发展统计公报》。
孟州市人民政府：《孟州市热电联产配套热网项目可研、可研评审及一案三书编制服务采购项目竞争性磋商公告》。

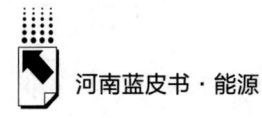

《国家电投调研全国首个风光储充放一体化综合智慧零碳电厂》，全国电力设备管理网，2023年8月22日。

《村子是小型发电站、一宅变四园……"兰考小江南"争做乡村振兴排头兵》，"大河网"百家号，2023年8月30日。

《整县推进屋顶分布式光伏开发模式亟须调整》，"中国经济时报"百家号，2023年9月4日。

《中国工程院院士杜祥琬：大力推动农村能源革命》，"能源界网"百家号，2022年9月5日。

《营商环境看基层 | 辉县市："招商""营商"双提升 助推县域经济"成高原"》，"河南日报农村版"百家号，2023年8月19日。

《河南省积极探索地热能源利用中深层地热供暖已覆盖超10个省辖市》，河南省人民政府网站，2021年11月12日。

《河南地热产业高质量发展咋实现？这场聚焦地热经济峰会贡献智慧方案》，"大河网"百家号，2023年5月30日。

《贯彻落实二十大精神 | 全省首家零碳供电所在兰考投运》，"河南日报客户端"百家号，2022年10月25日。

B.11 基于"电-能-碳"模型的河南碳排放监测分析研究

王涵 王圆圆 韩丁*

摘 要： 党的二十大报告强调，要积极稳妥推进碳达峰碳中和，完善能源消耗总量和强度调控，逐步转向碳排放总量和强度"双控"。及时、客观掌握碳排放情况是建立碳排放"双控"制度、实现"双碳"目标的前提和基础。本文针对当前碳排放量监测时效性慢等问题，依托河南省能源大数据中心，发挥电力数据准确性高、实时性强、覆盖面全的优势，创新构建"电-能-碳"模型，实现全省域、分行业、分地市的月度碳排放监测分析，并以重点行业为例开展模型测算实例分析，为全面掌握全省及地区、行业碳排放规律提供了新手段、新视角。

关键词： 碳排放 监测分析 "电-能-碳"模型 河南省

能源是社会发展的重要物质基础。长期以来，河南能源消费以煤为主，碳排放体量较大、强度偏高。当前的碳排放监测手段存在时效性差、适用范围有限等问题，为落实国家碳排放"双控"政策，需要实现对全省、各地区以及分行业的碳排放数据的动态监测。按照"以电折能、以能算碳""以电折产、以产算碳"等思路，充分发挥电力数据按月统计、全行业覆盖的

---

* 王涵，工学硕士，国网河南省电力公司经济技术研究院工程师，研究方向为能源大数据分析应用；王圆圆，工学博士，国网河南省电力公司经济技术研究院高级工程师，研究方向为能源大数据与能源经济；韩丁，工学硕士，国网河南省电力公司经济技术研究院工程师，研究方向为能源大数据分析应用。

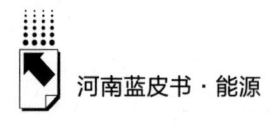

优势，通过构建"电-能-碳"碳排放监测分析模型，实现全省域、分行业、分地市的月度碳排放监测，可为构建碳核算体系、实现数据赋能发展提供技术支撑。

一 主要碳排放监测分析方法概述

2021年10月，中共中央、国务院出台《关于完整准确全面贯彻新发展理念做好碳达峰碳中和工作的意见》，明确提出"建立统一规范的碳核算体系""加强二氧化碳排放统计核算能力建设"。党的二十大报告提出，"完善碳排放统计核算制度，健全碳排放权市场交易制度"，碳排放统计核算是碳交易体系建设运行的基石，也是做好碳达峰碳中和工作的基础依据。碳排放监测作为支撑碳排放统计核算的关键要素，对如期实现碳达峰碳中和目标具有重要作用。为有效推动碳排放"双控"政策落地，对碳排放的监测范围要覆盖省、地区以及行业，监测周期最好达到月。

（一）当前碳排放监测分析方法现状

1.碳排放因子核算法

碳排放因子核算法是适用范围最广、应用最为普遍的碳排放量计算方法，由联合国政府间气候变化专门委员会（Intergovernmental Panel on Climate Change，IPCC）提出，主要通过计算各种能源和工艺过程中的碳排放因子来估算碳排放量。碳排放因子是指单位能源消耗或单位产量所产生的碳排放量。该方法的基本原理是将能源消耗、工业生产过程等产生碳排放活动的各类活动水平数据与相应的碳排放因子相乘，从而计算出碳排放量。

2.碳排放实测法

碳排放实测法基于排放源的现场实测基础数据，通过监测仪器或者持续计量装置实时监测排放气体的流速、压力、温度、湿度及浓度等数据，进行汇总得到相关碳排放量，实现碳排放量的精准计量。依据采用仪器的不同，实测法可进一步分为手工监测法与烟气排放持续监测法。手工监测法以仪器校准为主，携带监测设备在特定点进行短暂的测量；烟气排放持续监测法是对烟道气体进行持续性的监测，从而得到相应的排放量。

3.碳卫星观测法

碳卫星观测法利用碳遥感卫星扫描获取区域二氧化碳浓度，经过数据补全、模型测算等过程处理，实现区域内二氧化碳浓度的监测。2016年以来，在科技部"863计划"地球观测与导航技术领域"全球二氧化碳监测科学实验卫星与应用示范"项目、风云气象卫星工程、高分辨率对地观测系统重大专项和国家民用空间基础设施中长期发展规划的推动下，我国自行研制和发射了5颗搭载温室气体监测载荷的卫星，通过高光谱、激光雷达等技术获取二氧化碳等主要温室气体的浓度分布和时间变化信息，初步形成了全球覆盖、多尺度、互为补充和验证的遥感业务监测与评估体系。

（二）当前方法存在的局限性

以上介绍的碳排放因子核算法、碳排放实测法和碳卫星观测法等三种国内外公认的碳排放监测方式，均有各自的特点和适用领域，但无法有效满足当前碳排放"双控"所需的监测范围和频度要求。

1.碳排放因子核算法应用最普遍，结果滞后

该方法的优点是简单易行，适用范围广、认可度高，计算过程较为简单，只需要收集相应的能源消耗和产量数据，以及选择合适的碳排放因子。该方法适用于不同行业、区域和国家的碳排放量计算，可用于制定碳减排政策、评估碳排放状况等，且此方法为IPCC认可的碳排放计算方法。根据该方法，我国共开展了1994年、2005年、2010年、2012年、2014年共计5次全国碳排放核算。但该方法数据统计周期长，时效性较差，且计算过程依赖能源消耗和产量等数据的可靠性。以能源消费数据为例，一般滞后1年以上发布。

2.碳排放实测法需加装计量装置，投入成本高

该方法中间环节少，具有实时性强、准确性高的优点，但国内尚处于起步阶段。目前，该方法多用于发电行业火电机组的碳排放监测，但火电机组

安装的在线监测系统多用于氮氧化物监测，专门用于二氧化碳监测的在线监测系统较少，且维修安装二氧化碳在线监测模块成本较高，监测装置总采购成本在50万~160万元，准确性受监测设备精度和稳定性限制。同时，该方法应用范围受限，不适用于化工、石化等工艺复杂、排放源不固定的行业碳排放监测。

3. 碳卫星观测法仅能监测浓度状态，无法精细监测

相对于传统的地面监测和人工核查手段，卫星遥感监测具有覆盖范围广、获取周期短、更新速度快、限制条件少等优点，可以快速准确地反映二氧化碳等温室气体参数的时空分布，也可以精确评估生态系统的固碳能力和价值。但是该方法只能监测碳浓度状态，无法准确提取各类活动引发的碳排放量，更无法区分各行业的碳排放情况，总体上处于实验研究的初期阶段。

二 "电-能-碳"监测分析模型构建

目前我国现行的碳排放核算方法高度依赖统计年鉴数据，其时效性、分辨率和准确性难以满足高频月度和细分行业碳排放监测的需求。电力是能源消费的重要构成，也是工业的重要生产要素之一，电力消费与能源活动具有高度耦合性，同时电力数据具有时效性强、覆盖面广和频度大的特点，"以电折能+以能算碳"为碳排放监测提供了新的思路。

（一）模型构建思路

立足电力数据按月统计、全行业覆盖的优势，以能源燃烧碳排放（以下称"能源活动碳排放"）和工业产品加工中的化学反应碳排放（以下简称"工业过程碳排放"）为对象，以碳排放因子核算法为基础，遵循"以电折能+以能算碳""以电折产+以产算碳"思路，构建"电-能-碳"模型，实现全省域、分行业、分地市的月度级碳排放监测分析，为全省碳排放"双控"提供方法支撑。

"电-能-碳"模型原理见图1。模型的底层支撑主要包括数据分析池和

数据模型池两部分。数据分析池对应的是模型的各类输入参数，主要包括各品类能源消费、用电量、主要工业产品产量、综合能源消费量以及各类碳排放因子等数据；数据模型池主要包括数据处理、数据检验、频度转换、因素分解、总量修正等一系列处理过程以及模型优选过程，以保证模型最终测算结果的科学性、合理性。

基于底层的数据分析池和数据模型池，"电-能-碳"模型的测算逻辑主要遵循"三个折算"。一是能源活动碳排放监测遵循"以电折能+以能算碳"，即利用历史能源消费量、能源碳排放因子计算历史碳排放量，利用历史电量、能源消费量、碳排放量训练模型，利用当月电量实现当月碳排放量的预测。二是工业过程碳排放监测遵循"以电折产+以产算碳"，即利用历史电量、产品产量训练模型，利用当月电量实现当月产品产量的预测，利用产品碳排放因子计算碳排放量。三是省间电力交换间接碳排放遵循"以电折碳"，即利用省间调入调出电量、电量结构、调入区域供电碳排放因子，计算间接碳排放量。"电-能-碳"模型的测算范围主要包括能源活动碳排放和工业过程碳排放，计及省间电力交换间接碳排放三个部分，各部分测算结果可按区域、行业等维度穿透至全省及18地市"7大类+41小类"行业。

（二）模型主要特征

监测对象上，聚焦"两个核心"。一是聚焦二氧化碳排放。"双碳"目标指的是二氧化碳排放量的达峰和中和，二氧化碳排放量占我国温室气体总排放量的83.5%，是温室气体排放最主要的部分。二是聚焦能源活动碳排放和工业过程碳排放，计及省间电力交换间接碳排放。其中，能源活动和工业过程的碳排放量占总排放量的99.7%。能源活动碳排放，指煤炭、石油、天然气等各类能源燃烧引起的二氧化碳排放。工业过程碳排放，指钢铁、水泥等工业产品加工过程中的化学反应引起的碳排放。此外，兼顾各地区的减排责任，核算了省间电力交换二氧化碳间接排放量。

监测周期上，实现从滞后1年向月度级的跨越升级。借鉴计量经济学理

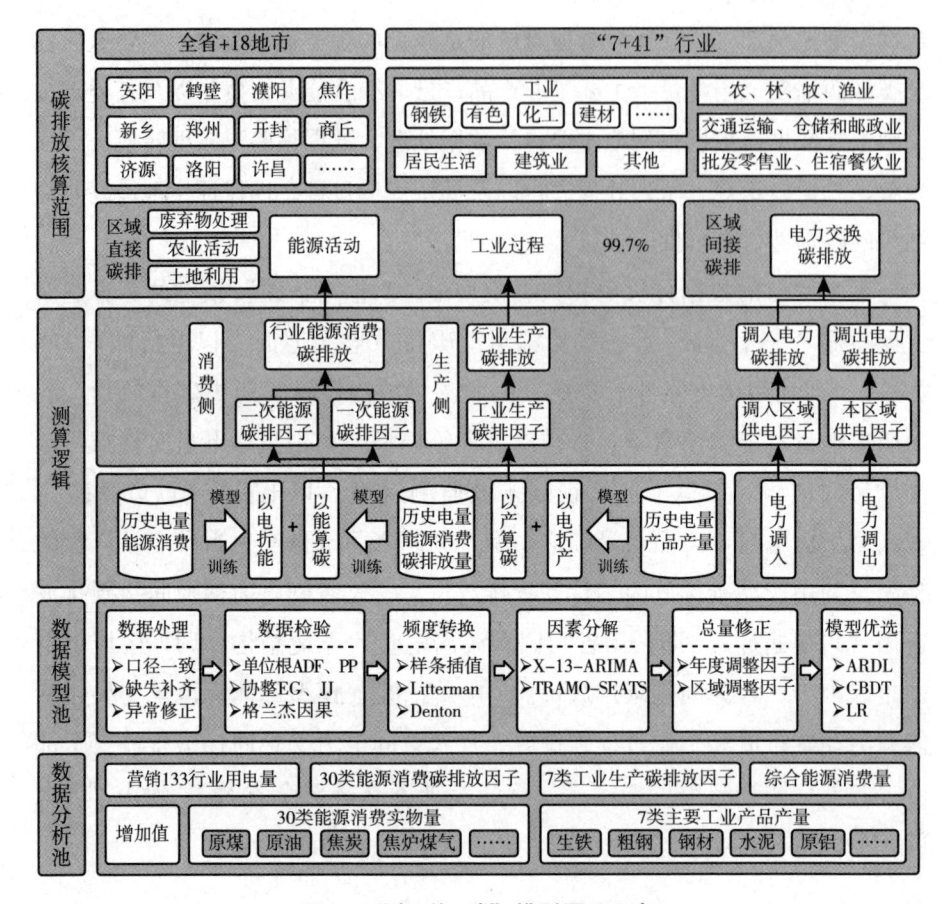

图1 "电-能-碳"模型原理示意

念,综合运用样条插值法、Litterman、Denton等数理方法,有效考虑趋势因素、循环因素、季节因素、不规则因素,基于频度转换模型,创新性地将能源消费量等年度数据进行月度频度转换和季节调整,进而与高频电量数据开展关联分析,大大提升了碳排放监测分析的时效性,以更好地满足政府部门"以月保年"的碳排放总量、强度指标管控需要。

测算原则上,以消费侧测算为主,统筹兼顾生产侧排放责任。现行的能源消费统计原则是"谁消费、谁统计",碳排放核算则以"生产者责任"为主。如果按照生产者责任分摊,各行业消费二次能源导致的碳排放量无法合理体现,不利于全社会整体碳排放量的控制。参考《河南省碳达峰试点创建碳排放核算方法》文件要求,能源活动的二氧化碳排放量核算采用消费侧计算。同时,满足行业关注需要,从生产侧的角度对火力发电、供热产生的碳排放进行核算。

测算模型上,注重动态更新。"电-能-碳"监测分析流程包括数据处理、数据检验、频度转换、因素分解、总量修正、模型优选等步骤。其中,数据处理环节核心在于对数据缺失值、异常值的修正。数据检验环节核心在于综合运用单位根检验、协整检验等方法,对电量与能源消费量、电量与产品产量进行相关性分析,确保分析结果的合理性。模型优选环节核心在于以模型滚动预测误差为标准,以不同频度转换、序列类型、序列分解方法为选择参数,筛选出最优参数下的长期均衡模型,以确保历史年份的误差率控制在3%以内。

(三)模型验证与实例分析

考虑分区域、分行业数据的可获得性,主要针对模型测算结果中的全省碳排放总量进行了验证。本文提出的"电-能-碳"模型主要考虑能源活动碳排放、工业生产过程碳排放以及省间电力交换导致的间接碳排放,而官方口径碳排放数据没有考虑省间电力交换导致的间接碳排放部分,因此验证时省间电力交换导致的间接碳排放部分予以扣除。

经与国内外主要碳排放数据库公开数据等进行交叉验证,模型的整体误差率控制在5%左右,结果可信,并可按月计算分区域、分行业碳排放数据,较传统计算方法提升数据时效性12~18个月,能够有效满足碳排放"双控"的要求。

以重点行业工业为例,基于以上构建的"电-能-碳"监测分析模型,开展河南省工业领域的月度级高频碳排放监测分析,主要结果如下。

1. 工业领域碳排放一家独大,月度碳排放呈现"两谷"特征

分月度来看,受工业生产周期性等因素影响,工业领域月度碳排放量在1~2月(春节)、10~11月出现两个低谷阶段,其余月份工业碳排放量变化较为平稳(见图2)。

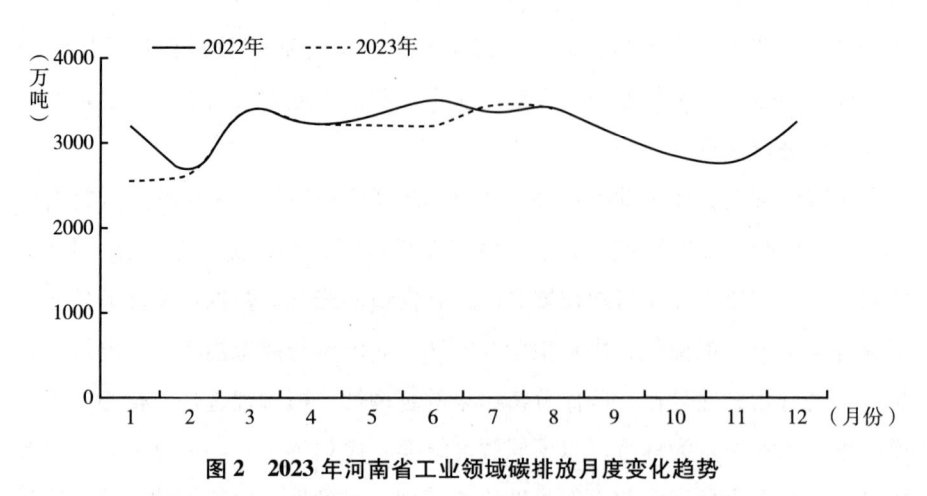

图2　2023年河南省工业领域碳排放月度变化趋势

2. 工业细分行业中，建材、钢铁行业的工业过程碳排放量大

工业领域五个主要细分行业（钢铁、建材、能源工业、有色、化工）的碳排放构成差异明显，主要体现为能源活动碳排放和工业过程碳排放的占比各有不同。其中，钢铁、建材行业的工业过程碳排放占本行业碳排放量的比重较高，接近或超过一半；有色、化工行业则是以能源活动碳排放为主，能源工业不涉及工业过程碳排放（见图3）。

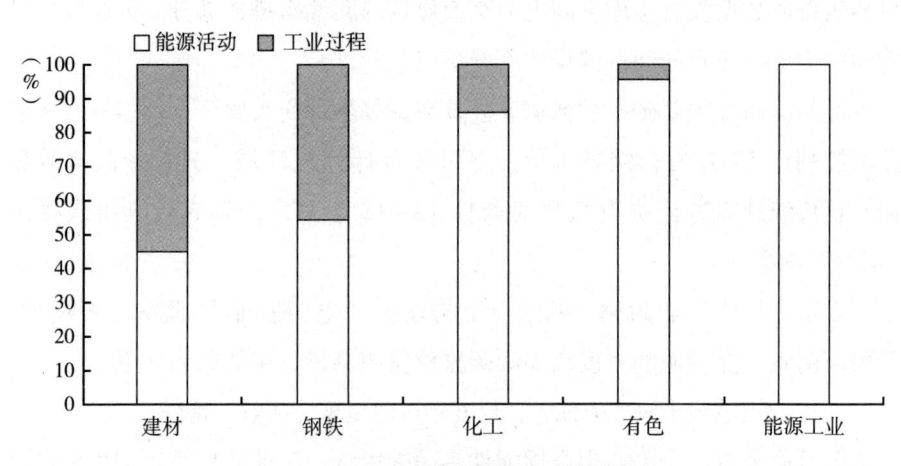

图3　2023年河南省典型行业碳排放结构

三 结论与建议

构建全省碳排放监测分析体系是个复杂的系统工程,通过构建"电-能-碳"碳排放监测分析模型,可实现全省分地区、分行业及重点企业的碳排放月度态势掌控,为碳减排政策实施精准"导航"。建议做好"电-能-碳"模型的持续完善和迭代更新,加快模型的落地应用及应用场景的不断拓展,辅助政府部门因地制宜、一行一策出台针对性控碳措施,全力支撑全省绿色低碳转型和高质量发展。

(一)创新构建碳排放监测体系

落实国家碳达峰碳中和目标要求,针对目前碳排放监测时效性较慢的现状,采用"以电折能+以能算碳""以电折产+以产算碳"工作思路,创新构建"电-能-碳"监测分析模型,打造覆盖多层级、全环节、高频次的能源领域碳排放监测体系,努力实现精准核碳、智慧观碳,服务河南省能源"双控"向碳排放"双控"转变。目前监测范围已覆盖全省60余座统调燃煤电厂、300多座新能源场站、900多家重点用能单位、2.4万家规模以上工业企业以及4400万电力用户等,实现了全省全口径碳排放在线监测,区域、重点行业、企业以及居民用户等多维度"碳排放"和清洁能源减排智能在线分析。

(二)深化高频监测数据的应用分析和行业校验

充分发挥"电-能-碳"碳排放监测模型时效性强、结果可穿透至全省及18地市"7大类+41小类"行业的优势,以碳排放总量或碳排放强度为指标,及时、准确分析衡量全省分地区、分行业的碳排放水平。分地区层面,利用模型测算的分地区高频碳排放监测数据,开展地市碳排放与经济的相关性分析,有针对性推动碳排放量和强度较高地市的控碳措施制定和落实。分行业层面,利用模型测算的分行业高频碳排放监测数据,重点监测高耗能行业特别是工业领域的碳达峰进程，以及建材、钢铁等工业过程碳排放占比较高的细分行业；同时，也要动态监测居民、交通运输业等碳排放呈上升趋势的行业。

（三）拓展"电-能-碳"碳排放监测模型的应用场景

充分提升"电-能-碳"模型的有效性和实用性，与政府部门、能源企业、用能企业等加强合作交流，完善能源电力数据的聚合及梳理分析，为政府、企业等主体提供高频度碳排放监测分析、数据审核等服务，拓展区域、行业及重点企业碳排放监测预警、碳达峰碳中和进度管控、碳排放"双控"支撑服务等应用场景，辅助服务政府科学决策、及时动态掌握碳排放变化趋势；服务企业减排增效，准确掌握自身碳排放量和碳排放结构，精准定位企业在本行业中碳排放水平，对标最优水平，借鉴先进做法，制定落实有效措施，实现企业更高质量、更可持续发展。

参考文献

蔡博峰等：《〈IPCC 2006 年国家温室气体清单指南 2019 修订版〉解读》，《环境工程》2019 年第 8 期。

宁杰：《河南省碳排放与产业结构关联性研究分析》，《生态经济》2019 年第 3 期。

李继峰等：《国家碳排放核算工作的现状、问题及挑战》，《发展研究》2020 年第 6 期。

清华大学气候变化与可持续发展研究院：《中国长期低碳发展战略与转型路径研究》，《中国人口·资源与环境》2020 年第 11 期。

刘含笑等：《钢铁行业 CO_2 排放特征及治理技术分析》，《烧结球团》2022 年第 1 期。

王萍萍等：《双碳目标下燃煤电厂碳计量方法研究进展》，《洁净煤技术》2022 年第 10 期。

张舒涵等：《基于水泥企业电-碳关系的碳排放监测》，《中国环境科学》2023 年第 7 期。

吴昊等：《发电行业二氧化碳排放监测技术现状与综述》，《热力发电》2023 年第 7 期。

张连翀等：《我国温室气体观测卫星建设及典型数据应用》，《卫星应用》2023年第7期。

高绿化等：《卫星遥感技术助力碳中和战略的精准监测与有效评估》，《卫星应用》2022年第10期。

中共中央、国务院：《关于完整准确全面贯彻新发展理念做好碳达峰碳中和工作的意见》，2021年10月。

国务院：《2030年前碳达峰行动方案》，2021年10月。

河南省人民政府：《河南省碳达峰试点建设实施方案》，2022年5月。

国家发展改革委：《省级温室气体清单编制指南（试行）》，2011年5月。

政府间气候变化专门委员会：《IPCC2006年国家温室气体清单指南2019修订版》，2019年5月。

B.12
河南能源大数据产品确权定价体系构建

李秋燕 宋大为 王圆圆*

摘　要： 能源大数据是数据要素市场的重要组成部分，发挥数据要素的放大、叠加、倍增效应，推动能源数字化转型，是新型能源体系建设的重要内容之一。目前，数据要素市场形成包含数据交易主体、数据交易手段、数据交易中心、数据交易监管的"四位一体"发展格局，但面临着数据确权、估值和定价等难点。本文以河南能源大数据产品为对象，分析数据要素确权定价的形势和面临的挑战，探索构建确权定价的技术框架体系，包括厘清数据之上的权利主体、权益主张和优先顺位，提出基于成本加成的数据产品价值评估方法，设计分步走的动态定价策略，以期为能源大数据产品依法合规流通交易提供技术支撑，为其他数据要素确权定价提供思路参考。

关键词： 能源大数据　数据要素市场　数据确权定价

　　能源大数据是以煤炭、石油、天然气、电力、新能源等生产、传输和消费轨迹为核心，广泛链接经济、社会、气象、交通等跨行业跨领域的数据体系，囊括能源行业的运动轨迹，蕴含经济社会的活动规律，是能源行业推动能源清洁低碳转型和助力经济社会高质量发展的关键载体。面对数字经济发

---

* 李秋燕，工学硕士，国网河南省电力公司经济技术研究院高级工程师，研究方向为能源大数据和配电网规划；宋大为，管理学博士，国网河南省电力公司经济技术研究院高级经济师，研究方向为能源大数据与市场化运营；王圆圆，工学博士，国网河南省电力公司经济技术研究院高级工程师，研究方向为能源大数据与能源经济。

展新态势，政府、企业和公众对能源大数据的市场化流通需求逐步增大，探索能源大数据的权责认定、价值评估和交易定价方法体系，有助于推动能源大数据合理流通共享、融合应用，服务能源领域数字经济快速发展和"双碳"目标实现。

一 河南能源大数据发展现状

河南省能源大数据中心自2018年正式建设以来，政企联动政策支持力度不断加大，数据归集、数据服务、标准构建、新业务拓展与价值创造等方面取得创新突破，作为推动能源革命和数字革命加速融合的平台载体，已成为驱动能源生产方式、消费方式、治理方式深度变革的新引擎。

（一）数据资源基础优势

能源大数据中心是服务于能源大数据存储、挖掘、分析和应用的数据中心。河南省能源大数据中心自2021年正式建成投运以来，基于"政企协同"的数据归集机制，依托华为云、数据中台等技术，初步实现"全省域、全品类、全链条"能源数据统一归集管理，数据资源覆盖面扩展至17个主题域，包括能源综合、煤炭、石油、天然气等12个能源行业一级主题域，以及经济社会、政务、气象等5个与能源行业紧密相关的一级主题域，数据总量已达148TB，数据接口达1017个。

从规模上看，能源类数据接入总量由2021年的45TB增长至2023年8月的148TB，数据接入总条数由698亿条次增长至1956亿条次，年均增速分别达到81.4%、67.4%。

从结构上看，能源类数据合计占比超80%，其次为气象类（5.9%）、生态环境类（4.7%）、经济社会类（4.3%）、政务类（1.5%）等。进一步细分，电能类数据占能源大类比例超70%，其次为能源综合（9.1%）、太阳能（5.7%）、风能（4.7%）等（见图1）。

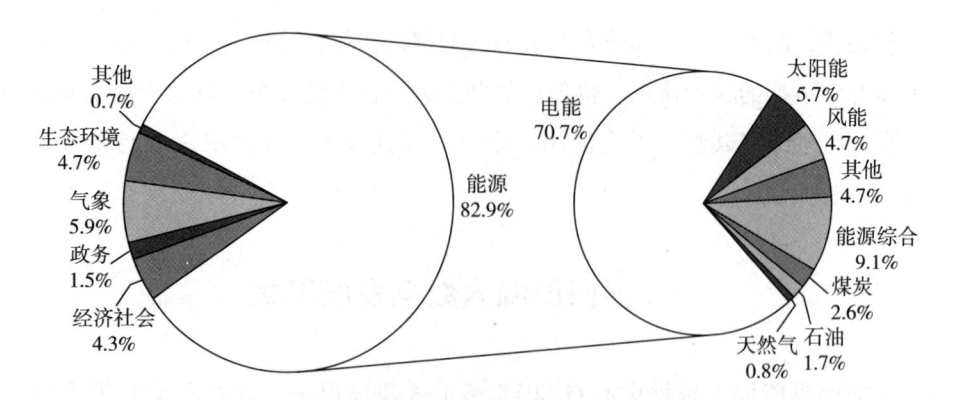

图1 河南省能源大数据中心各类数据占比情况

从来源上看，32%来源于电网企业数据，16%来源于政府公开数据，8%来源于非电网企业数据，5%来源于互联网数据（见图2）。

从频度上看，中高频数据占比超六成。其中，周度、日度及实时类高频指标占37%，月度类中频指标占25%；低频的年度、季度类指标占38%（见图3）。

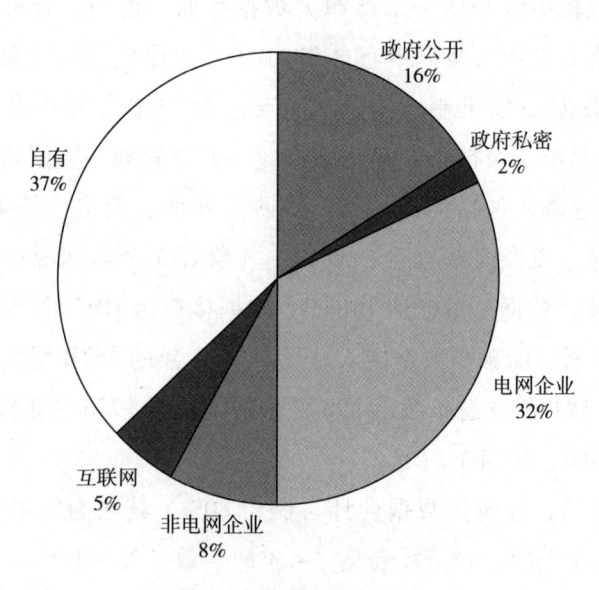

图2 数据指标来源分布

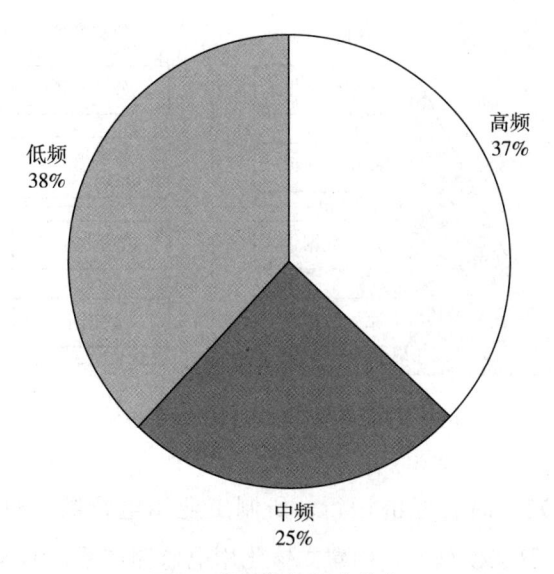

图 3　数据指标频度分布

（二）数据产品体系基本架构

能源大数据蕴含经济社会与行业发展的轨迹和规律，且具有关联领域广、颗粒度细、实时性强等特点。河南省能源大数据中心根据生产需求对汇聚的原始数据进行分类标注、整理加工而生成模型化数据和可视化数据，对外提供服务的形式由最初的数据应用类（可视化场景）转变为涵盖数据接口、分析报告等方式，经济社会价值不断凸显，应用范围不断拓展（见图4）。

截至2023年9月，河南能源大数据中心可视化场景已达9大类351项；数据接口达1017个，上线于能源大数据中心外部门户网站，支持数据集可视、可查、可申请；数据报告涵盖能源数据手册、新能源发电监测、电动汽车充电设施发展年报等10余种，以"数据+算力+算法"推进隐性知识显性化，服务政府、企业和公众。

一是服务政府科学治理。聚焦新型能源体系，研发能源预警、新能源监测、碳排放核算等应用场景，支撑能源供需形势的快速感知和能源绿色转型

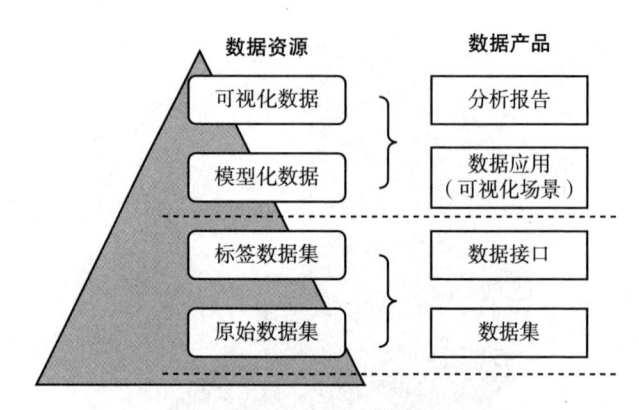

```
数据资源            数据产品
可视化数据    ┐   分析报告
模型化数据    ┘   数据应用
                  （可视化场景）
标签数据集    ┐   数据接口
原始数据集    ┘   数据集
```

图4　河南省能源大数据中心产品类型

进程的科学研判。面向经济运行，研制工业用电指数、税电用工指数等"电力看经济"算法模型群，构建立体化用电监测体系，形成宏观层面、产业结构、重点领域的经济运行"画像"新手段，服务政府和经济主管部门宏观决策，以及支撑政府相关部门快速及时了解企业痛点难点，针对性开展解危纾困。

二是助力企业节能降碳、提质增效。研发河南省碳排放监测分析平台，建立涵盖区域、行业、企业的碳排放模型库，形成"省—市—县—企业"数字化立体式碳排放监测体系。推动全省重点用能单位—省平台—国家平台系统数据互联互通，能源消费数据监测可达工序级、设备级，为省内重点用能单位提供用能分析、诊断及能耗策略优化服务，满足企业个性化、多元化的用能需求。

三是服务公众智慧便捷用能。积极对接河南省发展改革委和省内充电设施运营商，打造全省电动汽车充电设施运营商数据接入统一平台，公共桩数据接入率达95%；研发推广中原智充App，打造智能找桩、一键导航、便捷支付等功能，实现"一个App畅行河南"。构建覆盖全省、各地市及典型用户的城乡居民生活用电监测体系，开展省、市、县居民用电态势监测和行为分析，提高用户用电获得感和节能意识（见图5）。

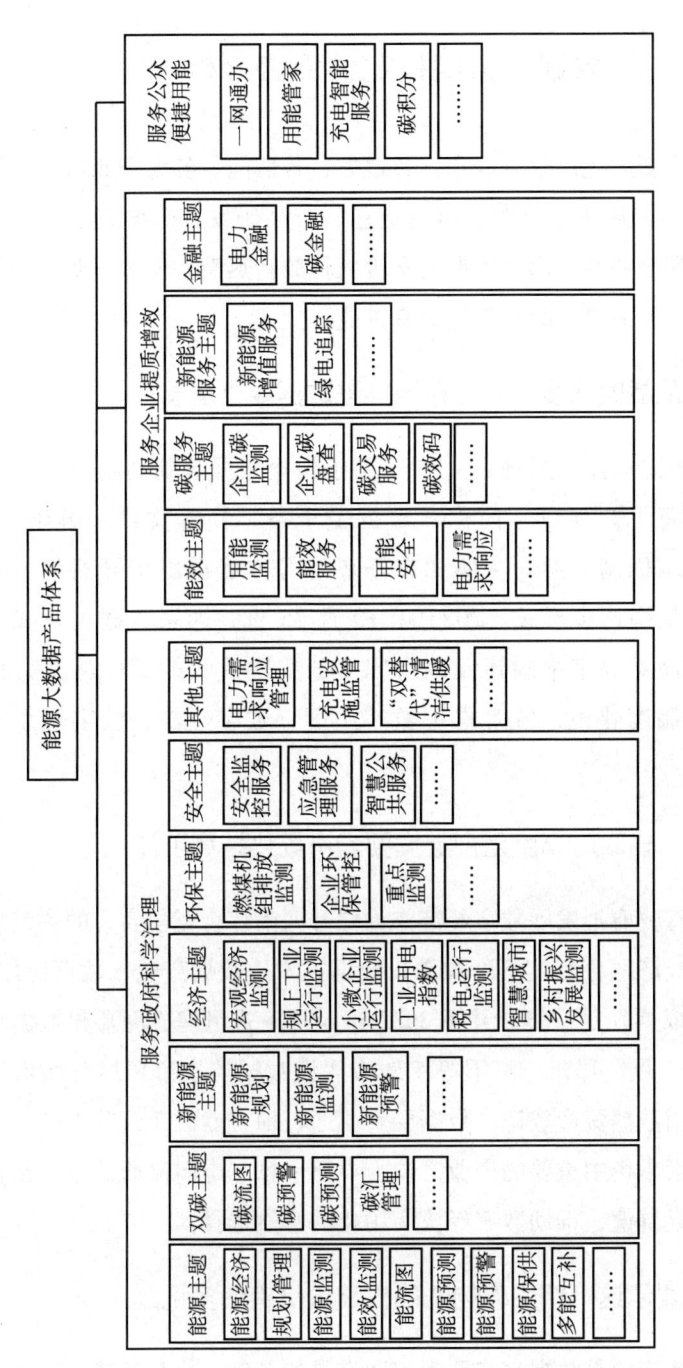

图 5 面向"政府、企业、公众"的河南省能源大数据产品体系架构

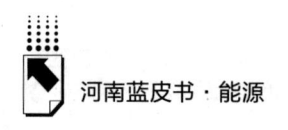

二 数据要素确权定价形势分析

数据自上升为新的生产要素以来，各地方、各部门、各大企业纷纷加快数据要素领域布局，从体制机制、市场流通、产品研发、标准规范等多层次、多角度开展深度探索，出现数据要素价值释放新热潮。但数据要素价值释放是一个新的时代命题，既有机遇更有挑战。

（一）国家从战略高度全方位布局推进数据要素发展

《数字中国建设整体布局规划》和《关于构建数据基础制度更好发挥数据要素作用的意见》（以下简称"数据二十条"）等文件相继出台，从制度规则、体制机制、参与主体和市场环境等方面提出指导意见，数据要素政策体系架构初步形成。2023年10月25日，国家数据局正式揭牌，这是中央层面对数字中国建设政府职能的一次重大改革，将更好协调推进数据基础制度建设，统筹推进数字中国、数字经济、数字规划和建设。

（二）省委、省政府高度重视数据要素市场化培育工作

河南省委、省政府把发展数字经济作为提升河南综合竞争实力的关键之举，数据与实体经济融合程度不断加深，数据技术、数据产业、数据应用、数据安全等方面取得长足进步。并于2022年8月正式组建成立郑州数据交易中心，2023年4月在郑州、洛阳等5地市建设数据要素市场培育城市试点，正式开启河南数据资产登记、数据要素流通、地方专区运营等工作。能源行业是数据要素市场中重要的产业方向，寻路市场、走向流通共享，是释放能源大数据要素价值，推动数字经济实用化的必然选择。

（三）数据要素这一新生事物的确权定价仍有诸多挑战

确权、估值和定价是数据生产要素流通交易的基础，也是维持数据市场

生态体系运转的底层需求，但数据要素作为新生事物，既有普通交易产品的共有属性，又有其自身的个性特点，在市场交易环节存在以下三大难点。

一是"确权难"。产权明晰是数据交易的基础，数据作为一种虚拟产物，具有主体多元性、可复制性、非竞争性。多方主体在数据生产和流通过程中是持续共生和相互依存的，难以界定传统意义上的所有权，以强调静态归属和排他性效力为核心的传统产权理论不能直接适用。

二是"估值难"。由于数据的融合汇聚涉及非常多的环节，投入成本难以计量，不同的数据分析能力、数据资产管理能力会导致不同的结果，其价值在流通过程中也会发生变化；同时，影响数据产品价值的因素非常繁杂，涉及数据质量、数据稀缺性、数据可用性、产品功能性等。传统的资产评估方法受到较大限制，给价值评估带来新挑战。

三是"定价难"。数据要素的定价机制是维持数据市场生态体系的最基础需求，如何对数据进行合适定价是困扰数据产品与相关市场进一步发展的核心因素之一。当前数据定价方法不统一，交易定价多为针对特定应用场景的非标准化定价，缺乏统一规则；加之供需匹配程度、市场发展阶段等因素叠加，造成数据难以科学定价。

以河南能源大数据系列产品中的"重点用能单位能耗在线监测"为例，分析其确权、估值、定价面临的问题。该产品旨在落实能源消耗总量和强度"双控"工作要求，创新政府节能监督和企业节能管理模式。数据来源上，一方面，有政府层面公布的能源消费总量、能耗强度降低目标等数据，有用能企业各类能源消费实物量、产品产量等，有能源大数据中心自主分析加工的能效诊断、节能潜力等信息，数据主体众多，且涉及制造业、采矿业等若干不同行业，分级分类所需授权和确权难度较大；另一方面，企业能耗监测所需数据和分析过程甚至会穿透至企业工序级、车间级，投入成本难以单独估算。用能企业使用该数据产品实现节能降耗后，节能收益难以分解量化至数据要素级别，造成数据条目定价困难。不同用能单位通过该数据产品实现节能降耗的收益具有较大的异质性，对该类数据产品的价值和价格又无法统一。

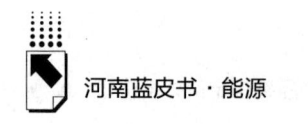

三 能源大数据产品确权定价体系构建方法研究

在广泛调研、摸清政策要求的基础上,针对"确权难""估值难""定价难"问题,以河南能源大数据中心数据产品为样本,研究构建确权定价技术框架体系,探索市场环境中能源大数据要素确权机制、价值评估方法、流通交易定价策略等,为依法合规、高效协同开展能源大数据市场化交易提供借鉴参考。

(一)能源大数据确权机制研究

1. 能源大数据产权划分

现代产权理论的奠基者和主要代表罗纳德·H.科斯提出,产权是主体对客体占有、控制、处置与收益的权利。在当前数据权属界定面临诸多难题和挑战的形势下,"数据二十条"创造性提出探索建立数据资源持有权、数据加工使用权、数据产品经营权"三权分置"。以此为遵循,综合数据来源、加工处理程度和应用场景等因素对能源大数据开展产权划分,厘清能源大数据权利主体、权利客体和产权类型。能源大数据权利主体、客体和权利类型见表1。

表1 能源大数据权利主体、客体及类型划分

能源大数据类型	能源大数据权利主体	能源大数据权利客体	能源大数据权利类型
个人数据	数据来源者	原始数据	能源数据资源持有权
公共数据	数据处理者	数据资源	能源数据加工使用权
企业数据	数据中介	数据产品	能源数据产品经营权
	数据消费者		

根据能源大数据来源和数据生成特征,按照"守住安全底线,保护数据之上的个人信息权益和公共利益;促进数据流通,增强数据的共享性,激活数据要素价值创造"两大原则,对能源大数据生产、流通和使用过程中各参与方享有的合法权利进行划分(见图6)。

```
能源大数据权利 ──┬── 能源数据来源者 ──── 原始数据    持有权
                │
                ├── 能源数据处理者 ──── 原始数据    加工使用权
                │                      数据资源    加工使用权
                │
                ├── 能源数据中介 ────── 数据资源    产品经营权
                │                      数据产品    产品经营权
                │
                └── 能源数据消费者 ──── 数据资源    加工使用权
                                       数据产品    加工使用权
```

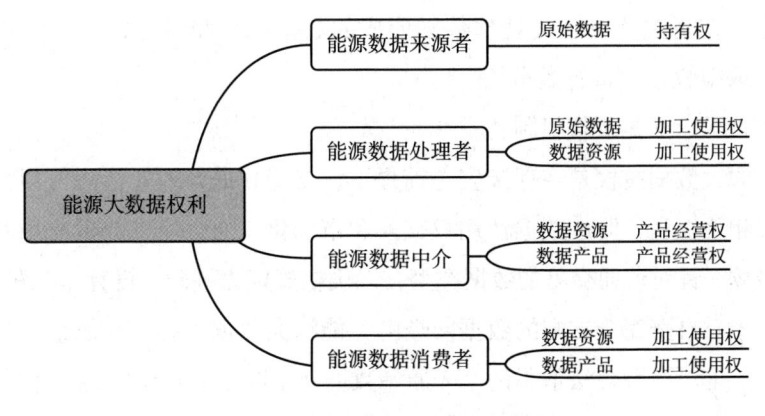

图 6　能源大数据产权划分情况

2. 能源大数据确权机制

"数据二十条"提出要建立数据分级分类确权机制。分类，是指对数据客体进行类型化界定，能源大数据客体包括原始数据、数据资源和数据产品；分级，是对数据权能效力的差异化配置。按照"原始数据不出域、数据可用不可见"的要求，分级分类确权规则着重数据资源和数据产品设计。

(1) 数据资源的确权规则

以原始数据为线索，数据资源的确权规则可以归纳出两条规律。一是"起点绝对排他，终点即绝对排他"，即如果原始数据为绝对拥有，基于此进行加工汇集后，取得的数据资源持有权具有较高水平的支配性和排他性。二是"起点有限排他，若无经由特殊处理改变数据之上的复杂利益格局，终点即有限排他"。能源大数据中心对个人原始数据、公共数据、其他企业授权的数据都不享有绝对排他性权利，在后续形成的数据资源上，既有能源大数据中心资源化生产付出的劳动，也有其他主体的合法利益诉求，因此中心这类数据资源的持有权需要受到其他主体的限制。

(2) 数据产品的确权规则

基于劳动赋权原理，能源大数据中心对其生产数据衍生产品享有持有权，且具有完全支配、绝对排他的效力。例如，《深圳经济特区数据条例》

中规定"市场主体对合法处理数据形成的数据产品和服务,可以依法自主使用,取得收益,进行处分"。

3.能源大数据授权机制

能源大数据授权是在保障安全前提下,支持数据处理者依法依规行使数据应用相关权利,促进数据使用权交换和市场化流通,促进数据复用和价值充分释放。针对流通交易的数据类型,以确权规则为基础,设计了三种机制:一是对中心自身完全支配的数据,经由"能源大数据中心—其他企业"一重授权;二是对中心合法取得的个人原始数据(未匿名化处理),需经由能源大数据中心—其他企业、个人—其他企业"双重授权";三是对于有条件开放的公共数据,中心仅拥有数据持有权,而无流转处分权能。

(二)能源大数据产品价值评估方法

目前数据资产管理处于发展初期,价值评估模型和方法尚处于研究探索阶段,但从"资产"的视角而言,传统资产评估方法及其基本原理为数据资产价值评估提供了试验路径参考。较为常见的传统资产估值方法有成本法、收益法和市场法,但应用于数据资产评估时还有一定的局限性,具体见表2。

表2 数据资产评估采用传统方法的优势和局限性分析

类别	成本法	收益法	市场法
原理	数据资产的价值由所投入的必要劳动时间所决定	数据资产的价值由其投入使用后的预期收益能力体现	基于相同或相似资产的市场可比交易案例的估值
方法	资产价值=重置成本(包括各项合理成本、税费等)-贬值因素(功能性贬值、实体性贬值、经济性贬值)	对应用场景下预期未来产生的经济收益进行折现,包括权利金节省法、多期超额收益法、增量收益法	资产价值=可比数据资产成交额×修正系数
优势	易于理解、计算简单	能反映数据资产的经济价值	能反映数据资产市场状况,评估参数指标相对真实可靠

续表

类别	成本法	收益法	市场法
局限性	数据资产对应的成本不易区分，贬值因素不易量化，且难以体现收益	使用期限不易确定，不同场景下超额收益不同，不使用数据资产情形下的现金流难测算	需要存在公开活跃的市场作为基础

2023年8月，财政部印发《企业数据资源相关会计处理暂行规定》，初步明确企业对外交易的数据资源以成本进行初始计量。鉴于上述成本、收益两种不同价值评估方法的优劣势，以及当前市场建设初期市场评估法实施的难度，考虑到后续成本计量和数据资产入表的需求，课题组提出基于成本加成的价值评估方法，并结合潜在收益进行修正，进一步使评估结果更能体现数据资产真实价值。

1. 基于成本加成的价值评估模型

基于成本加成的价值评估 P_c 数学表达式为：

$$P_c = TC \times (1 + R) \times K \tag{1}$$

式（1）中，TC 为数据资产的总成本；R 为数据资产成本回报率；K 为价值修正系数，是影响数据价值实现因素的集合。

数据资产的总成本 TC：数据从发现采集到应用、营销推广、风险控制，形成一条价值产出链，其成本包括采购成本，采集、脱敏、清洗、整合、研发、可视化等加工成本，以及投入实际场所应用并安全稳定运行所发生的其他支出。结合能源大数据产品形成全过程的资源投入，得出成本指标体系见图7。

价值修正系数 K：能源大数据在价值创造过程中影响因素呈现多样性，从各环节进行穿透分析，影响价值的因素大致包括25项，即政策法规、采集策略和范围、市场需求、人口增长、环境影响、企业市场定位、行业属性、数字化转型、资金支持能力、组织管理水平、技术基础设施、技术人员水平、能源数据可视化、能源数据质量、数据多样性、领域知识、分析方法

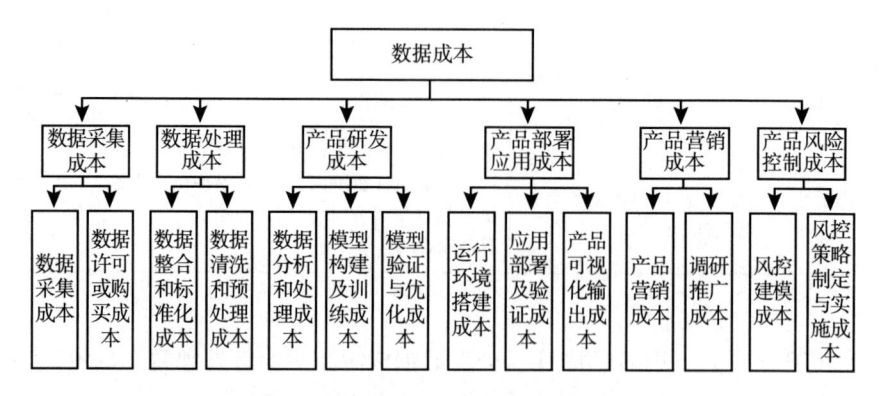

图7 能源大数据产品总成本指标体系

和技术、团队分工与协作、能源数据隐私合规性、数据的存储和管理、能源数据流通程度、价值实现风险、经济与社会效益、合规性审查、实际效果评估。利用决策试验和评价试验法①，对影响能源大数据综合价值的关键因素进行量化分析，计算每个要素的原因度与中心度，确定要素间的因果关系和每个要素的重要程度排序，剔除非关键因素，构建能源大数据价值关键影响集（见图8）。

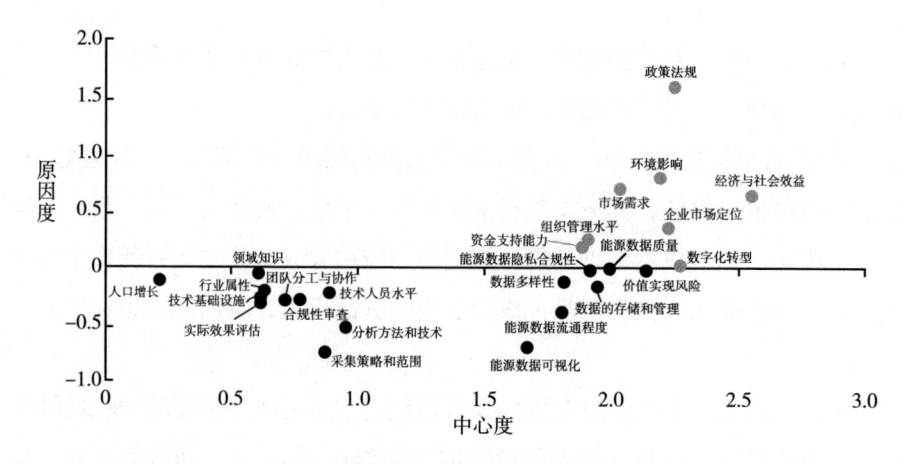

图8 影响因素关键程度的相对结构

---

① 决策试验和评价试验法，是一种运用图论与矩阵工具进行系统要素分析的方法，通过分析系统中各要素之间的逻辑关系与直接影响关系，判断要素之间关系的有无及其强弱。

基于排序结果和数据可获得性,价值修正系数的计算公式为:

$$K = ab \times (1 + l) \times (1 - r) \quad (2)$$

式(2)中,a 为数据质量系数,与数据完整性、准确性等正相关;b 为数据流通系数,与数据开放共享程度正相关;l 为数据稀缺系数,与数据多样性负相关;r 为价值实现风险系数。

2. 基于潜在收益的评估价值修正

得到成本加成法计算出的数据资产价值评估结果后,从多元应用场景分析能源大数据产品的潜在效益 P_s,当效益与成本的价值之比超过阈值时,为更好体现数据资产的变现属性,可对成本价值予以修正,过程如下:

$$P = \begin{cases} P_c & \dfrac{P_s}{P_c} < \theta \\ P_s & \dfrac{P_s}{P_c} \geq \theta \end{cases} \quad (3)$$

式(3)中,P 为修正后的评估价值;P_c 为成本价值;P_s 为潜在效益;θ 为阈值,按投资回报率10%考虑,取值1.1。

3. 典型案例测算

以"能源大数据+金融信贷"产品为例进行测算,该类产品依托企业的能源电力能耗状况对企业信用做出预判,增强银行和中小企业的互信,既为当地金融机构提供数字化赋能,又可以支撑中小企业更便捷享受银行金融服务。假设某金融机构与数据加工处理方,在企业数据授权前提下,深度融合各方数据、技术及资源优势研制信贷模型,为企业差异化定制贷款额度、周期及利率等信息。按照图7中数据产品成本归集所涉及的指标体系,并结合实际研发应用过程,测算各项成本计算见表3。

确定价值修正系数 K:本产品研发的基础数据资源主要为经过授权的企业用电及电费缴纳信用等电力大数据,经数据清洗整合等处理后,数据完整性、准确性、有效性均为100%,因此质量系数 a 取值为1。本产品面向银行等金融机构定制化开发,且数据均加密脱敏处理,因此流通系数 b 取值为

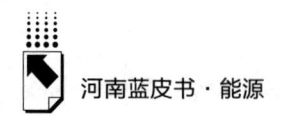

表3 "能源大数据+金融信贷"产品研发成本测算

单位:万元

环节	人工成本	成本合计
数据采集	0.7	5.5
数据处理	1.3	
产品研发	2.3	
产品风险控制(功能测试等)	1.2	

注：参考中国软件行业协会的软件成本度量方法，选取适用的人工生产率和人工费率定额，计算各环节的工作量，得出项目总体工作量费用=Σ（各类工作最终工作量×人工费率）。

1。电力大数据与金融机构积累的工商、税务等公开的产融大数据进行深入融合，数据量占总体比例为30%，因此稀缺系数 l 取值为0.3。价值实现风险受到数据管理水平、数据开发水平等多重因素影响，且评估过程复杂，可采用专家打分法与层次分析法获得，借鉴参考文献中开发案例打分结果，取值0.14。综上，依据上述公式，计算价值修正系数为1.12。

计算基于成本加成的价值 P_c：

$$P_c = 5.5 \times (1 + 6\%) \times 1.12 = 6.53(万元) \tag{4}$$

计算潜在收益及修正：

假定金融机构向企业贷款期限为五年，在授信范围内支用约200万元，利率按最新央行数据（4.75%）计算，贷款结束后，将给金融机构带来约9.5万元利润。"能源大数据+金融信贷"产品的潜在收益大于成本收益，该数字产品的估值可最终取9.5万元。

（三）能源大数据产品交易定价策略

数据产品具有高固定成本低边际成本、结构多变等特征，且受市场中交易各方行为规则、知识和信息的约束，定价难度远远高于其他产品。充分考虑当前所处的市场阶段和市场环境，按照在实践中发展、在发展中突破的思路，课题组着重研究数据产品的价格生成路径，提出"培育期—成熟期"

分步走的能源数据产品动态定价策略。

1. 数据要素市场培育期

该阶段，大多数数据交易机构处于运营初期，在价格指导及价格监管方面话语权较低，专业化数据价值评估机构尚未出现，多由智库、高校等研究机构或会计师事务所、行业协会自发承担。同时，数据要素流通生态不健全，场内交易较少，数据产品的品牌价值无法评价，市场的供需关系无法充分体现。

该阶段的定价可以采用"买卖双方为主、第三方估价为辅"的策略：能源大数据产品提供方，即卖方自行报价，形成"初始价"；第三方机构以产品成本为基础进行估价，形成"建议价"；卖方结合评估情况，自主形成"发行价"；在交易所撮合下或者场外点对点，买卖双方依据发行价进行协商议价，达成交易，形成"成交价"。该时期交易价格波动性强、标准化程度低。

2. 数据要素市场成熟期

该阶段，市场政策及规则体系已基本建立，市场制度基本健全，数据要素市场生态格局基本形成。交易机构公信力被市场认可，将是交易规则制定、交易信息披露的唯一指定场所。还将涌现出一批专业化第三方机构，专门开展数据合规审查、质量监管、数据评估等业务。数据交易所、数据买方、卖方、第三方机构等各类主体分工明确，市场化交易活动逐渐活跃。

处于成熟期的数据要素市场，有可能参考券商尽职调查机制，由评估机构对拟发行的数据产品进行调查，结合市场供需及估价模型进行综合估价，提出"发行价"，向交易所或者交易平台提出产品上架申请。在交易所或者交易平台的撮合下，买卖双方依据发行价进行协商议价、达成交易，形成"成交价"。成熟期数据交易议价空间较小，价格标准化程度高。

四 结论与建议

数据是一种新型生产要素，社会各界对其基本特性的理解尚在探索之中，数据产品确权定价涉及多个学科、多重视野，以河南能源大数据产品为

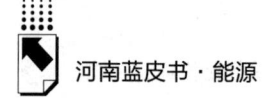

样本先期开展研究，是针对当前数据要素市场发展形势和能源大数据流通需求进行的一次尝试。随着数据要素市场逐渐成熟，以及社会各方对数据要素认知的逐步深入，数据确权定价体系也将在实践检验中迭代完善。

（一）结论

探索构建了能源大数据产品确权定价的技术框架体系。首先，提出能源大数据产权划分方法与授权机制，针对数据来源者、处理者、消费者、中介四类权利主体，厘清在数据资源持有、加工和经营方面的权益属性与优先顺位，依据权益范围设定了能源大数据中心对其他权利主体的"一重、双重、无流转处分权能"分级授权机制，以期协调数据之上的多元权益主张，形成较优的数据权益行使秩序。其次，提出基于成本加成的数据产品价值评估方法，以数据从发现采集到应用推广全过程的总成本为基础，考虑开发过程的多重影响因素及多元应用场景潜在效益，来估算数据产品的变现价值。最后，鉴于当前数据资产评估方法成熟度和数据资产评估机构权威度现状，提出分步走的能源大数据产品动态定价策略，谋划了面向数据要素市场培育期和成熟期的能源大数据产品"报价—议价—定价"的价格生成路径，为未来的数据产品交易实践提供思路借鉴。

（二）建议

持续开展能源大数据价值挖掘和产品打造。发挥能源数字技术在提升资源优化配置效率、提高风险管控水平等方面的作用与优势，研究新型电力系统多源异构数据抽取汇聚、关联融合、分析挖掘和可视化能力的大数据应用技术，深化能源大数据产品价值评估模型方法，持续提升能源大数据对新型能源体系，对数字政府、数字社会、数字经济的精准支撑作用，打造"能源+安全生产""能源+工业经济""能源+社会治理"等数据产品，形成需求牵引供给、供给创造需求的高水平动态平衡，开创能源大数据要素畅通的发展新局面。

建立健全数据安全技术体系和合规风险管控机制。安全合规是能源大数据要素化、资产化相关工作开展的基线和底线，也是今后政府和市场监管的重点。适应能源大数据跨行业应用需求，加快隐私计算建模和安全多方计算技术研究应用，建立贯穿能源数据资产管理全流程的安全风险管控机制和标准规范，推动数据流通过程中"数据可用可不见""数据可控可计量""可溯源存证"等技术理念落地应用，夯实数据共享流通安全可信和数据内容保护的必要技术底座，筑牢合规屏障。

参考文献

财政部：《企业数据资源相关会计处理暂行规定》。

中国资产评估协会：《资产评估专家指引第9号——数据资产评估》。

中国信息通信研究院：《数据价值化与数据要素市场发展报告（2021年）》，2021年5月。

邹贵林等：《电网数据资产定价方法研究——基于两阶段修正成本法的分析》，《价格理论与实践》2022年第3期。

黄倩倩等：《超大规模数据要素市场体系下数据价格生成机制研究》，《电子政务》2022年第2期。

B.13 河南省锂矿资源开发利用分析及建议

苑帅 尹硕[*]

摘 要： 在推动实现碳达峰碳中和的战略目标下，锂成为新时代的能源金属，锂矿资源成为全球需求量最大的战略性金属资源，在构建新型能源体系中具有举足轻重的地位。本文简要介绍全球锂矿资源的地质背景及分布，针对河南省锂矿资源的成矿规律及资源勘查方向开展研究，分析河南在锂矿资源开发利用过程中面临的机遇和挑战。在新型能源体系建设背景下，河南省应持续加快锂矿资源勘查地质研究、锂矿资源综合利用和相关技术研发应用，加快培育新的经济增长点。

关键词： 锂矿资源 新型能源体系 新能源 河南省

锂是目前已知质量最轻、原子半径最小的稀有碱土金属，随着锂电池在电子消费产品、新型储能电站和电动汽车中的应用日益广泛，锂资源越来越多地运用到电池行业，锂资源成为储能产业链最上游。从河南省锂矿资源勘查开发看，明晰河南锂矿成矿规律、资源勘查方向，对于提升锂资源开发利用水平、推动锂产业链集群化发展具有重要战略意义。

一 国内外锂矿资源分布及应用情况

锂是一种白色金属，也是一种重要的能源金属。因其在未来能源体系中

---

[*] 苑帅，经济学硕士，河南省国土空间调查规划院工程师，研究方向为矿产资源经济与产业链；尹硕，经济学博士，国网河南省电力公司经济技术研究院高级经济师，研究方向为能源电力经济和企业发展战略。

的重要性而被喻为"白色石油"。全球锂矿资源丰富，但储量分布不均匀。主要集中在阿根廷、玻利维亚和智利三国毗邻区域的南美"锂三角"地区，以及澳大利亚、中国、美国、刚果（金）和加拿大等国家。锂可以用于电池、陶瓷、玻璃等产业，也可用于实现核聚变，制造原子弹、氢弹，锂电池是当前锂资源最主要的利用方式。

（一）锂矿资源分布情况

截至2021年底，全球锂矿资源储量约为13488万吨LCE（Lithium Carbonate Equivalent，碳酸锂当量），主要分布在20个国家，其中智利5215万吨LCE（占比38.66%），澳大利亚2289万吨LCE（占比16.97%），阿根廷1506万吨LCE（占比11.17%），中国830万吨LCE（占比6.15%），刚果（金）530万吨LCE（占比3.93%），美国526万吨LCE（占比3.90%），墨西哥451万吨LCE（占比3.34%），阿富汗362万吨LCE（占比2.68%），加拿大218万吨LCE（占比1.62%），锂储量排名前五的国家合计占全世界锂矿资源储量的76.88%（见图1）。

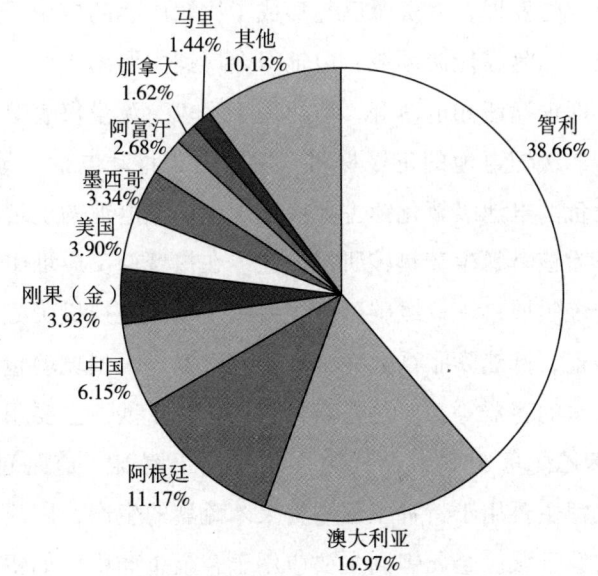

图1　2021年世界锂矿资源储量分布情况

资料来源：中国有色金属工业网。

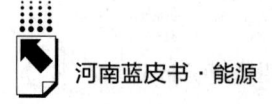

我国是锂矿资源储量、生产大国和锂电池产品生产、消费大国，锂矿资源的对外依存度在70%以上。我国的锂矿资源储量较大、分布较为集中，主要分布在西藏、青海、四川、新疆、江西等省份，青海、西藏、四川锂资源储量占全国总量的85%以上。其中，青海、西藏的锂矿资源属于盐湖卤水型，但高原地区基础设施较薄弱，开采条件较差，产能未能释放；四川、新疆、江西的锂矿资源主要是固体型，但此类锂矿品位较低、高品位锂矿床较少，开发利用成本较高。近年来，赋存于铝土矿中的沉积岩型锂矿等新型锂矿，被广泛发现在河南等地。

（二）锂矿资源应用情况

在碳达峰碳中和建设目标背景下，新能源行业发展迅猛，而新能源汽车及储能作为锂矿资源最大的下游产业，给锂矿资源带来极大的利好。《锂业2030年展望》文件中提到，新能源汽车的快速发展改变了锂资源的需求结构，锂电池已被广泛认为是最理想的新型储能设备。世界各国都把锂电的研发应用作为新能源发展的重点，锂矿资源也成为重要的战略矿产资源。

经过几十年的发展，锂资源已经形成了比较成熟的应用场景，主要有以下四个领域。一是在能源领域，电池级金属锂主要用于生产一次锂电池的负极材料，即锂锰纽扣电池等，广泛用于手表、流量仪表等。电池级碳酸锂主要作为二次锂电池的正极材料，主要用于移动电话、笔记本电脑、电动汽车等设备。电池级氟化锂主要应用于生产锂电池的电解液，如六氟磷酸锂等。作为核燃料生产热核所需的锂，在核聚变反应堆中用作控制棒等。二是在传统领域，工业级碳酸锂主要用于生产电视机荧光屏、低热膨胀系数玻璃陶瓷、低热膨胀系数完全玻璃化陶瓷、大型玻璃包装物、高品级餐具和装香水的容器等。三是在新材料领域，丁基锂主要用于制造苯乙烯-丁二烯-苯乙烯等材料，在我国主要应用于制鞋、道路建设等领域。催化剂级氟化锂主要用于特种工程塑料聚苯硫醚的生产，广泛用于电子电器、精密仪器等领域。金属锂则主要应用于合金生产中，如铝合金、镁合金等，是人造卫星、宇宙飞船和高速飞机制造中的重要材料。四是在新药物领域，主要用作他汀类降血脂药生产过程中的催化剂，包括常用的安伐他汀、辛伐他汀、普伐他汀钠和洛伐他汀等，金属锂和丁基锂集中应用于抗艾滋病药的生产（见表1）。

表1 锂矿资源应用产业

领域	应用说明
能源领域	一次锂电池：电池级金属锂主要用于生产一次锂电池的负极材料，即锂锰纽扣电池等，广泛用于手表、流量仪表等
	二次锂电池：电池级碳酸锂主要作为二次锂电池的正极材料，主要用于移动电话、笔记本电脑、电动汽车等设备
	锂电池电解液：电池级氟化锂主要应用于生产锂电池的电解液，如六氟磷酸锂等
	核燃料：生产热核所需的锂是氢弹、火箭、核潜艇和新型喷气飞机的重要燃料，在核聚变反应堆中用作控制棒等
传统领域	玻璃陶瓷工业：主要原料为工业级碳酸锂，主要用于生产电视机荧光屏、低热膨胀系数玻璃陶瓷、低热膨胀系数完全玻璃化陶瓷、大型玻璃包装物、高品级餐具和装香水的容器等
新材料领域	新合成橡胶：丁基锂主要用于制造苯乙烯-丁二烯-苯乙烯等材料，在我国主要应用于制鞋、道路建设等领域
	特种工程材料：催化剂级氟化锂主要用于特种工程塑料、聚苯硫醚的生产，广泛用于电子电器、精密仪器等领域
	锂系合金：金属锂主要应用于合金生产中，如铝合金、镁合金等，是人造卫星、宇宙飞船和高速飞机制造中的重要材料
新药物领域	降血脂药物：主要用作他汀类降血脂药生产过程中的催化剂，包括常用的安伐他汀、辛伐他汀、普伐他汀钠和洛伐他汀等
	抗病毒药物：在抗病毒药物领域，金属锂和丁基锂集中应用于抗艾滋病药的生产

（三）锂资源在能源领域的需求趋势

在能源相关领域，锂资源的需求量预计将保持高景气。2010~2021年，全球锂资源需求量从9.7万吨LCE增长至49.5万吨LCE，增长超4倍。随着世界各国新能源行业的高速增长，国际能源署预计，2040年全球锂资源的需求量将达2020年的40倍以上。从国内来看，新能源汽车的迅速普及和新型储能的广泛应用，为锂资源的应用带来广阔前景。

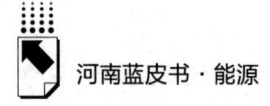

新能源汽车方面，2022年中国新能源汽车销量达到688.7万辆，渗透率提高至25.6%，较2021年提升12.1个百分点，预计2030年新能源汽车渗透率将达到40%~50%。截至2023年8月，河南省新能源汽车保有量突破100万辆，"十四五"期间年均增长率65.7%，位居全国第6，其中郑州、洛阳、商丘位列全省前三，分别达到41.7万辆、9.9万辆、6.8万辆。《河南省电动汽车充电基础设施建设三年行动方案（2023—2025年）》明确要大力推广新能源汽车，到2025年，全省新能源汽车年产量超过150万辆，努力建成3000亿级新能源汽车产业集群，在新能源汽车市场占有率不断提高情况下，锂资源开发利用将不断提高。

储能产业方面。国家发展改革委、国家能源局出台《关于加快推动新型储能发展的指导意见》，提出到2025年实现新型储能从商业化初期向规模化发展转变，到2030年实现新型储能全面市场化发展的目标。其中，锂离子电池在能量密度、功率性能、响应速度等方面具有多重优势，应用范围最广、规模最大。截至2023年7月，国内已投运新型储能累计规模1715万千瓦，山东、湖南、宁夏等6个省份储能规模均超过百万千瓦，新型储能已经迈入规模化发展新阶段，发展前景十分广阔。河南省《关于加快新型储能发展的实施意见》中明确提出到2025年，新型储能装机规模力争达到600万千瓦，新能源汽车和储能产业发展为锂资源开发了创造空间。

二 河南省锂矿开发现状及资源勘查方向

（一）河南省锂矿资源及开发现状

河南省是中国较早发现锂矿资源的省份之一，早在20世纪60年代，河南在卢氏南部及邻省陕西的商南、丹凤北部等地区开展了大规模以铌、钽为主的稀有金属矿产资源勘查工作，并开展花岗伟晶岩普查，发现河南锂矿资源类型较多、较全，属全国锂矿类型最多的内陆省份之一，具有较好的资源勘查前景。同时，河南省铝土矿及耐火粘土矿保有资源储量均位居全国第二，伴生锂矿储量资源潜力巨大。整体来看，河南省锂矿分为硬岩型（花岗伟晶岩、碱性岩—碱性花岗岩）、盐湖卤水型和沉积型。

河南硬岩型锂矿包括硬岩型和碱性岩两类，硬岩型主要分布在卢氏（南部）—西峡（北部）—内乡（北部）—南召（南部）的古元古代秦岭群出露区，该密集区伟晶岩在时间、空间和岩石成分上具有一定的分布规律。碱性花岗岩型锂矿主要分布在桐柏经方城—南召—嵩县至栾川—卢氏区域，构成碱性岩—碱性花岗岩型锂矿成矿带。

河南卤水型锂矿只有埋藏型，主要有南阳盆地东部的吴城天然碱矿，河南中部的叶县—舞阳县卤水型盐矿，濮阳油田区下部的盐矿，其中南阳桐柏吴城天然碱矿中含碱卤水中氧化锂含量多数已达到锂的工业品位。

河南沉积型锂矿主要分布在豫西的荥阳至偃师一带、三门峡一带及豫北济源一带的铝（粘）土矿区。锂主要在铝（粘）土层中富集，铝土矿层、铁矾土层等中的锂含量多数达不到工业品位。河南省地质矿产勘查开发局曾对焦作地区含锂铝（粘）土矿进行调查，资源量43.23万吨，品位0.001%~0.76%，平均0.38%，已达氧化锂的边界工业品位，划分出三个成矿区，其中荥巩铝土矿田中氧化锂平均含量0.20%，最高可达0.96%。济源含锂铝（粘）土氧化锂平均含量为0.35%~0.4%，最高可达0.8%。

目前，河南省共有两个矿区具有锂矿采矿权，分别是卢氏县蔡家沟矿区和南阳山—七里沟前台矿区。蔡家沟矿区矿石储量为222.1万吨，氧化锂14296.5吨；南阳山—七里沟前台矿区矿石储量为125.5万吨，氧化锂12225.9吨，平均品位氧化锂一般在1%左右，部分矿脉平均品位氧化锂在2%左右。其中蔡家沟锂矿保有矿石量168.53万吨，氧化锂12746.9吨，平均品位0.72%，设计产能均为6万吨/年；南阳山锂矿保有矿石量29.12万吨，氧化锂3380.26吨，平均品位1.13%，设计产能均为6万吨/年。

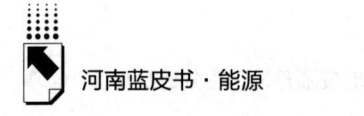

（二）河南省锂矿勘查方向

硬岩型锂矿资源主要分布在卢氏县东至五里川瓦窑沟，西到官坡与陕西交界的安坪区域，区域内有一条长约60公里、宽10余公里的伟晶岩构造带，已发现300余条矿脉，都不同程度赋生以锂为主的稀有金属矿。硬岩型锂矿资源勘查过程中，在充分考虑硬岩型锂矿成矿条件有利程度、资源潜力大小、矿体埋深等因素后，通过系统分析河南省矿产资源潜力评价项目，总结硬岩型锂矿在河南省成矿规律后，河南省卢氏县明沟口、小东沟、柳树底和石灰窑沟可作为未来全省硬岩型锂矿资源的资源勘查方向。

沉积型锂矿资源勘查方向主要为全省的伴生锂矿资源潜力区。河南省铝（粘）土矿区域地层属华北地层区，地层发育较为完全，除上奥陶统、志留系、泥盆系及石炭系下统缺失外，从太古界至新生界均有出露，按其所处的地质构造位置和成矿规律，根据空间分布特征，可划分为4个成矿区，即焦作粘（铝）土矿成矿区、三门峡—渑池—新安铝土矿成矿区、嵩箕铝土矿成矿区和宜阳—汝阳—鲁山铝土矿成矿区。截至2021年底，河南省铝（粘）土矿保有资源储量合计超过17.8亿吨，其伴生锂矿资源储量十分可观，因而铝（粘）土矿已成为河南省沉积型锂矿重要的勘查方向。

三 河南省锂矿资源开发利用的形势分析

河南锂矿资源类型较多，具有较好资源勘查前景，但也面临着锂矿资源开发及综合利用程度低、锂矿资源产业基础薄弱的难点问题。总体上看，河南省迎来了新能源汽车加快发展和新型储能产业进入蓝海的良好发展契机，有助于提升河南省锂矿资源开发利用水平。

（一）锂矿资源开发及综合利用程度较低

一是开发利用规模较小，全省锂矿矿山仅有两个，均为小型矿山。作为自然资源部确定的河南省锂矿能源资源基地，同时是全国仅有的几个较大稀有金属矿床之一，卢氏县官坡一带锂矿资源与现有开发利用强度还不匹配。二是卤水型锂矿综合利用研究进展缓慢。省内南阳盆地东部的吴城盐矿和天然碱矿中同样伴生锂矿资源，如吴城天然碱矿中含碱卤水中氧化锂含量多数已达到锂的工业品位，但是相关综合评价工作还未开展。三是沉积型锂矿综合利用工作尚未开展。作为锂矿重要成因类型之一，河南省铝（粘）土矿资源丰富，是沉积型锂矿分布的主要区域，分布范围广，资源潜力巨大，勘查前景好。由于综合利用技术仍处于实验室试验阶段，更经济高效的分离提取与除杂工艺流程亟待突破，因此在铝（粘）土矿采选过程中还未对锂矿资源进行综合利用。

（二）锂矿资源产业发展基础较为薄弱

一是专业技术人才不足。锂矿储能产业是新兴战略产业，也是高科技产业。专业人才的供给直接决定了产业的发展高度。从全产业链看，专业、高端人才不足，主要体现在人才储备相对薄弱、高端人才引进困难等方面。二是产业发展规划还停留在初级阶段。虽然全省锂矿资源具有较大的资源勘查潜力，但是从目前省内锂矿矿山企业现状来看，还是以锂矿矿石等原材料为主要产品，对锂矿在中下游产业加工制造还缺乏科学规划，后续发展方向不明确。三是缺少领军企业，产业发展示范作用不强。省内还缺少锂矿产业相关的领军企业，产业的上、中、下游资源整合能力不强，不能充分发挥河南省锂矿资源优势。

（三）锂矿资源产业链一体化程度有待提高

一是上中下游各环节发展程度较低。上游锂矿资源开发利用率低，发展较为粗放；中游锂电池企业同质化较为严重，在全国的优势特色不突出；下游产业集中度低，产业链延伸不足，各环节发展不均衡。二是产业链上下游缺少整合。当前，省外锂加工/电池企业正努力向资源端延伸，锂矿生产企业也有自建加工产能的冲动，业内各方均试图打造自身业务一体化以提升行业竞争力，河南仍缺少产业链上下游的整体谋划和协同，在产业竞争中处于不利地位。

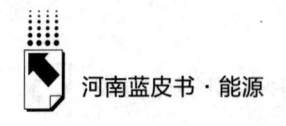

四 加快河南省锂矿开发利用的相关建议

当前，河南正处于电动汽车替代和新型储能发展的加速期，未来应加强锂矿资源基础地质勘查研究、锂矿资源综合利用，加快储能产业发展和综合应用示范，推动河南锂矿产业可持续发展。

（一）持续推动锂矿资源勘查地质研究

一是加大对河南省锂矿资源地质研究的支持力度。目前，花岗伟晶岩型、卤水型等工业类型锂矿以及铝（粘）土型锂矿等领域资源勘查的研究成果相对较少，需要加快相关领域的研究工作，提升资源勘查水平。二是不断创新锂矿成矿理论研究。拓展资源勘查思维，重视铝（粘）土型锂矿床，将铝（粘）土型锂矿床按独立的新矿种类型对待，在充分利用煤、铝等勘查资料进行二次开发的基础上，对异常区进行验证性调查，开展勘查开发试验研究和工程示范，尽快研究出省内铝（粘）土型锂矿床勘查规范，为今后规范铝（粘）土型锂矿勘查工作提供作业依据。三是不断拓展资源勘查空间。从沉积环境分析入手，从"源—运—储—保"多要素出发，编制成矿期岩相古地理图，分析有利于锂元素沉淀富集的沉积体系，总结空间分布特征，积极转化为具体的资源勘查思维和资源勘查方向，精确预测并圈定含矿有利区和资源勘查靶区。

（二）持续推动锂矿资源综合利用研究

一是充分借鉴成熟经验。在焦作、嵩箕、三门峡—渑池—新安铝土矿区的古风化壳沉积型铝（粘）土伴生锂矿资源潜力巨大，充分借鉴学习国外沉积型锂矿开发利用的技术和模式，综合利用沉积型铝（粘）土中的锂等伴生元素。二是开展科技攻关。加快锂矿资源分离提取、实验室试验和工业试验研究等方向的科技攻关，突破相关技术瓶颈。三是重视利用情况评估。对古风化壳沉积型铝（粘）土矿床中的锂矿资源开展综合调查评价和回收利用，提高铝（粘）土矿的综合利用价值，发挥沉积型铝（粘）土矿储量大的资源优势。

（三）持续推动储能相关技术研发应用

一是加快成果转换，郑州大学等省内高校已在锂电池储能领域形成一定的技术积累，应加大资金投入及相关政策支持，在锂电池储能方向深化研发与应用，打造省内成果研发高地。二是完善联合研究平台。联合省内地勘单位、科研机构及储能产业链等相关企业，完善实验室等基础设施建设，设立产业研发的实践平台，地勘单位、企业提供先进的研究设备，高校及科研院所提供智力支持。三是加快高端人才引进。持续通过平台吸引相近研究方向的院士、海归科技领军人才加入，积极引进国内外先进技术，提升锂电池储能方向的研发实力。

（四）持续推动锂产业链整合优化

一是探索锂电池的全链条开发和生产。实施"上下游一体化"发展战略，打通从锂矿原料到新型储能的整个生产环节。在产业上游，立足省内锂矿资源降低成本、抵御风险；在产业下游，积极提升关键产品竞争力。二是培育壮大产业集群。促进产业链上下游协同发展，重点解决锂电产业上下游间的协同不畅等问题，促进龙头企业做大做强，积极引导资源、技术、人才、资金等要素向产业链重点企业聚集，鼓励民营企业深度参与锂矿产业开发利用和锂电产业发展，推动企业成链集聚。三是推动锂资源节约循环利用。加强锂矿、锂电池企业生产监管，推行环保标准和技术，建立完善的回收利用体系，提高资源利用效率。

参考文献

王辉等：《黏土型锂矿床勘查开发过程中的瓶颈问题和若干思考》，《地质论评》

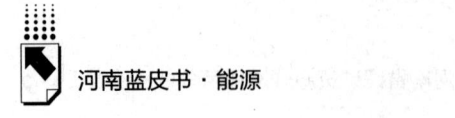

2023年第4期。

袁爱国等：《河南铝土矿地质特征与开发利用现状》，《资源与产业》2009年第4期。

钟海仁等：《铝土矿（岩）型锂矿资源及其开发利用潜力》，《矿床地质》2019年第4期。

朱常海：《新型研发机构如何促进创新》，《科技中国》2022年第7期。

陈西京：《论东秦岭某地花岗伟晶岩的分布规律》，《长安大学学报》（地球科学版）1982年第1期。

邢凯等：《全球锂资源特征及市场发展态势分析》，《地质通报》2023年第8期。

代鸿章等：《国外锂矿找矿新进展（2019—2021年）及对我国战略性矿产勘查的启示》，《地质学报》2023年第2期。

席伟等：《"双碳"目标下国内外锂矿资源开发现状及展望》，《内蒙古科技与经济》2023年第9期。

国家发展改革委：《关于加快推动新型储能发展的指导意见》，2021年7月。

国家发展改革委：《"十四五"新型储能发展实施方案》，2022年1月。

新型电力系统篇

B.14 河南省建设农村现代智慧配电网的路径思考

杨钦臣　杨萌　张泓楷　赵阳*

摘　要： 新型电力系统是构建新型能源体系的关键内容和重要载体，农村配电网已经成为新型电力系统建设的主战场。本文结合河南省实际，分析当前农村配电网在电网形态、电网能力、功能定位等方面的"三个演变"，阐述农村现代智慧配电网建设的特征内涵，提出到2030年打造"清洁低碳、安全充裕、经济高效、供需协同、灵活智能"的农村现代智慧配电网的建设目标，阐述"三步走"的实施路径，旨在为农村新型电力系统建设提供新思路、新方法、新路径。

---

* 杨钦臣，工学硕士，国网河南省电力公司经济技术研究院工程师，研究方向为能源发展战略与农村能源；杨萌，工学硕士，国网河南省电力公司经济技术研究院高级工程师，研究方向为能源电力经济与供需分析；张泓楷，工学硕士，国网河南省电力公司经济技术研究院工程师，研究方向为农村能源和能源互联网；赵阳，工学硕士，国网河南省电力公司高级工程师，研究方向为配电网规划和新能源发展管理。

关键词： 智慧配电网　新型电力系统　新能源　河南省

一　农村配电网发展面临形势与问题

配电网作为城乡重要基础设施，承担着广泛的经济责任和社会责任，是新型电力系统和能源互联网建设的主战场。"十四五"以来，党中央做出了构建新型电力系统、2030年前碳达峰等重大战略部署，新型电力系统建设提速。新形势下，农村配电网聚合海量新型要素，在新能源就地消纳、多元要素协同运行、政策机制等方面面临更多挑战和更高要求。

（一）县域新能源就地就近消纳压力凸显

截至2023年9月底，河南省分布式电源装机2762万千瓦，占电力总装机比重达到20.7%，同比增加5.4个百分点。随着分布式电源规模化开发，源荷时空错位现象凸显，现有电化学储能技术难以解决长周期新能源消纳问题。一方面，农村配电网与大电网交互频次和幅度陡升。以河南某县域电网为例，全年超过1/3时段，该县域电网向外部电网反送电，联络线最大外送功率达66.4万千瓦，约为县域当年最大负荷1.5倍，且日功率波动区间逐年扩大。另一方面，农村配电网内部分布式光伏装机容量的大规模增长引起反向重过载问题突出。2023年，某县域电网内分布式光伏接入的79条10千伏馈线中，近三成馈线出现功率上翻，接入的1449个台区中反向重载台区达123台次，台区反向重过载频率不断上升，县域新能源就地就近消纳压力凸显。

（二）多元要素协同运行难度不断加大

随着农村地区分布式新能源、新型储能、电动汽车等新兴市场主体接入，系统调节和支撑能力面临诸多掣肘。一是农村配电网数据获取能力较弱。农村配电自动化终端有效覆盖率不高，各类新要素的可观可测整体水平偏低，叠加分布式新能源呈现单体规模小、分布范围广等特征，其监控成本较高，农村配电网数据获取能力较弱。二是末端农村配电网控制难度较大。随着电网监测对象、采集数据规模几何式增长，在电网与各业主不同主体间存在数据孤岛、数据重复、信息不一致等问题，无法满足业务融合应用需求，各要素间协同控制难度较大。

（三）多元主体参与市场相关机制仍不完善

近年来，河南省探索开展了需求侧响应、虚拟电厂等新形式的实践，但从长远看，新型市场主体缺乏成熟、可持续的市场参与模式。一方面，系统调节成本难以有效疏导。分布式新能源发电出力存在波动性和间歇性，为满足其高效消纳，电网需要配备更多的调节资源来保证电能的可靠供应，将大幅增加系统平衡成本，且新增成本无法有效疏导。另一方面，市场多元主体活力还有待激发。与常规市场主体相比，微电网、虚拟电厂、新型储能等新兴市场主体目前仍缺乏公平的市场地位，也未公平承担同等保供责任，缺乏科学合理的市场参与模式。

二 农村现代智慧配电网特征内涵

新形势下，配电网形态、电网能力和功能定位发生深刻变化，系统主体多元化、电网形态复杂化、运行方式多样化的特点愈加明显，亟须打造符合农村发展需求、现实条件和未来方向的现代智慧配电网，提升农村地区配电网韧性、弹性能力。

（一）新形势新理念提出新要求

党的二十大擘画了全面建设社会主义现代化国家、以中国式现代化全面推进中华民族伟大复兴的宏伟蓝图，并指出全面建设社会主义现代化国家，最艰巨最繁重的任务仍然在农村。全面推进乡村振兴战略下，农村地区配电网建设必须立足于推动构建新型能源体系和新型电力系统，在电网形态、电网能力、功能定位等方面顺应发展形势、响应变革要求，主动实现"三个演变"。

一是农村配电网形态由单向无源网络向供需互动的多向有源网络演变。随着大规模集中式和分布式新能源接入，配电网将逐步转向传统配电网与微电网集群并存、虚拟电厂与新能源发电融合的有源配电网，供需平衡和协同控制难度加大，源荷界限更加模糊，系统运行方式多样，网络潮流复杂多向，对配电网安全可靠运行提出更高要求和更高标准。

二是农村配电网能力由部分感知、被动控制向全景透明、主动适应演变。配电网监测对象种类和采集数据规模将呈现数量级增长态势，但分布式新能源等各类新要素的可观可测、可调可控水平仍然偏低，配电网状态感知层建设亟须加强。同时，数据处理、要素控制能力亟待同步提升，系统调控体系需由浅层调控、被动控制向深层调控、主动适应逐步转变，配电网调度组织体系和管理模式亟须重塑和升级。

三是农村配电网定位由电力输送网络向多元要素全方位承载平台演变。伴随配电网构网元素增多和形态变化，配电网功能定位将发生深刻变化。从技术方面看，要适应新兴要素的接入；从市场方面看，要支撑多方互利共赢的价值创造，配电网将逐步转化为满足清洁能源就近消纳、新兴要素广泛接入、信息物理智慧融合、多元资源灵活互动的全方位承载平台。

（二）农村现代智慧配电网内涵

现代智慧配电网以中国式现代化为指引，以智慧化赋能为路径，是新形势下配电网发展的必然方向，是建设"清洁低碳、安全充裕、经济高效、供需协同、灵活智能"县域新型电力系统重要途径。河南农村现代智慧配电网建设应符合广袤的农村地区发展需求、现实条件和未来方向，坚持清洁低碳是引领力、安全充裕是保障力、经济高效是生命力、供需协同是驱动力、灵活智能是控制力，共同构建"五力"功能体系。

清洁低碳是引领力。满足新能源规模化发展，助力构建多元低碳普惠的能源供给体系。满足绿电就地就近消纳，加强适应分布式电源发展的新型配电调度体系建设，助力形成以清洁为主导的能源消费体系。满足新能源多领域融合，加强特色示范项目建设，探索新能源多领域融合的开发利用新模式。

安全充裕是保障力。支撑经济发展，全面提高电网供电能力，助力建成高水平社会主义现代化新农村奋斗目标。支撑人民需要，全面提高服务"三农"、保障民生能力，助力提升人民用能获得感。支撑资源配置，全面推进坚强网架建设，助力优化能源资源区域配置。

经济高效是生命力。发展适应大规模新能源的电力市场交易机制，提高能源利用效率、降低能源利用成本，促进农村能源电力体系的高效运转。建设易于推广的农村现代智慧配电网示范区，以典型模式带动农村现代智慧配电网全面建设。

供需协同是驱动力。统筹源网荷储智，形成各类主体深度参与、高效协同、共治共享的能源电力生态圈。统筹政策与市场，充分发挥市场在资源配置中的决定性作用，促进能源电力生态圈可持续发展。

灵活智能是控制力。实现技术升级，依托电力系统设备设施、运行控制、新型储能技术等各类技术以及数字技术的创新应用，推动配电网智慧升级。实现机制创新，创新农村智慧配电网配套政策与体制机制，发挥先行先试、示范引领作用。

三　农村现代智慧配电网发展思考

农村现代智慧配电网建设是一项复杂而艰巨的系统工程，不同发展阶段特征差异明显，需统筹谋划路径布局，科学部署、有序推进。立足电网当前水平，制定农村现代智慧配电网建设思路、发展原则和目标路径，形成经济高效、可持续、可推广、可复制的典型模式。

（一）总体思路

以习近平新时代中国特色社会主义思想为指导，深入贯彻落实党的二十

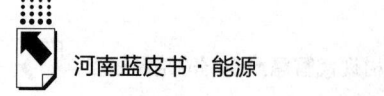

大精神和习近平总书记视察河南重要讲话精神，深刻领会农村现代智慧配电网主要内涵，坚持"精准施力，实事求是；经济高效，易于推广；智慧创新，示范引领；政企联动，统筹推进"思路，根据县域能源电力发展实际，聚焦"农村""现代""智慧"三个关键核心。以"农村"为核心，立足乡村，服务国家重大战略，完善粮食生产核心区配套电力设施，推动乡村电气化水平不断提升；以"现代"为核心，锚定方向，适应大规模可再生能源接入，满足个性化多元化用能，满足新型市场主体共存；以"智慧"为核心，通过数字赋能，实现更广泛的数据采集、更快速的数据传输、更智慧的数据处理、更科学的调控管理、更系统的优化决策，推进农村现代智慧配电网建设，更好地满足清洁能源就近消纳、新兴要素广泛接入、信息物理智慧融合、多元资源灵活互动。

（二）发展原则

农村现代智慧配电网建设应以问题、过程、结果为导向，锚定目标、靶向发力，推进农村新型电力系统高质量发展。

问题导向。根据县域电网运行现状，以及中远期发展面临挑战，提出建设农村智慧配电网示范区面临的关键问题，形成示范区建设道路上的"问题集"。

过程导向。量化分析面临的突出问题，形成研究专题，纲举目张、有的放矢，并将解决问题的主要对策分解落实到重点任务，在建设现代智慧配电网示范区道路上形成解决问题的"方案库"。

结果导向。以满足清洁能源就近消纳、新兴要素广泛接入、信息物理智慧融合、多元资源灵活互动为目标，构建核心"任务单"，形成"可推广、可复制"的建设成效及典型经验，成为现代智慧配电网示范"先行官"。

（三）目标阶段

以县域新型电力系统的五大内涵为指引，加快建设农村现代智慧配电网全方位承载平台，即满足新能源高效消纳的服务保障平台、支撑经济高质量发展的电力供应平台、体制和市场协同创新的实践应用平台、统筹新要素智慧融合的协同互动平台，并形成可持续、可推广、可复制的典型模式，到2030年基本建成"清洁低碳、安全充裕、经济高效、供需协同、灵活智能"的农村现代智慧配电网（见图1）。

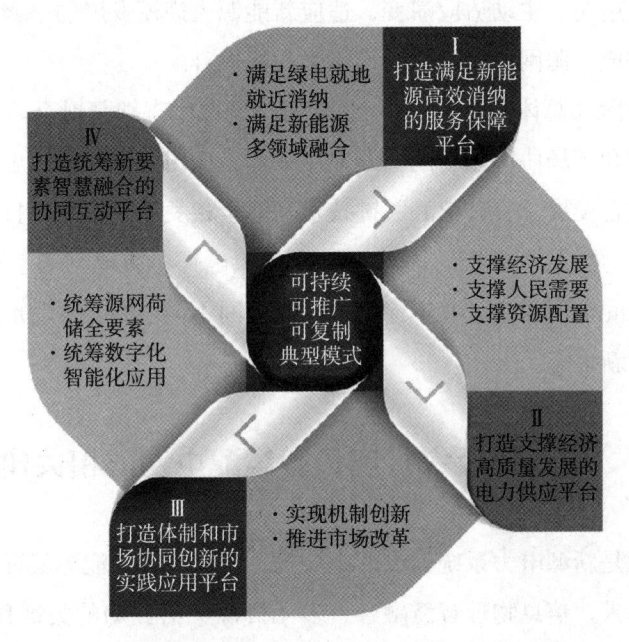

图1 农村现代智慧配电网全方位承载平台建设目标体系

农村现代智慧配电网建设是一项复杂而艰巨的系统工程，不同发展阶段特征差异明显、建设任务略有侧重，需统筹谋划路径布局，科学部署、有序推进。按基础构建期（2024~2025年）、加速提升期（2025~2028年）、总体形成期（2028~2030年）"三步走"，有计划、分步骤推进现代智慧配电网建设的"进度条"，有序推进"四平台、一模式"目标体系落地实施。

第一阶段（基础构建期）：资源融合，新兴要素多元接入阶段。主要侧重打造满足新能源高效消纳的服务保障平台、支撑经济高质量发展的电力供应平台，构建适应规模化新能源和分布式能源、电动汽车充电设施、新型储能等友好接入的配电网，确保电力安全可靠供应，推动电力消费清洁低碳转

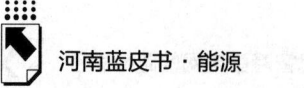

型。目前大多数农村配电网处于此阶段。

第二阶段（加速提升期）：高效交互，源网荷储协调运行阶段。主要侧重打造统筹新要素智慧融合的协同互动平台，随着数字化、智能化技术在电力系统源网荷储各侧逐步融合应用，推动农村配电网逐步由部分感知、被动控制向全景透明、主动适应演变，适应新能源大规模发展的平衡控制和调度体系逐步建成，源网荷储灵活互动能力大幅提升。

第三阶段（总体形成期）：互联互通，能源生态智慧融合阶段。主要侧重打造体制和市场协同创新的实践应用平台，运用能源互联网思维引领源网荷储智慧融合发展，突破核心关键技术和健全相关体制机制，打造分布式光伏智慧服务、智慧车联网、多站融合、虚拟电厂、微电网等互联互通新业态，以低压配电网为主，并贯穿高中压配电网不同层面，推动形成农村现代智慧配电网新形态。

四 加快建设农村现代智慧配电网的相关建议

配电网是新型电力系统建设的主战场，是实现清洁能源就近消纳、新兴要素广泛接入、信息物理智慧融合、多元资源灵活互动的关键环节。未来，应做好保障供电安全、能源绿色低碳转型、提高数字化水平、增强电网调节能力、提升电网调控能力五个方面的工作，科学有序推动河南农村现代智慧配电网建设。

（一）提升供电安全保障能力

以保障供电安全为首要任务，着力提升有源配电网支撑能力，强化主配协同，重点解决电网发展不平衡等问题，形成成熟核心技术链，以满足多元市场主体接入需要。一是优化完善县域电网网架，提升低压配电网互联互供能力，结合不同乡镇发展类型及功能定位，差异化开展农村配电网升级。二是构建主配协同的智慧型县域电网，以实现主配协同为手段、以提高主配网自愈能力为目标，通过事前态势感知和超前控制、事中主配网协同处置，提升地区电网正常运行方式下的弹性能力,以及抵御严重故障的韧性能力。三是开展面向高比例分布式新能源接入的电网继电保护关键技术攻关,提出适应大规模分布式电源接入的配网保护配置和整定优化方案,构建适应有源配电网的继电保护运行体系。

(二)推动能源绿色低碳转型

坚持绿色低碳发展,深入落实"双碳"目标要求,着力培育能源新产业新模式,持续优化能源结构,形成典型示范样板。一是开展农村地区风电、光伏等可再生能源资源评估,制定科学合理开发时序。二是推动源网荷储绿色发展,坚持"量""率"协同原则,滚动评估分布式电源最佳接入方式与极限接入容量,引导新能源有序接入,通过网架升级、电网侧储能建设等手段持续加强电网对新能源发电的承载能力和消纳能力。三是聚焦供电所、负荷管理等重点业务,实施绿色低碳智慧农场、县级负荷管理中心标准化建设等项目,打造智慧低碳示范工程。

(三)增强多元灵活互动能力

充分挖掘电网各侧调节能力,依托平台建设,着力提升负荷侧灵活性水平、电源侧可控可调能力,以满足系统调峰需求。一是强化可调节负荷精益管控,建立以企业级用户、蓄热式电锅炉、分布式储能、虚拟电厂、电动汽车充电站为主的区域特色可调节负荷资源库,构建分层级、分时段、分梯度的可调节负荷控制对象,紧密跟踪电网运行需求,做好需求响应工作。二是建设县域新能源集控中心,推进新能源数据集约管理,复用调度通信传输通道,拓展新能源监测场站气象信息、设备数据等采集范围;加快智能融合终端部署应用,满足分布式新能源海量数据采集、高速率数据传输需求,实现分布式新能源运行状态实时感知。

(四)提高数字化智能化水平

加大智能化终端部署力度,着力提升数字化、透明化水平,促进电网一

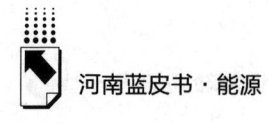

二次融合发展，趟出数字技术赋能电网升级实践路径。一是有序推进感知终端部署，加快推进配电自动化终端覆盖，推进柱上开关、环网柜配电自动化终端部署。二是构建适应智能配电网的坚强电力通信网，提升配电网各类业务通信可靠性，提升通信灵活组网与承载能力，并逐步实现骨干通信网与配电通信网互联互通。

（五）健全经济高效调控机制

以适应分布式电源发展、多元市场主体接入为目标，构建新型配电调度体系，探索市场化交易模式，形成技术链、市场链一体的现代智慧配电网支撑体系。一是构建源网荷储多元协同的智能调控体系，面向分布式光伏、储能、可调负荷实时调控业务需求，逐步构建源网荷储多元协同的调控管理模式，提升新型有源配电网调度控制能力。二是构建新型主体参与市场交易机制，以市场机制引导虚拟电厂、柔性负荷、储能、新能源汽车等各类主体广泛参与和友好互动，合理分配成本和收益。

参考文献

《新型电力系统发展蓝皮书》，中国电力系统出版社，2023。

舒印彪等：《构建以新能源为主体的新型电力系统框架研究》，《中国工程科学》2021年第6期。

刘吉臻：《支撑新型电力系统建设的电力智能化发展路径》，《能源科技》2022年第4期。

杨跃武等：《服务"碳达峰、碳中和"的兰考新型电力系统建设实践》，《河南电力》2022年第S1期。

B.15 河南省分布式光伏出力特性分析与发展建议

贾一博 李秋燕 卜飞飞*

摘　要： 近年来河南省分布式光伏发展迅猛，对全省净负荷特性、调峰和消纳产生了显著影响。为全面评估分布式光伏发展对用电负荷的影响，本文基于2022~2023年低压分布式光伏15分钟级出力数据，按照分地区、分时段等维度，利用大数据技术分析了分布式光伏出力特性及其与电网负荷之间的相互关系，结合温度、湿度等气象因素开展了河南省分布式光伏有效供给能力测算。结果表明，分布式光伏受季节、天气等自然条件因素影响较大，波动性较为明显。度夏期间，分布式光伏在大负荷时段正向顶峰作用较为明显；度冬期间，分布式光伏出力较为一般；在春秋季午后时段分布式光伏出力较大、系统调峰压力明显。为提升电网安全稳定运行能力，应加强分布光伏出力运行精细化监测，合理测算分布式光伏参与电力平衡比例，有序引导分布式光伏配储，推动源网荷储协调发展。

关键词： 分布式光伏　出力特性　有效供给

随着分布式光伏的规模化建设和接入，其出力的波动性、随机性对电网用电负荷的形态产生很大影响，在缓解午间时段电网保供压力的同时，配电

---

* 贾一博，工学硕士，国网河南省电力公司经济技术研究院工程师，研究方向为能源大数据和质量管理；李秋燕，工学硕士，国网河南省电力公司经济技术研究院高级工程师，研究方向为能源大数据和配电网规划；卜飞飞，工学硕士，国网河南省电力公司经济技术研究院高级工程师，研究方向为能源大数据和网络安全。

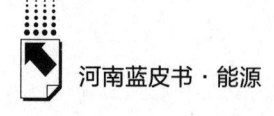

网消纳的承载力不足问题凸显，需要开展分布式光伏出力特性分析，评估其大规模发展对配电网运行的影响。本文基于河南省分布式光伏出力15分钟级运行数据，对其季节性、区域性、时段性出力特性进行分析，并与集中式光伏出力特性进行比较，测算分布式光伏有效供给能力，可为相关供需平衡测算、配电网承载能力评估提供参数选定的合理依据，服务分布式光伏与电网协同发展。

一 河南省分布式光伏发展现状

近年来，河南省分布式光伏发展在政策和市场的推动下如火如荼。自2021年河南省分布式光伏装机规模超越集中式后，在屋顶分布式光伏"整县推进"政策的激励下，分布式光伏规模超预期发展，河南省户用光伏领跑全国，"光伏+"创新模式不断涌现。

（一）从增速看，2021年以来河南省分布式光伏增速迅猛

2015~2021年，河南省分布式光伏装机年均增长约150万千瓦；2021年以来，河南省分布式光伏装机年均增长800万千瓦以上。其中，2021年分布式光伏装机首次超过集中式光伏。2023年以来平均每月新增分布式光伏装机超100万千瓦。截至2023年8月，全省分布式光伏装机2661万千瓦，是集中式光伏装机规模的近4倍（见图1）。河南省分布式光伏以户用光伏为主，目前全省累计接入91万光伏用户，其中户用光伏安装85.3万户，占比为93.7%。

（二）从分布看，南阳、新乡、洛阳分布式光伏装机增长快、规模大

截至2023年8月，全省分布式光伏装机容量超200万千瓦的地市有4个，超100万千瓦的地市有11个（见图2）。南阳、新乡、洛阳年内新增装

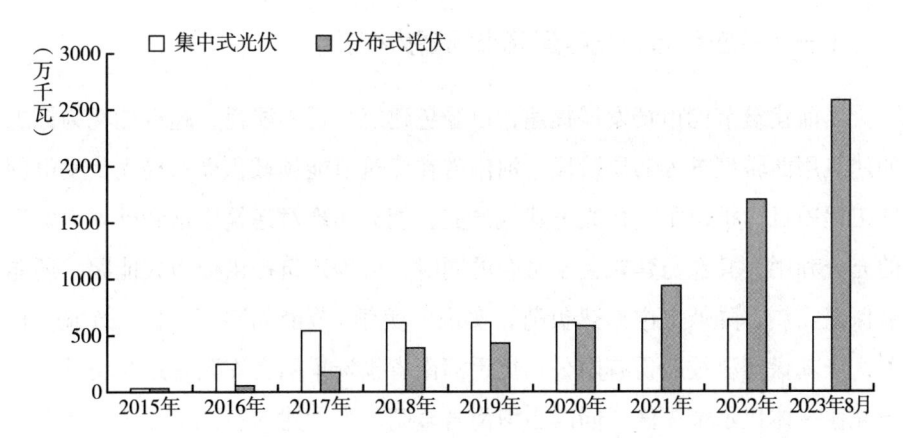

图1 2015年至2023年8月河南省集中式与分布式光伏装机总规模

资料来源：国家能源局河南监管办公室公布数据。

机分别为104万千瓦、86万千瓦、72万千瓦，装机规模分别达到299万千瓦、274万千瓦、202万千瓦，占全省分布式光伏总装机29.1%。地市分布式光伏装机占各地市电源总装机的比例差异性较大，其中漯河、驻马店占比最高分别为36.2%、33.6%，济源最低为5.1%。

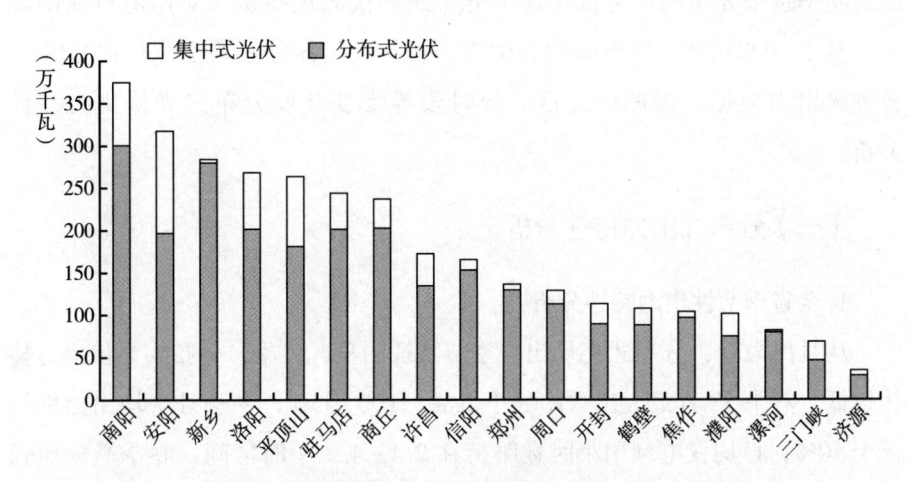

图2 截至2023年8月河南省各地市集中式与分布式光伏装机

资料来源：国家能源局河南监管办公室公布数据。

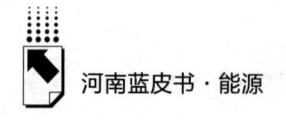

（三）从应用看，光电建筑市场蓄势待发

当前建筑节能市场发展提速，以绿色建筑、近零能耗、超低能耗为标志的建筑用能转型进入实质阶段。河南省在建筑节能领域积极布局光伏发电创新工程项目，推出了一批光电建筑产品，能够实现对建筑屋顶和外立面资源的充分利用，其在与建筑美学融合的同时，可为建筑提供分布式能源，还能够保温隔热、降低室内冷热负荷，实现"美学+节能+产能"的三效益。目前，隆基绿能科技股份有限公司携手河南省投资集团在安阳建成河南首个建筑光伏一体化示范厂区，同时由河南省金鹰电力承建的春江水泥5.8兆瓦分布式BIPV光伏发电项目在新乡辉县正式开工。

二 河南省分布式光伏出力特性分析

随着低压分布式光伏的大规模接入，午间时段电网保供压力有所缓解，但配电网承载力不足的问题凸显，部分地区出现调节能力不足、消纳困难、反送功率越限等问题。为量化评估分布式光伏大规模接入对用电负荷的影响，基于2022~2023年河南省各地市、各县区、各台区低压分布式光伏15分钟级出力数据，按照分地区、分时段等维度开展分布式光伏出力特性分析。

（一）分布式出力特性分析

1.全省季节性出力特性分析

从月出力看，分布式光伏出力季节特征明显。冬季，分布式光伏出力整体较低，其中12月最大出力率处于低谷，仅为43%，冬季月平均出力率均低于10%，日均发电利用小时数维持在2.1~4.2小时区间。春季受辐照强度、温度和湿度等气候条件影响，分布式光伏大发，3月最大出力率达到峰值为56%，月平均出力率均高于15%，日均发电利用小时数维持在3.6~4.3小时区间。夏季在持续高温情况下，与春季相比月最大出力率略微下降，但依然保持较高水平，月最大出力率均高于40%，月平均出力率为13%~15%，日均发电利用小时数维持在3.8~4.1小时区间（见图3）。

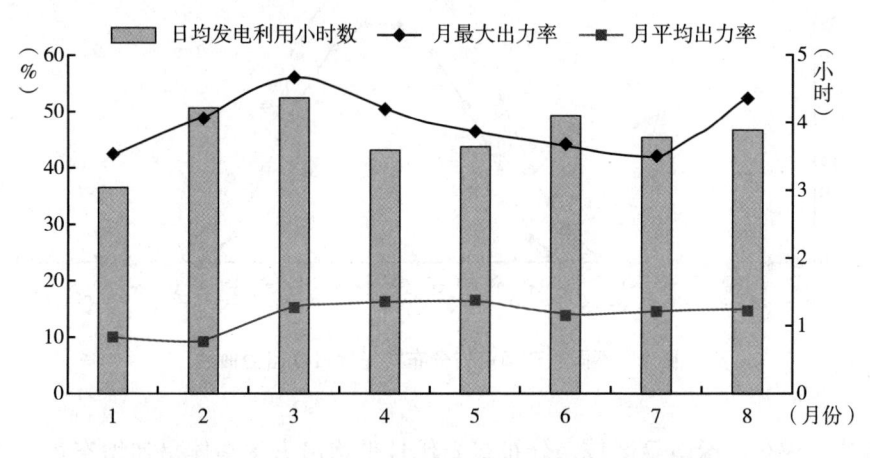

图3 2023年1~8月河南省分布式光伏逐月出力特性

从日出力看，夏季分布式光伏出力时段长、出力率高。按典型日分析，冬季由于多出现雨雪寒潮天气、昼短夜长，光伏出力时段较短，每日出力时段在8~17时，最大出力时段在11~14时，日最大出力率为35%。春季光照充足、温度回暖，分布式光伏出力整体较好，每日出力时段在7~18时，最大出力时段在10~15时，日最大出力率为41%。夏季分布式光伏每日出力时段在6~19时，最大出力时段在10~15时，日最大出力率为43%。夏季日平均出力率与冬季、春季相比分别高出8个百分点和2个百分点，夏季出力时长与冬季、春季相比分别高出4个小时和2个小时（见图4）。

2. 分区域出力特性分析

分布式光伏月最大出力率区域差异性不大。从不同区域来看，豫北、豫西、豫中、豫东、豫南等区域，分布式光伏月最大出力率差值均在2%~10%范围，其中，1月豫西、豫中月最大出力率分别为63.8%、53.2%，相差最大，4月全省各地分布式光伏月最大出力率均达到峰值且均在70%左右（见表1）。

各地区分布式光伏月平均出力率波动上升。2023年以来，豫北、豫西、

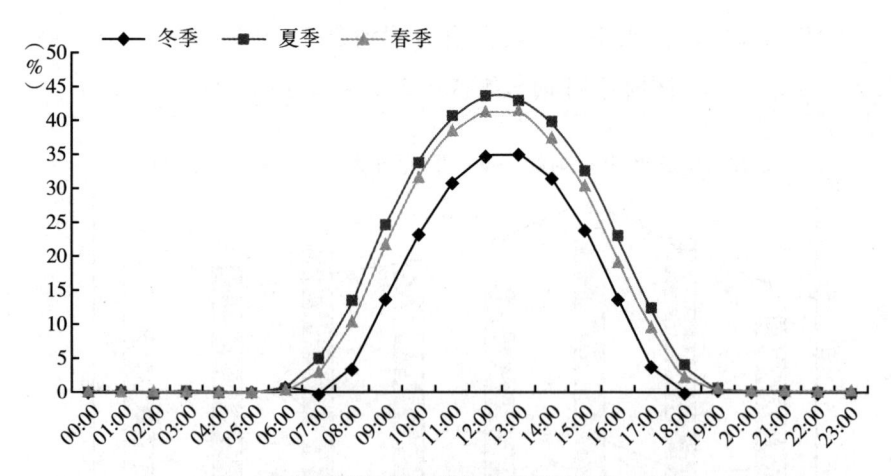

图4 不同季节河南省分布式光伏日度出力曲线

豫中、豫东、豫南等区域，分布式光伏月平均出力率整体呈递增态势，其中，豫西、豫南在2、5月稍有回落，其余月份均呈上升趋势，且8月均达到各地区月平均出力率的最大值，豫北、豫西、豫中、豫东、豫南分别为17.2%、15.1%、15.7%、16.7%、15.2%（见图5）。

表1 2023年1~8月全省分地区午高峰时段分布式光伏月最大出力率

单位：%

月份	豫北	豫西	豫中	豫东	豫南
1	58.4	63.8	53.2	58.6	58.9
2	64.8	69.3	59.0	67.4	65.0
3	66.4	69.1	61.3	70.5	66.2
4	70.0	70.0	69.7	72.0	70.0
5	65.3	63.7	63.8	66.9	64.8
6	61.6	61.7	62.5	64.0	65.5
7	63.0	62.6	63.4	66.5	64.4
8	63.4	63.6	63.0	68.2	68.3

3. 分布式与集中式出力特性对比分析

分布式光伏出力效率比集中式光伏高。逐月来看，分布式光伏与集中式光伏出力曲线走势保持较高的一致性，1月分布式光伏和集中式光伏最大出

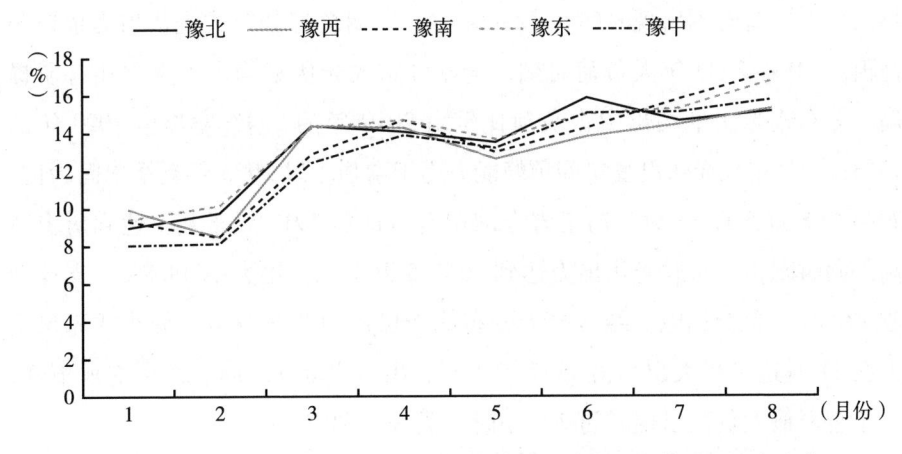

图5 2023年1~8月河南省分区域午高峰时段分布式光伏月平均出力率

力率均为谷值，随后逐步上升，4月分布式光伏和集中式光伏均达到峰值，出力率分别为70%、63%。截至8月，分布式光伏月最大出力率比集中式光伏平均高4个百分点（见图6）。

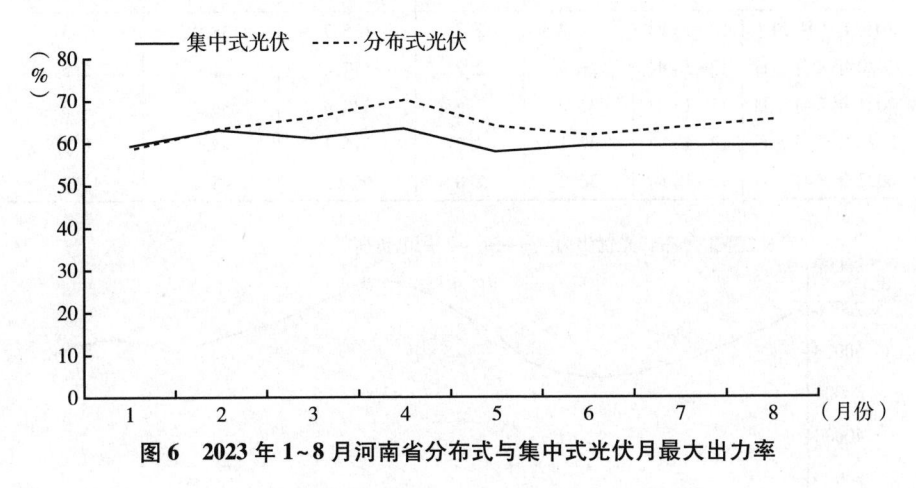

图6 2023年1~8月河南省分布式与集中式光伏月最大出力率

（二）分布式光伏出力与电网负荷的相关关系分析

1. 度夏午间保供关键时段出力特性分析

度夏大负荷期间，分布式光伏午间正向顶峰作用较为显著。2019~2023

年历年大负荷时刻出现时间在 12~14 时，同期全省分布式光伏出力也属于高值。2019~2023 年大负荷时刻，全省分布式光伏平均出力率逐年有所提高，分布式光伏平均出力占负荷比例由 2019 年的 2.3%增长至 2023 年的 13.3%，分布式光伏度夏午间顶峰能力逐年增强。以 2023 年夏季午间为例，2023 年 8 月 5 日 13 时，河南省全网用电负荷达 7917 万千瓦，达到历史新高。同时刻，分布式光伏出力达到 1051.5 万千瓦，出力率 48.8%，支撑全省 13.3%的负荷用电。结合当天分布式光伏出力曲线分析，分布式光伏出力在 11 时达到最大出力值 1177 万千瓦，出力率为 54.6%，之后有所下降，早于全网最大负荷出现时间 2 个小时（见表 2 和图 7）。

表 2　2019~2023 年夏季大负荷日午高峰时段河南省分布式光伏出力情况

夏季大负荷出现时刻		天气状况		当天午高峰时段		
		平均温度（℃）	平均风速（米/秒）	分布式光伏平均出力（万千瓦）	分布式光伏平均出力率（%）	分布式光伏平均出力占负荷比例（%）
2019 年 7 月 29 日	12~13 时	31.2	2.8	155.7	38.4	2.3
2020 年 8 月 3 日	13~14 时	29.9	2.2	157.4	31.4	2.5
2021 年 7 月 4 日	12~13 时	31.0	2.5	230.4	33.1	4.3
2022 年 8 月 5 日	12~13 时	32.1	2.2	616.7	44.6	8.1
2023 年 8 月 5 日	12~13 时	30.2	2.0	1051.5	48.8	13.3

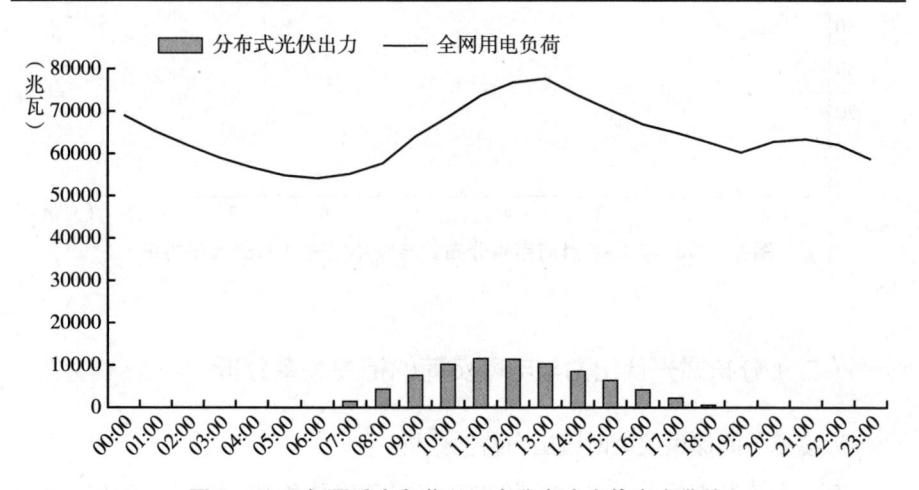

图 7　2023 年夏季大负荷日河南分布式光伏出力曲线

迎峰度夏（6~8月）午高峰期间，分布式光伏出力波动性较大。2023年度夏期间，尤其是7月下旬至8月上旬防汛关键时期，全省强降雨、大风等强对流天气时有发生，天气持续闷热时段，其间日最大用电负荷占本年度最大负荷比例整体达70%以上，在该时段分布式光伏出力波动性较大，出力率在22.7%~62.6%区间。以台风"杜苏芮"对分布式光伏出力的影响为例，7月30日至8月1日台风"杜苏芮"进入河南，受极端强降雨天气影响，其间午高峰时段分布式光伏平均出力率均低于15%（见图8）。

2. 度冬午间保供关键时段出力特性分析

迎峰度冬（12月、1~2月）午高峰期间，分布式光伏受天气影响较大。从气候条件来看，2022~2023年冬季全省平均气温较常年同期偏高0.2℃，并且呈现"前暖后冷"的特征，12月气温较常年同期偏高，1月上旬和2月上旬气温较常年同期偏低。全省冬季大负荷多出现在12月下旬或次年1月中上旬，日负荷特性曲线呈现"双峰"态势，午高峰出现在11~12时，晚高峰出现在18时前后。午高峰时段负荷占年度最大负荷比例超过60%的天数为59天，低于50%的仅有2天，分布式光伏出力率高于50%天数仅为7天，低于30%的多达39天。其中，1月中旬和2月上、中旬个别天数受极端寒冷天气影响，分布式光伏出力率降低至10%以下（见图9）。

3. 春（秋）季午后时段出力特性分析

春季午后时段，分布式光伏出力表现较好。从气候条件来看，2023年春季全省天气回暖、阳光充足，降水量总体偏少，平均气温比同期偏高0~1℃，气温适宜光伏组件发电，分布式光伏大发。4月为全省低负荷时段，负荷占年度最大负荷比例始终保持在39%~52%区间，新能源消纳压力较大。4月午后时段分布式光伏平均出力率范围在5.9%~67%，占全网负荷比例范围在2.6%~41.5%（见图10）。

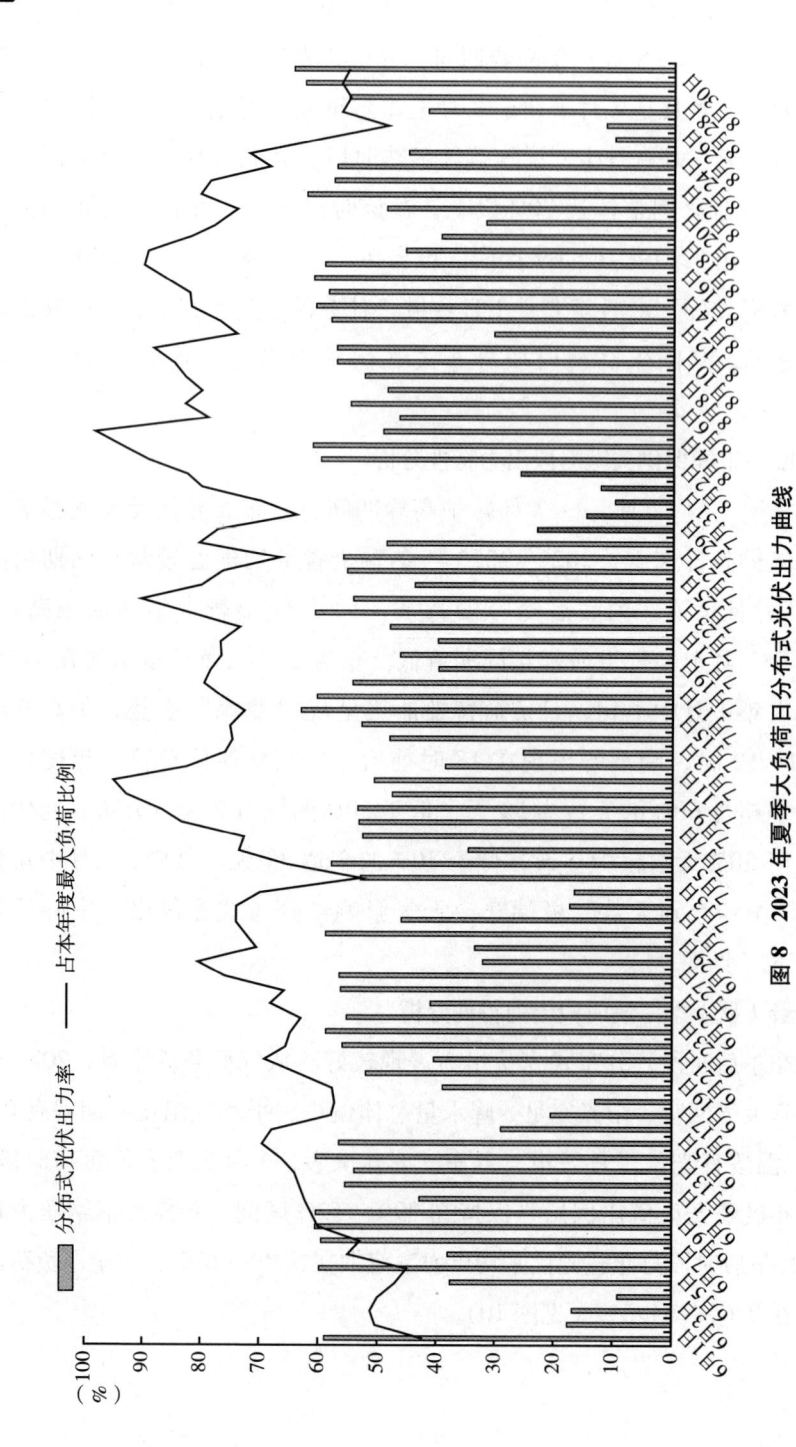

图8 2023年夏季大负荷日分布式光伏出力曲线

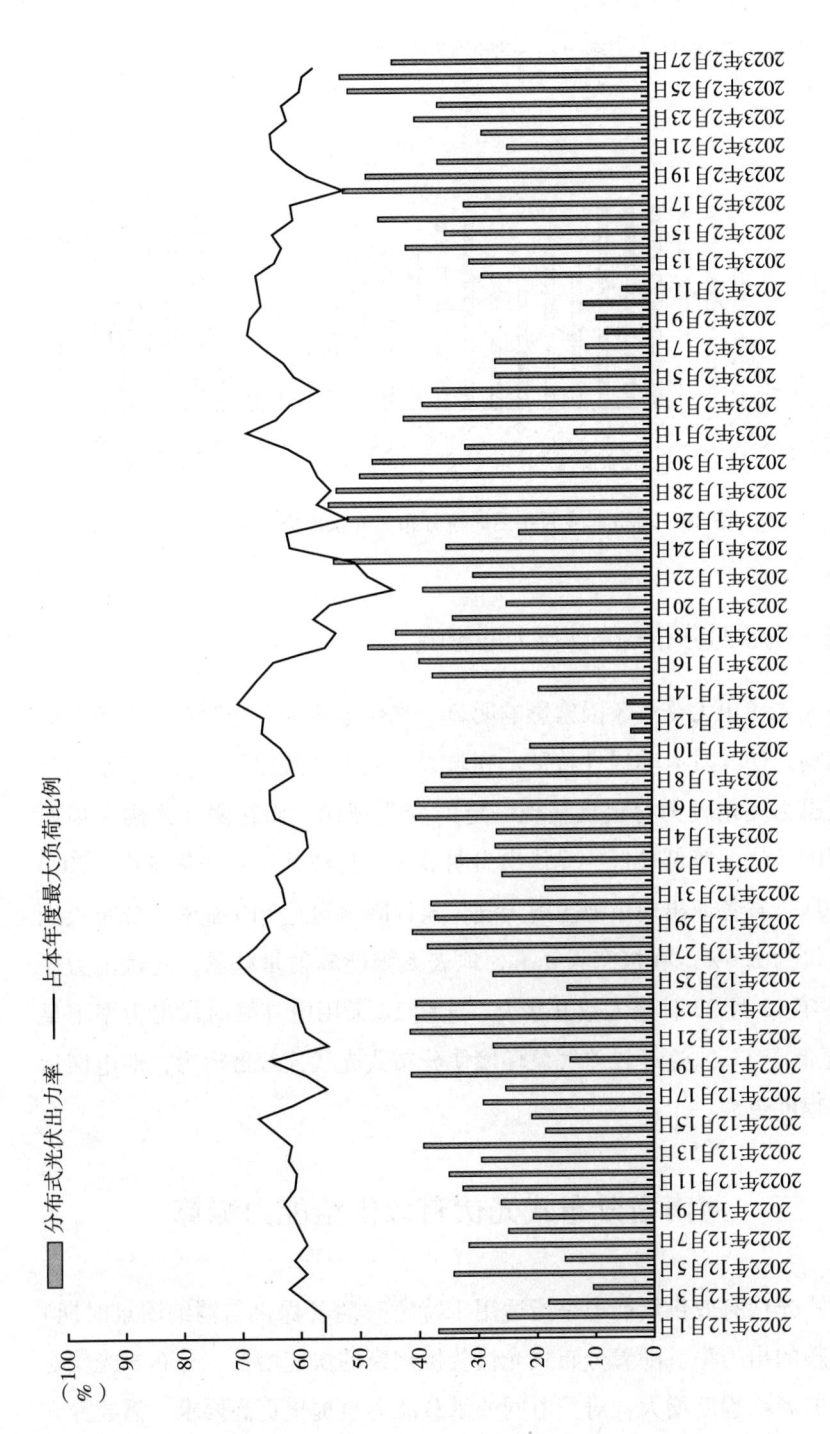

图 9 2022~2023 年冬季午高峰时段分布式光伏出力情况

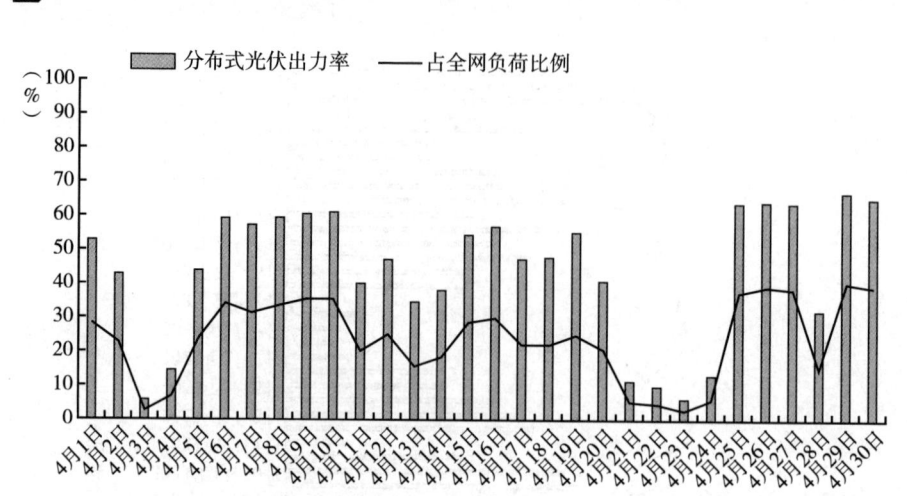

图10　2023年4月午后时段分布式光伏出力情况

（三）气象对分布式光伏出力的影响

分布式光伏出力受气象因素影响明显。光伏电池受到光照和温度等自然因素的影响，使其具有非线性特征。在晴天，太阳光照较强且波动较小，分布式光伏出力变化较为稳定且呈现一定的变化规律，而在阴天或雨天情况下，辐照度、气温等都较低，光伏出力明显偏小且波动频率变化较快，2023年4月3日全省各地出现极强阴雨天气，累计降水量达610毫米，分布式光伏出力率仅为2.6%。在极寒天气下，地表太阳能辐射量减弱，光伏出力极低，2022年12月22日进入数九寒天，连续12天用电高峰时段出力率不足9%，甚至低于1%。连续较差气象环境使分布式光伏连续低出力，对电网运行的影响程度更大。

三　河南省分布式光伏有效供给能力测算

分布式光伏有效供给能力是指适用于特定时期（保供与消纳困难时期）的最可信赖的出力率。随着分布式光伏装机规模的快速增长，分布式光伏对电网负荷的影响程度增大，对配电网的承载能力也提出更高要求，需要深入了解其特性，服务电网规划和运行。在分析不同季节、不同地区、不同时段分布式光伏出力特性的基础上，利用概率统计的方法测算分布式光伏有效供给能力，为电网电力供需平衡、配电网承载能力评估提供参数依据，服务分布式光伏与电网协同发展。

（一）模型介绍

本模型将基于河南省 2021 年至 2023 年 8 月用电负荷、分布式光伏发电、气象等数据，开展有效供给能力测算工作。针对全量负荷数据进行归一化处理，结合分析需求，按照分析时段、负荷水平等筛选条件确认样本范围；基于所选样本的时段区间，采集对应时段的分布光伏出力、气象数据，开展分布式光伏出力特性相关分析，同时对数据进行预处理并形成模型输入数据集；综合考虑开发形态、规模效应等影响因素，利用机器学习算法模型、大数据融合计算等手段，构建有效供给能力测算模型，计算出分布式光伏最低出力保证率、最大瞬时出力率以及概率分布，分析出不同概率水平下分布式光伏可信出力率。

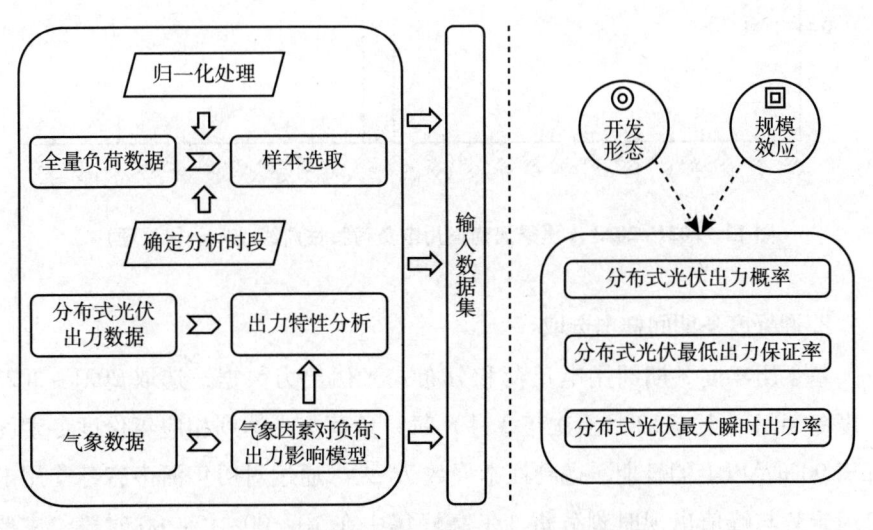

图 11 分布式光伏有效供给能力测算模型

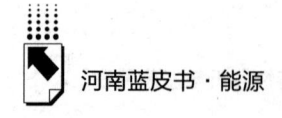

（二）样本选取

1. 迎峰度夏期间样本选取

以历年度夏期间为样本时间范围，研究分布式光伏在全省用电高峰时段出力概率情况，选取 2021~2023 年每日负荷水平达到相应年份峰值 90%及以上的日期，共选取样本天数 31 天，主要集中在 7~8 月。通过对历年 6~8 月河南省用电负荷走势与峰值出现时刻进行分析，午高峰集中在12：30~13：30 时段。基于以上两个筛选条件测算全省度夏期间分布式光伏出力概率。

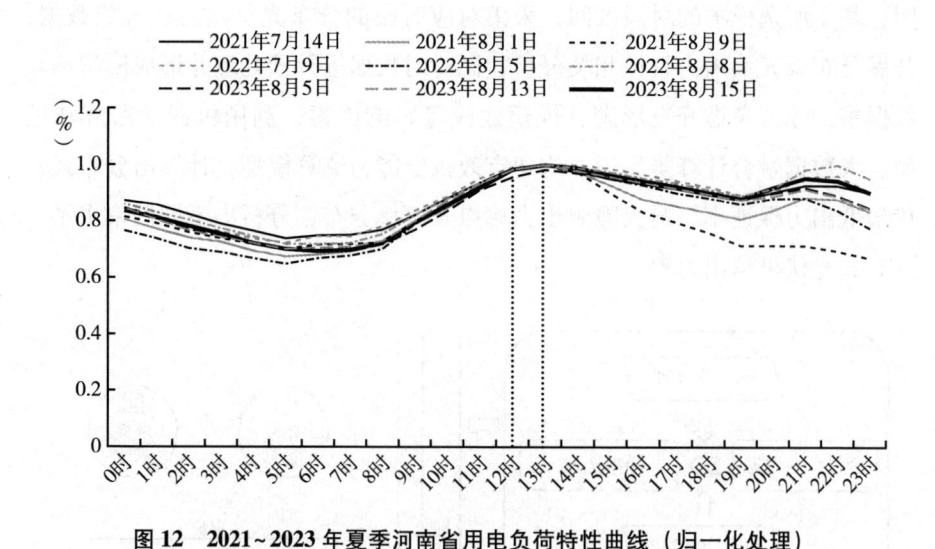

图 12　2021~2023 年夏季河南省用电负荷特性曲线（归一化处理）

2. 迎峰度冬期间样本选取

基于历年度冬期间用电负荷和分布式光伏出力数据，选取 2021~2023 年度冬期间（上年 12 月至次年 3 月）每日负荷水平达到相应年份度冬期间峰值 90%及以上的日期，得到样本天数 76 天。通过对历年河南省冬季用电负荷走势与峰值出现时刻分析，午高峰集中在 10：00~12：00 时段，主要集中在 12 月和次年 1 月，基于以上两个筛选条件测算全省冬季分布式光伏出力概率。

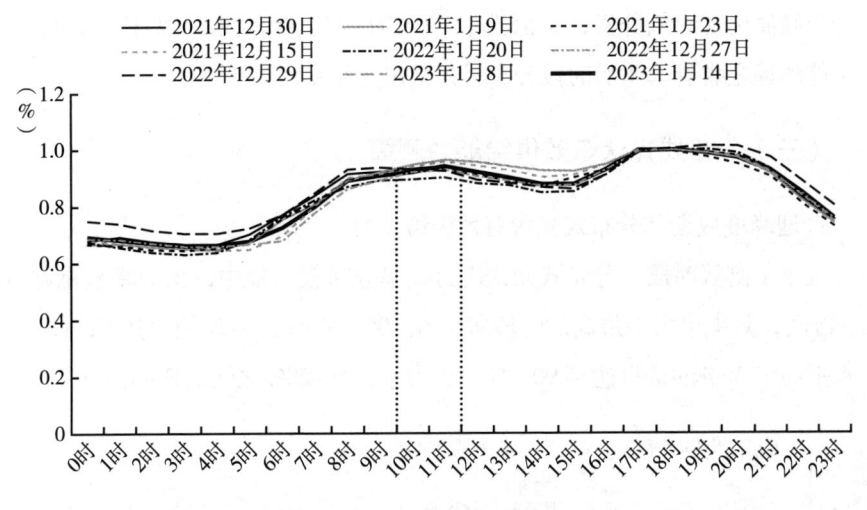

图 13 2021~2023 年冬季河南省用电负荷特性曲线（归一化处理）

3. 春季午后时段样本选取

历年春季全省用电负荷整体较低，但受温度和湿度影响，光伏出力往往表现较好，以此为样本研究分布式光伏在低负荷时段出力概率分布。通过对 2021~2023 年春季每日负荷水平分析，以 4 月为典型样本，选取相应年份峰值 50% 及以下的日期，共选取样本天数 84 天。通过对历年 4 月河南省用电负荷

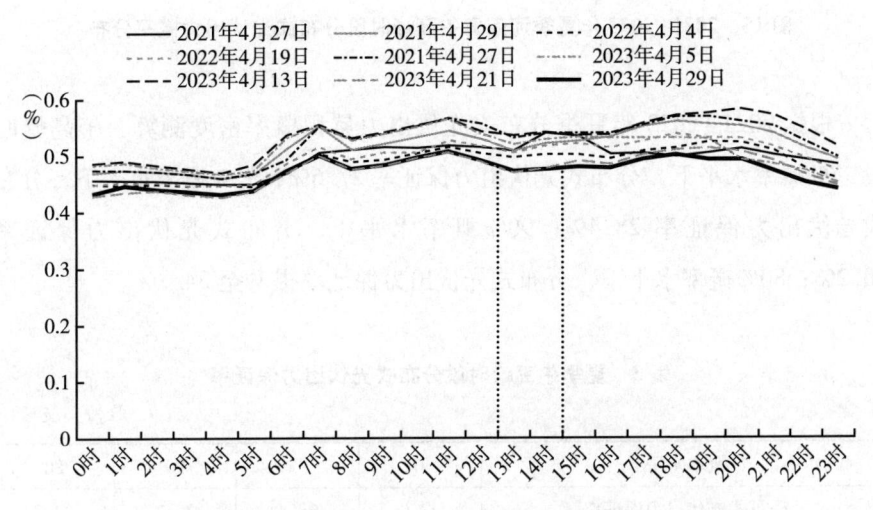

图 14 2021~2023 年春季河南省用电负荷特性曲线（归一化处理）

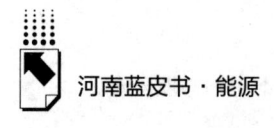

走势与峰值出现时刻分析，午后选取13：00~15：00时段。基于以上两个筛选条件测算全省春季午后时段分布式光伏出力概率。

（三）分布式光伏有效供给能力测算

1. 迎峰度夏期间分布式光伏有效供给能力

夏季午高峰时段，分布式光伏出力概率分布较为集中，出力率范围在0~50%区间，其中出力率最高的时段集中在30%~40%，出现频率达52.4%，出力水平高于30%的概率达到90.2%，出力率在0~20%之间的概率为0。

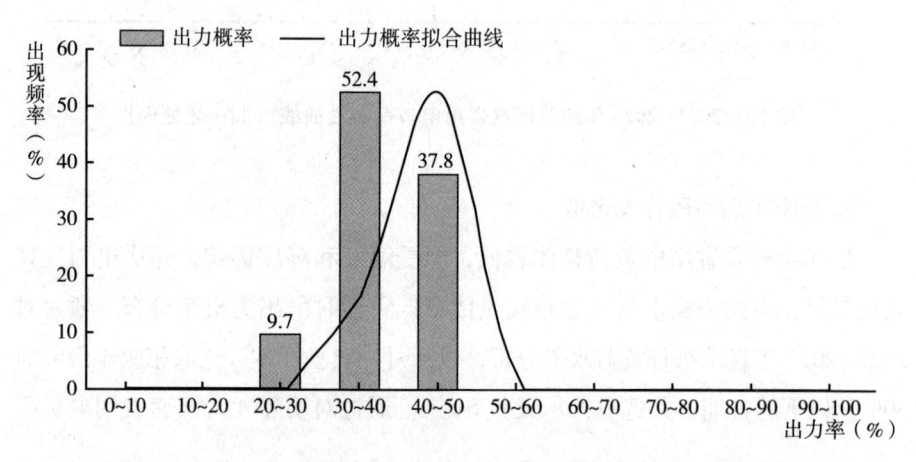

图15 2021~2023年夏季河南省午高峰时段分布式光伏出力概率分布

根据2021~2023年夏季分布式光伏出力累积概率密度测算，午高峰时段97%概率水平下，分布式光伏出力保证率27.6%；95%概率水平下，分布式光伏出力保证率28.4%；90%概率水平下，分布式光伏出力保证率30.2%；80%概率水平下，分布式光伏出力保证率提升至34.7%。

表3 夏季午高峰时段分布式光伏出力保证率

单位：%

概率水平	97	95	90	80
分布式光伏出力保证率	27.6	28.4	30.2	34.7

2. 迎峰度冬期间分布式光伏有效供给能力测算

冬季午高峰时段，分布式光伏出力概率分布范围在0~60%区间，其中出力率最高的时段集中在0~10%，出现频率达33.7%，出力水平小于30%的概率达到78.9%，出力率在50%~60%区间的概率为1.9%。

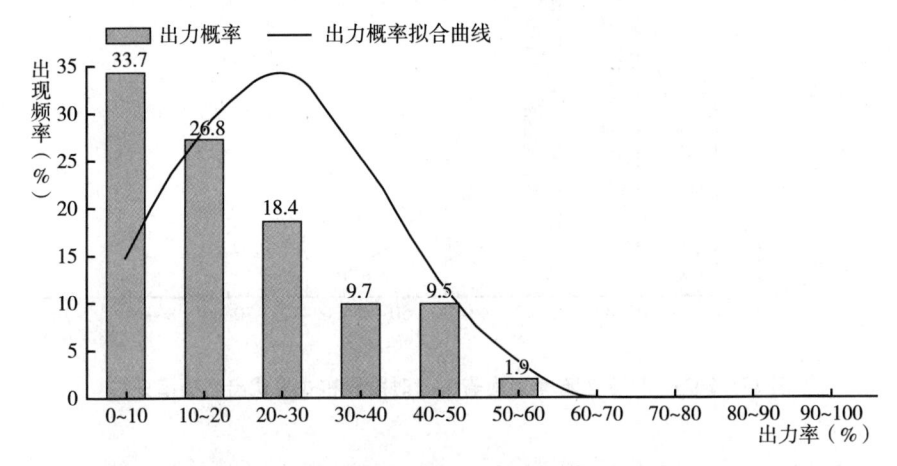

图16　2021~2023年冬季河南省午高峰时段分布式光伏出力概率分布

根据2021~2023年冬季分布式光伏出力累积概率密度测算，午高峰时段97%概率水平下，分布式光伏出力保证率1.5%；95%概率水平下，分布式光伏出力保证率2.5%；90%概率水平下，分布式光伏出力保证率3.9%；80%概率水平下，分布式光伏出力保证率提升至6.7%。

表4　冬季午高峰时段分布式光伏出力保证率

单位：%

概率水平	97	95	90	80
分布式光伏出力保证率	1.5	2.5	3.9	6.7

3. 春季午后时段分布式光伏有效供给能力测算

春季午后时段，分布式光伏出力概率分布较均衡，出力率范围在0~50%区间，其中出力率最高的时段集中在30%~40%，出现频率达

32.4%，出力水平高于30%的概率达到41.6%，出力率在0~20%区间的概率为30.4%。

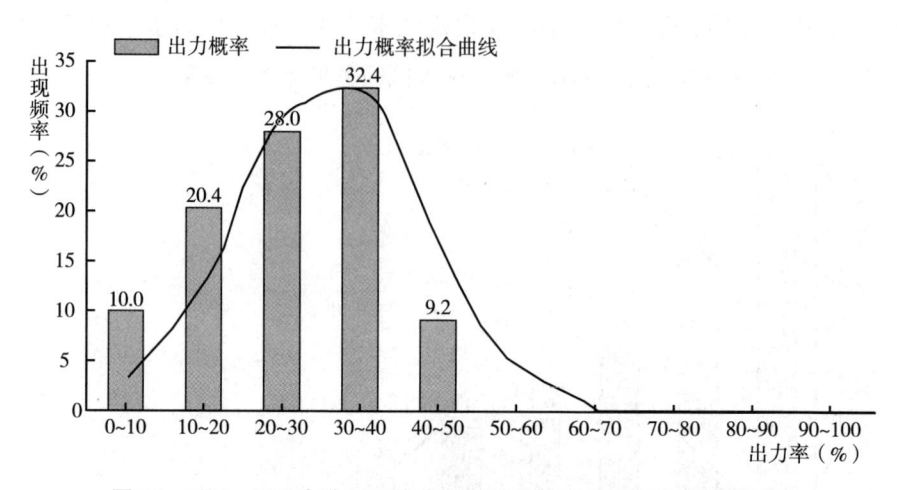

图17 2021~2023年春季河南省午后时段分布式光伏出力概率分布

根据2021~2023年夏季分布式光伏出力累积概率密度测算，午后时段，97%概率水平下，分布式光伏最大出力率44.1%；95%概率水平下，分布式光伏最大出力率42.5%；90%概率水平下，分布式光伏最大出力率39.7%；80%概率水平下，分布式光伏最大出力率37%。

表5 春季午后时段分布式光伏出力保证率

单位：%

时段	概率水平	97	95	90	80
午后	分布式光伏出力保证率	44.1	42.5	39.7	37

四 加强分布式光伏运行管理的建议

2023年5月，河南省发展改革委发布《关于促进分布式光伏发电行业健康可持续发展的通知（征求意见稿）》，要求切实加强分布式光伏建设、接入、验收和运行维护管理。为有序发展和消纳分布式光伏、提升电网安全稳定运行能力,应加强分布式光伏出力运行精细化监测,合理测算分布式光伏参与电力平衡比例,有序引导分布式光伏配储,推动源网荷储协调发展。

(一)加强分布式光伏出力运行精细化监测

河南省分布式光伏出力特性曲线呈现"春季最高、夏季中上、冬季最低"的特点,4~6月的晴朗少雨天气为光伏发电创造了良好条件,午间月平均出力率达到38%;受高温湿热及云量影响,7~8月较春末夏初月平均出力率降低2个百分点;冬季地表太阳能辐射量减弱,出力较春夏两季降低一半,1月降至全年最低。经分析,分布式光伏的波动性和随机性使得配变运行经常"大开大合",应依托大数据技术加强分布式光伏常态化监测和分析,实时掌控配电网运行状态,服务电网安全稳定运行。

(二)合理测算分布式光伏午间参与电力平衡比例

随着分布式光伏规模的不断增大,其对电网运行的影响逐步增大,午间电网调峰和配变潮流上翻的问题非常突出,在规划中其夏季午间完全不参与电网平衡的测算相对保守,掩盖了电网的一些运行问题。基于大数据分析测算出分布式光伏有效供给能力,可为电网电力供需平衡测算、配电网承载能力评估提供参数选取依据。按照95%的概率,河南省分布式光伏夏季大负荷午高峰时段出力保证率为28.4%,冬季大负荷午高峰时段分布式光伏出力保证率为2.5%,春季午后时段分布式光伏出力保证率为42.5%,可以以此为基准参与电网午间电力平衡。

(三)有序引导分布式光伏配储与配电网协同发展

分布式光伏受天气影响显著,在晴天,太阳光照较强且波动较小,分布式光伏出力变化较为稳定且呈现一定的变化规律,而在阴天或雨天情况下,辐照度、气温等都较低,光伏波动性较大。由于分布式光伏的波动性,对配电网潮流双向流动影响较大,建议有序引导分布式光伏与储能规模同步发展，明确储能配置原则、应用模式、市场机制，推动多元储能与配网协调发展，促进发用电就地平衡。

参考文献

河南省发展改革委：《关于促进分布式光伏发电行业健康可持续发展的通知（征求意见稿）》，2023年5月。

中国气象局：《2022年中国风能太阳能资源年景公报》，2023年4月。

国家气候中心：《中国风能太阳能资源的技术可开发量评估》，2022年5月。

B.16 河南省新型储能有效保供能力评估分析

邓振立 杨萌 李虎军[*]

摘　要： 新型储能兼顾保供应和促消纳的双重作用，是构建新型电力系统的重要技术和基础装备。"十四五"以来，新型储能市场规模稳步扩大，为精细化评估河南省新型储能的有效保供能力、充分发挥新型储能的保供作用，本文对河南省"十四五"中后期电力需求、电源规模及结构、新型储能发展、外电入豫规模等进行了预测，首次采用5分钟级电力数据开展生产模拟分析，精细化分析夏季大负荷日电力电量盈亏分布，按照新型储能运行时长2小时，交流侧效率不低于85%、放电深度不低于90%的方式测算，2024~2025年全省分别配置新型储能715万、1109万千瓦，当日放电电量仅占全省电量缺口的45%、35%，单靠新型储能并不能完全解决电力保供难题，河南仍需在源网荷储方面协同发力，提升系统保供能力。

关键词： 新型储能　电力保供　有效保供　河南省

当前，河南正处于工业化、城镇化建设快速发展的关键阶段，对能源电力刚性需求较大。预计到2025年，全省最大电力负荷将达到9300万千瓦。同时，全省新能源总装机将达到7700万千瓦以上，成为全省第一大电源，

---

[*] 邓振立，工学硕士，国网河南省电力公司经济技术研究院工程师，研究方向为能源电力供需；杨萌，工学硕士，国网河南省电力公司经济技术研究院高级工程师，研究方向为能源互联网经济与电力规划；李虎军，工学硕士，国网河南省电力公司经济技术研究院高级工程师，研究方向为能源电力供需。

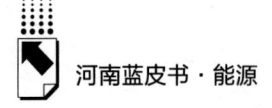

新能源装机占比快速提升但顶峰能力不足，煤电作为电力供应基本盘但装机占比持续下降，电力供应保障的艰巨性、复杂性显著提升。构建新型电力系统，需要确保化石能源的退出建立在新能源安全可靠的替代基础之上，新型储能具有选址灵活、调节响应快、建设周期短等突出优点，研究"新能源+储能"等发展形势下新型储能的有效保供能力，能够有效指导新型储能发挥作用，缓解全省电力保供压力。

一 河南省"十四五"电力供需分析及展望

"十四五"以来，河南省经济运行复苏明显，产业结构转型升级进一步加快，消费市场逐步回暖，有效投资平稳增长，全省电力需求刚性增长。而受能源转型进程加快影响，省内在建支撑性煤电电源规模有限，进度不及预期，叠加极端高温等天气频发，电力保供工作面临较大挑战。

（一）2023年电力供需回顾

电力需求方面。2023年，伴随河南省经济运行稳定向好，全省用电量实现稳步增长。1~10月，河南省全社会用电量3385亿千瓦时，在上年极端酷暑和高用电量基数的基础上，同比增长3.0%。度夏期间，全省范围内出现连续高温天气，用电负荷持续攀升。2023年全省最大用电负荷7917万千瓦，两创历史新高。受最新分时电价调整等因素影响，夏季用电高峰由午间向晚间转移的趋势更加明显，晚高峰较午高峰高出200万~300万千瓦。

电源方面。2023年度夏午间大负荷时段，全网装机总容量为13001万千瓦。其中，火电装机7305万千瓦（含燃煤、燃气和生物质），水电（含抽蓄）487万千瓦，风电1986万千瓦，光伏3208万千瓦，地方小火电313万千瓦。

电力供需方面。由于2023年省内电煤价格较上年同期有所回落，度夏期间火电机组挖潜情况明显好转，大负荷时段，火电机组可调容量较上年大负荷时段增加777万千瓦,全省吸收外来电力1205万千瓦,极大缓解了全网供电压力,午高峰电力供应较为充足。晚高峰大负荷时段,受光伏出力大幅受阻、区外送电功率下降的影响,供需形势较为紧张。

(二)2024~2025年电力供需形势展望

电力需求方面。河南作为我国人口大省、农业大省、经济大省,当前正处于工业化中期向后期过渡阶段,人均GDP、人均用电量分别仅为全国的80%、70%,刚性发展空间仍较大。预计2024年、2025年全社会最大负荷分别为8500万、9300万千瓦,全社会用电量分别达到4270亿、4650亿千瓦时。

电源方面。"十四五"以来河南省净增装机中风电、光伏占比接近90%,全省有效电力供应能力提升有限,晚高峰风电平均出力率不足10%,仅为同时段平均负荷的6.6%,新能源顶峰能力不足。按照适度开发的原则,预计2024~2025年全省风电装机将分别达到2600万、3065万千瓦,光伏按照节约集约用地原则,加快屋顶光伏整县推进,预计2024~2025年全省光伏装机将分别达到4200万、4700万千瓦,新增容量集中在产业集聚区、工商业、大型公共建筑屋顶。在建煤电项目规模有限,五个煤电项目进度均不及预期,2025年预计投产200万千瓦。外电方面,近年来受端省份在省间电力市场的竞争越发激烈,河南省竞价能力较东部地区偏弱,度夏期间外电支援特别是增购现货的不确定性增大。2024年、2025年,天中直流、青豫直流晚峰功率分别为600万和375万千瓦左右。抽蓄方面,根据目前洛宁、五岳、鲁山、九峰山、弓上等在建抽蓄项目进度,2025年度夏期间考虑洛宁、五岳各投一台机组,新增容量60万千瓦。

电力供需方面。2024~2025年,相较于全省负荷分别新增600万、1400万千瓦,省内电源新增有效供应能力分别为60万、360万千瓦,同时受晚间青豫直流送电功率较低等因素影响,2024~2025年迎峰度夏、迎峰度冬期间,全省局部地区、部分时段存在电力供应短时紧张的可能性。

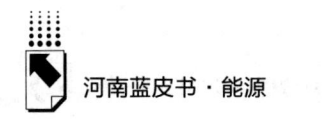

二 河南省新型储能发展形势分析

随着新型电力系统建设的加速推进，新型储能行业在保障电力安全、促进能源转型等方面，迎来了难得的发展机遇，全国各地先后明确了新增新能源项目配置储能、发展共享储能和用户侧储能等一系列支持政策和机制，加快储能发展成为业内共识，新型储能的发展速度大幅加快。

（一）新型储能产业迎来新一轮扩张

国际能源署（IEA）指出，随着储能需求大幅提升、成本快速下降，储能行业将迎来"黄金时期"。2023年上半年，全球储能电池产量9800万千瓦时，同比增长104%，出货量1亿千瓦时，同比增长118%；电池级碳酸锂均价为32.63万元/吨，储能系统中标均价为1.33元/瓦时，与2022年全年均价相比分别下降32%、14%。国内储能行业也迎来新一轮扩产高峰，产业链上下游有将近20家企业宣布新型储能建设规划，不仅包含亿纬锂能、雄韬股份、中创新航、兰钧新能源、赣锋锂业等动力电池企业，也包含盛虹集团、东方日升等关联行业跨界者。截至2023年7月，我国已投运新型储能累计规模1715万千瓦，山东、湖南、宁夏等6个省份储能规模均超过百万千瓦，新型储能已经迈入规模化发展新阶段，发展前景十分广阔。根据《河南省"十四五"新型储能实施方案》中"2025年全省新型储能规模达到500万千瓦以上，力争达到600万千瓦"的要求，以及全省新型储能第一、二批遴选项目情况，预计2025年全省新型储能规模达686万千瓦。其中，全省两批独立储能示范项目共360万千瓦；新能源配建储能296万千瓦，用户侧储能30万千瓦。

（二）新型储能政策体系逐步完善

2022年4月，国家发展改革委、国家能源局发布《关于加快推动新型储能发展的指导意见》，提出到2025年，新型储能从商业化初期步入规模化发展阶段，累计装机规模达 3000 万千瓦以上。2022 年 6 月，《河南省"十四五"新型储能发展实施方案》进一步明确了新型储能在技术攻关、试点示范、规模发展、体制机制、政策保障、国际合作等六个重点领域的发展任务。随后，国家发展改革委价格成本调查中心、科技部、国家能源局等围绕储能成本疏导、科技创新、电站安全、系统稳定、标准体系等方面陆续出台了相关政策文件，为推动新型储能加快发展创造了良好的政策环境。河南省发展改革委 9 月发布的《关于印发 2023 年首批市场化并网风电、光伏发电项目开发方案的通知》中，25 个市场化并网的风电、集中式光伏发电项目，除了一个项目承诺配建新型储能比例为 35% 外，其余项目承诺新型储能配建比例均在 40% 以上，7 个项目配建比例超过 50%，最高达到 55%，相较于之前 10%~20% 的配建比例[①]要求已经整体提升 2 倍以上，同时，《河南省"十四五"新型储能实施方案》《河南新型储能参与电力调峰辅助服务市场规则（试行）》等政策相继出台，逐步完善新型储能政策体系对新型储能发展是个重大利好。

（三）新型储能收益来源日益丰富

以往新型储能的收益来源较为单一，近年来新型储能收益来源日益丰富，可通过多种形式获得收益。一是利用分时电价峰谷差收益。储能项目可通过低电价时充电、高电价时放电赚取电价差来获得相应收益。2021 年 7 月，国家发展改革委发布《关于进一步完善分时电价机制的通知》，明确应合理拉大峰谷电价价差，系统峰谷差率超过 40% 的地方，峰谷电价价差原则上不低于 4∶1，其他地方原则上不低于 3∶1。上海、湖北、河南、江西、山东等多个省份开启了新一轮峰谷分时电价机制调整，尖峰电价和低谷电价上下浮动比例更高。截至 2023 年 8 月底，河南省峰谷价差 0.744 元/千瓦时，全国排名 13 位。二是利用辅助服务收益。2023 年河南省发布了《河南新型储能参与电力调峰辅助服务市场规则（试行）》，规定独立储能项目参

---

① 河南省发展改革委《关于 2021 年风电、光伏发电项目有关事项的通知》。

与电力辅助服务市场交易时，按照"日前报价、实时出清"的方式，调峰补偿价格报价上限暂定为0.3元/千瓦时，由全省调峰辅助服务市场中未中标和未达到要求的统调公用燃煤火电机组、风电和光伏电站等按照省电力调峰辅助服务交易规则共同分摊。三是利用容量租赁服务收益。2021年以来，宁夏、河南、青海、山东等多个省份先后在政策中明确提出鼓励发展共享储能，制定了详细的租赁指导价格，其中2023年河南省《关于加快新型储能发展的实施意见》中规定，储能租赁指导价为不超过200元/千瓦时。四是财政补贴支持收益。河南省作为首个明确加大财政支持力度的省份，明确对新能源项目配建非独立储能和用户侧非独立储能规模在1000千瓦时以上的储能项目给予一次性奖励，2023~2025年奖励标准分别为140元/千瓦时、120元/千瓦时、100元/千瓦时，多元收益渠道的拓展为新型储能快速发展提供了保障。

三 新型储能有效保供能力评估与探讨

"十四五"末，受在建煤电项目进度不及预期影响，电力保供常规的"硬手段"存在不确定性，而新型储能由于建设周期短、方式灵活、发展势头快、市场机制日益完善，有望成为新能源加快发展背景下破解电力供需紧张难题的新选择。

同时，主要定位为促进新能源消纳设施的新型储能，其保供能力受多方面因素的制约。一是新型储能的放电保供能力受制于其充电空间的大小。从系统最优的角度来看，一般安排新型储能在电力盈余时刻进行充电（此时一般负荷较小、新能源出力较大），电力的盈余规模与持续时长，决定了新型储能的充电空间，也决定了其放电能力即保供能力。二是新型储能的放电保供能力与其充放效率、运行水平相关，电池的充放电效率越高、放电策略越有保供的针对性，则其保供能力越强。三是新型储能的放电保供能力与大负荷时段负荷的尖峰特性密切相关，尖峰的持续时间越短，则越能够被短时新型储能的放电时长覆盖，保供能力就越强。

为模拟分析新型储能在电力保供方面的作用，本文在明确其他保供措施出力水平的基础上，以新型储能为保供的主要变量措施开展相关研究。研究首次采用5分钟级电力数据开展生产模拟分析，突破传统电力供需平衡为年最大负荷时刻一个点、常规电力生产模拟为小时级分析等缺陷，精细化分析新型储能充放电的合理时段和空间，探讨新型储能的有效保供能力，可为发挥新型储能在电力保供方面的积极作用提供一些参考。

（一）研究思路

第一步，基于样本数据确定未来供需时序特征曲线。考虑保供研究目的，以2023年河南全网负荷大于85%最大负荷的14天样本供需两侧5分钟级、连续时序数据为基础，建立样本集。基于样本数据，按照客观、出力可保障的原则，研究确定2024~2025年用电负荷、新能源、外电、常规电源等全要素标幺化时序特征曲线。

第二步，基于分钟级生产模拟明确电力盈亏分布。基于特征曲线，结合2024~2025年规划边界，开展分钟级生产模拟分析，得到2024~2025年夏季典型日全省电力盈亏时序分布。

第三步，科学评估煤电托底后新型储能保供成效。结合2024~2025年全省电力盈亏时序分布，研究新型储能规模需求、充放运行模式、电力保供作用。

第四步，推荐新型储能配置规模，提出相关建议。

（二）分钟级供需平衡生产模拟

需求侧典型日特征曲线方面。通过对2023年度夏期间全网负荷大于85%最大负荷的14天样本曲线统计分析，全网大负荷时段负荷特性呈现"峰变谷不变"的特征，"峰变"体现在最大负荷时刻移至晚峰，且午晚峰荷差值拉大，14天中有10天最大负荷发生在晚峰、高于午峰300万千瓦左右，且其余4天均是午后降雨致使晚峰负荷下滑；"谷不变"体现在日间负荷最低谷、次低谷发生时间和占最大负荷的比重未变，分别出现在5:15、19:00，约占晚高峰68%、90%。采用加权平均法，基于"负荷高、权重大"的原则，以各典型日最大负荷为权重，将上述14个度夏保供典型日作为样本场景集，对4个午后因降雨出现负荷下降的典型日负荷曲线进行修正，得到2024~2025年全省电网负荷归一化时序特征曲线（见图1）。

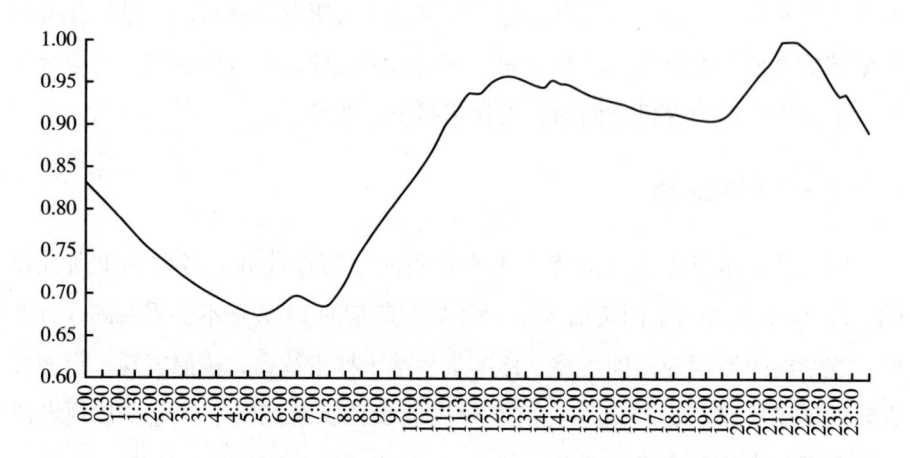

图1　2024~2025年河南电网用电负荷时序特征曲线（预计值，标幺化处理）

供给侧典型日特征曲线方面。对全省近两年夏季大负荷期间的光伏、风电、燃气发电、抽水蓄能典型日数据分别进行归一化、标幺化处理，煤电机组按照总容量利用率86%供给能力考虑，拟合得到全省供给侧典型日综合特征曲线（见图2）。

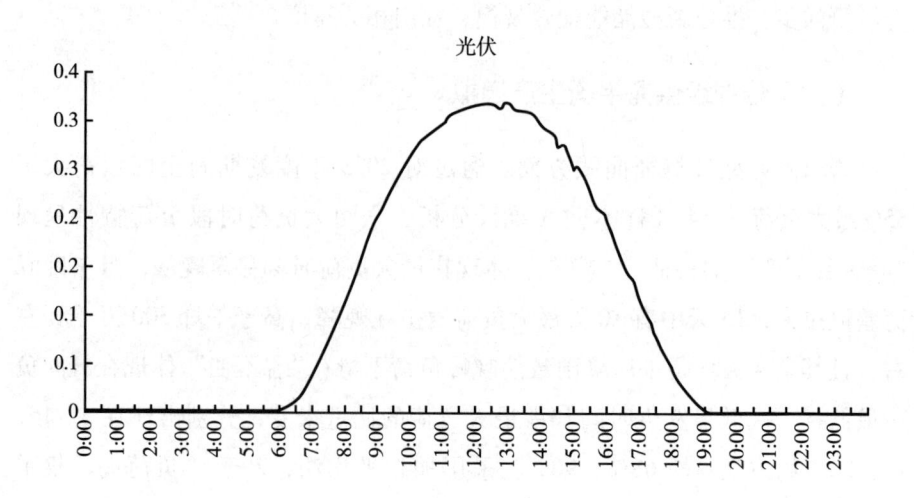

河南省新型储能有效保供能力评估分析

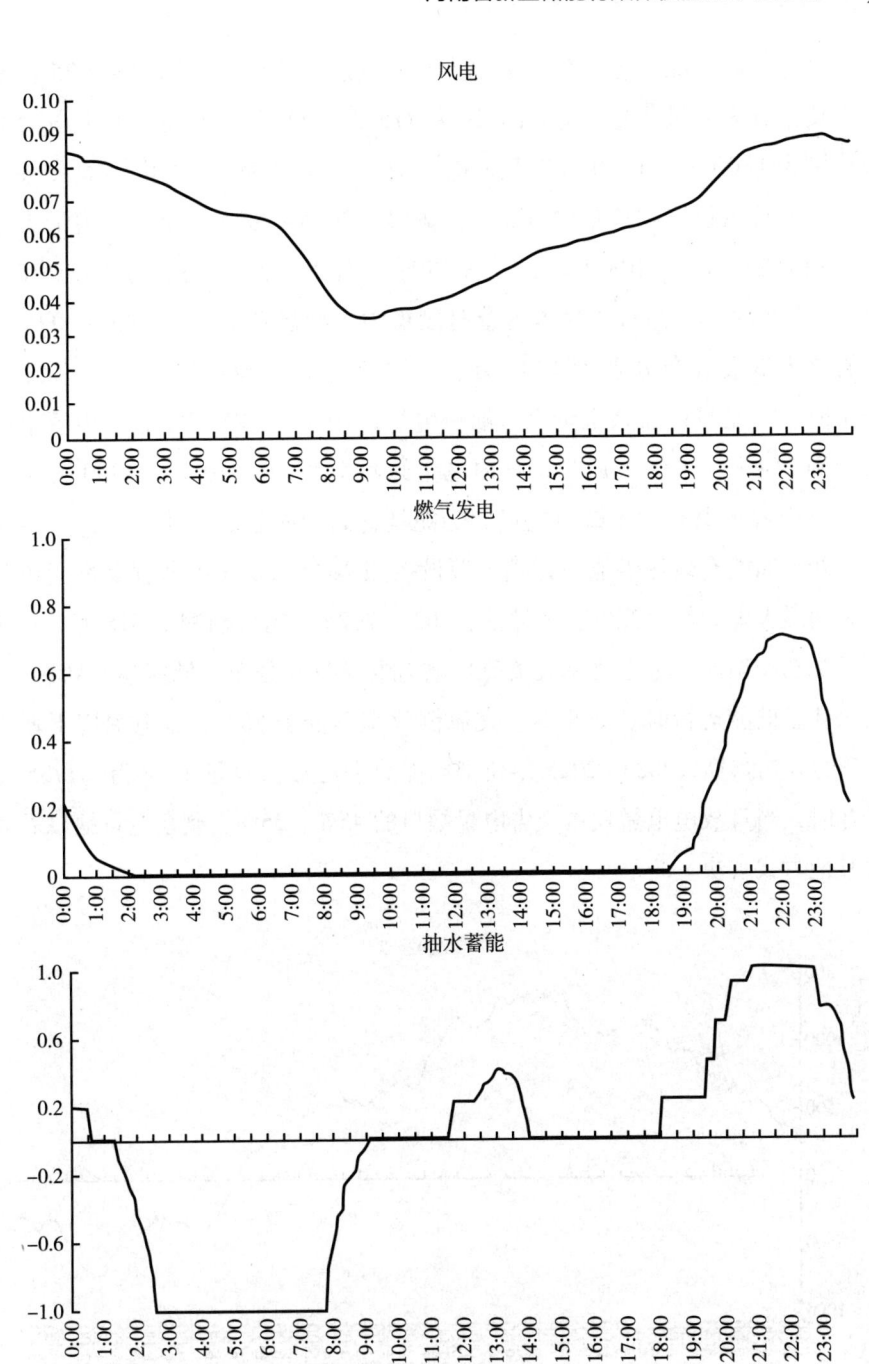

风电

燃气发电

抽水蓄能

图2 2024~2025年河南省电源时序特征曲线（标幺化处理）

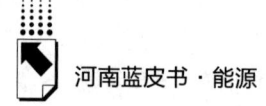

电力供需情况。经 5 分钟级电力平衡生产模拟计算，2024~2025 年夏季大负荷日全省最大电力缺口分别为 715 万、1109 万千瓦，最大电力盈余分别为 1300 万、1100 万千瓦，电力盈亏分布见图 3。从电力盈亏分布看，一是日内供电缺口集中分布在晚高峰，2024~2025 年全省电力最大缺口分别为 715 万、1109 万千瓦，从 17 时左右持续到 24 时，分别持续 6.5 个、7 个小时。二是日内供电盈余时段集中于凌晨和日间，2024~2025 年全省电力最大盈余分别为 1300 万、1100 万千瓦，盈余持续时长达到 17 个小时。三是日内盈余电量大于缺口电量，2024~2025 年全省日内盈余电量分别 1.4 亿、1 亿千瓦时，日内电量缺口分别为 2470 万、4950 万千瓦时，日内盈余电量大于缺口电量，储能具备满冲满放的空间。

新型储能有效保供能力评估。假设按照 2024~2025 年全省夏季大负荷日晚间最大电力缺口配置新型储能，2024~2025 年需分别配置 715 万、1109 万千瓦新型储能。考虑夏季大负荷日电力电量盈亏分布和储能运行状态后，按照新型储能运行时长 2 小时，交流侧效率不低于 85%、放电深度不低于 90% 的方式测算，2024~2025 年新型储能分别可提供电量 1118 万、1735 万千瓦时，当日放电电量仅占全省电量缺口的 45%、35%，剩余电量缺口需通过其他方式解决。

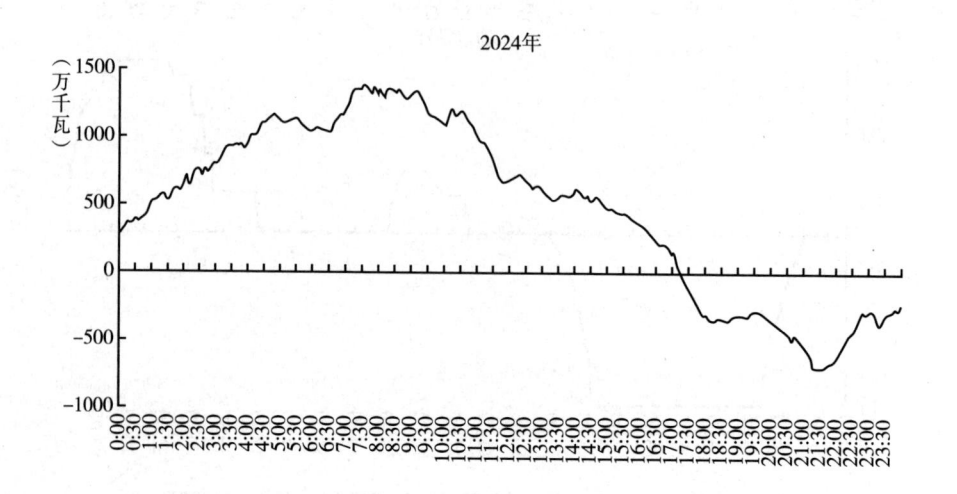

2024年

图 3　2024~2025 年夏季大负荷日河南省电力盈亏分布

四　提升电力系统保供能力对策建议

加快构建新型电力系统过程中，新能源的装机、电力、电量渗透率持续提升，电力系统保供压力问题日益突出，现阶段单靠新型储能无法完全解决电力保供问题，河南需在源网荷储各侧协同发力，提升全省电力保供能力。

（一）电源侧，持续提升供给顶峰能力

一是深挖统调煤电出力管理，将机组出力率提升至 90%。二是加强支撑性电源建设。加快已纳规煤电建设，确保许昌能信热电顺利迁建，南阳电厂二期、陕煤信阳等项目按期开工。全力争取新一批清洁高效煤电机组纳入国家电力规划，早日实现核准开工，进一步夯实基础电源保障能力。三是加快调节性电源建设。持续推进洛阳洛宁、信阳五岳、平顶山鲁山等抽水蓄能项目，争取国家早日批复河南省抽水蓄能需求规模。

（二）电网侧，持续提升资源配置能力

一是建强以特高压为支撑的主网架。加快建设特高压—武汉双回线路风

建设，形成"h"形特高压交流网架。加快豫西送出加强、豫北豫中跨黄河加强等输电工程，优化500千伏、220千伏电网网架，持续完善全省"一核五翼"主网架结构。二是推进青豫直流配套电源建设；加快陕豫直流前期工作，尽快推动主体电源和配套工程开工投产；争取长南Ⅱ回线纳入国家电力规划，进一步释放现有外电通道输送能力。三是加强外电资源争取。加大外电中长期吸纳规模和省间长协履约力度，用好各类应急交易模式。

（三）负荷侧，持续提升移峰填谷能力

一是加强需求响应能力建设。引导用户优化用电行为，加强工业、建筑、交通等重点行业电价敏感性分析和响应资源整合，重点加强空调降温负荷特性研究分析，积极探索电动汽车、5G基站等新兴柔性负荷参与电网调节的方式方法，充分释放各类用户的调节能力。二是优化分时电价机制。根据净负荷季节性差异，合理设置峰谷时段，适当拉大峰谷价差，有效促进用户移峰填谷。三是积极探索发展虚拟电厂。持续完善负荷管理体系，探索虚拟电厂运行模式，研究制定虚拟电厂参与电力市场的机制规则。

（四）储能侧，持续提升多元发展能力

一是按照分层分区原则发展新型储能。当前，河南省新增分布式光伏发电中全额上网占比超过90%，无任何调节能力且需全额消纳，严重挤压其他电源运行空间，亟须推动《分布式光伏健康发展指导意见》落地落实。推动分布式光伏合理配置储能共担调节义务，促进其供应、调节能力双提升。二是开展氢基长时储能研究。研究氢基长时储能与大型风光项目的组合，替代传统化石能源成为重要的长时发电电源，提升安全运行水平。三是加大多品类储能研发。开展磷酸铁锂电池、新型锂离子电池、钠离子电池、全钒液流电池、铅炭电池、压缩空气储能等储能关键技术攻关，加快创新成果转化，推动产学研用有机融合。

参考文献

《新型电力系统发展蓝皮书》，中国电力出版社，2023。

国家能源局：《能源碳达峰碳中和标准化提升行动计划》，2022年10月9日。

科技部等：《科技支撑碳达峰碳中和实施方案（2022—2030年）》，2022年8月18日。

国家发展改革委、国家能源局：《关于进一步推动新型储能参与电力市场和调度运用的通知》，2022年6月7日。

河南省人民政府：《河南省国民经济和社会发展第十四个五年规划和二〇三五年远景目标纲要》，2021年4月13日。

河南省人民政府办公厅：《关于加快新型储能发展的实施意见》，2023年6月29日。

B.17
河南省电动汽车充电基础设施与配电网协同发展模式研究

皇甫霄文　于昊正　许长清　马　杰*

摘　要： 2023年以来，党中央、国务院多次部署推进新能源汽车下乡、充电基础设施建设，发布了促进充电基础设施发展的系列政策，电动汽车充电基础设施发展面临新的历史机遇。为满足河南省充电基础设施网络体系的供电保障，本文通过分析电动汽车和充电设施发展现状，预测其未来发展趋势及充电负荷需求，基于分布式电源和新型电力系统建设进程提出六类充电设施与电网协同发展的典型模式，并从车桩网协调发展的角度提出积极开展充电设施布局规划、做好配套电网规划、健全标准体系、开展技术攻关及试点、完善充换电管理平台功能等工作建议。

关键词： 电动汽车　充电基础设施　协同发展　河南省

近年来，国家高度重视新能源汽车发展和充电设施网络建设，新能源汽车行业和充电设施建设速度不断加快。2023年，国务院办公厅、国家发展改革委先后印发《关于进一步构建高质量充电基础设施体系的指导意见》《加快推进充电设施建设更好支持新能源汽车下乡和乡村振兴的实施意见》，河南新能源汽车

---

* 皇甫霄文，工学硕士，国网河南省电力公司经济技术研究院工程师，研究方向为配电网规划和新能源发展；于昊正，工学硕士，国网河南省电力公司经济技术研究院工程师，研究方向为配电网规划和新能源发展；许长清，工学硕士，国网河南省电力公司经济技术研究院教授级高级工程师，研究方向为电网发展规划和新能源发展；马杰，工学硕士，国网河南省电力公司经济技术研究院高级工程师，研究方向为配电网规划和新能源发展。

行业和充电设施网络建设迎来了新一轮机遇期。当前，河南作为全国重要的人流、物流集散地，具有比较完备的电动汽车发展基础。随着电动汽车的加快发展，充电设施快速集聚成网，充电负荷对电网的影响越发显著，统筹协同优化电网和充电网络资源，分领域、分场景精细化推进充电基础设施网络构建，对促进新能源汽车行业发展、助力"双碳"目标实现具有重要意义。

一 河南省电动汽车及充电基础设施发展现状

随着河南省经济社会持续健康发展，居民购买力不断增强，新能源汽车保有量逐年快速提升，对全省充电基础设施网络体系构建和完善提出了更高的需求。为满足人民群众日益增长的出行充电需求，亟须加快构建覆盖全省的"城市面状、公路线状、乡村点状"智能充电网络布局。

（一）新能源汽车保有量快速增长，市场渗透率逐步提高

截至2022年底，河南省新能源汽车保有量83.7万辆（见图1），居全国第6位，2020~2022年年均增长58%，与全国增速基本一致。从地市看，郑州、洛阳新能源汽车保有量分别达31.6万、7.6万辆，占比分别达37.8%、9.1%。从类型看，私人乘用车占比76.4%，公务乘用车、出租网约车占比7.4%、5.8%。从渗透率看，全省新能源汽车保有量占汽车总保有量的3.8%，略低于全国平均水平；全省新能源汽车市场渗透率为27.9%，高于全国2个百分点，同比提升11个百分点。河南新能源汽车呈提速发展态势。

（二）车桩比逐步降低，较全国平均水平仍有较大差距

截至2022年，全省充电桩共计18.4万个，居全国第9位。其中，公共桩6.8万个，主要为60千瓦、120千瓦直流快充。有公共充电站5323个，100个桩以上的大型充电站共计23个（郑州19个）。用户桩11.6万个（见图2），主要为7千瓦交流慢充。全省车桩比为4.6∶1，与2022年全国车桩比2.5∶1相比，仍有较大差距。

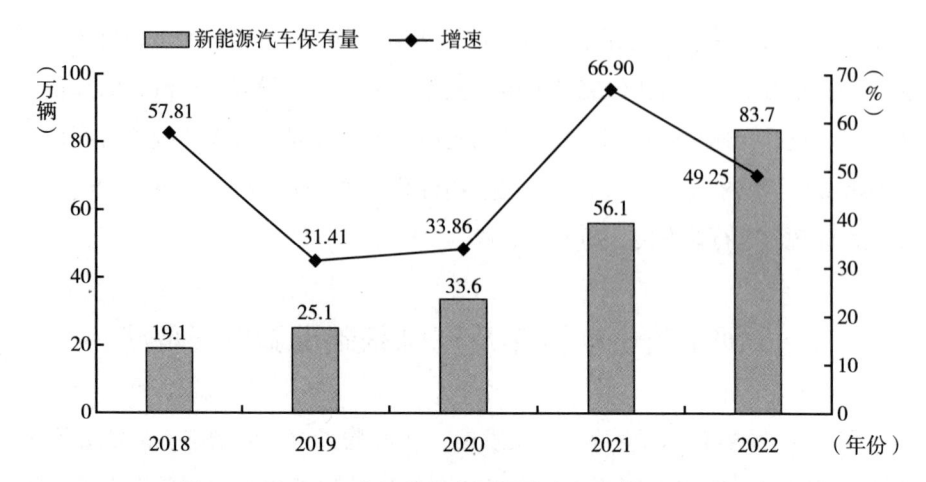

图1 2018~2022年河南省新能源汽车保有量及增速情况

资料来源：中汽协发布数据、行业统计数据。

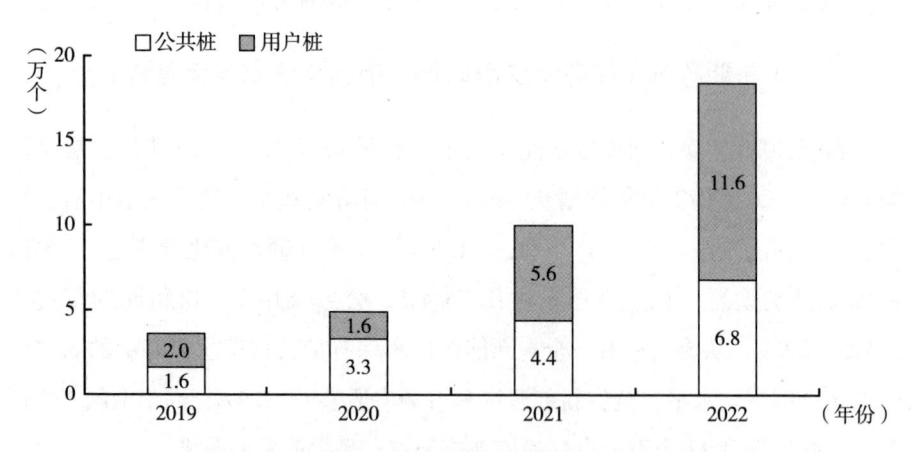

图2 2019~2022年河南省充电设施规模增长情况

资料来源：中国充电联盟统计数据、行业统计数据。

（三）公共、用户桩充电行为差异性明显

不同充电设施的负荷特性与其性质和服务车辆用途高度相关，公共、用户桩充电负荷特性差异较为显著。用户桩主要服务私人乘用车，负荷特性与居民居家规律一致，仅在午夜居家人数较多时出现高峰，午间为持续低谷。

公共充电桩则与公共出行规律一致，在早晨、午后、夜间各自出现一个相对高峰。

从公共桩看，充电负荷在日内存在3个高峰，峰谷特征与2022年11月新版电价政策相匹配。公共充电站以服务出租车、网约车、物流车辆为主，全省现行峰谷电价引导效应显著，充电集中在价格平、谷时段，单日存在3个高峰，分别为23∶00~2∶00、5∶30~6∶30、14∶00~16∶00时段。公共充电桩负荷最大同时率为0.28，出现在午夜时段。通过将"充电智能服务平台"接入的每座公共充电站充电负荷叠加，得到典型日公共桩充电负荷曲线（见图3）。

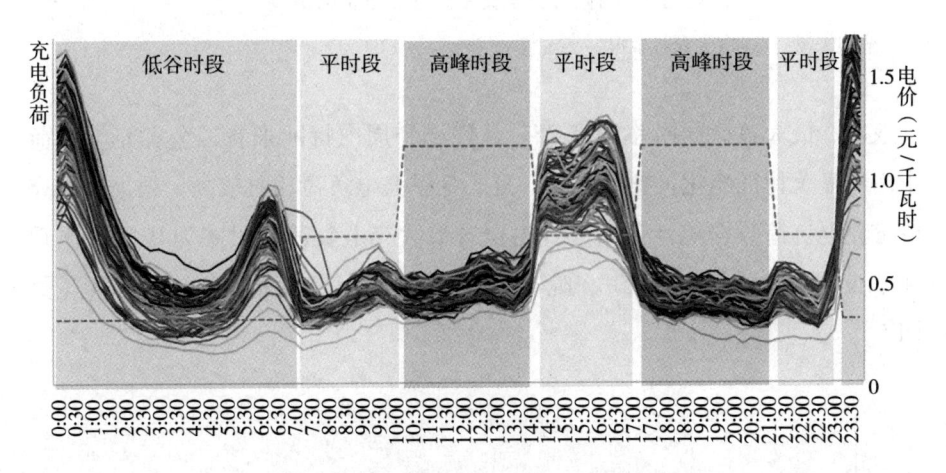

图3 河南省典型日公共桩充电负荷曲线

资料来源：充电平台统计数据。

从用户桩看，充电负荷呈现"宽U"形，与居民作息规律一致。用户桩典型充电负荷主要受居民用户作息规律的影响，充电集中在19∶00至次日6∶00时段，充电高峰在22∶00至次日2∶00，其中20~23时与居民生活用电高峰重叠，23时以后则有利于电网"填谷"。用户桩负荷最大同时率为0.15，出现在午夜时段。通过将"充电智能服务平台"接入的每台用户充电桩充电负荷叠加，得到典型日用户桩充电负荷曲线见图4。

从整体看，全省充电负荷日内曲线总体与公共桩特征相近，夜间存在叠

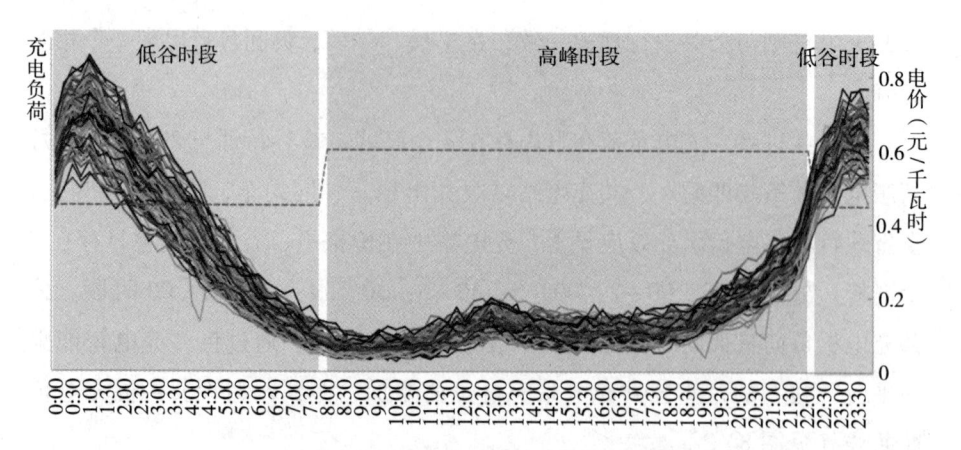

图4 河南省典型日用户桩充电负荷曲线

资料来源：充电平台统计数据。

加效应，最大负荷同时率为0.25。从四季和周内特征来看，全省充电负荷未出现显著特征变化，整体来看，夏、冬季充电负荷相对较高。根据全省充电桩充电负荷数据统计分析，日内全省最大充电负荷同时率为0.25，出现在午夜零点时刻；电网午、晚高峰时刻的充电负荷同时率为0.11（见图5）。

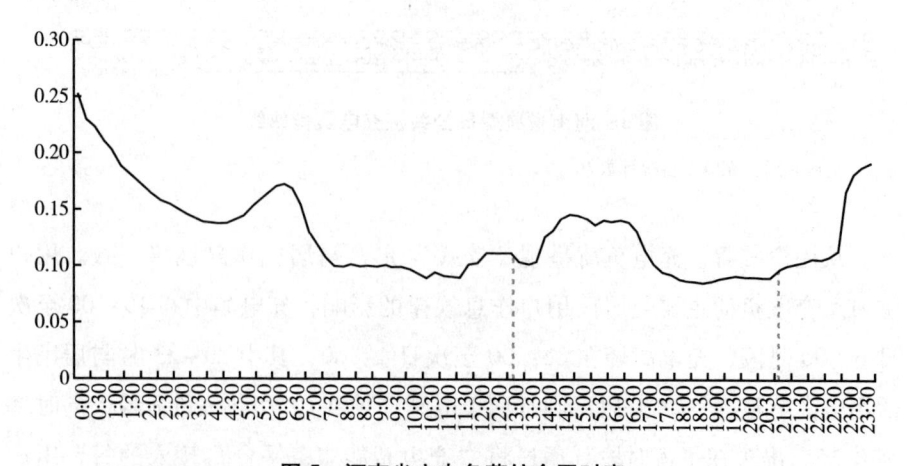

图5 河南省充电负荷综合同时率

资料来源：充电平台统计数据。

二 河南新能源汽车及充电基础设施发展预测分析

根据国家、河南省相关政策，综合采用市场渗透率分析法、分类预测法进行测算，预计河南省2025年、2030年新能源汽车保有量分别为276万、747万辆。预计2025年、2030年全省充电桩将分别达90.5万、298万个，车桩比分别降低至3.0∶1、2.5∶1，充电桩功率分别达2346万千瓦、1亿千瓦。

（一）新能源汽车发展预测

1. 市场渗透率法

据能链研究院预测，2025年、2030年全国新能源汽车市场渗透率将增至50%、70%。按照2022~2023年河南省新能源汽车市场渗透率高于全国约2个百分点发展趋势，预计2025年、2030年河南新能源汽车市场渗透率达到52%、72%。剔除疫情因素影响，以全省2017~2019年年均汽车销量155万辆为参考，2025年、2030年全省新能源汽车销量将达到78万、108万辆，新能源汽车保有量将分别达到281万、761万辆（见表1）。

表1 河南省新能源汽车保有量预测（市场渗透率法）

单位：万辆，%

指标	2021年	2022年	2023年	2024年	2025年	2030年
河南汽车年销量	136	115.7	155.0	155.0	155.0	155.0
全国新能源汽车市场渗透率	13.5	25.6	33.7	41.9	50	70
河南新能源汽车市场渗透率	16.8	27.9	35.7	43.9	52	72
河南新能源汽车销量	23	32	54	66	78	108
河南新能源汽车保有量	56.1	83.7	137	203	281	761

资料来源：2021~2022年数据来自行业统计，2023年及以后数据为预测。

2. 分类预测法

以各类新能源汽车历史发展数据为基础，通过回归曲线拟合进行分类预测。根据河南省人民政府办公厅《关于进一步加快新能源汽车产业发展的指导意见》，公交车、出租车和物流车基本全部电动化，公务车、执法执勤车、环卫车、渣土车等其他车辆全部电气化。私家车增长参考近几年新能源汽车增长速度和"十四五"期间规划的新能源汽车产值开展预测。分类型新能源汽车逐年预测结果见表2。

表2 河南省新能源汽车保有量预测（分类预测法）

单位：万辆

类别	2021年	2022年	2023年	2024年	2025年	2030年
租赁车	0.78	0.86	0.97	1.07	1.16	3.1
出租车	1.20	2.74	9.12	21.48	41.95	113.4
公交车	4.75	6.14	7.51	8.75	9.36	25.3
物流车	4.94	10.73	20.66	35.38	47.94	129.6
私家车	43.23	61.57	90.05	124.56	167.21	451.9
其他车辆	1.20	1.64	2.14	2.62	3.12	8.4
合计	56	84	131	194	271	732

资料来源：2021~2022年数据来自行业统计，2023年及以后数据为预测。

综合考虑市场渗透率法和分类预测法结果，基础情景下预计2025年全省新能源汽车保有量将达到276万辆，"十四五"后三年年均增速约49%，与全国增速基本一致；2030年全省新能源汽车保有量将达到747万辆，"十五五"年均增速约22%。同时，对新能源汽车可能的超预期发展场景进行敏感分析，按照2020~2022年河南省新能源汽车保有量实际年均增速58%测算形成高方案，预计2025年河南新能源汽车保有量将达到330万辆；2030年河南新能源汽车保有量将达到820万辆，"十五五"年均增速约20%。

表3　河南省新能源汽车保有量预测

单位：万辆，%

类别	2022	2023	2024	2025	2030	"十四五"后三年年均增速	"十五五"年均增速
市场渗透率法	83.7	137	203	281	761	49.74	22.05
分类预测量	83.7	131	194	271	732	47.94	21.99
基础方案	83.7	134	199	276	747	48.84	22.03
高方案（考虑敏感性）	83.7	135	209	330	820	57.98	19.97

资料来源：2022年数据来自行业统计，2023年及以后数据为预测。

（二）充电基础设施发展预测

根据预测的2025年河南省新能源汽车保有量276万辆，考虑公共及私人车型的用电需求场景分布及充电设施类别组合，结合全国车桩比演化趋势，预测全省2025年公共车桩比达到8.7∶1、私人车桩比达到3.5∶1，全省车桩比达到3.0∶1（与全国2019~2021年连续三年水平相当），预计全省充电桩将达90.5万个（公共桩22.6万个、用户桩/插充67.9万个）（见图6），"十四五"后三年年均增速达70%，充电桩功率达到2346万千瓦；2030年，河南省新能源汽车保有量747万辆，充电桩298万个，"十五五"年均增速达到27%，车桩比2.5∶1，充电桩功率突破1亿千瓦。考虑同时率受车桩比、用户充电规律、车载电池容量与充电桩功率匹配度等因素的综合影响，现状同时率特性曲线在"十四五"后三年内具有较强韧性。至2030年，考虑电池、充电技术取得跃升发展、政策机制逐步完善，同时率随车桩比降低而有所下降，负荷最大同时率为0.20，午、晚高峰负荷同时率分别为0.09、0.08。

（三）新能源汽车充电负荷预测

考虑同时率特性曲线在"十四五"后三年内基本维持稳定，全省充电桩午夜、午间和晚间高峰充电负荷同时率分别为0.25、0.11、0.11，预计2025年分别推高全网午、晚高峰260万、230万千瓦（见图7），占同时刻

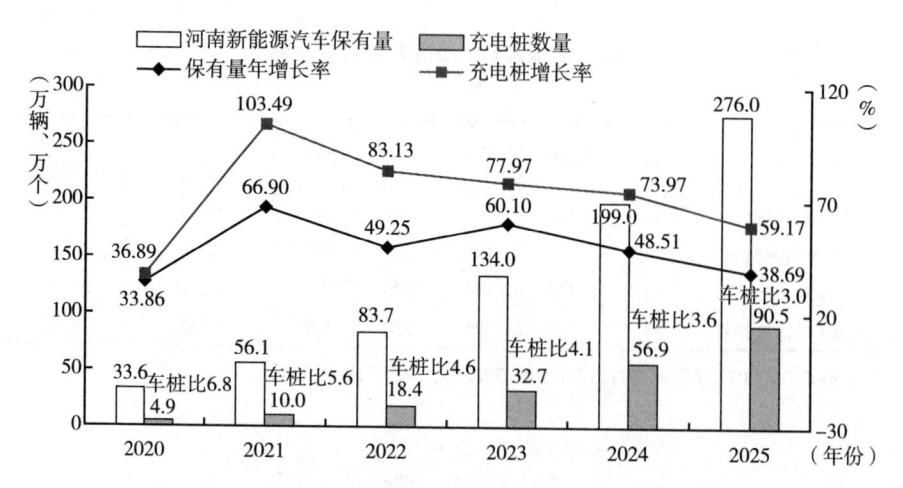

图 6 "十四五"河南省新能源车及充电桩发展情况

注：2023~2025 年为预测。
资料来源：中汽协数据、中国充电联盟数据、行业统计。

全网用电负荷的 2.6%、2.5%。全省总体供需形势未产生颠覆性变化，充电设施供电压力主要在配电网层面。全省充电桩午夜、午间和晚间高峰充电负荷同时率分别为 0.20、0.09、0.08，预计 2030 年分别推高全网午、晚高峰负荷 875 万、774 万千瓦。

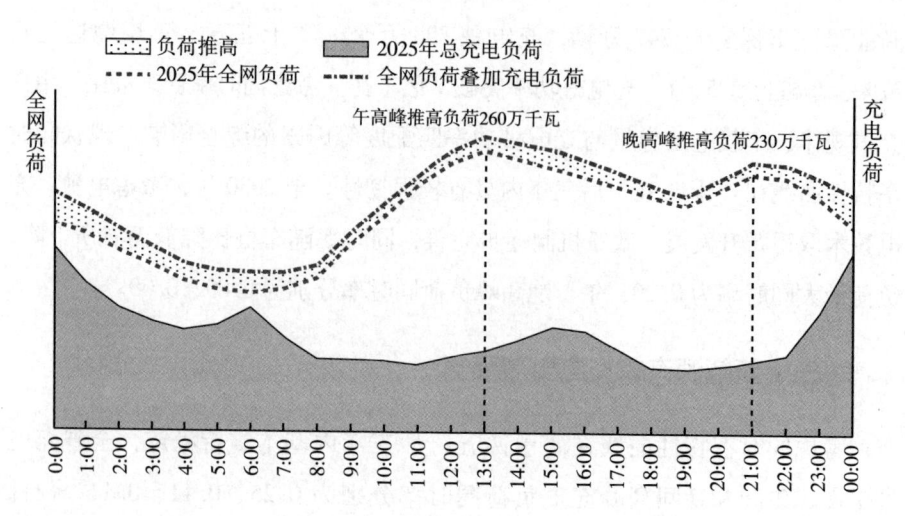

图 7 2025 年大负荷日河南充电负荷预测曲线

三 河南电动汽车充电基础设施与配电网协同发展模式

基于电动汽车充电设施的空间布局、运行模式特性分析，充电负荷对配电网的影响较大。为统筹充电设施和配电网协调发展，根据河南省"城市面状、公路线状、乡村点状"充电网络布局规划，基于城市居民区、公共区、乡村、道路四类充电设施建设场景，应因地制宜分类应用"光伏+充电桩（站）"、光储充一体化、移动充电、微电网供电等新技术，构建充电基础设施与电网协同发展模式，实现对新能源、电网、新型负荷、储能等资源的优化配置。

（一）居民小区"统建统服"模式

私家车是未来电动汽车增长主力军，但充电桩进入居民小区面临多重现实阻力。充电桩从用地选址、配套电力建设、投建、检测再到正式上线运营，其中涉及用户、电力系统部门、物业公司、桩企、保险公司等，各方协调困难重重。其次，在用电方面，很多小区电力容量不足，物业考虑未来用电需求，不愿意将有限的"富余电"提供给少数的电动汽车用户，同时在未进行增容和其他保护升级的情况下，充电桩数量增加会给物业管理带来一定的安全隐患。小区"统建统服"模式为居民私人充电设施的发展提供了新思路。

2022年1月，国家发展改革委、国家能源局等部门联合发布《进一步提升电动汽车充电基础设施服务保障能力的实施意见》，提出鼓励充电运营企业或居住社区管理单位接受业主委托，开展居住社区充电设施"统建统营"，统一提供充电设施建设、运营与维护等有偿服务，提高充电设施安全管理水平和绿电消费比例。2023年6月，国务院办公厅印发《关于进一步构建高质量充电基础设施体系的指导意见》（以下简称《指导意见》），提出鼓励充电运营企业等接受业主委托，开展居住区充电基础设施"统建统服"，统一提供建设、运营、维护等服务。未来城市居民小区将以"统建统服"模式进行建设。

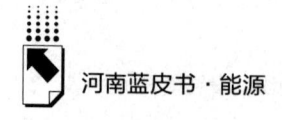

建设要点。新建小区预留充足容量,满足固定车位 1∶1 接入充电设施的需求。存量小区采用"表箱集中布置、分散接入"模式,统筹考虑配变布点、地面车位分布、地下消防分区布局,优化低压网络布线,便利私人充电桩接入;配变按需增容改造,外电源线路一次改造到位。

发展模式。"统建统服"模式是指由小区开发建设单位或业主委员会(或经业主委员会授权的物业服务企业)自主委托充电设施运营商在居民小区进行统一规划设计、统一建设改造、统一运营运维,从而实现居民区充电桩的有序建设和管理,可有效解决投资主体、管理维护、责任划分的问题。居民小区充电设施"统建统服"主要利用小区公共停车位集中配置充电桩,通过专用配变接入 10 千伏公共电网,主要包括三种建设模式。

一是专变报装。主要面向新建小区及年代较新的次新小区,小区车位通常为地下停车位且数量较多,充电设施规模较大,充电设施、配套供电设备(含专变)、电能表等均由充电运营商统一建设管理。

二是公变报装。主要面向年代稍旧的次新小区,小区车位通常为地下停车位且数量较多,充电设施规模较大,但场地限制不具备新增变压器的条件,充电设施、配套供电设备(不含变压器)、电能表等由充电运营商统一建设管理,接入公共变压器。

三是常规报装。主要面向老旧小区,车位通常在地上且相对分散,周边环境复杂,协调难度大,充电设施总体规模较小,运营商仅对充电设施本体和接入线路进行统一建设管理。

(二)公共场所光伏建筑一体化"光储充"模式

公共区域覆盖办公区、商业、工业、休闲中心、公共建筑、公共停车场等场所,负荷密度差异较大,中心城区受充电负荷激增影响,主变重过载比例增高,受限于站址、廊道资源紧张,建设改造困难。大型商超、综合市场、物流(仓储)基地等现有配变裕度有限,难以承载大规模充电设施接入。城市公共区域建筑资源丰富,为发展"光储充"协同模式解决充电难题提供了良好基础。2022 年 7 月,住建部、国家发展改革委印发《城乡建设领域碳达峰实施方案》，提出推进建筑太阳能光伏一体化建设，到2025年新建公共机构建筑、新建厂房屋顶光伏覆盖率力争达到50%，同时推动既有公共建筑屋顶加装太阳能光伏系统；8月，工信部等五部门联合印发《加快电力装备绿色低碳创新发展行动计划》，提出要推进新建厂房和公共建筑开展光伏建筑一体化建设。光伏建筑一体化是未来建筑领域的重要发展方向，建筑配建停车场的充电设施与建筑光伏发电的有机整合具有广阔应用前景。

建设要点。新建区域统筹考虑常规负荷和新能源汽车充电负荷，科学测算各类用地综合负荷密度，适度超前布局上级电网，满足最大充电需求。存量区域按需增容改造。光伏建筑资源富集区域鼓励大型商超、批发市场、党政机关等采用"光储充一体化"模式，充分利用建筑光伏资源。

发展模式。光伏建筑一体化是通过将光伏发电方阵安装在建筑围护结构外表面来提供电力，与充电站、储能系统、用户负荷汇集在母线上，优先接入用户内部电网。城市地区充电负荷较为密集，然而电网资源扩展受限。随着光伏建筑一体化技术在工业园区、大型公共建筑中的应用推广，未来城市地区光伏渗透率逐步增高，具备建设条件的用户采用"建筑光伏+充电设施+储能"的协同模式具有广阔前景。

（三）乡村"户用光伏+户用充电桩"模式

河南农村地区分布式光伏开发强度远超用电增长需求，且缺少配套储能装置，难以就地平衡消纳。河南省农村地区公共充电设施仅占全省总数的28.6%，随着新能源汽车下乡政策出台，充电负荷将会成为新的增长点，探索"户用光伏+户用充电桩"模式，有利于促进农村地区分布式光伏就地消纳。2023年5月，国家发展改革委印发《加快推进充电设施建设更好支持新能源汽车下乡和乡村振兴的实施意见》，指出探索在充电桩利用率较低的农村地区，建设光伏发电、储能、充电一体化的充电基础设施。

建设要点。7千瓦及以上户用充电桩，单独装表，独立计量，鼓励采用"户用光伏+户用充电桩"接入模式。引导在村内公共场所建设集中充电场

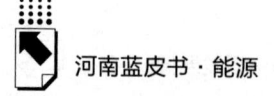

站,试点采用"光伏汇流升压+充电站+储能"接入模式。按需开展公用配变、公共低压线路改造,满足户用充电桩接入需求。

发展模式。农村地区为分布式光伏接入的主要区域,而农村负荷增长速度远不及光伏增长规模,光伏消纳成为重要难题。在分布式光伏资源丰富地区,通过布局户用充电设施接入,在满足充电设施供电需求的同时,促进分布式光伏就地消纳。农村户用充电桩以7~30千瓦慢充桩和1~3千瓦插充为主,主要位于村庄用户内部或村口空地。充电设施可以接入用户内部或独立接入电网,具备和居民分布式光伏、分布式储能相结合的特点。一般为用户闲时充电,充电时段受光伏出力、电价政策影响,规律性较强,其季节、假日等特征并不明显。结合未来农村电动汽车普及情况,按照1:1配建居民充电设施(其中插充占比30%、慢充桩占比70%),可优先采取用户内部"余电上网光伏+充电设施"的模式;对于全额上网的分布式光伏密集地区,配建台区侧储能,促进地区分布式光伏消纳,同时满足乡村街道等场所集中充电的需求。

(四)公路"光储充"一体化

目前,高速公路和国省干线公路服务区的充电站面临双重矛盾,在平日车流量较小,充电利用率低。在节假日,车流激增集聚充电,无法满足用户快速充电的需求。针对"公路充电难"问题,《指导意见》提出,创新商业模式,鼓励大功率充电技术、光储充一体化解决方案在高速服务区及公路沿线场站应用,强化路网关键节点的充电服务能力。

建设要点。统筹超充等大功率充电设施接入需求,合理预留供电裕度,并配置移动充电车"即插即用"接口,统筹满足日常充电需求和节假日短时充电高峰。试点"路域光伏汇流升压+储能+充电站"建设模式,偏远地区可采用微电网供电。

高速路域发展模式。高速服务区充电设施以直流快充桩为主,可考虑超级充电桩布局,根据充电需求通过专变接入10千伏公用线路,鼓励采用"光储充一体化"充电站、"高速路域光伏汇流+储能+充电站",可采用

"充电站+应急充电车"协同运行模式解决节假日高峰充电需求。与电网单一供电不同，该模式主要通过服务区内主要建筑屋顶、车棚、护坡坡面及高速公路之间的隔离栏等地方安装光伏发电系统，并利用充电站的新型储能装置进行电能储存，在阴雨天等光照不足或充电车辆较多时段供电动汽车充电，电力不足部分由公共电网供电，让电动汽车充上"智能绿电"。

普通国省干线服务区发展模式。以直流快充桩为主，根据充电需求接入用户内部现有供电设施，或通过专变接入 10 千伏公用线路。鼓励采用"光储充一体化"充电站，偏远地区探索采用"微电网+充电设施"模式。光伏发电产生的电量多余部分被储能装置存储，在阴雨天等光照不足或充电车辆较多时段供电动汽车充电，也可就近向相邻用户输送。"微电网"是通过"光储充"等设备，实现分布式能源灵活、高效应用的一种能源供给方式，相较于传统电网单向接受能源的形式，是一个既可自给自足也可双向输送的"局域自治电网"。

（五）移动充电舱模式

部分充电场景在节假日等特殊时段出现充电负荷集中激增，而现有供电设施难以满足用户快速充电需求，且不具备经济性的扩容改造条件，移动充电舱模式可有效缓解此类场景下的供电压力。《指导意见》提出，加强充电站运行监测和研判，在重大节假日期间，在车流量较大区域适度投放移动充电基础设施，提高局部充电能力。推广普及机械式、立体式、移动式停车充电一体化设施。

发展模式。移动充电模式采用可移动式，机动性能灵活，电源线采用快速接口，可应对节假日高速服务区充电桩紧张、重大活动充电资源紧张等难题，也可为 UPS 电源车自身提供电能。支持 240～360 千瓦大功率充电负荷智能分配，单枪最大输出功率可达 180 千瓦，通常配备 4～6 个输出端口，可同时服务全端口充电，充电效率比高速公路常规充电设备提升 50%。节假日期间，可将"移动充电舱"运送至高速服务区压力站点进行定点服务。服务时，仅需使用快速适配电源装置将其接入现有服务区配变低压侧电源。

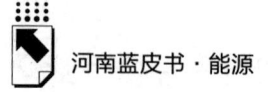

在非节假日期间还可布置于服务压力较为紧张的城市公共站,提高其忙时充电能力;移动充电舱还可用于保障公交、网约车运营突发的充电需求,全面提升充电网络满足民生服务弹性需求的韧性。

(六)无线充电模式

《指导意见》提出,鼓励新技术创新应用。加快推进超级充、有序充电、快速充换电、光储充协同控制、无线充电等技术研究,试点示范推动无线充电线路及车位建设。

发展模式。电动汽车无线充电模式通常包括静态无线充电、准动态无线充电、动态无线充电。静态无线充电指电动汽车处于停车静止状态完成无线充电,适用于居民私人充电桩及停车场充电桩等有固定停车位的场景。准动态无线充电是指电动汽车短暂停留但依然保持启动状态进行无线充电,多适用于公交车和出租车,可利用停靠站点等待上下客过程的短暂时间实现无线充电,此外,私家车也能够在具备条件的路段,利用等待红绿灯的时间进行无线充电。动态无线充电模式指电动汽车在行进过程中进行无线充电,适用于铺设有特定充电装置的特殊道路充电场景。

以上各类模式,是基于不同充电场景下面临的充电需求及难题,因地制宜探索出的充电设施与配电网协同模式,能够充分利用各场景的充电负荷与配电网资源匹配特征,并结合自然资源、新能源等其他资源的分布,最优化满足各类充电需求,随着未来政策出台、市场逐步完善、技术的不断突破,各类模式发展环境将更加成熟,发展动力和活力将更加充足。

四 河南省电动汽车充电基础设施与配电网协同发展建议

随着电动汽车行业发展和逐步替代油车,健全的充电设施网络是电动汽车用户绿色出行的基础保障,配电网的协同建设是保障充电设施安全供电的重要一环。本文从电网发展的角度提出积极开展充电设施布局规划、做好配套电网规划、健全标准体系、开展技术攻关及试点、完善充换电管理平台功能等方面工作建议，全面提升充电网络满足民生服务弹性需求的韧性。

（一）积极开展充电设施布局规划

加强政企协同，积极开展河南省—市—县充电基础设施规划，建立健全跨部门、跨专业联合工作机制和协调机制，科学规范推进全省充电基础设施建设。将充换电站及时纳入国土空间规划、城乡规划、配电网规划等，实现"多规合一"，提前预留配套电网用地及廊道，形成与人口分布、车辆出行等特征相符的基础设施"一张网"规划，指导充电基础设施科学布局、有序建设，并为配电网规划建设提供依据。按照规划方案有序推进充换电服务网络建设，依照"搭框架—顾重点—强细节"的顺序，将全省充换电设施布局落地上图，满足民众"便捷充电"需求，消除电动汽车用户的充电里程焦虑。充分发挥新型电力系统和分布式电源技术优势，因地制宜、合理配置多站融合式充电站、"光储充"一体化充电站、充换电综合服务站等新型充换电设施，打造集约高效、绿色智能的新型城市基础设施体系。

（二）统筹做好充电设施配套电网规划

依据充电设施布局规划"一张网"编制配套电网规划，与国土空间规划做好衔接预留站址和廊道资源，纳入河南省"十四五"电网规划中期调整，切实做到"设施建设、电网先行"。开展充换电设施发展对电网的影响分析和预测工作，深化充电设施与配电协同发展模式的技术细节。结合"最多跑一次"改革，为充电基础设施接入电网提供便利条件，开通绿色通道，限时办结。电网企业做好配套接网工程（从充电设施产权分界点至电网的配套设备）的建设、运行和维护工作，相应成本纳入电网输配电成本统一核算。加强对充电设施运行电能质量谐波监测和分析，确保充电设施电能质量满足标准规范。

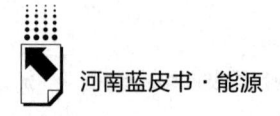

（三）建立健全相关典型设计和技术标准体系

逐步建立以国家、行业标准为主，地方标准为辅，相互衔接、协调配套，符合河南省实际的充电设施领域标准。严格执行电动汽车充换电领域国家标准、行业标准，积极支持全省企事业单位和社会组织主导或参与国家、行业标准制定和修订。根据六类充电设施与配电网协同发展模式，编制充电设施接入配电网典型设计方案，修订配电网规划设计、运行控制、充电设施接入相关技术标准，建立健全车网互动技术标准体系。结合全省智能网联汽车和充换电领域的技术发展，及时制定或修订新形势下的大功率、非接触及车电分离等新模式标准规范，引导新场景、新业态在全省先行示范试点。

（四）超前开展技术攻关及试点示范

加强电动汽车充放电运行调控平台、桩群协同控制等关键技术的创新，新建充电桩应具备智能化有序充电服务功能，在规划站点内推广应用柔性互动直流充电机、V2G直流充电机等新型充电设备，提高电网服务电动汽车充电的弹性和韧性。建设一批车网互动先行示范站，开展规模化充电设施聚合参与需求侧响应、辅助服务及现货市场示范应用。推动充电基础设施与分布式可再生能源及储能、与电网双向互动、与智能交通融合发展、基于大数据的充电系统安全等领域研究进程，提高充电系统效率及安全性、降低对电网的影响。

（五）完善优化省级充换电设施管理平台功能

通过不断完善充电设施政府监管平台数据接入及数据治理，优化提升平台功能和性能。加强平台充电设施安全生产运行监管和补贴管理能力，进一步提高充换电设施利用水平。深入分析挖掘充电设施"生产—运行—控制—管理"全环节大数据应用价值，分析评估已投运充电设施建设应用成效，新增完善充电负荷热力分布图生成、充电设施布点优化、充电负荷监控、电网资源可开放容量评估等功能，为全省充电设施规划和配电网规划的制定提供科学指导，全面提升对全省充电设施规划、建设和运行的监管服务能力。

参考文献

国务院办公厅、国家发展改革委：《国务院办公厅关于进一步构建高质量充电基础设施体系的指导意见》。

国家发展改革委：《加快推进充电设施建设更好支持新能源汽车下乡和乡村振兴的实施意见》。

国家发展改革委：《国家发展改革委等部门关于进一步提升电动汽车充电基础设施服务保障能力的实施意见》。

国务院办公厅：《关于印发新能源汽车产业发展规划（2021—2035年）的通知》。

住房和城乡建设部、国家发展改革委：《关于印发城乡建设领域碳达峰实施方案的通知》。

河南省人民政府：《河南省电动汽车充电基础设施建设三年行动方案（2023—2025年）》。

河南省人民政府：《关于进一步加快新能源汽车产业发展的指导意见》。

河南省人民政府：《关于印发河南省推动生态环境质量稳定向好三年行动计划（2023—2025年）的通知》。

B.18
河南电网防汛抗灾能力建设和发展建议

杨 敏　陈维慎　王晓玉*

摘　要： 近年来，我国极端天气呈现越发频繁、影响范围广、极端性强的趋势，2021年河南"7·20"特大暴雨、2023年台风"杜苏芮"导致全省多地出现极端降雨过程，使电网安全面临严峻考验。本文立足河南省自然环境、洪涝灾害以及降水特征，分析了极端降雨给河南电网安全带来的影响和挑战，从电网防汛应急机制、应用平台、技术措施和设施建设等四个维度阐述河南电网防汛抗灾能力建设关键举措并提出相关建议，以期为电网防汛抗灾提供一些思路。

关键词： 防汛抗灾　极端天气　电网安全　河南省

河南电网地处全国联网枢纽，拥有特高压"五站十三线"，形成共计227.691公里特高压密集通道，在运35千伏及以上变电站3304座、容量3.82亿千伏安，肩负4570.9万户电力供应保障任务，电网的稳定运行对于保障地区能源供应具有重大影响。近年来，极端天气事件频发，电网容易受到自然灾害影响，发生电力设施损坏、部分区域停电甚至电网连锁反应事故，对经济社会生活造成严重影响。提高河南电网防汛抗灾能力，对于保障电力供应的安全性和稳定性，促进河南社会经济发展和保障民生具有重大意义。

---

* 杨敏，工学学士，国网河南省电力公司经济技术研究院工程师，研究方向为电气工程防灾减灾及设计；陈维慎，工学学士，国网河南省电力公司经济技术研究院高级工程师，研究方向为电气工程建设质量管理；王晓玉，工学硕士，国网河南省电力公司经济技术研究院工程师，研究方向为电气工程设计技术。

一　河南省自然环境与洪涝灾害特点

河南省地处中国中部，大部分位于暖温带半湿润区，南部跨亚热带，是黄淮西部地貌过渡区，北邻太行山，西邻西北—东南走势的伏牛山，南部位于淮河流域上游，东部位于华北平原南缘，地形对降水的增幅作用明显，导致短时强降水发生频次较高。近几年省内降雨呈现明显极端化趋势，大到暴雨对全年总降水量的贡献明显上升，暴雨空间分布总体上自西向东逐渐增加，南多北少，区域差异明显。

（一）地形环境及降水特征

从空间分布看，全省大暴雨主要集中在伏牛山东麓、太行山东麓和大别山北侧。河南处于全国第二级和第三级阶梯的过渡地带，呈望北向南、承东启西之势，地势西高东低。北、西、南三面由太行山、伏牛山、桐柏山、大别山沿省界呈半环形分布；中、东部为黄淮海冲积平原；西南部为南阳盆地。水汽入流主要由东南方向进入河南省，西部山脉成为水汽入流的迎风坡，空中水汽受到地形的影响急剧上升，特别是在地形起伏缺口地带或喇叭口地形的上前方，气流运动更加剧烈，极易产生暴雨。河南省南部山脉为东西走向，在河南省境内对进入河南的水汽入流呈现背风坡势态，一般不会造成暴雨，但当北方冷空气南下势力较强时，也会起到迎风坡的作用。

从时间分布看，全省大暴雨主要集中在汛期的7月下旬至8月上旬。河南省近年来年平均降水量735毫米，自南向北递减，各地年平均降水量在540~1294毫米范围内。800毫米等降水量线呈东西向大致位于栾川、鲁山、漯河、项城一线，此线以南大部分地区降水量在800毫米以上，其中淮河以南地区年降水量超过1000毫米，大别山区可达1200~1300毫米；南阳盆地西南部年降水量在700~800毫米。此线以北地区年降水量小于800毫米，向北递减至600毫米以下。全省的降雨主要集中在汛期，且往往以几次集中暴雨的形式发生，7月下旬至8月上旬是全省最易出现大暴雨的时期，习惯上称"七下八上"是发生洪涝灾害的危险期。

（二）水文特征

从泄洪防洪能力看，全省河流泄洪能力有限、防洪标准不高，容易造成洪涝灾害。河南省地跨长江、淮河、黄河、海河四大流域，流域总面积16.25万平方公里。全省流域面积50平方公里及以上的河道共1030条，河道大体上分为山区河道和平原区河道两种类型。山区河道发源于山区，从山区流经平原，泄洪能力上流大、下流小；平原区河道位于平原，流程长，泄洪能力较弱。两种河道类型均受下游泄洪能力限制，加上防洪标准低，一遇暴雨洪水，极易造成洪涝灾害。省内各类水库2651座，其中省管大型水库26座，蓄滞洪区[①]14处，其中，黄河流域1处，海河流域9处，淮河流域4处。

黄河流域1处蓄滞洪区，即北金堤蓄滞洪区，面积达2316平方公里，作为处理黄河下游花园口站发生2.2万立方米/秒以上超标准洪水的重要措施，主要覆盖河南省新乡的长垣县，安阳的滑县东半部，濮阳的濮阳县、范县和台前县地区。

海河流域9处蓄滞洪区，主要集中分布于卫河干流和支流（汤河、安阳河和共产主义渠）两侧。其中，海河流域良相坡、共渠西、白寺坡、长虹渠、柳围坡、小滩坡蓄滞洪区形成六联片区域，总面积约518平方公里，覆盖新乡卫辉市、安阳内黄县、鹤壁淇县和浚县。海河流域任固坡、广润坡、崔家桥蓄滞洪区形成三联片区域，总面积388平方公里，覆盖河南安阳汤阴县、内黄县、安阳县和文峰区。

淮河流域4处蓄滞洪区，分别为泥河洼滞洪区、老王坡滞洪区、杨庄蓄

---

① 蓄滞洪区指包括分洪口在内的河堤背水面以外临时贮存洪水的低洼地区及湖泊等，是江河防洪体系中的重要组成部分。

滞洪区和蛟停湖蓄滞洪区，分散在驻马店西平县、新蔡县、平舆县和漯河舞阳县，呈点状分布。

（三）降水情况新变化

中国气象局气候变化中心发布的《中国气候变化蓝皮书（2023）》指出，1961~2022年，中国极端日降水量事件频次呈增加趋势，平均每10年增多18站日；中国年累计暴雨①站日数呈增加趋势，平均每10年增加4.2%（见图1）。从最近的研究来看，近10年北方雨带有明显加强的特点，尤其是2016年以来，北方降水增多，极端天气以及短时强对流天气越来越频繁。

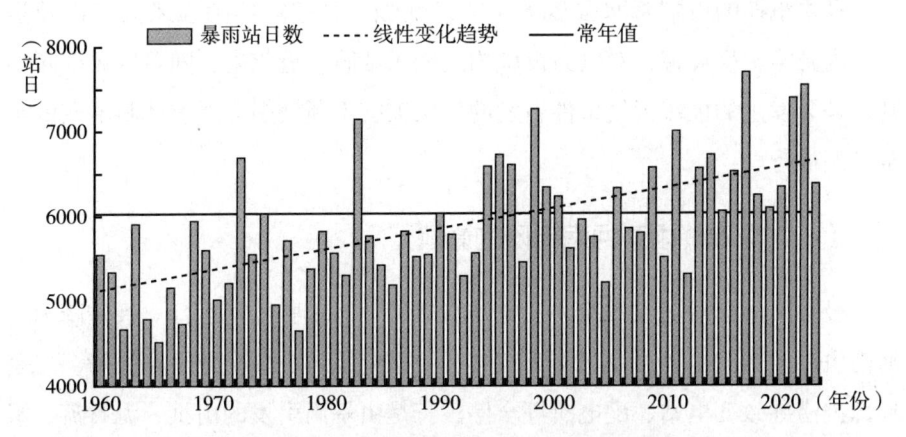

图1　1961~2022年中国年累计暴雨站日数

资料来源：《中国气候变化蓝皮书（2023）》。

河南省降水呈现降水量增加、极端性增加的新变化。一方面，年平均降水量有所增加。根据河南省气象局资料，2021年全省平均年降水量为1136毫米，同比增加33.96%，是常年年降水量②的1.5倍。另一方面，降水极端情况频发。2016年7月，新乡等地发生大暴雨，新乡辉县站12小时降

---

① 暴雨：日降水量≥50毫米。
② 常年年降水量指1991年到2020年降雨量的平均值。

水量达 373.9 毫米，新乡部分地区形成严重内涝。2018 年 8 月，豫东地区多地降水突破历史极值，24 小时最大降水量 553.1 毫米。2021 年 7 月，河南中部地区遭遇罕见特大暴雨，7 月 18 日全省降水量超 400 毫米站点 43 处、超 300 毫米站点 154 处、超 200 毫米站点 467 处，最大点郑州市荥阳环翠峪 551 毫米，7 月 18~21 日，郑州累积平均降水量 449 毫米。"7·20"河南特大暴雨期间，相继启用崔家桥、广润坡、良相坡、共渠西、长虹渠、柳围坡、白寺坡等 8 座蓄滞洪区，累计转移人口 40.46 万人。

二 极端降雨天气给河南电网带来的影响及挑战

夏季汛期的极端降水强度大、突发性强，且往往伴随强风天气以及洪水、内涝等次生灾害，对电力设施构成较大威胁。近年来，随着气候变暖加剧，频繁发生的极端天气事件引发的气象灾害不断增多，严重威胁电网的正常稳定运行。

（一）极端降雨对河南电网的影响

极端降雨会对输电线路、变电站造成破坏，威胁电网运行。极端降雨对河南电网的影响途径可以归结为三类：一是绝缘被破坏导致短路故障；二是局部内涝导致变电站、配电所等全停；三是由暴雨引发的山洪、泥石流、滑坡等次生地质灾害导致线路倒塔、变电站/发电厂冲毁等机械故障。

首先是对输电线路的影响。主要包括绝缘闪络、断线与倒塔两个方面。绝缘闪络是指大档距或大弧垂导线在风向与导线轴向夹角大于 45°时易产生较大风偏，导致悬垂绝缘子串对杆塔构件或金具放电，或使导线与周边物放电，发生接地短路故障。降雨期间线路上异物受潮后易致线路对地或相间短路，引起导线烧伤，增加断线概率，跳闸后，重合成功率低，线路停运率大。断线与倒塔是指垂直于导线的风荷载超过导线相应的承载极限造成断股或断线，超过杆塔最大承受能力时发生倾倒、塔基上拔或下沉；杆塔倾斜、倒塌会增加断线概率，而断线又将导致杆塔两侧张力不平衡。分布于低洼、跨河及滑坡体上的杆塔及其基础,很容易受到暴雨的冲刷、长期的浸泡,造成杆塔倾倒与断线。

其次是对变电站的影响。主要包括内涝威胁局部配电网和次生灾害破坏主网安全两个方面。内涝威胁局部配电网方面,处于低洼地或城市内涝地段的变电站易遭受暴雨洪水和泥石流的冲击,致使设备运行异常、绝缘能力降低、二次回路或通信系统故障等。暴雨导致的城市内涝成为威胁局部地区供电可靠性的重要因素,根据暴雨内涝局部性、持续性的特点,其引起的电网安全事故呈现电压等级较低、影响范围较小、损失负荷少但持续时间长的特点。如2018年8月,受台风"温比亚"在河南境内滞留影响,豫东地区多地降水量均突破历史极值,造成商丘市域8566个台区停电,影响用户64万户。次生灾害破坏主网安全方面,暴雨诱发次生地质灾害的破坏对象往往是高电压等级变电站,且破坏性强,引起的电网安全事故呈现电压等级高、影响范围大、损失负荷多、影响主网安全稳定的特点。以河南"7·20"特大暴雨灾害为例,全省1/3输变电设备受到影响,42座变电站、47条35千伏及以上输电线路、1807条配电线路因汛停运,郑州、新乡、鹤壁、安阳、焦作、许昌等地市5.8万个台区、374.33万用户、118个重要用户停电,停电户数创历史之最,抢修条件异常复杂。

(二)极端降雨天气给河南电网带来的挑战

1. 气候变化引起极端天气考验电网安全运行

河南省受季风气候影响较大,大部分地区的极端降水强度大、突发性强。近年来,随着气候变暖加剧,全球水循环加速,河南省极端灾害天气呈现强度大、时间长、频率高的特点。随着气候变化引发的气象灾害不可知因素增加,电网的正常稳定运行依然存在不可控因素。

一是暴雨强度刷新历史纪录。河南省近年来大部分地区遭遇大到暴雨袭击,部分地区出现特大暴雨,特别是河南"7·20"特大暴雨灾害,雨情、汛情之重历史罕见,7月20日郑州市日降水量645.6毫米,超过往年全年降雨量,最大小时降水量201.9毫米,突破我国大陆有记录以来历史极值,全省19个市县日降水量突破历史极值。

二是汛期持续时间长。降雨不确定性因素增加，不同以往"七下八上"防汛关键期，2022年9月17日至10月7日，河南省出现持续阴雨天气，累计降水量大、影响范围广，全省平均降水量135.7毫米，较常年同期偏多2.3倍；9月19~20日河南局部地区出现暴雨及大暴雨，强降雨时伴有雷电、短时强降水、短时大风等强对流天气。

三是江河汛情较以往频发。2021年9月27日以来，黄河干流先后出现多次编号洪水，2022年10月1日8时，黄河花园口流量达4820立方米每秒，河南黄沁河100余处工程2200多道坝、垛、护岸靠河，濮阳境内多处生产堤偎水。

2. 蓄滞洪区内电网设施防汛风险依然存在

河南省目前有黄河滩区1个、蓄滞洪区14个，区内面积6205平方公里，共有4051个村庄400多万居民。豫北地区蓄滞洪区密集，电力设施建设位置虽已最大限度规避蓄滞洪区，但为满足400多万居民生产和生活用电需求，有60余座变电站、170余条高压输电线路位于蓄滞洪区内，防汛工作责任重大。蓄滞洪区起着滞留洪水的作用，蓄滞洪区启用时，区域内变电站及输电线路受损停电可能性大，抢修恢复困难重重，恢复供电时间较长。

3. 老旧城区易形成城市内涝威胁电网安全

部分老旧城区在极端天气影响下，易形成大面积城市内涝灾害。随着社会经济的不断发展，城镇化水平不断提高，地面硬化面积逐渐增大，地面雨水渗透能力降低，降雨易引起地面积水。随着城市的发展，中心城区的汇水区变大、地表径流加大，汇水量突增，对雨水管道承载能力要求更高，但老旧城区排水系统建设较早，排水建设标准较低，管网系统缺乏维护，超标准暴雨易引发城市内涝风险。同时，随着城市建设发展，部分电力设施周围地形地势变化较大，城市内涝灾害极易威胁地势低洼地带电力设施安全运行。

三 河南电网防汛抗灾能力建设及成效

河南"7·20"特大暴雨灾害期间，在省委、省政府的领导和国家电网有限公司的统筹协调下，河南电网第一时间成立应急抢险领导小组，高效组织"万人大会战"，7天恢复郑州城区基本用电，10天恢复河南全省除蓄滞洪区外全部用电，夺取了防汛应急抢险保供电的全面胜利。面对近年来复杂严峻的防汛形势，河南电网在总结暴雨灾害经验教训基础上，从健全常态化防汛应急机制、建立电网防汛数字应用平台、制定电网防汛能力提升技术措施、筑牢电网防汛基础设施等四个维度，构筑电网防汛抗灾防线，电网防汛抗灾水平得到显著提升。

（一）健全常态化防汛应急机制

河南电网总结郑州"7·20"特大暴雨灾害及电网防汛抗灾经验，在梳理省政府、国家电网公司、省电力公司防汛工作体系的基础上，成立防汛工作小组并明确职责分工，确定信息共享和信息报送方案，撰写《国网河南省电力公司防汛事件应急预案》，编制防汛应急机制和主配网防汛应急处置流程，制定科学抢修策略，强调灾害情况下应急抢修速度和规范性；组织各单位常态化开展汛前自查和专项督查工作，重点关注电网自身防汛能力提升、联动机制演练、防汛队伍建设和物资装备配置情况，针对性进行查漏补缺，提升电网防汛处置能力。

（二）建立电网防汛数字应用平台

根据河南省委、省政府和国家电网关于提高监测预警预报水平的部署，河南电网开发防汛数字化应用平台，打造"电网气象一张图""防汛一码通""电力设备设施防汛智能评估""用户停电智能研判和抢修复电数字化指挥"功能板块，通过数字化防汛信息共享机制，确保设备抢修、政企协同安全、快捷、高效开展。

打造"电网气象一张图"功能板块,实现风险定时、定点、定量精细化预测预警。在时间和空间两个维度上,实现恶劣天气下省市县三级电网设备风险定时、定点、定量的精细化预测预警。当恶劣天气来临,变电站或线路存在风险时,在"电网气象一张图"模块上显示影响区域和预警变电站和线路。同时系统会分时分层分级,针对电网设备(变电站、线路杆塔等),实时发送精细化预警短信提醒加强防汛巡查,布置防汛应急措施,有效缩短了防汛应急响应时间,提升了电网安全稳定运行水平。

打造"防汛一码通"功能板块,确保抢修安全快捷高效开展。按照"一站一策、一线一策、一户一策"原则,对全省输变电及重要用户划分为四级预警等级,制定涵盖防汛基本情况、图纸、预案、物资装备、抢险队伍等要点信息的"一站一表"差异化措施,实现二维码快速查阅和标准化核对落实情况,共享防汛信息。

打造"电力设备设施防汛智能评估"功能板块,研究制定有针对性的防御措施,全面评估全省输变配设备设施防汛风险及抗灾能力。每年汛期结束后,完成输变配设备设施防汛能力评估,研究制定针对性提升措施,明确防汛能力提升项目,并于汛期后的次年6月底前完成,确保电力设备设施能够在当下极端天气灾害频发条件下抵御灾害。

打造"用户停电智能研判和抢修复电数字化指挥"功能板块,确保及时、高效、精准开展抢修复电。通过技术手段精准研判,实时掌握居民小区和重要用户停复电信息,辅助开展复电抢修。利用智能电表上报的停电信息,在电子地图中实时展示小区"停电、抢修、复电"三种状态,其中红色代表停电小区,黄色代表抢修中小区,绿色代表复电小区。开发一键导航功能,辅助一线人员合理安排抢修路线,停电信息一键转发,确保及时高效抢修复电。

(三)制定电网防汛能力提升技术措施

开展现有电力设施防洪涝标准分析研究,提升河南电网抗洪涝灾害能力。按照差异化原则,相继研究制定《河南电网基建工程可研防洪涝重点措施》《河南电网基建工程防洪涝灾害设计评审要点》等一系列防汛提升指导性文件，规范新建电网工程项目在系统安全、选线选址、水文气象分析、防水排水等方面的措施要求，提出在运电网设备的防汛补强措施以及三个阶段目标和任务，相关措施均已在工程建设和防汛改造项目中落实应用，有效提升河南电网抵御洪涝灾害能力。

（四）电网防汛基础设施筑牢筑实

2021年以来，河南电网在开展工程建设和项目改造过程中，针对架空线路、电缆线路、变电站和配电网的不同形式特点，精准施策，开展了电网防汛基础设施建设，电网整体防汛抗灾水平显著提升。

架空线路。按照"防冲刷、强基础、差异化"原则，编制防汛重点输电线路"一线一策"，通过修建加固杆塔基础、护坡、挡土墙、排（截）水沟等手段提升输电线路防汛能力。电缆线路。按照"防倒灌、强封堵、快输送"原则，对高压电缆隧道进行差异化提升改造，通过升高高压电缆隧道出入口风口、改造水位监测装置、电缆隧道加装集水井排水系统等手段提升高压电缆隧道防汛抗灾能力。变电站。按照"阻来水、排积水、防渗水"原则，编制变电站"一站一策"，通过修建重点变电站防洪墙、加固其余站点围墙、大门，增设阻水坡、防汛挡板，建成"阻来水"第一道防线；通过增容排水泵、集水井，配置排水方舱和"龙吸水"大流量排水车，建成"排积水"第二道防线；通过三防封堵电缆沟，在铺设屋顶防渗材料，加装通风窗防雨罩、端子箱防雨罩，建成"防渗水"第三道防线。配电网。按照"强封堵、防进水、防受淹"原则，编制地下配电站房"一房一策"，通过采取防水密闭门、地上箱变升高、自动排水装置等技防措施，将受淹严重的地下配电站房改造成"胶囊型"站房，打造配网防汛"金钟罩"。

河南电网防汛设施的落实补强经受住了实战考验。2022~2023年，河南省共发生31轮次暴雨天气过程，特别是2023年8月受台风"杜苏芮"影响，豫北地区发生特大暴雨，鹤壁、安阳等地区降水量在250毫米以上,河南电网无一电力设施发生水浸现象。从河南电网防汛的总体组织、管理以及电网设施的防汛措施看,基本具备承受一定规模洪涝灾害能力,但是由于天气变化的不确定因素、部分老旧城区排水系统建设标准低、蓄滞洪区内电网设施多等原因,依然存在特大洪涝灾害导致局部电网受损的风险。

四 提升电网防汛抗灾能力相关建议

恶劣天气下,大电网安全可靠至关重要,需要持续不断加强防汛应急机制建设,加强防洪排涝基础设施建设,提升电力设施防汛抗灾能力,为全省经济社会平稳发展和人民群众美好生活提供安全可靠的电力支撑。

(一)高度重视防汛工作重要性

树牢底线思维,充分认识防汛工作的严峻性。2021年河南省遭遇历史罕见特大洪涝灾害,暴雨洪水场次多、量级大、持续时间长,受灾地区多,影响范围广。2023年,豫北地区受台风"杜苏芮"和"卡努"带来的强降雨影响,卫河和共产主义渠上游支流来水量大,相继启用了共渠西蓄滞洪区和良相坡蓄滞洪区,洪水影响范围较大,而随着全球气候变化加剧,极端天气事件频发,河南省近三年降水聚集地区有一定的时空重合性,特大暴雨等极端事件发生概率进一步加大,防汛工作依然面临日益严峻的形势,应保持高度重视,做好预警工作,保障经济社会用电需求。

(二)加强防洪基础设施和城市排涝能力建设

增强风险意识,加强防洪排涝基础设施建设。结合国内外防洪排涝先进经验,筑牢堤防、水坝等防洪设施基础,加强河道整治和排水系统建设,强化城市内河清淤疏浚及清障拓宽等整治措施,提升行洪治理和防汛设施建设质量,避免重大洪水灾害对临近河道和蓄滞洪区电力设施的影响;提升城市供电设施防涝建设标准，将变电站纳入城市重要防汛设施管理范围，完善市政防洪排涝设施，加大城市老城区排水管网新建、改建力度，完善城市排水系统，提高城市低洼、易内涝地带应急排涝能力，降低城市内涝对电力设施的影响，保障电网安全稳定运行。

（三）持续提升电网设施防汛抗灾能力

提升电网工程建设安全意识，针对不同系统定位对电力设施开展差异化设计，优化站址选择，科学规划路径和架设方式，重要变电站、线路通道选址应尽量避开行洪区、泄洪区、蓄滞洪区，合理设置防洪涝措施，从源头提升电力设施防汛抗灾能力。强化工程建设过程管控，严抓建设质量，保证土建基础、防汛设施施工质量，保障变电站和输电线路防汛能力达到设计预期效果。常态化开展变电站防汛隐患排查治理，结合地市低洼、临近河湖、降水量等13个因素评估变电站防汛风险等级，部分在运变电站按"突出重点、因地制宜、堵疏结合"原则逐站制定防汛对策，及时完成重点变电站防汛改造。

（四）建立健全多方联动的应急保障体系

推动政企联合协同应急，构建多方联动的应急保障体系，为抢修复电创造有利条件。完善防汛抢修标准流程，总结防汛抢修经验，按照"保电网稳定、保重要用户供电、保民生用电"原则，优化抢修复电策略，针对灾损程度不同的配电设备制定标准化抢修流程，规范处置工艺，提升抢修作业效率。进一步稳固电网企业防汛常态化机制和联合指挥体系，加强汛期前的防汛检查和防汛应急演练，加强人员防汛抢险培训，建立高素质应急抢修队伍，备齐防汛抢险应急物资，在洪涝灾害来临时能快速响应、及时应对，减少电网损失。

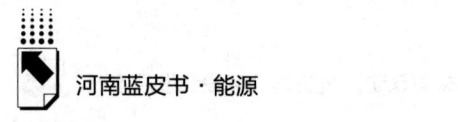

参考文献

吴勇军等：《台风及暴雨对电网故障率的时空影响》，《电力系统自动化》2016年第2期。

陈亚宁：《为电网"穿上"防汛衣》，《河南电力》2022年第6期。

周存旭等：《河南省山洪灾害的危害、成因及防治对策》，《自然灾害学报》2008年第3期。

杨浩等：《"21·7"河南特大暴雨降水特征及极端性分析》，《气象》2022年第5期。

赵富森：《我国发展安全应急产业的必要性研究》，《消防界》（电子版）2022年第5期。

徐文瀚：《极端天气下配电网韧性提升及其评估方法研究》，山东科技大学硕士学位论文，2020。

《国网河南电力公司加大特巡特护力度 应对强降雨考验》，中国电力网，2023年8月1日，http：//mm.chinapower.com.cn/dww/zhxw/20230801/211511.html。

《国网河南电力应对特大暴雨灾害防汛救灾保供电纪实》，新浪网，2021年8月12日，http：//k.sina.com.cn/article_2081511671_7c1158f700100u5yv.html。

《国家电网河南省桐柏县供电公司多举措筑牢防汛安全墙》，"中国青年报"百家号，2023年8月20日，https：//baijiahao.baidu.com/s?id=1774739009472138071&wfr=spider&for=pc。

调查研究篇

B.19
河南省分布式光伏开发情况调研及发展建议

分布式光伏调研课题组[*]

摘　要： 近年来，受益于政策支持和技术进步，以屋顶光伏为主的分布式电源在河南呈爆发式增长态势，新增规模持续领跑全国，推动河南新能源发展迈入全国前列。随着全省分布式光伏快速跃升发展，行业发展深层次矛盾凸显、健康可持续发展面临挑战，主流开发模式责任主体不清晰、权责利益不对等、规模化发展引起的电网消纳和接入压力陡增等问题日益突出，受到多方关注。课题组立足河南分布式行业发展新形势，开展开发影响因素和并网情况调研分析，进一步审视了行业发展现状、发展路径、发展方式及存在的问题，从引导服务、协调发展、并网标准、利用模式等方面提出促进河南分布式光伏行业健康可持续发展的对策建议。

---

[*] 课题组组长：田春筝、杨萌、陈晨。课题组成员：李鹏、杨钦臣、祖文静、齐桓若、郭放、康祎龙、闫向阳、郭夫然。执笔：杨钦臣，工学硕士，国网河南省电力公司经济技术研究院工程师，研究方向为分布式光伏并网与农村能源。

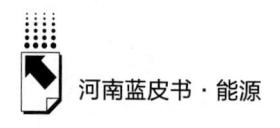

关键词： 分布式光伏　可再生能源　能源结构　河南省

分布式光伏是指在用户场地附近建设的光伏发电设施，推进分布式光伏建设，是实现碳达峰碳中和战略目标和全面推进乡村振兴的重要途径。河南作为人口大省、农业大省，屋顶资源尤其是农村屋顶资源丰富，分布式光伏拥有巨大的发展空间和潜力。近年来，河南立足省情，把加快分布式光伏开发作为破解资源禀赋约束、优化能源结构的重要举措，取得良好成效。2022年以来，河南分布式光伏新增装机始终保持全国第一位，2023年月均新增装机超过100万千瓦，带动装机总量跃升至全国第二位。与此同时，分布式光伏在开发模式、节奏、影响因素及并网运行等过程中存在的问题日益突出，进一步持续发展面临诸多挑战，受到主管部门、市场主体、电网企业及行业专家的高度关注。为促进河南分布式光伏健康可持续发展，亟须开展分布式光伏开发影响因素和并网情况调研分析，明晰存在的问题，并提出相关发展建议。

一　河南省分布式光伏调研

（一）河南调研概述

为摸清河南分布式光伏开发情况、找准河南分布式光伏发展存在问题，课题组开展资料、走访、座谈"三位一体"河南分布式光伏调查研究。首先开展资料调研，分析总体面上情况。系统梳理国家层面、河南省层面分布式光伏发展相关政策，挖掘分析近年来河南分布式光伏并网情况大数据。然后深入走访调研，搞好典型县域调查。遴选具有典型性的豫北A县、豫东B县，走进基层、沉到一线、深入农户，开展工商业、户用等光伏项目走访调研。最后开展广泛交流，对接多元主体需求。多次组织召开座谈研讨会，深入了解政府、开发商、电网企业、银行等主体参与分布式光伏开发的主要动力与利益诉求。

（二）河南分布式光伏发展特征分析

1. 整体规模稳居前列

近年来，河南充分利用省内屋顶资源丰富优势，加大屋顶分布式光伏开发力度，分布式光伏快速增长。截至2023年9月，全省分布式光伏发电装机2762万千瓦，占电力总装机比重达到20.7%。截至2023年上半年，河南省分布式光伏装机规模仅次于山东，居全国第二（见图1）。

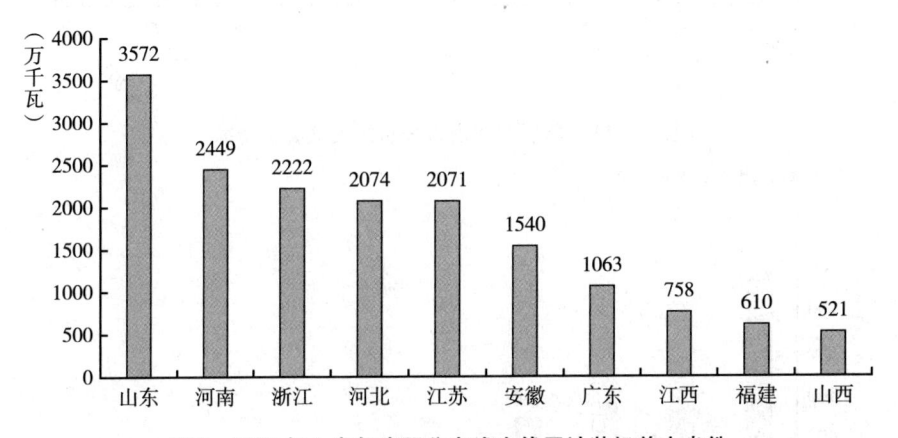

图1 2023年上半年我国分布式光伏累计装机前十省份

资料来源：国家能源局。

2. 新增规模持续领先

"十四五"以来，全省新增分布式光伏装机2192万千瓦，达到"十三五"累计新增装机近4倍，2022年以来新增装机呈现持续领跑全国的跃升发展态势，2019~2022年分别新增63万、117万、359万、775万千瓦，实现连续翻番增长，2023年1~9月累计新增装机已突破千万千瓦、达到1058万千瓦，全国领先（见图2和图3），月均新增超过100万千瓦，占全国分布式光伏新增装机的接近两成。

3. 结构类型相对单一

从存量项目看，全省户用、工商业分布式光伏装机容量分别占分布式光

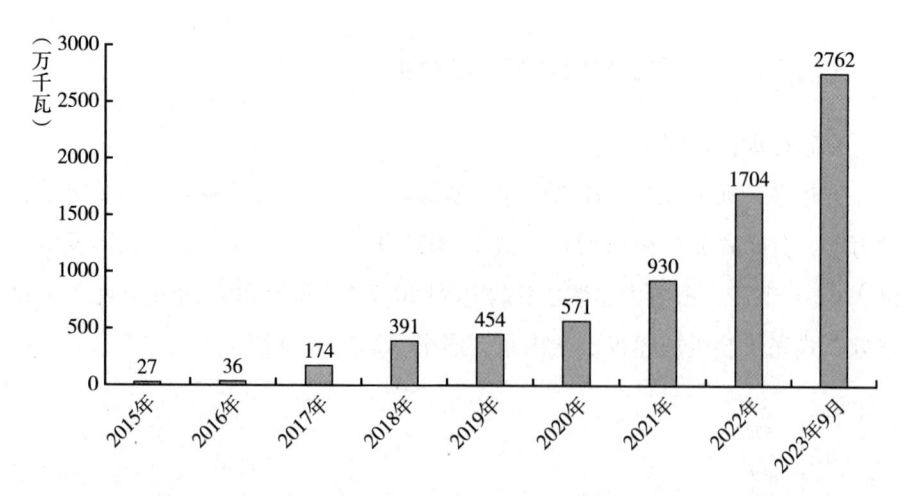

图2　2015年以来河南省分布式光伏装机情况

资料来源：国家能源局。

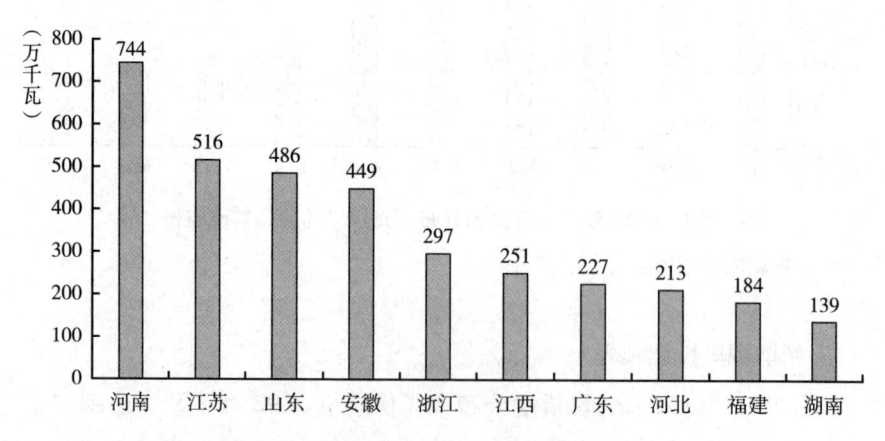

图3　2023年上半年我国分布式光伏新增装机前十省份

资料来源：国家能源局。

伏装机的76%、24%。从增量项目看，新增装机中户用光伏比重超过80%，占绝对主导，2023年上半年户用光伏新增装机超过山东省的2倍，超过河北省的5倍（见图4）；工商业分布式光伏发展不断提速，但新增占比仍然较低，户用和工商业分布式装机发展协调性低于江苏、浙江、山东等主要装机大省。

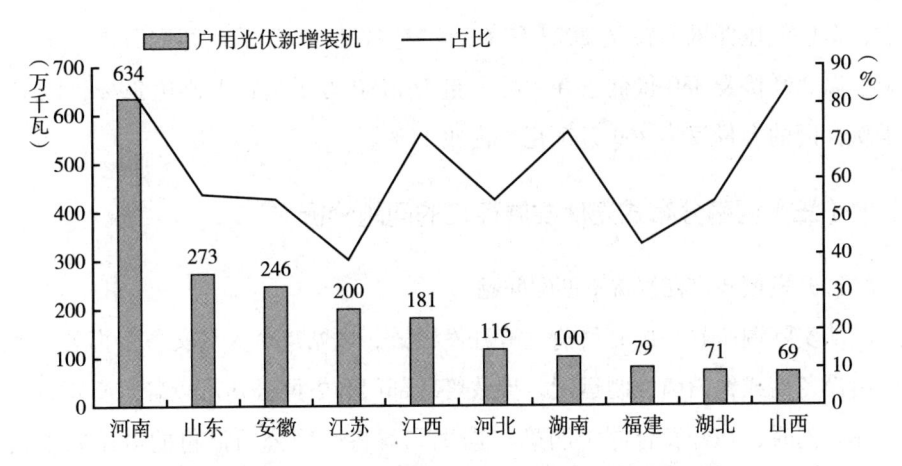

图中数据(柱状图:户用光伏新增装机,万千瓦;折线:占比,%):
- 河南 634
- 山东 273
- 安徽 246
- 江苏 200
- 江西 181
- 河北 116
- 湖南 100
- 福建 79
- 湖北 71
- 山西 69

图4　2023年上半年全国户用光伏新增装机前十省份情况

资料来源：国家能源局。

4. 并网模式较为集中

整体看，分布式光伏项目中选择"全额上网"模式占比超过九成。户用分布式光伏项目中，95%的用户选择"全额上网"模式，装机容量占比约96%；仅5%的用户选择"自发自用、余电上网"模式，装机容量占比4%。工商业分布式光伏项目中，88%的用户选择"全额上网"模式，装机容量占比约62%，12%的用户选择"自发自用、余电上网"模式，装机容量占比38%。

5. 地区分布相对不均

豫北、豫南分布式光伏开发强度较高，从装机容量看，南阳市分布式光伏累计装机近300万千瓦、排名第一，新乡市分布式光伏累计装机近270万千瓦、排名第二，县域中新乡辉县装机达65万千瓦、排名第一。从容量渗透率①来看，豫北、豫南区域容量渗透率较高，鹤壁、新乡、驻马店、南阳的容量渗透率均超过30%；豫中、豫西地区如郑州、三门峡、焦作等地容量渗透率仅占6%、13%、14%。

6. 低压接入占据主导

相较于工商业分布式光伏，户用光伏受制于屋顶空间，单户开发容量较

---

① 分布式光伏并网装机容量占全社会最大负荷比重。

小，多以低压并网。截至2023年6月，全省2449万千瓦并网分布式光伏中，以220伏及380伏低压并网的容量为2180万千瓦，占比达89%，以10千伏并网的容量仅为269万千瓦，占比11%。

（三）河南分布式光伏发展存在的问题分析

1. 开发模式存在权责不匹配问题

从实际调研看，按照目前主流开发模式，电站以个人名义备案报装，实际由设备商或经销商控制运营，导致管理部门和电网公司难以确定真正责任主体。同时，在开发合同中明确"居民同意将电网公司汇付的电站收益自动划转至经销商账户"，企业具有所有收益的直接支配权，获得了80%以上的光伏发电收益，逃避了建设运行安全职责，甚至存在套取国家补贴、逃税漏税隐患；农户月收益百元左右，承担了长达25年的屋顶租赁责任、光伏设备管护责任，造成企业转嫁主体责任和金融风险等权责不对等的情况。

2. 开发节奏存在源网不协同问题

按照国家政策导向，户用光伏发电项目应该按照分布式发电项目管理要求，所发电力在配电网就近就地消纳。由于近年来的爆发式增长，河南省户用光伏发电消纳范围越来越广，加上单户建设规模不断扩大，一定程度上增加了电网建设和运行难度。近年来，因户用光伏发电引起的配电网反向重过载问题日益突出，配电变压器烧毁现象时有发生。2023年，河南省电网频繁出现火电机组压至最低、集中式新能源场站全停，仍无法保障分布式光伏就近消纳，引起层层上送的现象。按照河南省目前月增100万千瓦户用光伏发电节奏测算，电网年度投资将达到正常水平的2倍左右，才能满足安全接入需要，在一定程度上间接提升了全社会经济用能诉求。

3. 发电市场存在责任义务不公平问题

按照现行政策，户用光伏发电基本不参与电力系统调峰和辅助服务费用分摊，主要靠常规电源和集中式新能源场站承担调节任务。随着户用光伏规模不断扩大，其他电源的调节任务日益繁重。河南省新增分布式光伏发电中全额上网占比超过90%，无任何调节能力，且需全额消纳，一定程度上挤压其他电源生存空间。实际上，与集中式场站相比，户用光伏不承担汇流线路、升压变电站等设施投资，整体投资回报相对较高，更应该与其他电源共同承担调节义务。

4. 接网运行存在多点无序并网不规范问题

分布式光伏接网工程设计建设标准化程度相对较低，低压接入的分布式光伏常出现随意扯线、随意T接、随意使用保护及防孤岛能力不足开断设备等情况，导致配电网接线复杂、交叉跨越多、保护配合困难、孤岛运行风险大等问题，极大增加了配电网运维检修作业安全风险，威胁人身及设备安全，影响电网安全稳定运行。

二 典型省份分布式光伏调研

2013年国务院发布《关于促进光伏产业健康发展的若干意见》以来，全国光伏行业进入高质量发展新阶段，国家能源局发布数据显示，截至2023年上半年，山东、河南、浙江、河北、江苏五省份分布式光伏装机位居全国前五，合计占分布式光伏总装机的六成以上。选取北方地区的山东、河北，南方地区的江苏、浙江作为典型省份研判分布式光伏发展态势，为后续分析河南分布式光伏发展提供启示借鉴。从调研情况看，分布式光伏发展呈现较强的地域差异性。

（一）北方典型省份发展分析——以山东、河北为例

1. 山东分布式光伏行业政策体系建设起步早、省市县积极参与，分布式光伏行业发展较为稳健

截至2023年6月底，山东省分布式光伏发电装机3572万千瓦，约占全国的五分之一，位居全国第一。保障体系方面，建立较为完善的政策体系。近年来，山东省能源主管部门先后印发《关于切实做好分布式光伏并网运行工作的通知》《2022年山东省能源指导意见》《山东省风电、光伏发电项目并网保障指导意见（试行）》等，多个地市分别印发相关落实政策，电

力公司印发相关接入规范,对分布式光伏建设管理、配储、接入电网标准均做出较为明确的规范。发展态势方面,户用、工商业分布式光伏发展相对均衡。从存量项目看,山东户用分布式光伏占比约65%,工商业分布式光伏占比约35%;从增量项目看,2023年上半年,户用、工商业分布式光伏分别新增272万、213万千瓦,占比转变为56%、44%。

主要原因分析:一是市场秩序相对规范,户用分布式光伏开发经过无序、迅猛扩张阶段,各类分布式光伏增速已进入相对稳定阶段;二是省内制造业比较发达,尤其是山东省光伏产业链较为完整,同时工商业厂房资源较为丰富。

2. 河北分布式光伏发展早期与河南省情况类似,但近期出现新趋势

河北农户屋顶多为平屋顶、面积大,为发展分布式光伏提供了优质资源,截至2023年6月底,河北省分布式光伏累计装机容量为2074万千瓦,全国排名第4位。保障体系方面,作为第一个将户用光伏备案以自然人、非自然人区别的省份,河北省在《关于加强屋顶分布式光伏发电管理有关事项的通知》(未公开征求意见)、《屋顶分布式光伏建设指导规范(试行)》等文件中,提出"租用他人屋顶的,以企业进行备案",有效规范了河北户用光伏无序增长。发展态势方面,增量项目中户用和工商业分布式光伏占比出现新变化。2022年,河北新增分布式光伏装机中,户用分布式光伏占比达85%,受政策调整带动,2023年上半年,河北户用与工商业新增装机占比转变为54%、46%。

主要原因分析。与河南省类似,一是开发前期户用分布式光伏缺乏有效监管,资本推动下造成爆发式增长,工商业分布式光伏项目开发受产权、企业稳定性等因素影响,开发积极性较弱。二是近期在建设指导规范等政策引导下,户用和工商业光伏发展转变为均衡协调发展新趋势。

(二)南方典型省份发展分析——以江苏、浙江为例

江苏、浙江分布式光伏均以工商业项目为主。从存量项目看,截至2023年6月底,江苏、浙江分布式光伏装机分别为2071万、2222万千瓦,

其中工商业项目占比分别达到75%、85%。从增量项目看，江苏、浙江工商业分布式光伏在新增容量均长期占据主导地位，2023年上半年，工商业项目新增容量占比达61%、97%。

主要原因分析。从工商业光伏发展看，一是光伏产业强。苏浙光伏产业链名企齐聚，核心企业均在300家左右，其光伏硅片、电池、组件产能和产量连续多年保持全国前列，正泰、天合两大头部企业分别位于浙江、江苏。二是发展业态好。苏浙工商业光伏起步较早，综合能源服务等管理模式发展态势较好，叠加营商环境优，许多优质的工商业资源陆续得到开发，整体规模较大。三是工业占比高。苏浙均属于经济大省、工业大省，工商业用电负荷占比较高，发展工商业分布式光伏对降低用能成本具有积极作用。四是融合场景多。整体来看，苏浙地区"农业+光伏""渔业+光伏"等工商业光伏应用场景较多，比如水面漂浮式光伏等。从户用光伏发展看，一是资源上没优势。苏浙地狭人稠，农村地区房屋布局错落、结构差异性大，比如依山而建、水乡民居、独栋等，叠加台风等极端天气影响，开发户用光伏条件有限。二是补贴上没优势。苏浙农村地区生活普遍富余，2022年，江苏、浙江农村居民可支配收入分别为2.85万元/人、3.76万元/人，河南为1.87万元/人。相对而言，光伏开发企业平均每月100元补贴，难以有效激发居民开发积极性。

三　分布式光伏开发影响因素及驱动力分析

针对当前河南分布式光伏行业健康可持续发展面临的突出问题，课题组经过多次现场调研，与行业协会、骨干开发企业座谈交流，详细分析分布式光伏开发涉及的各方主体及影响因素。

（一）开发涉及主体分析

经调研发现，涉及主体可分为政策制定方、屋顶业主方、项目开发方、项目持有方、项目工程方、项目运维方、接网服务方、金融投资方等"八方"主体。政策制定方肩负引导分布式光伏健康发展的责任，并关心在"双碳"目标与乡村振兴战略实施中起到的经济效益与环境社会效益。屋顶业主方参与分布式光伏开发主要受政策普及宣贯、推销员推介及售电收入、屋顶租金收入等经济因素影响，同时面临一定的运维、金融、安全风险。项目开发方、项目持有方、项目工程方、项目运维方、金融投资方主要动力来源是经济效益。接网服务方主要指电网企业，作为保障分布式光伏并网接入、电量消纳的重要环节，同时肩负保障电力安全可靠运行、引导源网协同发展的政治责任和社会责任（见图5）。

（二）开发影响因素分析

分布式光伏开发涉及因素可从资源、政策、系统、市场等四大类分析其便捷性、可行性、安全性、经济性。

资源因素是基础。具体包括太阳能资源、屋顶客观可利用面积、屋顶业主主观影响因素等。其中，太阳能资源与屋顶客观可利用面积决定了区域分布式光伏理论最大开发量，屋顶业主主观影响因素决定实际开发量。

政策因素是方向。从补贴时代到平价时代，国家对光伏发电行业一直保持鼓励支持的态度，持续出台系列政策规范行业健康发展。同时，为有效保护和合理有序开发屋顶资源，部分省市差异化出台相关规范性文件，部分地区甚至已暂缓新增分布式光伏备案。

系统因素是载体。分布式光伏无序开发、高比例接入给电网带来了设备反向重过载、谐波危害等问题，威胁系统安全稳定运行。根据国家相关行业标准，电网承载力评估等级为绿色区域，推荐分布式电源接入；黄色区域，对于确需接入的项目，应开展专项分析；红色区域，在承载力未得到有效改善前，暂停新增分布式电源项目接入。

市场因素是核心。随着分布式光伏相关技术迭代升级，装机规模稳步提升，但开发建设也受初始投资成本、年平均运行维护成本、租赁费用、银行利率等成本性市场因素，以及设备收益等收入性市场因素，年平均资本收益、投资回收期、平准化度电成本等经济性指标影响（见图6）。

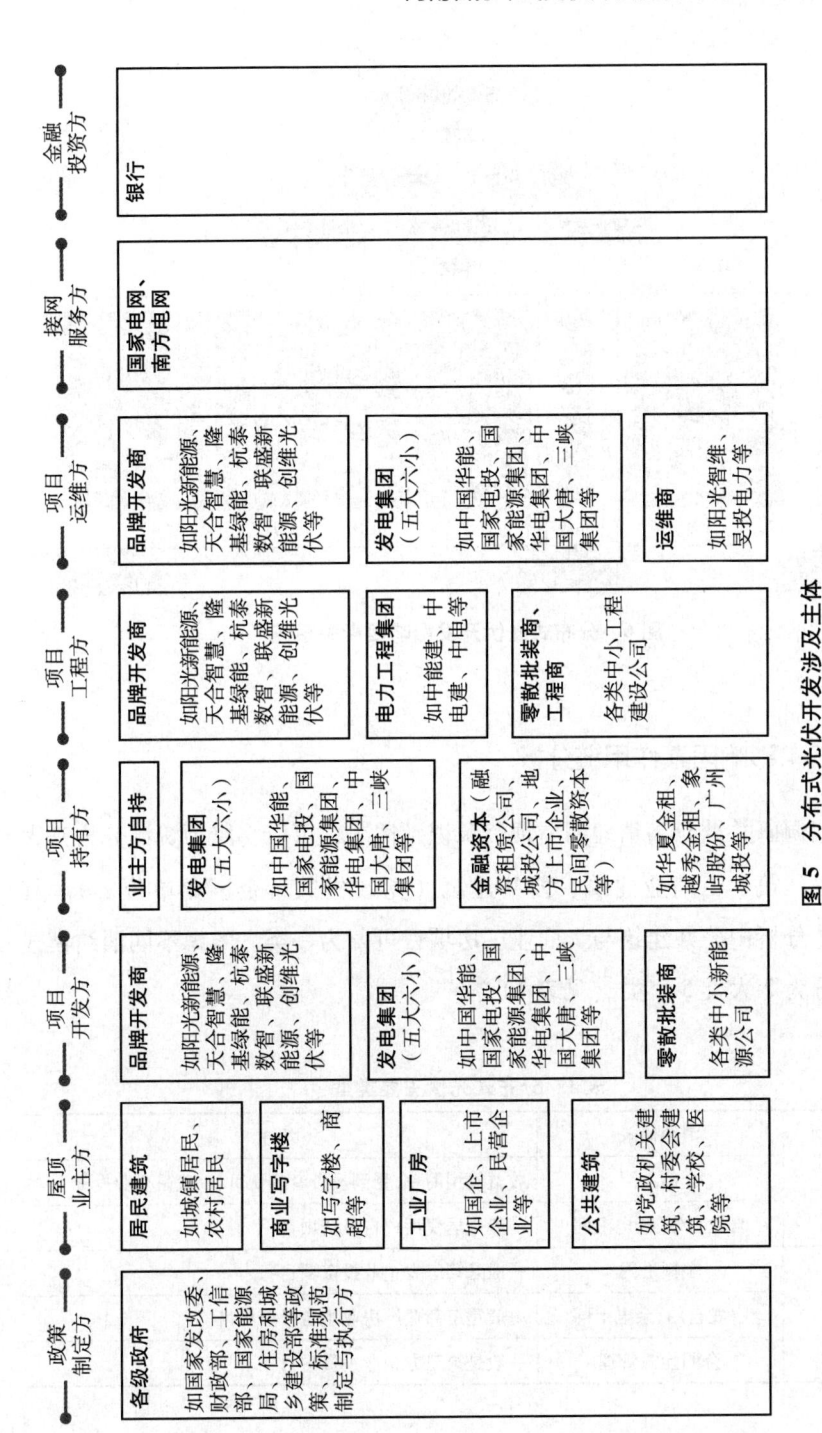

政策制定方	屋顶业主方	项目开发方	项目持有方	项目工程方	项目运维方	接网服务方	金融投资方
各级政府 如国家发改委、工信部、财政部、国家能源局、住房和城乡建设部等政策、标准规范制定与执行方	居民建筑 如城镇居民、农村居民	品牌开发商 如阳光新能源、天合智慧、隆基绿能、杭盛数智、联盛能源、创维光伏等	业主方自持	品牌开发商 如阳光新能源、天合智慧、隆基绿能、杭盛数智、联盛能源、创维光伏等	品牌开发商 如阳光新能源、天合智慧、隆基绿能、杭盛数智、联盛能源、创维光伏等	国家电网、南方电网	银行
	商业写字楼 如写字楼、商超等		发电集团（五大六小）如中国华电投、国家能源集团、中国大唐、三峡集团等	电力工程集团 如中国能建、中电建、中电投等	发电集团（五大六小）如中国华电投、国家能源集团、中国大唐、三峡集团等		
	工业厂房 如国企、上市企业、民营企业等	发电集团（五大六小）如中国华电投、国家能源集团、中国大唐、三峡集团等	金融资本（融资租赁公司、地方上市企业、民间零散资本等）	零散批装商工程商 各类中小工程建设公司	运维商 如阳光智维、昱辉电力等		
	公共建筑 如党政机关建筑、村委会建筑、学校、医院等	零散批装商 各类中小新能源公司	如华夏复金租、越秀金租、象屿股份、广州城投等				

图 5 分布式光伏开发涉及主体

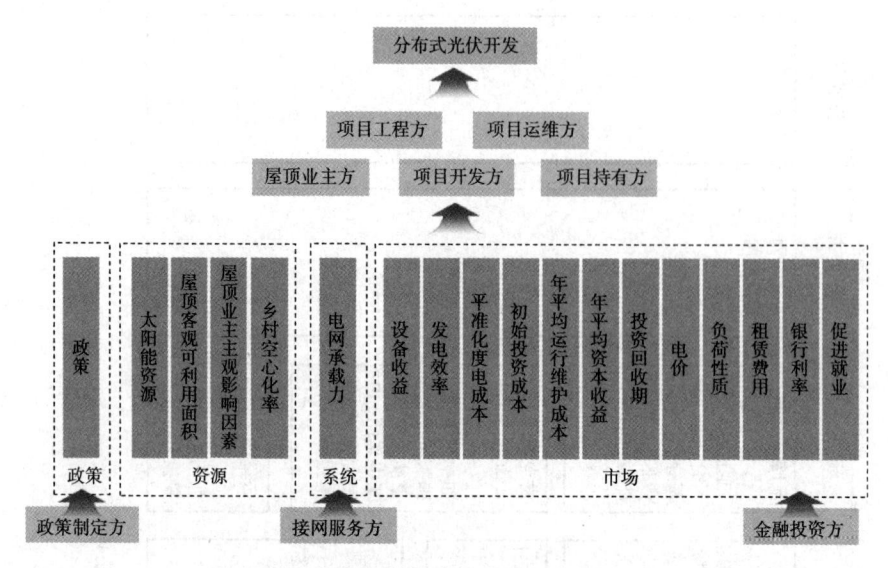

图 6　分布式光伏开发影响因素关系链

（三）影响因素作用链分析

根据调研并结合高精地图屋顶资源识别情况，可以将屋顶资源分为三大类：居民建筑、工商业建筑、公共建筑（党政机关、企事业单位等）。其中，具体分析中公共建筑与工商业厂房项目可归为一类。考虑不同消纳模式后，可分为2大类5小类（见表1）。

表 1　分布式光伏主要类型

项目类型	消纳模式	备注
户用	全额上网	收益模型简单，受到投资者的认可，一般是企业投资
	自发自用、余电上网	一般是居民用户自投资项目
工商业	全额上网	一般是第三方企业投资项目
	自发自用、余电上网	一般是工商业厂房业主自投资项目
	合同能源管理	一般是第三方企业投资项目

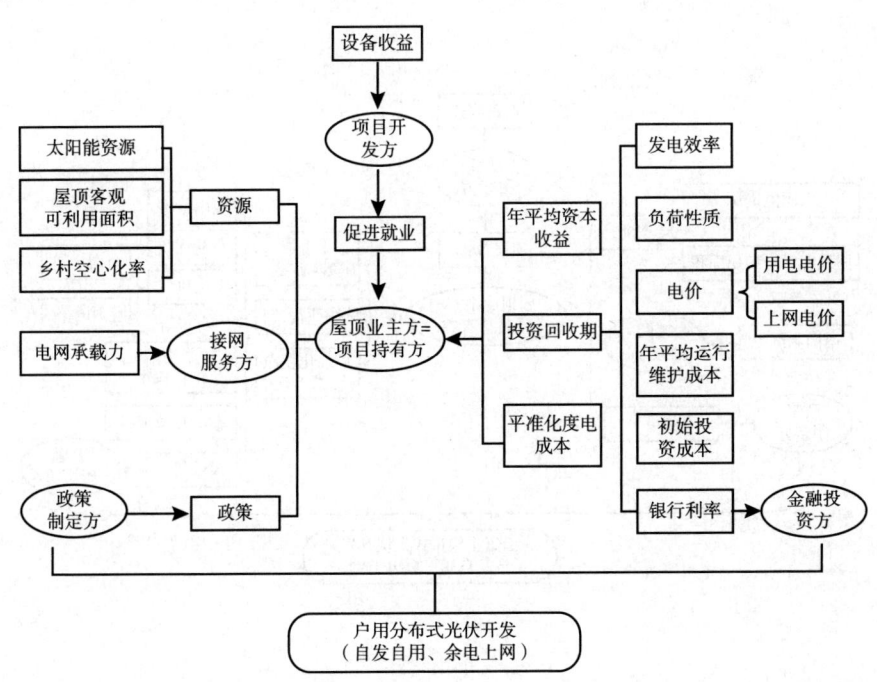

1. 户用分布式光伏

户用分布式光伏根据消纳模式可分为全额上网型，自发自用、余电上网型两种类型（见图7）。据调研了解，自发自用、余电上网型一般是户用屋顶业主全款或贷款自投的光伏项目，全额上网型一般是屋顶业主与项目持有方通过纯租赁（租赁屋顶）或经营性租赁（租赁设备）等合作方式开发的项目，项目持有方与屋顶业主方通过租赁费用产生经济链接。

2. 工商业分布式光伏

工商业分布式光伏包括全额上网型，自发自用、余电上网型，合同能源管理型三种类型（见图8）。据调研了解，自发自用、余电上网型一般是工商业业主全款或贷款自投的光伏项目。全额上网型一般是工商业业主与项目持有方通过租赁合作方式开发的项目，合同能源管理型一般是工商业业主与项目持有方通过合同能源管理（用电折扣）等合作方式开发的项目，该模式下项目持有方在项目投资时会考虑屋顶业主主观影响因素，更倾向于开发有独立屋顶或者屋顶产权清晰的项目；公共建筑需要政府部门或企事业单位

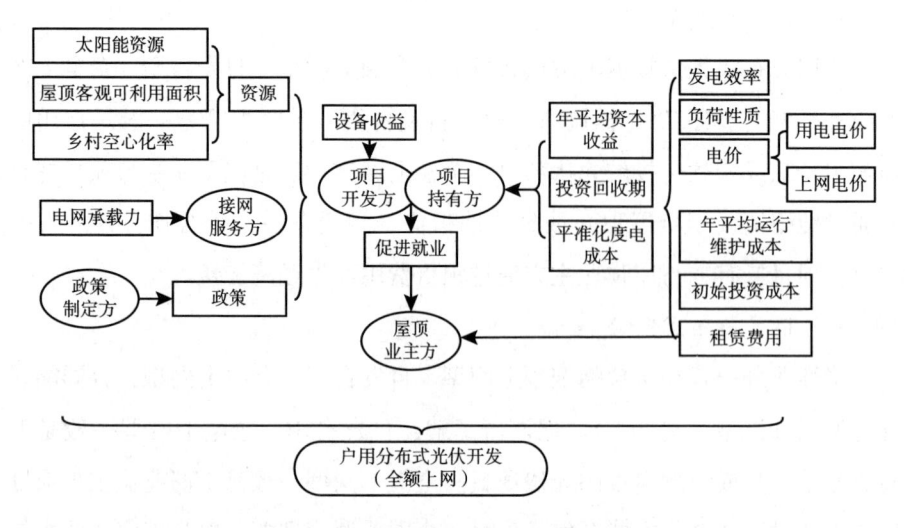

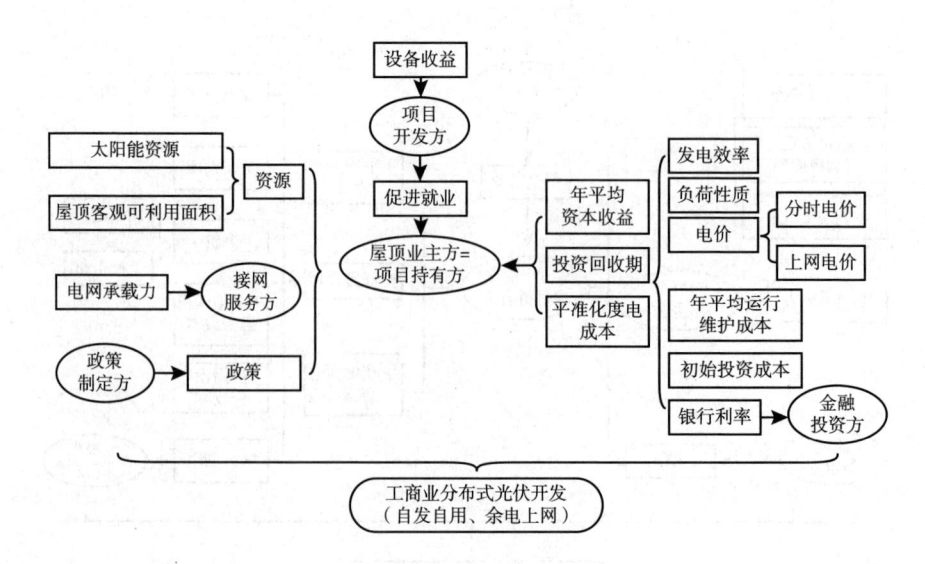

图 7　户用分布式光伏影响因素作用链

推动,积极性一般。此外,光伏项目通过企业用户变并网时会受企业特性影响,调研了解到,出现过企业休息,用户变报停,光伏项目发电无法上网的情况。

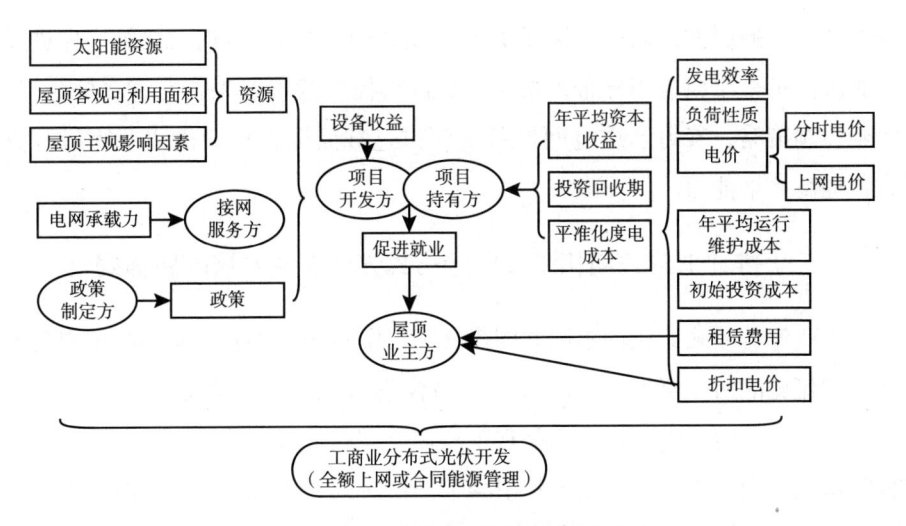

图8 工商业分布式光伏影响因素作用链

四 发展建议

课题组立足河南分布式光伏发展新阶段、新形势，针对调研中发现问题，结合河南省情、其他省份发展经验及国家政策规范，提出引导服务、协调发展、并网标准、利用模式等四个方面的对策建议，以期服务和支撑全省分布式光伏行业健康可持续发展。

（一）持续做好分布式光伏健康可持续发展的保障服务

分布式光伏涉及主体多、涉及面广，开发建设、运行维护、投资收益等全环节需各方面高度关注。一是做好《关于促进分布式光伏发电行业健康可持续发展的通知》宣贯落实，细化并网验收流程与技术要求，把好"入口关"做好新增各类户用光伏甄别，避免"带病并网"；持续跟踪研判发展阶段和特征，及时调整开发和商业模式，完善机制和政策措施。二是结合国家能源局分布式光伏接入电网承载力及提升措施评估试点工作，进一步明确责任主体、工作流程、发布机制，滚动分析分布式光伏规模化并网对电力系统安全运行的影响，做好光伏开发和并网能力的统筹，及时总结推广先进经验做法。三是全面应用分布式光伏"群调群控"建设成果，厘清责任分工、明确控制策略，着力解决电网设备反向重过载问题，持续优化系统运行方式，提高接纳能力。

（二）推动形成户用和工商业分布式光伏协调发展的新格局

工商业分布式光伏在不同并网模式下，资本金内部收益率均高于户用光伏，配建储能后，资本金内部收益率仍较为可观。从工商业较为发达的江苏、浙江、福建等省份看，均呈现工商业分布式光伏发展快于户用分布式光伏的特征，山东、河北在新政策引导下，已进入户用和工商业分布式光伏均衡发展新阶段，在《关于促进分布式光伏发电行业健康可持续发展的通知》印发后，河南省问题项目将得到有效制约，户用、工商业分布式光伏有望均衡发展，整体将进入山东、河北当前阶段，工商业分布式光伏将迎来新的发展机遇，建议重点关注工商业分布式光伏发展情况，及时做好引导和服务。

（三）加快构建分布式光伏规模化并网运行的标准体系

2023年以来，光伏装机第一大省山东省电力现货市场"负电价"现象充分揭示了光伏大规模并网给系统运行带来的深刻影响，考虑到河南用电负荷和用电电量远小于山东以及农村地区"空心化"较为严重，若户用光伏延续当前发展态势，2024年有望实现赶超山东，跃升至全国第一，应在持续加强配电网改造、巩固提升承载力的同时，建立健全涵盖监测预测、信息接入、通信协议、接网运行、涉网提升、调度控制、安全自动保护、评估预警等环节的分布式光伏规模化开发、规模化并网运行标准体系架构，指导分布式光伏科学入网，最大限度匹配电网运行架构，避免出现因运行匹配问题造成大量改造或大拆大建而影响电网安全稳定运行的情况。

（四）积极探索适应分布式光伏规模化并网利用的新模式

在分布式光伏发展进入新阶段、走在全国前列的新形势下，建议充分考虑河南实际情况，充分借鉴国内外先行试点示范建设运行经验，统筹可整片、连片开发的分布式资源，结合分布式资源整体规模、资源密集度、电网承载力等实际情况，灵活采取集中汇集、汇集升压、升压汇集、多层汇集升压的汇集接入模式，接入相应电压等级电网，避免化整为零、随意拆分；积极探索柔性互联、智能软开关等技术可行性，推动开展源网荷储协同互动示范项目建设，最大限度挖掘区域间源网荷储资源协调互济能力，提高分布式光伏大规模接网后配电网的灵活可控和安全可靠运行能力，及时总结试点示范经验，形成可复制可推广的落地见效方案，支撑服务新能源高质量发展，提升系统运行效率和经济性。

参考文献

姜黎、陈仪方：《分布式大爆发》，《南方能源观察》2023年第8期。

张馨月等：《"双碳"背景下村集体角色与农户光伏安装意愿——基于烟台市的实证分析》，《中国集体经济》2023年第27期。

杜明等：《推进分布式光伏"集中汇流"开发模式实施》，《大众用电》2023年第4期。

吕超然等：《分布式光伏规模化接入对配电网的影响诊断分析》，《农村电气化》2023年第7期。

时璟丽：《分布式光伏发展模式和政策机制思考》，《中国电力企业管理》2023年第9期。

栗峰等：《新型电力系统下分布式光伏规模化并网运行关键技术探讨》，《电网技术》2023年7月3日。

国家发展改革委、国家能源局：《关于促进新时代新能源高质量发展的实施方案》，2022年5月14日。

国家能源局：《分布式光伏接入电网承载力及提升措施评估试点实施方案》，2023年6月13日。

国家能源局：《关于加强分布式光伏发电安全工作的通知（征求意见稿）》，2021年11月。

河南省发展改革委：《河南省分布式光伏接入电网技术指导意见（暂行）》，2023年6月。

B.20
河南省分时电价执行情况调研及优化调整建议

分时电价调研课题组*

摘　要： 发挥分时电价信号作用，引导用户削峰填谷、缓解电力供需矛盾、促进新能源消纳，越发受到各方重视关注。近年来，河南全网用电负荷连创新高、分布式光伏新增规模领跑全国，面临"保供应、促消纳"双重压力。本文调研梳理典型省份分时电价政策，系统分析河南现行分时电价下度冬、度夏用电新特征，深入剖析河南电力系统面临的新形势、新问题，设计基于净负荷曲线的分时电价优化方案，测算电力安全保供、新能源消纳、新型储能发展等方面的优化成效，提出健全峰谷损益疏导机制、优化峰谷系数及尖峰时长、建立动态调整机制等建议。

关键词： 分时电价　净负荷　电力保供　新能源消纳　河南省

工商业分时电价政策自1995年实施以来，执行范围、时段划分经历了数次优化完善，在保障电力供应、引导合理利用电力资源、促进节能减排等方面发挥了积极作用，是"双碳"背景下支撑新型电力系统建设、支持新能源快速发展的重要机制。本文综合采用政策梳理、资料调研、座谈交流、实地走访等方法，调研总结河南分时电价调整情况，量化分析河南现行分时电价

---

*　课题组组长：杨萌、王星海、史岳。课题组成员：张艺涵、刘军会、柴喆、王江波、吴宇华、武志东、司佳楠、路尧。执笔：柴喆，工学硕士，国网河南省电力公司经济技术研究院工程师，研究方向为能源电力经济与电力市场运行；刘军会，工学硕士，国网河南省电力公司经济技术研究院高级工程师，研究方向为能源电力经济与电力市场运行。

执行前后用电负荷变化特征，参考国内典型省份峰谷时段划分、峰谷系数设置、损益疏导机制等先进经验，结合新能源大规模发展、系统峰谷特性变化等新形势新要求，找出存在问题、剖析优化需要，设计了河南省分时电价优化方案，可为更好引导用户削峰填谷、改善电力供需状况、促进新能源消纳，形成有效的分时电价信号、保障电力系统安全稳定经济运行提供支撑。

一 河南省分时电价调研及典型省份经验

2021年7月，国家发展改革委印发《关于进一步完善分时电价机制的通知》，要求各地统筹考虑当地电力供需状况、系统用电负荷特性、新能源装机占比、系统调节能力等因素，基于净负荷曲线变化特性适时调整分时电价。2022年11月，河南省历经十余年后首次开展分时电价调整，山东、江苏等多个省份也陆续优化调整分时电价机制，总体呈现"打破等时划分、拉大峰谷价差、设置午间低谷"三大特征及"损益月度疏导、时段动态调整"两大导向，有效引导了用电负荷特性优化，客观上降低了全社会综合用电成本。

（一）河南现行分时电价执行情况

1. 政策调整情况

2022年11月，河南省发展改革委印发《关于进一步完善分时电价机制有关事项的通知》，主要进行了四方面调整。一是调整了时段划分。高峰时段调整为10~14时和17~21时（原机制为8~12时和18~22时），低谷时段调整为23时至次日7时（原机制为24时至次日8时），其余时段为平段。二是拉大了峰谷价差。峰平谷时段电价比由原1.57：1：0.5调整为1.64：1：0.41。三是建立了季节性电价机制。每年1月、7~8月、12月，在平段电价不变的基础上，峰平谷时段电价比调整为1.71：1：0.47。四是恢复了尖峰电价机制。1月、12月尖峰时段为每日18~19时，7~8月尖峰时段为每日12~14时和20~21时，尖峰用电价格在其他月峰段电价基础上浮20%。

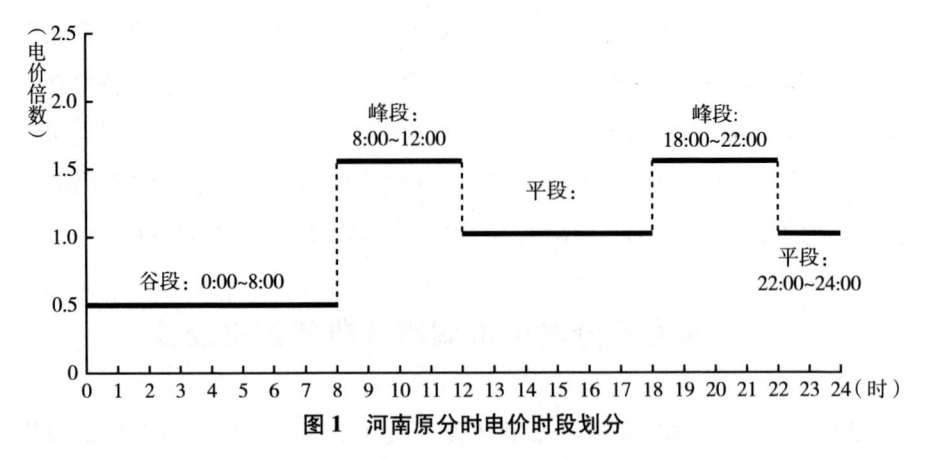

图1 河南原分时电价时段划分

资料来源：河南省发展和改革委员会。

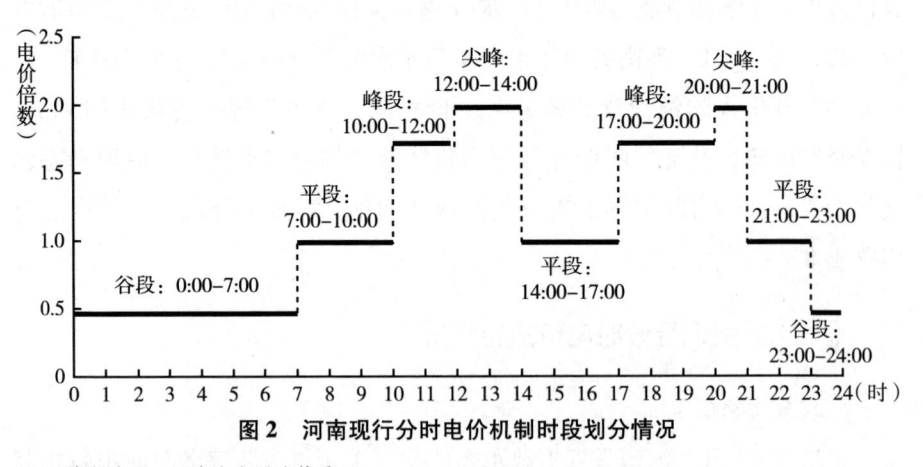

图2 河南现行分时电价机制时段划分情况

资料来源：河南省发展改革委。

2. 政策执行成效

（1）现行分时电价有效引导用电负荷特性优化，实现削峰填谷

一是全网负荷特性有所优化。从全网冬季典型日负荷曲线看，度冬期间午高峰前移约2小时，由上午11时前移至9时左右；夜间低谷（0~7时）负荷提高377万千瓦，是晚高峰涨幅的1.3倍，填谷效应显著。从日平均负荷率看，全网日平均负荷率由上年的85.6%提升至86.4%，其中夜间低谷时段（0~7时）负荷率由上年的70.5%提升至73%，负荷特性曲线得到一定优化（见图4）。

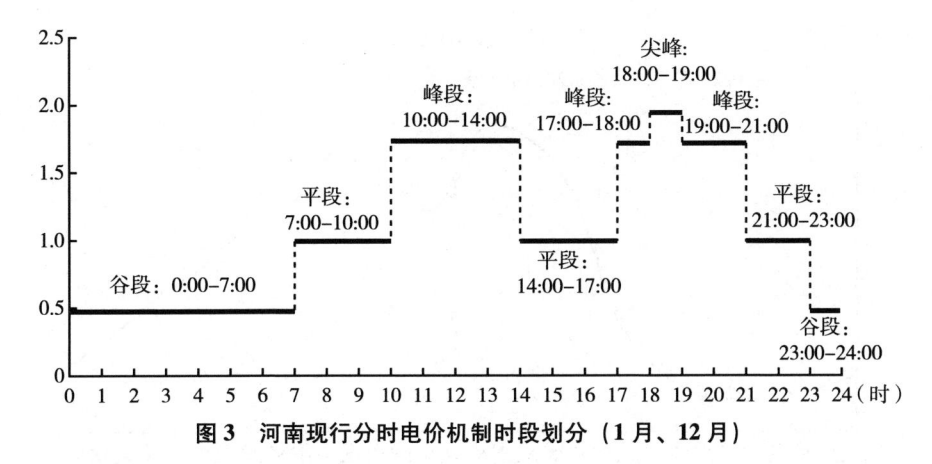

图 3　河南现行分时电价机制时段划分（1 月、12 月）

资料来源：河南省发展改革委。

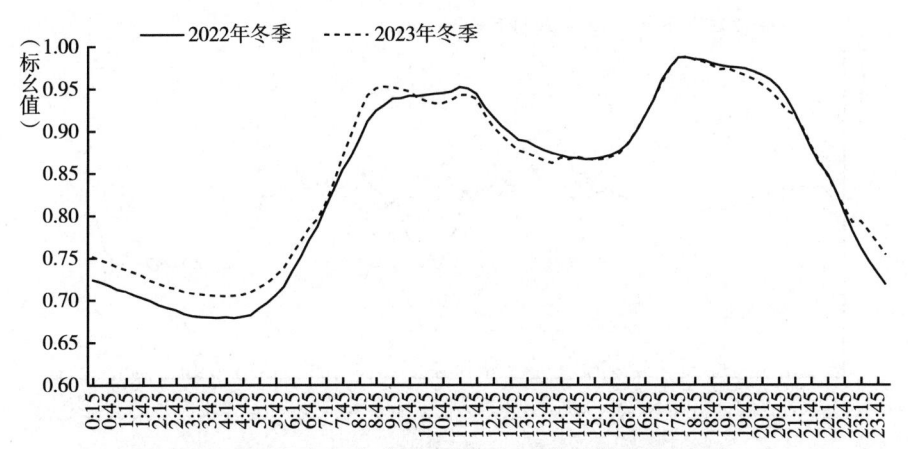

图 4　2022~2023 年冬季典型日河南全网用电负荷特性

资料来源：行业统计。

二是第二产业主动实现削峰填谷。全网夜间用电低谷（0~7时），第二产业负荷显著抬升。度冬期间，全省第二产业最大负荷已由上年日间转移至后夜，0~7时平均负荷较上年增加114万千瓦，其中2月以来增幅达到238万千瓦，同比增幅超过12%。全网用电高峰时段（午间、晚间），第二产业负荷有所下降，有效缓解保供压力。电价午峰时段（10~14时），第二产业负荷平均下降66万千瓦。电价晚峰时段（17~21时），第二产业负荷与上年基本持平。第三产业遵循经营特点和作息规律，用电特性基本不受分时电价影响（见图5）。

第一产业

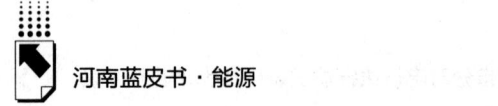

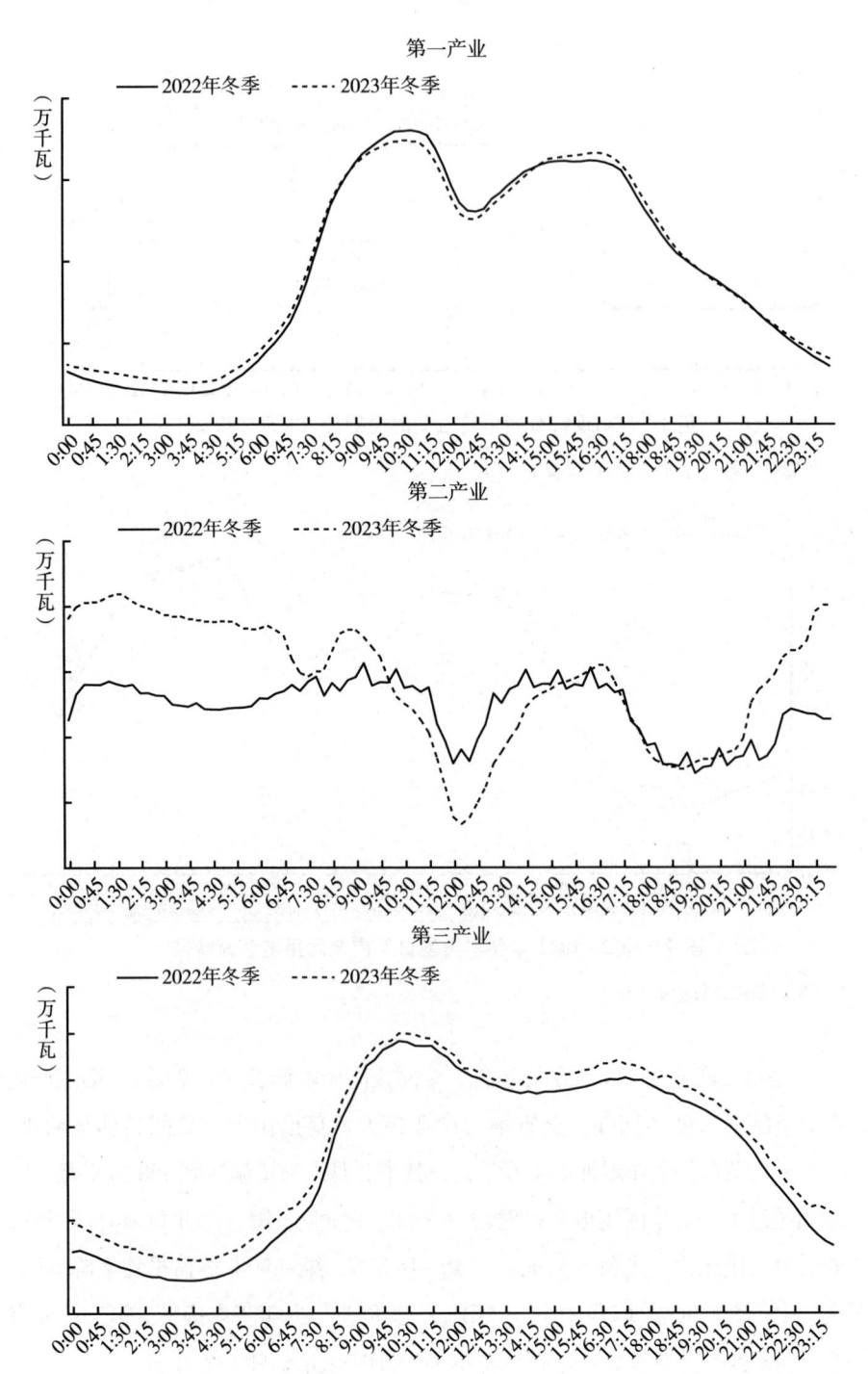

第二产业

第三产业

居民生活

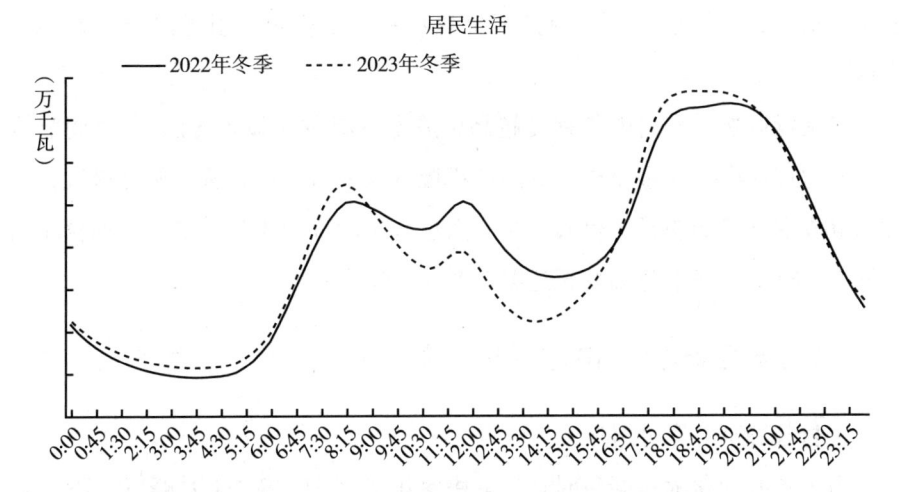

图 5　2022~2023 年三次产业及城乡居民用电负荷特性曲线

注：2022 年冬季指 2021 年 12 月至 2022 年 1 月，2023 年冬季指 2022 年 12 月至 2023 年 1 月。

（2）光伏规模化发展导致午晚双峰特性变化，晚间保供压力增大

一是午高峰保供紧张形势缓解。"十四五"以来，河南省新增分布式光伏装机 1453 万千瓦，已超过"十三五"累计新增装机（1134 万千瓦），2019~2022 年分别新增分布式光伏装机 58 万、115 万、359 万、774 万千瓦，增量连续翻番。受分布式光伏快速增长影响，度夏期间午高峰新能源平均出力超过 1500 万千瓦。

二是晚高峰安全保供压力增大。度夏期间全网日最大负荷转移至晚间（21 点前后），较午间平均高约 300 万千瓦。全省共 19 天日最大负荷超过 6700 万千瓦，其中 14 天晚峰负荷高于午峰，其余 5 天因午后降雨、晚峰负荷下滑，低于当天午峰。晚峰最高达 7889 万千瓦，同比增加 372 万千瓦，在上年基数偏高的情况下实现了较快增长。

（3）电价敏感行业积极响应分时电价政策，综合用电成本降低

一是第二产业积极响应分时电价政策，用电成本降低。从 2022 年、2023 年对比看，考虑同等基础电价水平，非季节性尖峰电价月第二产业用电成本较上年下降约 3%；受尖峰电价影响，季节性月第二产业用电成本较

上年小幅提高，契合政府"保持电价总水平基本稳定、引导降低企业用电成本"初衷。

二是行业响应分时电价程度越高，成本下降越明显。省内12个调节能力较强的行业中，非金属矿物制品业积极响应分时电价，调节幅度最大，综合用电成本下降最明显；金属制品、黑色金属冶炼和压延加工、农副食品加工等5个行业，成本降幅均超过第二产业平均水平。

（二）典型省份分时电价调整经验

1. 打破峰平谷等时划分

山东省差异化缩短峰谷时长，其中每年2~5月、9~11月峰谷时段（含尖峰、深谷时段）各设为5小时、平段设为14小时；每年1月、6~8月、12月峰谷时段各设为6小时、平时段为12小时。浙江省峰谷时段各设12小时，其中夏、冬季尖峰时段设为4小时，其他季节尖峰时长增加为6小时、增设13：00~15：00为尖峰时段。内蒙古按照大小风季调整峰谷时长，其中每年1~5月、9~12月（大风季节）峰平谷时长分别为4、11、9小时，每年6~8月（小风季节）峰平谷时长分别为6、13、5小时。山西省全年峰平谷时段按照9、6、9小时划分（见表1）。

表1 典型省份工商业峰平谷时长划分

时段	峰段(含尖峰)	平段	谷段(含深谷)
山 东	5小时(春秋) 6小时(夏冬)	14小时(春秋) 12小时(夏冬)	5小时(春秋) 6小时(夏冬)
浙 江	12小时	0	12小时
内蒙古	4小时(大风季) 6小时(小风季)	11小时(大风季) 13小时(小风季)	9小时(大风季) 5小时(小风季)
山 西	9小时	6小时	9小时

2. 拉大峰谷电价价差

山东省拉大峰谷价差、春秋冬季引入深谷电价，尖峰、高峰、平段、低谷、深谷分时电价系数比为2∶1.7∶1∶0.3∶0.1。江苏省针对大工业用户在夏、冬两季设置尖峰电价，统一以峰段电价为基础上浮20%，尖峰、高峰、平段、低谷分时电价系数为2.06∶1.7196∶1∶0.4185。河北省分时电价系数与江苏类似，高峰和低谷时段用电价格分别上下浮动70%，尖峰时段用电价格在高峰的基础上上浮20%，尖峰、高峰、平段、低谷分时电价系数为2.04∶1.7∶1∶0.3（见表2）。

表2 典型省份峰平谷分时电价系数

分类	尖峰	高峰	平段	低谷	深谷
山东	2	1.7	1	0.3	0.1
江苏	2.06	1.7196	1	0.4185	—
河北	2.04	1.7	1	0.3	—

3. 设置午间低谷电价

山东、河北、江苏、浙江、宁夏、青海、山西、内蒙古、新疆、甘肃、辽宁等光伏装机规模较大的11个省份，开始执行午间低谷或深谷电价[①]。其中，山东春秋季10~15时、冬季10~16时设为低谷电价，在冬季12~14、春秋季11~14时设为深谷电价；青海、甘肃、宁夏等新能源装机占比较高省份，全年将9~17时设为低谷电价；浙江、山西等省份全年将11~13时设为低谷电价；河北春秋冬季12~15时设为低谷电价，江苏试行在重大节日午间11~15时设为深谷电价。

4. 健全损益疏导机制

山东、宁夏、辽宁等省份建立了峰谷损益月度疏导机制，不再采用纳入输配电价、核价周期统筹考虑的方法。山东和宁夏将代理购电价格峰谷损益纳入代理购电损益，按月由代理购电用户分摊或分享。辽宁结合每月代理购

---

① 截至2023年6月，光伏装机大省（山东第1、河北第2、江苏第4、浙江第5、宁夏第7、青海第9、山西第10、新疆第13、内蒙古第14、甘肃第15、辽宁第20）均出台低谷或深谷电价，以期通过激励午间负荷增长促进光伏消纳。河南光伏总装机规模全国第3，分布式光伏装机规模全国第2、仅次于山东。资料来源：国家能源局。

电、市场化交易情况,将分时电价机制形成的峰谷损益按月由全体工商业用户分摊或分享。

5.建立动态调整机制

山东率先建立分时电价动态调整机制。山东发展改革委①授权国网山东电力公司,在既定峰谷时长和电价系数的基础上,结合电力供需状况、系统用电负荷特性、新能源装机占比、系统调节能力等因素,可年度调整峰谷时段。当年内出现电力供需紧张、天气变化等不确定因素时,可及时对峰谷时段进行调整。

二 河南分时电价机制面临的新形势新要求

当前,河南省进入新型电力系统加速构建的新阶段,分布式光伏增长迅猛,支撑、调节资源相对不足,正面临晚峰保供困难、午间消纳受限等问题。在现有调节资源有限背景下,亟须结合用电负荷特性开展分时电价优化调整,满足"保供应、促消纳"要求,服务新型电力系统安全稳定运行。

(一)晚高峰有效顶峰能力有限,需引导用户避峰服务保供

近年来,全省用电负荷快速攀升、屡创历史新高,电力保供整体呈现"负荷峰值高、持续时间长、保供压力大"突出特点。一方面,受分布式光伏快速增长影响,度夏期间午高峰新能源平均出力1551万千瓦,而晚峰时段风电出力受昼夜温差、环境湿度影响较大,在7月底、8月初持续高温湿热天气期间,晚高峰时段风电平均出力337万千瓦,占用电负荷比例仅为5%,极端情况下全省风电出力不足100万千瓦。晚峰时刻,新能源"大装机、小出力"特征明显,难以发挥可靠支撑作用,晚峰供电压力明显大于午峰。另一方面,储能发展远滞后于新能源,难以形成有效顶峰能力。因此,亟须发挥分时电价信号作用,引导用户错峰用电,缓解晚高峰电力保供压力。

---

① 山东省发展改革委:《关于工商业分时电价机制有关事项的通知》,2022年11月。

（二）分布式光伏连续翻番增长，需引导午后用电促进消纳

分布式光伏连年翻番增长使得新能源弃电增加。截至2023年8月底，河南分布式光伏发电装机2661万千瓦，占电力总装机比重达到20%，装机规模居华中第一、全国第二。新能源弃电发生概率逐年增加，2023年春季（3~5月）发生新能源弃电情况占比达到74%，新能源消纳困难时段集中在午间腰荷时段，超七成发生在11：00~14：00时段。2023年度夏期间首次出现因调峰缺口造成新能源弃电问题，新能源超一半弃电发生在午间9：00~15：00光伏大发时段。亟须发挥分时电价杠杆作用，引导工商业用户午间消纳困难时段多用电，助力新能源消纳。

（三）灵活性调节手段参与不足，需推动调节性资源发展

河南常规电源以火电装机为主，灵活调节电源较为匮乏，水电、抽蓄、燃机等装机占比不足10%，有功调节能力不足造成电网运行控制难度不断加大。春秋季午间新能源大发，在省内灵活调节电源充分运用、省内省间调峰辅助服务市场充分开启后，仍常态化存在调峰缺口，电网安全运行面临严峻挑战。目前新能源装机规模已突破"十四五"规划目标，但储能发展建设远滞后于新能源发展，截至2023年8月，已有储能并网规模仅12.23万千瓦，且均为配建储能，省内已公布的两批独立储能均未建成投运。亟须通过优化分时电价机制，大力支持新型储能发展，为调节资源创造盈利空间，提升系统灵活调节能力。

三 河南省分时电价政策优化调整方案设计

（一）优化原则

科学设置分时电价、有效发挥价格作用，需基于用电特性及主要矛盾合理确定，研究重点把握以下三大原则。

一是契合国家政策要求，以净负荷曲线为分析对象。国家政策明确，可再生能源发电装机比重高的地方，要充分考虑新能源发电出力波动以及净负荷曲线变化特性。"十四五"以来河南新能源装机规模持续增大，最大净负荷占全网最大负荷比重逐年下降，研究净负荷特性最能反映电力系统根本调节需求，作为分时电价调整依据较为合理。

二是保持工商业用能成本稳定，便于政策执行落地。当前，河南尚处于经济加速恢复关键时期，工商业用户电价承受能力弱，需坚持工商业用能成本稳定原则合理优化分时电价，保障经济影响最小化、错峰效果最大化。

三是聚焦不同季节特性，开展峰谷时段优化。夏季负荷水平全年最高、弃电发生概率最低，重点是晚高峰电力保供难题，采用"以峰定谷"方法优化峰谷时段；春秋季新能源弃电问题突出，重点是聚焦午间腰荷时段缓解新能源消纳困难问题，采用"以谷定峰"方法；冬季负荷水平整体较高，弃电率仅次于春季，需统筹保供应与促消纳双重难题。

（二）思路方法

基于净负荷曲线分季节开展峰谷时段优化研究，按照"三步走"思路。

一是形成净负荷曲线。由全网负荷曲线扣除全口径新能源及外电曲线得到，净负荷曲线是可控电源需要追踪的曲线，反映省内常规电源调节压力。

二是量化分析净负荷曲线高峰、低谷分布特征。根据各季节净负荷特性曲线，基于负荷率设置等差基准线，分析负荷高于基准线的高峰时长及覆盖时段、低于基准线的低谷时长及对应时段。

三是基于峰谷特性合理制定峰谷时段优化调整方案，并校验优化方案下电力供需平衡情况。按照"峰谷时长一致且时段整点划分"原则，采用夏季以峰定谷、春秋以谷定峰、冬季峰谷兼顾的方法确定各季峰平谷时段，并以优化方案下负荷转移能力上限，确定电力平衡校验边界，评估实行新分时电价规则后的保供风险。

（三）调整方案

1. 夏季：以保供应为主

（1）季节特征分析

河南省夏季电力保供困难时期主要集中在 7~8 月。截至 8 月 20 日，全网日最大负荷超过 7000 万千瓦共计 13 天，其中 7 月 6 天、8 月 7 天；6700 万千瓦（85%最大负荷）以上共有 19 天，其中 6 月 1 天、7 月 8 天、8 月 10 天。全网日最大负荷由午间转移至晚间。除午后降雨致使晚峰负荷下滑外，日最大负荷发生时刻集中于晚间 21：00~22：30 时段。新能源弃电发生概率较上年增加。2022 年夏季仅 2 天存在微量新能源弃电，2023 年夏季新能源超一半弃电发生在午间 9：00~15：00 光伏大发时段。

（2）样本曲线选取

选取 2023 年夏季（6~8 月）全网用电负荷 85%以上的样本日，将叠加新能源弃电电力后的净负荷曲线作为时序场景集，按照"全网负荷大、权重系数大"原则，加权形成夏季补偿新能源弃电后的净负荷时序特征曲线。可以看出，夏季净负荷呈现"晚高峰、长勺型"特征。日最大负荷出现在晚间 21：30 前后，日间负荷水平明显低于晚间，日内峰谷差达 2232 万千瓦，峰谷差率 40%（见图 6）。

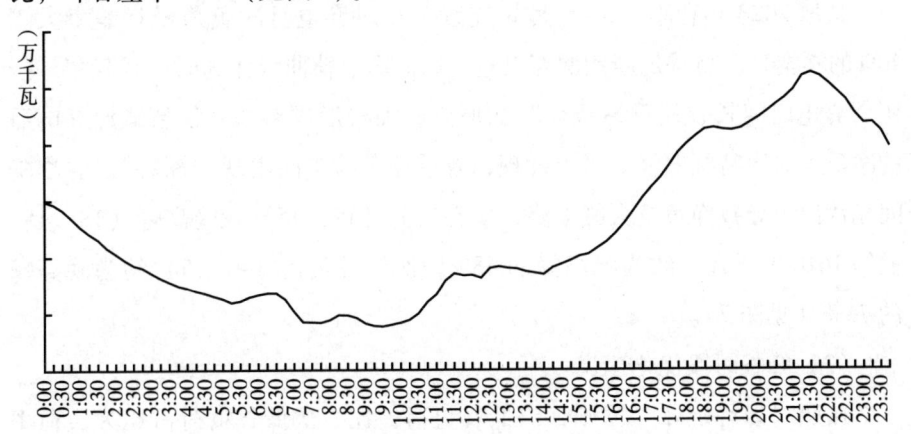

图 6　2023 年夏季典型日净负荷特征曲线

(3) 峰谷时段优化建议

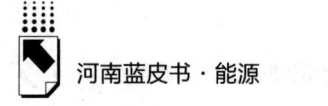

按照"以峰定谷"原则，基于负荷率设置等差基准线，分析负荷高于基准线的高峰时长及覆盖时段、低于基准线的低谷时长及对应时段。基于峰谷时长一致且时段整点划分原则，合理设置峰谷时段。根据净负荷曲线，夏季净负荷高峰（负荷率>90%）出现在晚间、持续时长为5.25小时，负荷最大值出现在21：30前后。建议合理优化峰谷持续时长，取消午间高峰电价时段，晚间高峰电价时段在现行分时电价政策基础上向后推迟2小时，晚间尖峰电价时段适当延长；考虑保供因素，夏季日间暂不设置低谷、设为平段，按照峰谷时长对应原则选取夜间负荷较低时段设置低谷电价。

考虑分时电价政策调整、取消午间峰段后，预计用电负荷将有所抬升，以2023年为样本、基于极限思维开展保供能力校验。经测算，分时电价优化后，度夏午间电力供应在安全裕度内。

2. 春季：以促消纳为主

（1）季节特征分析

2023年春季全省日平均最大负荷4335万千瓦，发生新能源弃电情况占比达到74%，新能源消纳困难问题日益突出。新能源消纳困难时段集中在午间腰荷时段，超七成发生在11：00～14：00时段。

（2）样本曲线选取

选取2023年春季（3~5月）连续2小时弃电且净负荷峰谷差率大于40%的样本日，将叠加新能源弃电电力后的净负荷曲线作为时序场景集，按照"弃电时间长、权重系数大"的原则，加权形成春季补偿新能源弃电后的净负荷时序特征曲线。可以发现，春季净负荷午间出现"深谷"。春季午间光伏出力导致净负荷大幅下降，低谷负荷（12：45）较晚高峰（18：45）低约1610万千瓦、约为晚高峰的48%，次低谷负荷（4：15）约为晚高峰的75%（见图7）。

（3）峰谷时段优化建议

按照"以谷定峰"原则，以低谷负荷占比、次低谷负荷占比为负荷率区间，设置等差基准线，分析负荷低于基准线的时长及覆盖时段。统计样本

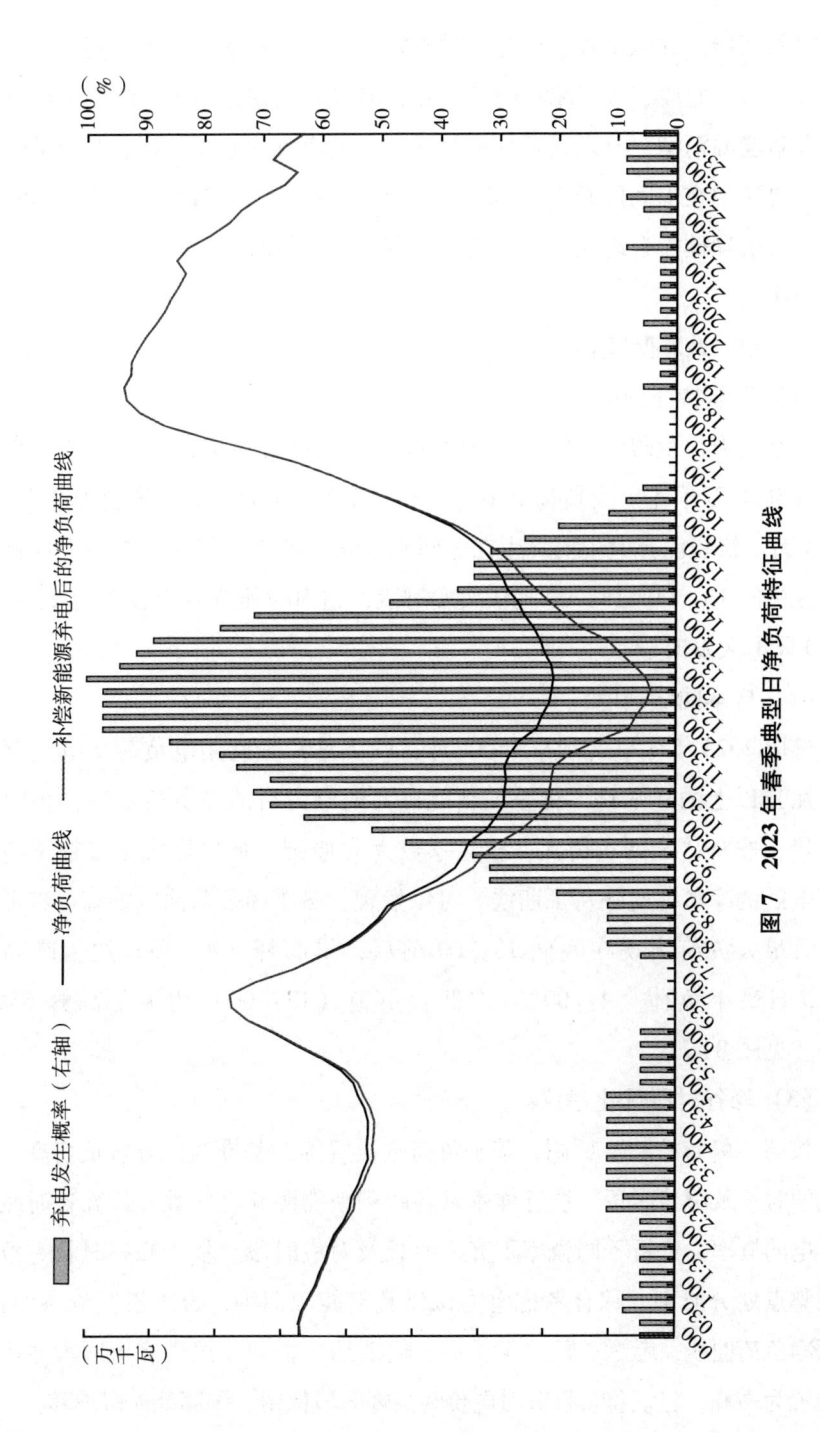

图 7 2023 年春季典型日净负荷特征曲线

日各时刻新能源弃电次数，计算各时刻发生弃电的概率，分析不同概率下弃电时长及对应时段。基于峰谷时长一致且时段整点划分原则，综合考虑电力保供及新能源消纳，合理设置峰谷时段。根据净负荷曲线，新能源消纳困难时段主要集中在午间腰荷及夜间风电大发时段，考虑谷段设置避开早晚高峰，同时引导储能合理充放电，建议增设午间低谷时段，且峰谷时段不连续出现两次。

3. 冬季：兼顾保供应、促消纳

（1）季节特征分析

冬季电力保供聚焦12月、1月晚间。全网最大负荷5970万千瓦，95%以上（5600万千瓦）大负荷共有16天，12月、1月、2月分别为9天、4天、3天。新能源弃电主要发生在午间和夜间。冬季新能源弃电超七成概率发生在午间13:00~14:00光伏大发时段，超50%概率发生在夜间2:00~5:00风电大发时段。

（2）样本曲线选取

选取2023年冬季（2022年12月、1~2月）全网用电负荷95%（5600万千瓦）以上的样本日，将叠加新能源弃电电力后的净负荷曲线作为时序场景集，按照"全网负荷大、权重系数大"原则，加权形成冬季补偿新能源弃电后的净负荷时序特征曲线。可以发现，冬季净负荷曲线晚高峰特征明显。日最大负荷出现在晚间18:00前后，早高峰（8:30）约为晚高峰84%，日最小负荷（4:00）、次低谷负荷（13:00）约为午高峰63%、68%（见图8）。

（3）峰谷时段优化建议

按照"峰谷校验"原则，基于负荷率设置等差基准线，分析负荷高于基准线的时长及覆盖时段。统计样本日各时刻新能源弃电次数，计算各时刻发生弃电的概率，分析不同概率下弃电时长及对应时段。基于峰谷时长一致且时段整点划分原则，综合考虑电力保供及新能源消纳，合理设置峰谷时段。根据净负荷曲线，考虑兼顾"保供应、促消纳"需要，出现弃电时段原则上不设置为高峰，建议将现行分时电价晚高峰时段保留，午高峰时段前移。

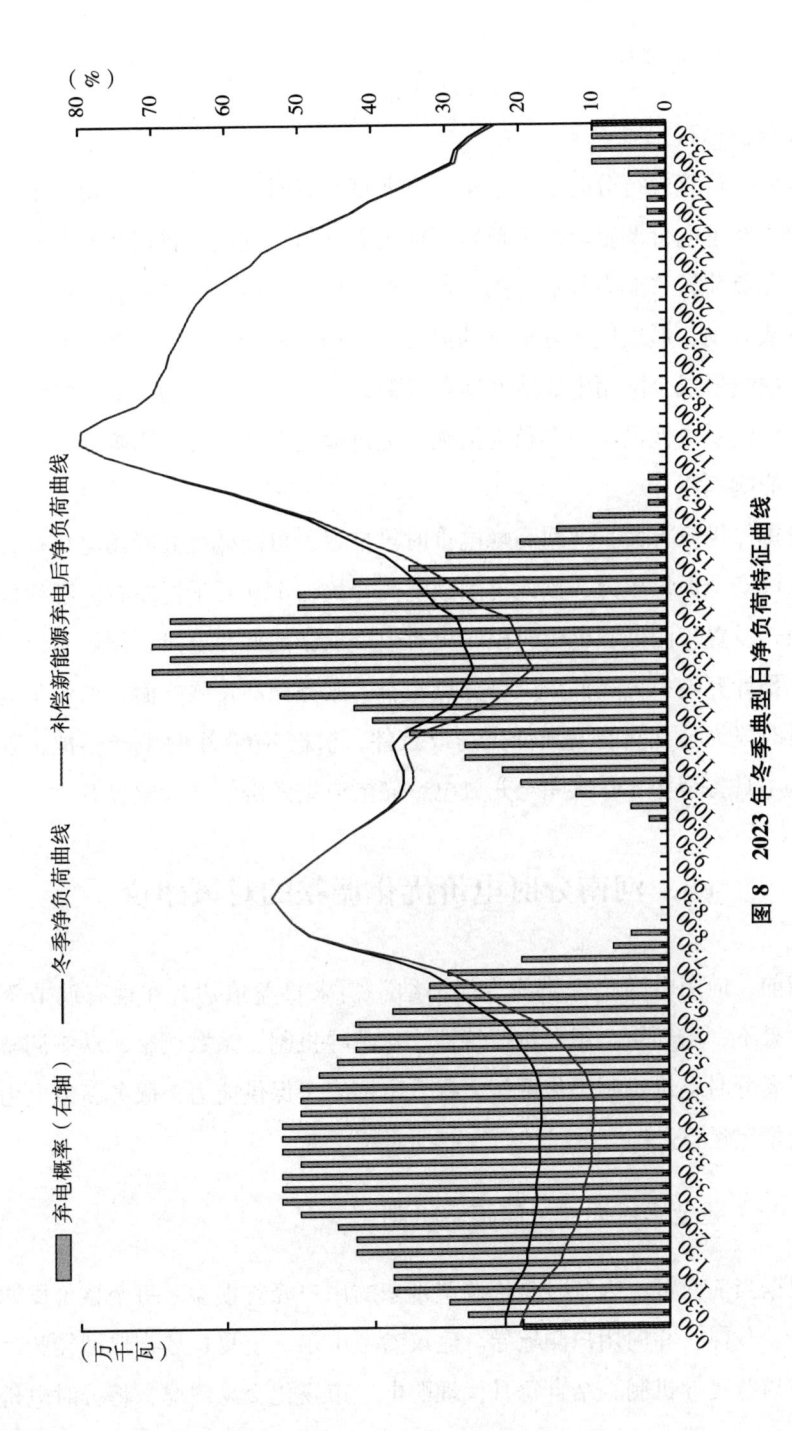

图 8 2023 年冬季典型日净负荷特征曲线

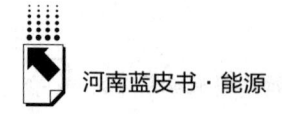

（四）影响评估

1. 分析思路

首先，计算现行分时电价下第二产业峰平谷时段负荷最大、最小值，测算优化方案下电价调整时段负荷转移能力平均值；其次，将调整时段对应的第二产业负荷转移能力叠加至第二产业典型用电曲线，经平滑处理后，基于电量一致原则，形成优化方案下的第二产业用电曲线；然后，替换原第二产业典型曲线形成全网用电曲线及净负荷曲线；最后，基于用电曲线特性变化情况，评估夏季保供应、春秋促消纳、促进储能发展等方面影响。

2. 影响测算

夏季保供应方面，晚间高峰电价时段推迟，可削减晚高峰用电负荷，缓解晚高峰安全保供压力，预计可削减晚高峰负荷150万千瓦左右。春秋促消纳方面，设置午间低谷电价时段，可有效降低新能源弃电量，缓解系统调峰压力，预计弃电率可降低2个百分点左右。服务储能发展方面，增设午间低谷电价时段为独立储能增加低充高放条件，根据8760小时生产模拟，独立储能基本具备全年350次完全充放电，储能电站经济效益大幅提升。

四 河南分时电价优化调整的对策建议

当前，河南电网"保供应、促消纳"需求日益迫切，在现有调节资源有限背景下，亟须结合用电负荷特性，从疏导机制、系数调整、动态调整等方面开展分时电价机制优化调整，提升电网安全保供能力，服务新型电力系统安全稳定运行。

（一）健全峰谷损益月度疏导机制

根据当前政策，因分时电价调整带来的用户峰谷损益，每个核价周期进行核算、分摊，并向用户侧疏导。建议参考山东、宁夏、辽宁典型经验，健全峰谷损益疏导机制，结合每月代理购电、市场化交易情况，将分时电价机制形成的峰谷损益按月由全体工商业用户分摊或分享。同时，应当尽快推进电力现货市场运行，通过市场来发挥引导作用，回归电价商品属性，形成市场价格，体现分时电价的市场价值。

（二）优化峰谷系数或尖峰时长

分时电价取消午间峰段后，多为日间生产的非电价敏感行业用能成本降低，产生大量峰谷损益有待疏导。当前山东、河北、江苏等多个省份高峰电价系数均达到 1.7 及以上，且尖峰持续时间延长，建议河南结合电网用电特性，在保持工商业用能成本整体稳定的前提下，适当提高峰谷价差，在晚高峰时段提高尖峰时长，引导用户错峰用电，促进储能行业发展，降低电力系统运行安全风险。

（三）建立峰谷时段动态调整机制

为充分发挥价格杠杆反映供需态势的及时性、有效性，建议在确定峰谷系数、峰谷时长基础上，借鉴山东等先进省份做法，根据本省电力供需状况、用电负荷特性、新能源装机占比、系统调节能力等因素，以年度为周期滚动优化调整峰平谷时段。若年内出现电力供需紧张、天气变化等不确定因素，可及时进行适应性调整。

参考文献

《分时电价新政：引导削峰填谷、促进新能源发展》，"中国电力报"百家号，2021年8月5日。

国家发展改革委：《关于进一步完善分时电价机制的通知》，2021年7月。

浙江省发展改革委：《关于进一步完善我省分时电价政策有关事项的通知》，2021年10月。

河北省发展改革委：《关于进一步完善河北南网工商业及其他用户分时电价政策的通知》，2022年10月。

河南省发展改革委：《关于进一步完善分时电价机制有关事项的通知》，2022年11月。

山东省发展改革委：《关于工商业分时电价机制有关事项的通知》，2022年11月。

江苏省发展改革委：《关于完善分时电价机制有关事项的通知》，2023年5月。

B.21
河南省重点产业链发展调查与负荷可调节能力研究

刘军会 陈兴 谢安邦*

摘 要: "十四五"以来,河南坚持把制造业高质量发展作为主攻方向,实施重点链条重塑工程,统筹传统产业、新兴产业、未来产业,积极培育28个重点产业链,大力提升产业链现代化水平,为制造业立省强省提供坚实产业支撑。河南重点产业链用电占比较高,为更好地服务电力保供,本文专题调研了河南重点产业链运行基本情况,系统梳理河南产业链发展政策,对重点产业链相关行业的用电量进行分析,测算重点产业链可调节能力达25%,提出建立产业链协同邀约响应机制、积极引导全行业共同参与负荷管理等建议,提升电力安全保供能力。

关键词: 产业链 用电特征 可调节能力 邀约响应能力 自适应调节能力

党的二十大报告提出,加快建设制造强国,建设现代化产业体系。推动产业链发展是提升河南制造业水平的有力抓手,也是构建产业生态、走可持续发展的必由之路。河南省出台一系列产业政策,明确"集群强链"导向,形成"发展规划—行动方案—行动计划"的政策体系,为推动河南省制造业高质量发展、加快建设现代化经济体系提供了有力支撑。本文分析重点产

---

* 刘军会,工学硕士,国网河南省电力公司经济技术研究院高级工程师,研究方向为能源经济与电力供需;陈兴,经济学博士,国网河南省电力公司经济技术研究院工程师,研究方向为能源经济和企业发展战略;谢安邦,工学硕士,国网河南省电力公司经济技术研究院工程师,研究方向为能源经济与企业发展战略。

业链相关行业用电情况及发展态势，开展了企业用电负荷摸排调查，评估了河南重点产业链可调节能力，服务有效提升负荷管理的效率和效能。

一 河南重点产业链基本情况介绍

制造业是国民经济命脉所系，是立国之本、兴国之器、强国之基。河南以制造业高质量发展为主攻方向，从传统、新兴、未来三个方向布局产业链发展，提升重点产业集群、产业链核心竞争力。

河南加快构建现代化产业体系，着力培育重点产业链。2021年，河南省人民政府发布《河南省先进制造业集群培育行动方案（2021—2025年）》，提出大力实施"集群强链"提升专项，开展"创新强链、数字融链、转型延链、多元稳链、招商补链、生态畅链"六大行动，形成一批万亿级先进制造业集群和千亿级现代化产业链。《2022年河南省人民政府工作报告》提出，要实施龙头企业保链、稳链工程，维护产业链、供应链安全稳定，增强制造业核心竞争力，加快构建现代产业体系。2023年4月，河南省委、省政府出台《关于加快构建现代化产业体系 着力培育重点产业链的工作推进方案》，明确提出围绕超硬材料、新能源汽车等28条产业链，实行"一链一专班一机构"工作机制，研究编制"一方案""四图谱""六清单"①，构建具有河南特色和比较优势的现代化产业体系。2023年8月，河南省人民政府印发《河南省建设制造强省三年行动计划（2023—2025年）》，明确提出先进制造业朝"能级高、结构优、创新强、融合深、韧性好"的方向发展，推进传统产业升链、新兴产业建链、优势产业延链、短板产业补链，实施重点产业链重塑工程，推动重点产业链晋级国家先进制造业集群。至"十四五"末期，形成28个千亿级产业链（见图1）。

---

① "一方案"即培育壮大产业链三年行动方案；"四图谱"即产业、技术、人才、装备图谱；"六清单"即重点企业、项目、园区、短板、创新平台和推进事项清单。

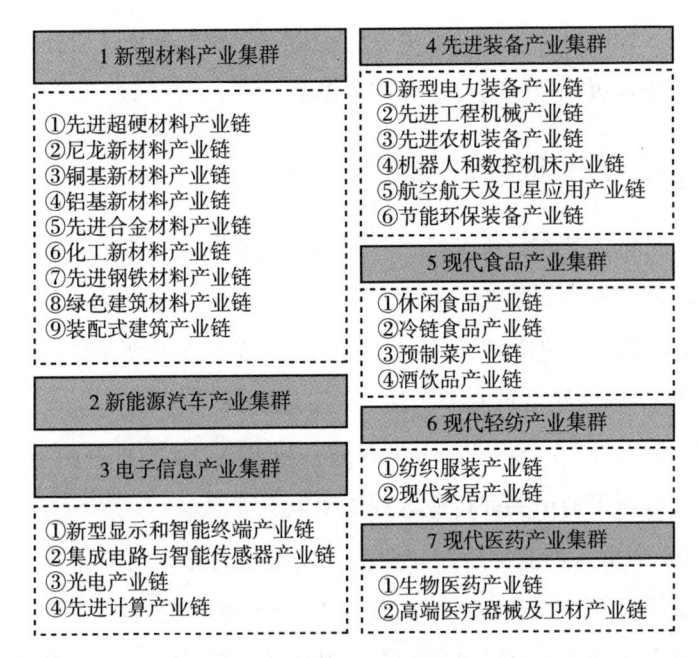

```
┌─ 1 新型材料产业集群 ─────┐   ┌─ 4 先进装备产业集群 ─────┐
│ ①先进超硬材料产业链      │   │ ①新型电力装备产业链      │
│ ②尼龙新材料产业链        │   │ ②先进工程机械产业链      │
│ ③铜基新材料产业链        │   │ ③先进农机装备产业链      │
│ ④铝基新材料产业链        │   │ ④机器人和数控机床产业链  │
│ ⑤先进合金材料产业链      │   │ ⑤航空航天及卫星应用产业链│
│ ⑥化工新材料产业链        │   │ ⑥节能环保装备产业链      │
│ ⑦先进钢铁材料产业链      │   └──────────────────────────┘
│ ⑧绿色建筑材料产业链      │   ┌─ 5 现代食品产业集群 ─────┐
│ ⑨装配式建筑产业链        │   │ ①休闲食品产业链          │
└──────────────────────────┘   │ ②冷链食品产业链          │
┌─ 2 新能源汽车产业集群 ───┐   │ ③预制菜产业链            │
└──────────────────────────┘   │ ④酒饮品产业链            │
                               └──────────────────────────┘
┌─ 3 电子信息产业集群 ─────┐   ┌─ 6 现代轻纺产业集群 ─────┐
└──────────────────────────┘   │ ①纺织服装产业链          │
┌──────────────────────────┐   │ ②现代家居产业链          │
│ ①新型显示和智能终端产业链│   └──────────────────────────┘
│ ②集成电路与智能传感器产业链│ ┌─ 7 现代医药产业集群 ─────┐
│ ③光电产业链              │   │ ①生物医药产业链          │
│ ④先进计算产业链          │   │ ②高端医疗器械及卫材产业链│
└──────────────────────────┘   └──────────────────────────┘
```

图 1　河南省先进制造业集群及重点产业链

2023 年 10 月，河南 28 个重点产业链行动方案全部印发，在河南制造业发展史上首次举全省之力推进新型工业化、打造重点产业链、构建现代化产业体系，谋划之深、力度之大、规格之高前所未有。28 个重点产业链行动方案明确了各条产业链总体思路、发展目标、战略布局、主攻方向、重点任务与推进措施，既是河南推进各条产业链高质量发展的"作战方案"，又是推进新型工业化、建设制造业强省的规划图、施工图，为研判重点产业链用电情况和可调节能力框定了范围、指明了对象。

二　河南重点产业链相关行业用电情况分析

工业用电占比较高，重点产业链是工业中最具有发展潜力的一部分。本文针对与 28 个重点产业链关联匹配的 16 个相关行业进行用电情况分析。基于 16 个相关行业的实际用电量数据，采用电量偏离份额分析法，测算了关联行业近三年用电量增速、河南关联行业近三年用电量增速所处的位次，为进一步开展企业级调节能力分析夯实了基础。

（一）重点产业链相关行业用电情况

产业链是依据技术经济关联、时空布局关系形成的关联关系形态，是政府部门推动制造业发展的抓手，不隶属于国民经济统计口径。考虑产业链用电数据的可得性，根据国家统计局《国民经济行业分类》（GB/T 4754-2017）、《2017国民经济行业分类注释》，完成28个重点产业链与电力行业统计体系下制造业16个行业的分类匹配，利用电力大数据分析16个相关行业用电情况分析了河南关联行业近三年用电量情况。

河南28个重点产业链所在行业整体用电量突破千亿千瓦时，占工业用电量的比重超过50%。2020~2022年，28个重点产业链相关行业用电量逐年增长，分别达到1081亿、1189亿、1190亿千瓦时，占工业用电量的比重分别达到52.2%、55.0%、54.6%。

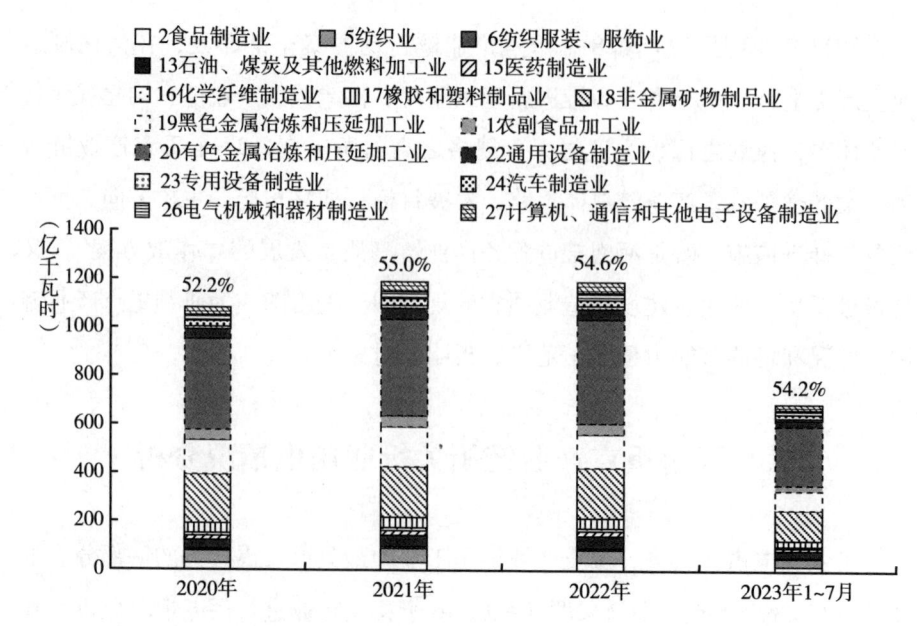

图2 2020~2023年河南省重点产业链相关16个行业用电量

（二）产业链相关行业竞争态势分析

采用电量偏离份额分析法，基于2020~2022年全国及河南重点产业链所在制造业16个细分行业的用电情况，可从用电量视角分析产业链相关行业的竞争态势。在该方法模型中，利用全国该行业用电量年均增速与全国制造业用电量年均增速的差与全国该行业基期用电量的乘积，表征全国该行业发展水平超出全国制造业发展水平的程度，可定义为用电量视角下的全国行业景气度；利用河南该行业用电量年均增速与全国该行业用电量年均增速的差与河南该行业基期用电量的乘积，表征河南该行业发展水平超出全国该行业发展水平的程度，可定义为用电量视角下的河南区位竞争优势。测算结果见图3和表1。

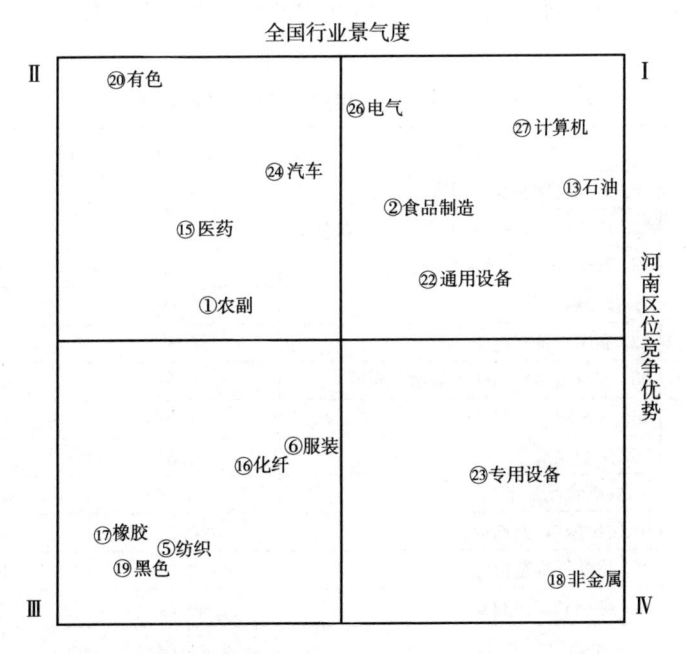

图3 河南省重点产业链相关16个行业电量偏离份额

说明：图中行业为简称。

第一象限表征 5 个行业全国较强、河南更强，产业链发展较为成熟。河南的计算机、通信和其他电子设备制造，食品制造，石油、煤炭及其他燃料加工，通用设备制造，电气机械和器材制造等行业竞争优势明显，需要加大投资、支持其迅速发展。第二象限表征 4 个行业全国较强、河南较弱，产业链具备成长空间。河南的汽车制造、农副食品加工、医药制造、有色金属冶炼和压延加工等行业在全国竞争优势稍弱，需要紧抓行业景气度较高的有利外部条件，加快产业链培育及能级提升。第三象限表征 5 个行业全国较弱、河南更弱，产业链尚处培育阶段。河南的化学纤维制造，橡胶和塑料制品，黑色金属冶炼和压延加工，纺织服装、服饰和纺织等行业高端产品仍需培育，需要加强技术创新、提升产品品质，逐渐培育新的竞争优势。第四象限表征 2 个行业全国较弱、河南较强，产业链发展领跑全国。河南的非金属矿物制品、专用设备制造等行业在全国具有一定竞争优势，需要发挥规模效应，进一步扩大市场份额。

表1　河南省重点产业链相关16行业电量偏离份额

象限	行业	全国行业景气度	河南区位竞争优势
第一象限	26. 电气机械和器材制造业	2.16	0.52
	27. 计算机、通信和其他电子设备制造业	2.08	1.78
	13. 石油、煤炭及其他燃料加工业	0.95	4.34
	2. 食品制造业	0.69	0.56
	22. 通用设备制造业	0.32	1.51
第二象限	20. 有色金属冶炼和压延加工业	4.63	−8.44
	24. 汽车制造业	1.07	−0.10
	15. 医药制造业	0.63	−1.21
	1. 农副食品加工业	0.23	−0.71
第三象限	6. 纺织服装、服饰业	−0.21	−0.07
	16. 化学纤维制造业	−0.22	−0.39
	17. 橡胶和塑料制品业	−0.61	−4.50
	5. 纺织业	−2.57	−0.68
	19. 黑色金属冶炼和压延加工业	−3.96	−0.96
第四象限	23. 专用设备制造业	−0.26	0.16
	18. 非金属矿物制品业	−4.48	4.63

三 产业链相关行业调节能力评估

28个产业链行业多属于制造业范畴,企业单体用电规模大、负荷可控性好、市场意识强,是参与电力系统灵活调节的主要组成和关键要素,在当前电力供需趋紧、保供压力加大的背景下,研究产业链相关行业的可调节能力具有技术可行性与现实意义。

(一)产业链相关行业可调节能力评估思路

基于链主企业调研和用电负荷分析,估算产业链邀约响应能力和自适应调节能力。邀约响应能力评估方面,通过摸清链主企业生产工艺、作业流程、分类负荷占比,评估适应于关联行业的可调节负荷比例α,通过与2023年夏季晚高峰负荷预测值P相乘,得到产业链关联行业的邀约响应能力[①]。自适应调节能力评估方面,基于链主企业96点用电负荷曲线分析,研究企业用电特点、负荷规模、趋势特征以及分时电价敏感性,量化分析度夏晚高峰电价换挡前后1小时负荷的变化,进而评估产业链关联行业的电价自适应调节能力。

(二)产业链相关行业可调节能力调研结果

邀约响应能力基于重要企业负荷摸排获取行业可调节负荷占比。以调研收资与现场走访结合形式,开展隶属于28个产业链的77家链主企业、链上的规上企业用户负荷摸排,调研上下游产业链位置、核心生产线、主要生产设备,摸清生产性负荷、辅助生产负荷以及其他非生产性负荷规模及占比。其中,生产性负荷由企业生产计划、生产班制以及生产工艺决定,可通过更改生产计划调整负荷曲线;辅助生产负荷主要为工业生产原材料提供初次加工或基

---

① 由于α一般基于链主或规上等大企业进行评估得到,此处的响应能力可视为该行业邀约响应能力天花板。

本动力,可以配合生产计划较为灵活地调整用电时间;其他非生产性负荷主要为冷、暖、通负荷。保供关键时刻,辅助生产负荷及其他非生产性负荷可以短时关停参与需求响应。经过调研,计算机、通信和其他电子设备制造业可调节负荷比例最高,达到33%;化学纤维制造业、非金属矿物制品业、有色金属冶炼和压延加工业可调节负荷比例较低,仅为1%(见表2)。

表2 2023年产业链邀约响应能力评估

与产业链高度关联行业	可调节负荷比例α(%)	邀约响应能力(万千瓦)
1. 农副食品加工业	10	4.5
2. 食品制造业	10	4.3
5. 纺织业	17	11.1
6. 纺织服装、服饰业	4	0.3
13. 石油、煤炭及其他燃料加工业	11	6.1
15. 医药制造业	18	4.5
16. 化学纤维制造业	1	0.1
17. 橡胶和塑料制品业	2	1.0
18. 非金属矿物制品业	1	2.1
19. 黑色金属冶炼和压延加工业	12	16.0
20. 有色金属冶炼和压延加工业	1	2.4
22. 通用设备制造业	6	3.3
23. 专用设备制造业	10	2.0
24. 汽车制造业	10	4.3
26. 电气机械和器材制造业	15	16.1
27. 计算机、通信和其他电子设备制造业	33	18.8
合计	—	97.1

产业链相关行业用电特性大体分为 M 形双峰、避峰 W 形、连续生产三类。基于近两年16个行业及典型链主企业逐日用电负荷96点数据,逐月绘制最小、最大与平均用电曲线,聚类分析形成产业链三类用电特点。第一类 M 形双峰:对分时电价不敏感,生产经营活动主要集中在日间,用电负荷呈现夜间较小、日间双峰的特点。典型行业为电气机械和器材制造业、医药

制造业等。第二类避峰 W 形：用电负荷响应分时电价，电价低谷时负荷较高、电价高峰时负荷较低、电价转段时负荷有明显改变。典型行业为非金属矿物制品业、黑色金属冶炼和压延加工业等。第三类连续生产：用电负荷全天较为平稳，24 小时连续生产。典型行业为纺织业，计算机、通信和其他电子设备制造业，化学纤维制造业。

表3 2023年产业链电价自适应调节能力评估

序号	与产业链高度关联行业	行业用电特点	电价自适应调节能力
1	1. 农副食品加工业	24H:用电响应分时电价	8
2	2. 食品制造业	12H:日间生产,呈现双峰	0
3	5. 纺织业	24H:连续生产	0
4	6. 纺织服装、服饰业	12H:日间生产,呈现双峰	0
5	13. 石油、煤炭及其他燃料加工业	24H:连续生产	0
6	15. 医药制造业	12H:日间生产,呈现双峰	0
7	16. 化学纤维制造业	24H:连续生产	0
8	17. 橡胶和塑料制品业	24H:连续生产	0
9	18. 非金属矿物制品业	24H:用电响应分时电价	85
10	19. 黑色金属冶炼和压延加工业	24H:用电响应分时电价	27
11	20. 有色金属冶炼和压延加工业	24H:用电响应分时电价	21
12	22. 通用设备制造业	24H:用电响应分时电价	9
13	23. 专用设备制造业	24H:用电响应分时电价	4
14	24. 汽车制造业	24H:用电响应分时电价	7
15	26. 电气机械和器材制造业	12H:夜间负荷小,日间双峰	0
16	27. 计算机、通信和其他电子设备制造业	24H:连续生产	0
	合　计		161

（三）产业链相关行业可调节能力评估结果

结合各行业2023年夏季晚高峰负荷情况，基于产业链重要企业负荷摸排获取的行业可调节负荷占比，初步评估河南28个重点产业链相关行业的可调节能力共258.1万千瓦，其中，邀约响应能力为97.1万千瓦，电价自适应调节能力约161万千瓦。从保供视角看，2023年度夏晚高峰最大负荷7917万千瓦，按照最大负荷的5%开展需求响应测算，需求响应规模需达到

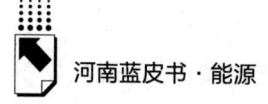

400万千瓦。仅在重点产业链制造业中挖掘可调节负荷潜力还远远不够，需要激发全行业调节潜力，激励企业与居民负荷参与系统调节。

四 结论及建议

重点产业链负荷管理对于电力系统保供和运行方式优化具有重要意义，可以降低电力系统的投资成本，提高电力系统供应可靠性，减轻环境压力，实现可持续发展。近年来，在政策支持与引导下，河南产业链发展整体向好，从用电情况与景气指数来看，重点培育的新能源汽车、先进工程机械等新兴产业链区位优势凸显，为提升产业链调节能力奠定了坚实的基础。2024年，河南省应在全链条企业级监测分析、协同邀约响应机制和一般工商业能力挖潜方面综合发力，提升用户侧灵活响应能力。

（一）河南产业链用电逐年增长，具备一定的可调节能力

河南28个重点产业链所在行业的整体用电量突破千亿千瓦时，占工业用电量的比重超过50%。2020~2022年，28个重点产业链相关行业用电量逐年增长。从相关行业竞争态势看，计算机、通信和其他电子设备制造，食品制造，石油、煤炭及其他燃料加工，通用设备制造，电气机械和器材制造等行业具备较强的发展和竞争优势，重点培育的新能源汽车、纺织服装、先进计算、机器人和数控机床、节能环保装备、先进工程机械6个新兴产业链用电量增速较快。产业链企业单体用电规模大、负荷可控性好、市场意识强，初步评估河南28个重点产业链相关行业的可调节能力共258.1万千瓦。

（二）产业链企业经济活动关联度高，建议建立协同邀约响应机制

河南产业链用电规模占工业用电比重超过五成，且产业链企业上下游生产关联紧密，通过逐步建立协同邀约响应机制，可在全网用电高峰时段降低用电负荷，缓解系统保供压力。当前省内需求响应潜在用户摸排聚焦于工业企业，建议建立同地区同链条协同邀约响应机制，依托新型电力系统建设与

产业链高质量发展，通过研发关键技术、推动核心产品迭代，提高产业链企业间柔性负荷调节的协同能力，把用户参与响应对生产经营活动产生的负面影响控制到最低。

（三）度夏晚高峰制造业调节能力有限，负荷管理亟须各方共同发力

从保供视角看，按照2023年度夏晚高峰最大负荷的5%开展需求响应测算，需求响应规模需达到400万千瓦。仅在重点产业链制造业中挖掘可调节负荷潜力还远远不够，需要激发全行业调节潜力，激励商业与居民负荷参与系统调节。建议建立健全全行业参与电力需求响应的市场机制，按照"谁响应、谁受益，谁用能、谁承担"的原则，积极引导企业与居民自愿参与电力需求响应。通过激励调动更多用户参与系统调节，全面提高用户侧灵活响应能力，减轻电力保供压力。

参考文献

河南省人民政府：《河南省建设制造强省三年行动计划（2023—2025年）》，2023年8月17日。

河南省人民政府：《河南省国民经济和社会发展十四五规划和二〇三五年远景目标纲要》，2021年4月13日。

河南省人民政府：《河南省先进制造业集群培育行动方案（2021—2025年）》，2021年10月15日。

河南省人民政府：《河南省"十四五"战略性新兴产业和未来产业发展规划》，2021年12月31日。

河南省人民政府办公厅：《河南省加快传统产业提质发展行动方案》《河南省加快新兴产业重点培育行动方案》《河南省加快未来产业谋篇布局行动方案》，2022年1月7日。

B.22 国内新型物理储能发展调研及河南发展建议

周信华 李想 王辰 孔志增*

摘　要： 在"双碳"目标背景下，我国正加快建设新型能源体系，新型电力系统面临深刻变革，风电、光伏等新能源持续大规模发展，储能因可实现在时间和空间维度上的能量转移，受到行业的广泛关注。近年来，国内储能政策体系逐步完善，产业快速发展，项目建设日益加快，各种储能技术同台竞技，在各自的细分市场获得广阔的发展空间，呈现技术研发、试点示范、应用场景、商业模式等全面多元化的发展态势。本文介绍新型物理储能技术特点与发展优势，梳理河南省新型物理储能的资源和发展现状，分析河南省新型物理储能面临的机遇和挑战，调研国内新型物理储能项目示范应用情况，提出河南发展物理储能的有关建议，推动新型物理储能产业快速发展。

关键词： 新型物理储能　项目示范　空气储能　河南省

"十四五"以来，河南省风电、光伏装机高速增长，外引电力电量逐年增加，电网调峰需求日益增大，电力安全稳定运行面临较大的挑战。在

---

* 周信华，工学硕士，中国电建集团河南省电力勘测设计院有限公司工程师，研究方向为能源规划与储能技术研究；李想，工学硕士，中国电建集团河南省电力勘测设计院有限公司高级工程师，研究方向为先进储能技术；王辰，工学硕士，中国电建集团河南省电力勘测设计院有限公司高级工程师，研究方向为储能技术及应用；孔志增，工学硕士，中国电建集团河南省电力勘测设计院有限公司正高级工程师，研究方向为储能规划与技术应用。

"双碳"目标背景下,河南省储能发展面临着更高的要求,亟须多种技术路线、多种时间尺度、多元应用场景的储能设施规模化应用,实现与源网荷高效协同与灵活互动,满足新型电力系统建设需求。在此背景下,开展新型物理储能发展研究,对河南省加快构建新型能源体系、提升能源安全保供能力和促进全省能源低碳转型具有十分重要的意义。

一 新型物理储能技术及经济性分析

目前,物理储能技术呈现多元发展趋势,主要包括机械储能(抽水蓄能、压缩空气储能、压缩二氧化碳储能、飞轮储能、重力储能等)、热储能(熔盐蓄热等)。除抽水蓄能之外的新型物理储能建设周期短,具有较好的安全性、经济性、可靠性、寿命长等技术特点。同时,相较于电化学储能,还不存在废弃电池回收的问题,在大容量、长时间、规模化等储能场景具有显著的发展应用优势,将成为储能技术发展的重要方向之一,正逐渐加速进入示范应用阶段,有望实现规模化发展。

(一)主要新型物理储能技术原理

压缩空气储能技术,是从燃气轮机发电技术延伸而来,在用电低谷时,利用电动机驱动压缩机将空气压缩至高压状态,并密封储存在盐穴等地下洞穴或高压容器等储气设施中;在用电高峰时,通过压缩空气推动透平膨胀机做功发电。该技术具有储能容量大、储能时间长、运行寿命长等优势,既可增强电力系统的调峰能力,提高供电可靠性和新能源消纳能力,又可为系统提供调频、备用、转动惯量以及事故应急与恢复服务。

压缩二氧化碳储能技术,是一种新型压缩气体储能技术,在用电低谷时,利用电动机驱动压缩机将储气仓中常温常压的二氧化碳气体压缩至液态,密封储存在高压储液罐中,并将压缩过程中产生的热能储存起来;在用电高峰时,利用储存的热能加热液态二氧化碳至气态,驱动膨胀机做功发电。该技术具有高压存储容积小、制造成本低、建设周期短等优势,可不依赖地质条件，储能和放能过程均为稳态运行，是压缩气体储能技术的重要发展方向之一。

飞轮储能技术，是利用旋转体高速旋转时的动能来存储电能，储能时，通过电动/发电一体化双向电机带动飞轮加速转动，维持一个恒定的转速，将能量储存在高速旋转的飞轮体内；释能时，高速旋转的飞轮拖动双向电机发电，转速逐渐降低，输出适用于负载的电流与电压，向外部供电，并在不进行充放电时维持最小损耗模式运行。该技术具有响应速度快、瞬时功率大、能量转换效率高等优势，目前主要适用于电网调频、电能质量改善等应用场景。

重力储能技术，是通过改变物体的重力势能实现电能转换和存储，储能时，利用电能驱动电动机将重物移至高处，将电能转化为重力势能存储；释能时，将重力势能转化为动能驱动发电机发电。目前，重力势能技术具有系统简单、使用寿命长、储能效率高等优势，较适宜于分布式储能，但仍处于技术验证阶段，缺少实际工程应用案例。

熔盐蓄热技术，是一种始自太阳能热发电领域的热储能技术，采用熔盐作为储热介质，以低谷电、弃风弃光电量或煤电机组抽汽加热熔盐，以高温熔盐形式储存热能；根据系统调峰需要，将所储存的热能释放，产生蒸汽进行发电或供热。该技术具有技术成熟、灵活调节、经济可靠、运行安全等优势，能够实现长时间储能与灵活深度调峰，可耦合热电需求等综合能源服务场景，在煤电机组灵活性调峰、清洁供暖、工业余热存储、风光弃电储能等领域具有较好的应用前景。

（二）主要新型物理储能技术经济性

不同物理储能技术特点各异，既有竞争性，又有互补性，存在各自的技术优势和应用场景（见表1）。从综合性能看，抽水蓄能技术工程化应用和商业模式最为成熟，在储能装机中占比最高，长期依然是物理储能发展的主流，但建设周期需要6~8年，导致短期内无法匹配新能源高速发展所需的调峰需求。从技术指标看，大功率压缩空气储能技术储能效率接近抽水蓄能，单位成本稍高于抽水蓄能，未来有望加速发展。从储气条件看，压缩二氧化碳储能技术具有与压缩空气储能相当的储能效率和更广泛的地域适应性，具备一定的应用优势。从响应速度看，飞轮储能具有毫秒级的响应速度，在系统调频方面具有显著优势。从应用场景看，熔盐蓄热技术在煤电灵活性改造、清洁供热等领域得到更多关注，耦合煤电机组参与调峰，实现不同等级供热参数的热电解耦，降低系统中其他储能的装机需求。

表1 不同物理储能技术优劣势

技术类型	规模/建设周期	储能效率（%）	投资功率成本（元/千瓦）	投资能量成本（元/千瓦时）	优势与劣势
抽水蓄能	100万千瓦级/6~8年	70%~80%	5000~7000	800~1500	优势：技术成熟、运行成本低、储能容量大、安全性高、运行寿命长 劣势：建设周期长，受自然条件限制，可能涉及生态与移民问题
压缩空气储能	10万千瓦级/18~24个月	50%~75%	6000~10000	1200~2500	优势：储能容量大、储能时间长、运行寿命长 劣势：储能效率略低、响应速度略慢、储气空间受自然条件限制
压缩二氧化碳储能	10万千瓦级/18~24个月	60%~70%	4000~10000	2000~3000	优势：无地理条件限制、建设周期较短、存储成本较低 劣势：储能效率略低、响应速度较慢、产业化水平较低
飞轮储能	千瓦~兆瓦级/8~12个月	85%~95%	1500~2500	40000~150000	优势：响应速度快、瞬时功率大、运行寿命长、适合调频 劣势：储能成本过高、储能容量过低、放电时间短
重力储能	10万千瓦级/8~10个月	65%~90%	8000~15000	3500~4500	优势：系统简单、使用寿命长、储能效率较高、响应速度较快 劣势：处于技术验证阶段，缺少实际工程应用的检验

续表

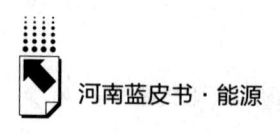

技术类型	规模/建设周期	储能效率（%）	投资功率成本（元/千瓦）	投资能量成本（元/千瓦时）	优势与劣势
熔盐蓄热	10万千瓦级/6~8个月	70%~80%	4500~6000	1000~1800	优势：储热容量大、储热效率高、储能时间长、运行寿命长，可耦合煤电深度调峰、调频 劣势：熔盐低温存在凝固冻堵风险，高温易腐蚀与高温分解

资料来源：《零碳中国·新型储能》蓝皮书（2022版）；中国能源研究会储能专委会、中关村储能产业技术联盟编著《储能产业发展蓝皮书》，中国石化出版社，2019。

截至2022年底，全国新型储能装机中锂离子电池储能占比94.5%、压缩空气储能占比仅为2.0%，但新型物理储能在规模上已有所突破，应用模式逐渐增多。

二 河南省新型物理储能发展现状及面临的形势

新型储能具有安全性高、环保性好、长时运行、提供系统惯性等优势，随着技术和市场的不断完善，未来新型物理储能有广阔的发展空间。目前，河南省新型物理储能正处于研发示范起步阶段，在政策体系、技术研发、应用场景、资源条件等方面面临诸多亟须解决的问题。

（一）河南省新型物理储能发展现状

河南省具备较好的压缩空气储能开发资源条件。平顶山叶县地区盐穴资源丰富，素有"中国岩盐之都"美誉，境内岩盐分布面积达400余平方公里、储量3300亿吨，品位居全国井矿盐之首，开采后闲置的盐穴地下空间体积大、密封好、安全性好、不占用地面空间，在建设盐穴压缩空气储能电站方面具有得天独厚的条件。另外，省内现存约100多座废弃煤矿资源

（如新河矿、冯营矿、方庄矿、何庄矿等）中，经测算，可用于压缩空气储能装机规模达 100 万千瓦以上。截至 2023 年 9 月，河南省已投运新型物理储能装机仅为 0.5 万千瓦。

（二）新型物理储能发展形势分析

1. 发展机遇

有利于构建更加安全环保的储能体系。目前，以锂离子电池为代表的电化学储能技术在我国新型储能中占据主导地位，占比超 90%，但存在一定的火灾爆炸安全风险和废弃电池回收环保压力，而新型物理储能技术安全性高、环保性好，将在构建更加安全的储能体系中发挥重要作用。

有利于满足电力系统长时储能需求。"十四五"以来，河南省电力负荷快速增长，2023 年全省最大用电负荷已达 7917 万千瓦，最大峰谷差率约 40%，全省新能源装机大幅提升，截至 2023 年 10 月，风电光伏总装机已超 5577 万千瓦，新能源消纳和系统调峰等问题日益突出。因此，电力系统对可靠电力支撑的时长需求不断增加，4 小时及以上的长时储能将成为未来储能技术发展的主要方向之一，而新型物理储能技术具有储能容量大、储能时间长、运行寿命长等优势，适宜建设大型独立长时储能电站。

有利于保证新型电力系统稳定运行。截至 2023 年 9 月，河南省煤电装机 6400 万千瓦，占全省电源装机的 49%，煤电兼具容量支撑和安全备用功能，而风电、光伏等新能源转动惯量低、容量支撑弱。随着"双碳"目标推进，河南省煤电将加快向灵活调节电源转型，新能源逐步向主体电源转变，装机占比不断提高，电网应对频率突变的响应能力大幅下降，安全稳定控制的风险日益加大。而新型物理储能技术可以为电网提供稳定的转动惯量支撑，解决煤电机组占比大幅下降造成的电网稳定性问题。

有利于储能由单一供电能向多元化供能转变。随着储电、储热等多元化储能技术融合发展，储能系统将成为电、热（冷）、气、氢等多种能源子系统耦合转换的枢纽，大幅提升能源系统调节能力和综合利用效率。而热储能技术比较适用于热电需求结合的综合能源服务场景，可配合火电机组提高系统灵活性，也可满足用户侧电、热需求，使能源供应由单一供电能模式向电、气、热（冷）、氢等多元化能源供应和多样化增值服务模式转变，将在区域综合能源供应与消费系统中发挥重要作用。

2. 面临挑战

（1）新型物理储能支持政策仍需不断完善

关于新型物理储能，国家层面储能规划提出的思路大多为加快试点示范，具体到河南省，目前仅为提倡试点示范，尚未提出相关专项规划和支持政策，电价机制尚不明确，产业技术与基础条件仍不成熟。对于发展较快的压缩空气储能，国家层面也持稳慎发展态度，尽管正在研究制定有关的两部制电价机制，但考虑到压缩空气储能在电力系统中的功能定位与抽水蓄能类似，在统筹电力系统调峰总需求与抽水蓄能等各种调峰资源的发展规模后，压缩空气储能的发展规模和支持政策均有限，初步预测不会优于抽水蓄能；同时，在加快推进电力现货市场的大背景下，压缩空气储能可享受特殊政策的窗口期有限，如预期收益得不到保证，将失去市场竞争力。

（2）新型物理储能关键技术仍需加快突破

压缩空气储能项目配置灵活性较差，地下储气库建设技术成熟度相对较低，压缩机、膨胀机等核心设备设计制造水平仍有待提高，系统造价水平仍有下降的空间，另外商业投运项目少，在运时间短，缺少运行监测数据和运维经验，系统实际储能效率等技术指标还需进一步验证。压缩二氧化碳储能技术存在储能效率较低、响应速度较慢、技术成熟度和产业化水平较低等缺点，飞轮储能技术具有技术门槛高、成本相对过高、储能容量过低、放电时间过短等诸多局限，一定程度上限制了该技术发展空间。

（3）新型物理储能技术应用领域受限

以关注度相对较高、应用条件更为成熟的压缩空气储能技术为例，虽有各种应用优势，但与电化学储能相比，其储能效率偏低，响应速度偏慢，这就决定了压缩空气储能技术应用规模不能太小，主要集中在长时间、大规模的应用场景，相对较为局限；同时，建造压缩空气系统，需要特殊的地理条件来作为大型储气室，一定程度上影响了该技术的大规模推广应用。

(4) 新型物理储能资源赋存尚不明晰。

目前压缩空气储能电站主要依靠废弃盐穴、人工地下硐室或废弃煤矿井等储气，其储气库建设对资源条件要求很高，在全国范围内可用的储气资源分布不均、各有差异，适宜建设压缩空气储能电站的资源尚不明确，一定程度上限制了规模化产业化发展，需进一步进行资源普查。

三 国内新型物理储能项目典型示范案例分析

近年来，我国新型物理储能技术取得较大进步，压缩空气储能、熔盐蓄热技术已初步具备商业化应用条件，压缩二氧化碳储能、飞轮储能等技术也在不断开展探索性应用，国内已形成一批电网侧和电源侧应用的典型案例，技术研发、设备制造、系统集成和运行维护等全产业链专业能力不断提升，储能应用场景和商业模式得到丰富和发展。

（一）压缩空气储能技术示范案例分析

国内在压缩空气储能应用领域起步较晚，但发展很快，已达到国际领先水平。目前，国内已掌握了新一代非补燃式先进压缩空气储能技术，主要包括以清华大学为代表的高温绝热储能技术、中国科学院工程热物理研究所为代表的中低温绝热储能技术、西安交通大学为代表的抽水压缩空气复合储能技术，行业内已具备较为成熟的压缩机、膨胀机、热交换器等关键设备制造及系统设计体系。贵州毕节10兆瓦、山东肥城10兆瓦、江苏金坛60兆瓦、河北张家口100兆瓦压缩空气储能电站项目相继并网，突破了10兆瓦等级技术示范，同时一批100~350兆瓦等级压缩空气储能示范工程正在加快建设，河北、山东、湖北等省份已有多个示范项目先后列入能源领域首台（套）重大技术装备项目清单，河南省依托较好的废弃盐穴、岩石矿坑、煤矿井等资源，目前正积极开展压缩空气储能示范应用，信阳新县压缩空气储能项目已申请国家级示范项目，驻马店驿城区抽水压缩空气复合储能项目列入河南省第二批独立储能示范项目。据不完全统计，全国新增压缩空气储能项目容量（含规划、在建和投运）近1000万千瓦，河南省超过100万千瓦装机规模项目正在开展前期工作。

表2 国内部分压缩空气储能示范项目情况

序号	项目名称	技术路线储气方式	设计能量转换效率(%)	投资成本（元/千瓦）	是否投运	备注
1	贵州毕节 10兆瓦/40兆瓦时	高压储罐	60.2	10000	2021年10月	实验验证
2	山东肥城 10兆瓦/60兆瓦时	盐穴	60.7	10000	2021年9月	实验验证
3	江苏金坛 60兆瓦/300兆瓦时	盐穴	62	8300	2022年5月	国家级示范、国内首座商业运行电站
4	河北张家口 100兆瓦/400兆瓦时	高压储罐和人工硐室	70.4	7000	2022年9月	2021年首台套重大技术装备项目、商业运行
5	山东肥城 300兆瓦/1800兆瓦时	盐穴	72.1	5000	在建	2021年首台套重大技术装备项目
6	山东泰安 350兆瓦/1400兆瓦时	盐穴	70	6400	在建	
7	湖北应城 300兆瓦/1500兆瓦时	盐穴	70	6500	在建	2023年首台套重大技术装备项目
8	辽宁朝阳 300兆瓦/1200兆瓦时	人工硐室	70	8000	在建	
9	河南信阳 300兆瓦/1200兆瓦时	人工硐室	72	7800	前期	

结合国内压缩空气储能技术示范项目情况，压缩空气储能技术处于市场化发展初期。从投资成本看，单位造价成本有所降低。目前在建的300兆瓦等级压缩空气储能电站造价为5000~8000元/千瓦，造价水平与"十四五"新开发的抽水蓄能电站接近，具有较好的经济性。从技术研发看，盐穴和人工硐室储气是经济性较好的储气方式，综合考虑经济性和成本趋势，未来将成为大规模推广应用的主流方案。从产业发展看，随着示范项目建设，盐

穴、人工硐室储气等技术将得到进一步升级，压缩机、膨胀机等主机设备研发与制造性能更加优化，有关工程设计、施工、验收等建设标准规划将更加完备。从政策支持看，各示范项目收益均不及预期，盈利模式仍不成熟，仍需额外扶持政策保证一定收益，制约了技术的规模化推广应用。

（二）压缩二氧化碳储能项目示范案例分析

目前，国内压缩二氧化碳储能技术已有一定积累，西安交通大学开展了大量研究工作，已初步具备工程化条件。2022年8月，全球首个压缩二氧化碳示范项目在四川德阳建成试运行，项目规模10兆瓦/20兆瓦时，配置250千瓦飞轮储能，标志着我国压缩二氧化碳储能技术完成了技术验证，迈开了工程化的步伐。2023年5月，湖北襄州100兆瓦/200兆瓦时压缩二氧化碳储能示范项目被列入湖北省新型储能试点示范项目，目前正在建设中。河南省也有部分企业正在进行技术储备与项目谋划。

结合国内压缩二氧化碳储能技术示范项目情况，压缩二氧化碳储能技术仍处于产业化发展初期，仍有大量技术和应用问题需要解决，包括高效气液转化、两态协同储能热力系统集成及优化、关键设备配置方案与系统运行方案确定等。

（三）飞轮储能项目示范案例分析

目前，国内飞轮储能技术，已开展兆瓦级规模、分钟级时长应用示范，主要耦合风光火等电源提供电网一次调频与惯量响应支撑能力，全国规划在建项目规模约300兆瓦。在耦合风光调频方面，2020年7月，山西右玉老千山风电场一次调频配储项目（1兆瓦飞轮储能+4兆瓦锂电池储能）试验成功，成为国内首个新能源场站"飞轮+锂电混合储能"调频应用，验证了多种储能装置联合平抑风光功率波动的可能性，项目团队积累了大量实验数据，同年12月列入2021年能源领域首台（套）重大技术装备项目清单。目前，河南省也已有相关应用，国家电投叶县50兆瓦长丰风电飞轮储能项目（5兆瓦/175千瓦时）已建成投运，飞轮储能功率按风电装机规模10%

配置，采用5套1兆瓦/35千瓦时储能单元，储能时长约2分钟，为全球新能源发电侧功率最高、装机容量最大的飞轮储能项目，也是国内首个"新能源+全容量飞轮"一次调频改造的项目。在耦合煤电调频方面，2022年7月，国家能源宁夏灵武电厂60万千瓦热电机组飞轮储能项目（22兆瓦/4.5兆瓦时）投运，采用36台630千瓦飞轮单体，储能时长约15分钟，是全球最大规模的飞轮储能项目，也是国内第一个全容量"飞轮储能—火电联合调频"示范工程，掌握了大规模阵列式飞轮储能的运行与控制方法，突破了500千瓦级大功率飞轮单体的技术瓶颈，经工信部鉴定，技术整体达到国际领先水平。2023年6月，华能莱芜电厂百万千瓦级火电耦合飞轮储能调频项目（6兆瓦/50千瓦时）投运，填补了我国"飞轮储能+百万机组联合调频"技术应用的空白，采用10台600千瓦飞轮单体，储能时长约0.5分钟，为国内首个室内安装的飞轮储能电站，布置于钢筋混凝土箱体结构的地井内，安全性能大幅提高。

结合国内飞轮储能技术示范项目情况，飞轮储能技术正处于跟跑阶段。从应用场景看，飞轮储能技术目前主要应用于短时储能，应用领域较为有限，未来飞轮与电池混合储能系统前景可期；从技术研发看，轴承、转子、飞轮阵列、材料等关键技术研发仍有一定的进步空间，比功率和比能量还需进一步提高；从运营模式看，系统成本有很大的降低空间，瞬时功率与响应时长仍需进一步提高。

（四）熔盐蓄热储能项目示范案例分析

国内熔盐蓄热系统较为成熟，已在化工行业、光热发电行业经过多年验证，系统可靠性高，具备良好的应用经验和产业基础，目前，国内已有一批煤电机组正在加速开展有关示范应用。电蓄热方面，2022年12月，江苏国信靖江电厂66万千瓦煤电耦合熔盐蓄热示范工程投运，成为全球首个煤电耦合熔盐电蓄热的示范应用，机组调峰容量达到75%额定负荷，机组负荷爬坡率提高至3%额定负荷/分钟，AGC考核指标大幅提升，同时还能满足一定流量的工业供汽要求，引发广泛关注。抽汽蓄热方面，2023年5月，华能魏家峁电厂66万千瓦煤电耦合熔盐蓄热示范项目成功投运,成为国内首个煤电耦合熔盐抽汽蓄热的示范应用,蒸汽储热容量为80兆瓦时,机组最低可调峰至20%额定负荷,负荷爬坡率可增加每分钟0.5%额定负荷以上,调频能力同步大幅提升。2023年7月,依托陕西榆林榆横电厂35万千瓦热电联产机组耦合抽汽熔盐蓄热项目,被列入2023年能源领域首台(套)重大技术装备项目清单。据了解,国内陕北、库布齐等沙戈荒外送能源基地配套煤电机组,以及国家能源集团部分煤电机组等一批项目均拟采用抽汽蓄热技术,同时河南省鹤壁鹤淇、郑州新力、大唐林州等电厂也正在进行相关技术储备与项目谋划。

结合国内熔盐蓄热技术示范项目情况,熔盐蓄热技术正处于市场化发展初期。从技术研发看,存在电蓄热和抽汽蓄热两种路线并行,但综合储热效率和调峰性能,抽汽蓄热更具大规模推广应用的潜力;从运行效果看,各示范项目投运时间较短,缺少较为全面、较长时间的运行验证,应用效果还需进一步检验;从政策支持方面看,市场的发展与政策还存在不匹配的情况,项目的补贴和激励政策还有所欠缺。

四 推动河南新型物理储能发展相关建议

在风电、光伏等新能源持续大规模发展、新型能源体系加快构建的大形势下,随着新型物理储能产业快速发展,政策体系逐步完善,示范加快铺开,新型物理储能将呈现良好发展态势。河南省应充分利用自身能源资源优势,持续打基础、建机制、搭场景、重示范、抓创新,促进全省新型物理储能持续健康发展。

(一)打基础,加强物理储能规划研究

统筹考虑电力调节需求与新型物理储能功能定位,坚持近期与远期目标衔接,结合抽水蓄能、电化学储能发展情况,合理有序推进各类新型物理储能多元化、差异化发展,重点开展压缩空气储能示范项目建设,带动技术发展和产业升级。到2025年,力争建成1~2个百兆瓦级以上压缩空气储能示

范电站，加快推动1~2个其他新型物理储能技术示范；到2030年，力争建成以压缩空气储能为主的新型物理储能体系，装机规模超过200万千瓦，形成以抽水蓄能为主、电化学储能为辅、新型物理储能为补充的储能体系，以满足新型电力系统建设需要。

（二）建机制，完善产业支持配套政策

探索开展新型物理储能容量补偿制度、两部制电价等专项支持政策机制研究，完善细化参与辅助服务市场、中长期交易、电力现货等各种电力市场的规则，保障项目获得合理收益。参考湖北、宁夏、内蒙古、山东等省份支持政策，新型物理储能独立电站企业按储能容量折算到2小时的发电功率，按储能功率的一定比例配置新能源指标，调动物理储能投资方积极性。

（三）搭场景，推进物理储能多元化发展

加快熔盐储热耦合煤电技术应用，实现煤电机组深度调峰能力提升，相应容量经认定后，可参照新型储能在全省范围内租赁使用。探索开展飞轮储能耦合火电机组、新能源及其他储能技术应用，实现高精度调频，提高电网稳定性，并探索向更大单机功率、更长放电时间、更低成本发展。探索开展压缩二氧化碳储能技术创新示范，提升系统经济性和储能效率，推动技术研发、系统设计与工程应用。

（四）重示范，优先布局压缩空气储能项目

对全省废弃盐穴、废弃岩石矿坑、废弃煤矿井等各类资源进行普查，充分发挥河南省资源禀赋优势，积极推进建设条件好、经济成本优、储能时长4~8小时的中型独立共享式压缩空气储能项目示范建设。对于具有较好盐穴条件的平顶山叶县等地区，加快论证并推进建设盐穴压缩空气储能电站；对于具有良好岩石条件的信阳新县、平顶山鲁山县、郑州登封、焦作沁阳、南阳内乡等地区，科学论证并稳妥推进建设人工硐室压缩空气储能电站；对于废弃岩石矿坑、废弃煤矿井，探索建设抽水压缩空气复合储能电站。

（五）抓创新，推动产学研用创新融合发展

充分利用省内物理储能资源，对接中国科学院、清华大学、西安交通大学等国内顶尖研发机构和高层次团队，推动企业、高校及科研院所协同合作，共同建立新型物理储能重点实验室、研发创新平台、产业化发展服务平台，加快申报国家级、省级相关科技项目、试点示范项目等，并按照有关规定给予一定资金补助或政策倾斜支持。引进培育具有自主知识产权和核心竞争力的新型物理储能技术研发、系统集成、设备制造等骨干企业，完善产业链条，打造领先龙头企业。组织召开新型物理储能技术研讨交流会，邀请专业人士广泛参加，增强技术和人才储备，共同促进全省新型物理储能产业快速发展。

参考文献

电力规划设计总院：《中国低碳化发电技术创新发展报告2022》，2022年12月。

电力规划设计总院：《中国新型储能发展报告2023》，2023年4月。

国家发展改革委、国家能源局：《关于加快推动新型储能发展的指导意见》，2021年7月。

国家发展改革委：《"十四五"新型储能发展实施方案》，2022年1月。

国家发展改革委办公厅、国家能源局综合司：《关于进一步推动新型储能参与电力市场和调度运用的通知》，2022年5月。

国家发展改革委：《关于鼓励可再生能源发电企业自建或购买调峰能力增加并网规模的通知》，2021年7月。

河南省发展改革委、国家能源局河南监管办：《关于加快推动河南省储能设施建设的指导意见》，2021年6月。

河南省发展改革委：《关于印发河南省"十四五"新型储能实施方案的通知》，2022年8月。

河南省人民政府办公厅：《关于加快新型储能发展的实施意见》，2023年6月。

Abstract

This book is jointly compiled by State Grid Henan Economic Research Institute and Henan Academy of Social Sciences, which thoroughly studies and implements the spirit of the 20th Party Congress. From the perspective of research, with the theme of "accelerating the construction of new type energy system", it deeply and systematically analyzes the energy development trend in Henan in 2023, and studies and judges the development situation in 2024. The book puts forward countermeasures and suggestions to coordinate energy security and green development under the new situation and accelerate the planning and construction of a new energy system, which is a good reference value for government departments to make policy decisions, energy enterprises, research institutions and the public to study and understand energy development in Henan. The book consists of five parts: general report, industry development, new type energy system, new type power system and investigation and research.

The general report is an annual analysis report on the energy operation situation in Henan, which clarifies the basic views on the development trend of energy in 2023 and the forecast outlook for 2024 in Henan. It proposes countermeasures and suggestions to coordinate security and green development, and accelerate the construction of a new energy system. 2023 is the beginning year of fully implementing the spirit of the 20th Party Congress. In the face of a complex and severe international environment and the arduous task of reform, development, and stability, Henan Province, guided by the Xi Jinping Thought on Socialism with Chinese characteristics for a New Era, fully implements the spirit of the 20th Party Congress, adheres to the overall tone of seeking progress while maintaining stability, fully, accurately, and comprehensively implements

Abstract

the new development concept, fully implements the new energy security strategy, fully strives to ensure energy security, and firmly promotes green and low-carbon development. Energy production is steadily increasing, energy consumption is steadily recovering, energy supply is sufficient, quality and price are stable, and energy benefits the people and enterprises are resolutely and effectively implemented. In 2023, energy development firmly grasped the strategic direction of building a new energy system, the primary responsibility of ensuring energy security, and the primary task of serving high-quality development. With the development trend of increasing "efforts" of energy supply guarantee, accelerating "speed" of transformation, and expanding "breadth" of service, it provided a solid energy guarantee for the province to fully strive for economic development and promote development. In 2024, Henan's energy development faces both favourable and unfavourable factors, and the macro environment is generally positive. It is preliminarily estimated that the total energy consumption in the province will grow steadily in 2024, reaching approximately 256 million tons of standard coal. The pace of green transformation will continue to accelerate, and the safety guarantee capacity will steadily improve.

The chapter on industry development analyzes the development trend of each energy industries in Henan Province in 2023, including coal, oil, natural gas, electricity, renewable energy, new energy storage, and electric vehicle charging facilities. It also provides an outlook on the development situation of each industry in 2024, and proposes countermeasures and suggestions for high-quality development of each energy industries in Henan Province around the construction of the new energy system.

The chapter on new type energy system is located in the new stage of energy development in Henan. It focuses on in-depth research on the construction path of new type energy system, rural clean energy construction, carbon emission monitoring and analysis, energy big data product ownership pricing, lithium resource development, and proposes countermeasures and suggestions to accelerate the construction of the new energy system under the new situation.

The chapter on new type power system focuses on the decision-making and deployment of the Party Central Committee on the new power system, focusing on rural modern smart distribution networks, distributed photovoltaic output characteristics, effective supply guarantee capacity of new energy storage, collaborative development of electric vehicle charging facilities and distribution networks, and construction of flood prevention and disaster resistance capacity of power grids. Exploratory research based on Henan has been conducted, which can provide ideas and path suggestions for the construction of new type power systems.

  The chapter on investigation and research focuses on new issues in the development of the energy industry under the new situation. It investigates and studies the development of distributed photovoltaics in Henan, the implementation and optimization plan of time-of-use electricity prices, the development and regulation capacity of key industrial chains, and new physical energy storage, which can provide reference for relevant policy formulation.

  Keywords: Energy Security; Green Development; New Type Energy System; Henan Province

Contents

I General Report

B.1 Coordinating Security and Green Development Accelerating the Construction of New Type Energy Systems

—Analysis of Energy Development in Henan Province in 2023 and Prospects for 2024

Research Group of Henan Province's Energy Blue Book / 001

Abstract: The acceleration of green energy development, steady recovery of energy consumption, widespread decline in energy prices, and resolute efforts to benefit the people and enterprises have provided a strong energy guarantee for the high-quality development of the energy industry in the new era for the construction of modern Henan. 2024 is a crucial year for promoting the comprehensive implementation of the 14th Five Year Plan, and accelerating the construction of a new energy system is facing new situations and challenges. It is preliminarily expected that the total energy consumption in the province will steadily increase, reaching approximately 256 million tons of standard coal. The pace of green transformation will continue to accelerate, and the security guarantee capacity will be steadily strengthened. Henan should make overall plans for safety assurance and green development, strive bravely to be the first in the process of accelerating the construction of a new energy system, practice and reach a far future, continue to build a new safety assurance system, a new energy supply and consumption system, a new energy industry system, and a new energy governance system, strive to promote the high-quality development of the energy cause in the new era, and provide green low-carbon Safe and efficient energy security contributes Henan's wisdom and creates a model for the construction of the national new energy system.

Keywords: Energy Security; Green Development; New Type Energy System; New Type Power System; Energy Industry

II Industry Development

B.2 Analysis and Prospect of the Development Situation of the Coal Industry in Henan Province from 2023 to 2024

Li Hujun, Deng Fangzhao / 025

Abstract: In 2023, the coal industry in Henan fully implemented the spirit of the 20th National Congress of the Communist Party of China and the decisions and deployments of the Henan Provincial Party Committee and Government, focused on coal safety production, continued to release coal production capacity, and accelerated the construction of coal storage bases. The overall supply of coal in Henan is relatively loose, providing strong support for economic stability and recovery. In 2024, it is preliminarily estimated that the coal production in the province is basically stable, with relatively sufficient domestic and international coal supply. Coal prices have slightly declined, and the overall supply and demand trend continues to be loose. The second meeting of the Central Commission for Deep Reform made a systematic deployment to promote the transformation from dual control of energy consumption to dual control of carbon emissions, pointing out the direction for high-quality development of energy in the new era. Henan Province should give full play to the advantages of coal resources, basic industrial chain supply chain and transportation hub, adhere to ensuring safety, helping transformation, improving quality and increasing vitality, achieve high-quality development of coal, and make greater contributions to promoting the practice of Chinese path to modernization in Henan.

Keywords: Coal Industry; New Type Energy System; Coal Electricity Mutual Protection; Henan Province

B.3 Analysis and Prospect of the Development Situation of the Petroleum Industry in Henan Province from 2023 to 2024

Lu Yao, Liu Junhui / 039

Abstract: In 2023, the consumption demand for refined oil in Henan Province rapidly recovered, and the production and processing of crude oil has remained stable. Faced with risks and challenges, the oil industry in Henan has fully implemented the spirit of the 20th National Congress of the Communist Party of China and the decision-making and deployment of the Party Central Committee on energy supply guarantee, adhered to the overall tone of seeking progress while maintaining stability, fully ensured the stable production of crude oil and the supply of finished oil, actively promoted product structure optimization and cross industry integration development, and made positive contributions to ensuring energy security supply and promoting high-quality economic and social development. 2024 is a key year for fully implementing the spirit of the 20th National Congress of the Communist Party of China. The oil industry in Henan Province will actively serve the construction of a clean, low-carbon, safe and efficient new energy system, accelerate the construction of the production, supply, storage and sales system, effectively ensure the safe supply of oil products, steadily promote the modernization of the petrochemical industry cluster, focus on promoting product structure adjustment, continue to promote low-carbon and digital transformation of the industry, and provide solid support for the construction of modern Henan.

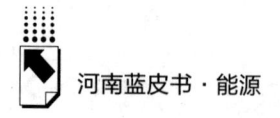

Keywords: Petroleum Industry; Ensuring Supply and Stable Production; Green and Low-Carbon; Henan Province

B.4 Analysis and Prospect of the Development Situation of the Natural Gas Industry in Henan Province from 2023 to 2024

Chai Zhe, Deng Zhenli / 051

Abstract: Faced with the complex and severe international environment and arduous reform and development tasks, the natural gas industry in Henan Province has continuously improved its natural gas infrastructure, steadily increased its transmission and storage capacity, ensured a balance between natural gas supply and demand throughout the year, and effectively ensured the healthy development of the economy and society in 2023. 2024 is a crucial year for fully implementing the spirit of the 20th National Congress of the Communist Party of China. With the advancement of urbanization, improvement of pipeline facilities, economic efficiency, and constraints of the dual carbon target, it is expected that natural gas consumption in the province will show a growth trend, with a total annual natural gas consumption of approximately 12.5 to 13 billion cubic meters, a year-on-year increase of 4.1%–8.3%. In the context of building a new energy system, Henan Province should further expand the scale of natural gas terminal consumption, continuously improve the production, supply, storage and sales system, establish a mechanism for linking upstream and downstream prices of natural gas, and use digital technology to promote high-quality development of the natural gas industry.

Keywords: Natural Gas Industry; Production Supply Storage and Sales System; Upstream and Downstream Price Linkage Mechanism; Henan Province

B.5 Analysis and Prospect of the Development Situation of Henan Electric Power Industry from 2023 to 2024

Yu Boning, Deng Fangzhao and Si Jianan / 061

Abstract: In 2023, the power industry in Henan Province fully implemented the instructions of the Central Committee for Comprehensive Deepening Reform and the National Development and Reform Commission on accelerating the new power system and ensuring the safety and supply of energy and electricity, fully implemented the decision and deployment of the provincial party committee and government to "fight for economy and promote development", solidly guaranteed the economic development and people's electricity demand of the province, and strongly supported the stable and healthy operation of the province's economy and the steady recovery of production demand. In 2024, as Henan Province accelerates the construction of a new development pattern, further achieves high-quality economic development, and the construction of a new power system enters an accelerated transformation period, the power supply and demand of the whole province will face new development opportunities and challenges. The power industry in Henan Province should scientifically plan the construction path of a new type of power system, continuously promote clean transformation, ensure supply security, improve institutional mechanisms, strengthen supply-demand coordination, and promote digital and intelligent construction, making positive contributions to socialist modernization of Henan.

Keywords: Electric Power Industry; New Type Power System; Clean Transformation; Henan Province

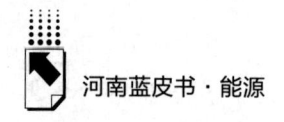

B.6 Analysis and Prospect of the Development Situation of
Renewable Energy in Henan Province from 2023 to 2024

Huangfu Xiaowen, Li Hujun and Song Dawei / 075

Abstract: In 2023, Henan Province will coordinate energy security supply and green and low-carbon development, continue to promote the construction of photovoltaic wind power and pumped storage projects, vigorously support the development of geothermal and hydrogen energy, further optimize the structure and variety of renewable energy, gradually form the chain of industries, make new progress in green power trading, and effectively promoting the high-quality leap development of renewable energy in the province. In 2024, with the innovative breakthroughs in key technologies and the continuous improvement of market mechanisms, it is expected that renewable energy of the whole province will continue to maintain a high-speed development trend. Faced with the increasingly severe challenges of ensuring power supply and efficient consumption, Henan should seize the major strategic opportunity period, promote the coordinated development of renewable energy on a large scale, market-oriented, and high-quality basis, steadily promote the construction of a large province for the development and utilization of renewable energy and a strong province for the renewable energy industry, and provide reliable green energy guarantees for Henan's modern development.

Keywords: Renewable Energy; Green Development; Energy Transition; Electricity Consumption; Henan Province

B.7 Analysis and Prospect of the Development Situation of
New Energy Storage in Henan Province from 2023 to 2024

Chen Xing, Li Hujun and Song Dawei / 092

Abstract: In 2023, Henan Province has deeply implemented the national deployment to accelerate the development of new energy storage, carry out the selection of new energy storage projects, actively guide investment in the new energy storage industry, and introduce a series of policy support measures, taking a solid step forward in China. In 2024, with the increasing penetration rate of new energy, the increasingly complex situation of power supply guarantee, and the decreasing cost of new energy storage construction, the new energy storage industry in the province will enter a period of rapid development, and the industrial layout will continue to improve. It is expected that the new energy storage industry of the province will add 2 million kilowatts. This article summarizes the scale, cost, industry, policy, and technology situation of new energy storage in the province, analyzes the opportunities and challenges of new energy storage, and proposes to promote the development of new energy storage through systematic planning, improving market system, and strengthening technological innovation, in order to provide scientific and effective support for the high-quality development of the new energy storage industry in Henan Province.

Keywords: New Energy Storage; Energy Storage Duration; Revenue Model; Henan Province

B.8 Analysis and Prospect of the Development Situation of Electric Vehicle Charging Infrastructure in Henan Province from 2023 to 2024

Hua Yuanpeng, Yang Yang, Bai Hongkun, Wang Shiqian,

Yan Li and Shi Yu / 105

Abstract: New energy vehicle is a national strategic industry, and the construction of charging infrastructure is an important guarantee for promoting the development and popularization of new energy vehicles. Since the 13th Five Year Plan, electric vehicles and their charging infrastructure in Henan Province have shown an explosive development trend. The number of electric vehicles has increased from 17000 in 2016 to 1.078 million in August 2023, and the number of public charging infrastructure has increased from 2000 in 2016 to 89000 in August 2023. This article summarizes the development trend of new energy vehicles and charging infrastructure in Henan Province in recent years, as well as the main problems and hot events that exist in the development process. With the continuous emergence of new industrial technologies, orderly implementation of new models, accelerated implementation of new regulations, and intensive introduction of new policies, there is an urgent need to continuously optimize the regulatory system, improve standard rules, and enrich technical means. Proposed strategies and suggestions for promoting the construction of charging infrastructure in a healthy and orderly manner.

Keywords: New Energy Vehicle; Charging Infrastructure; Charge Characteristic; Henan Province

Ⅲ New Type Energy Systems

B.9 Discussion and Suggestions on the Construction Path of Henan New Type Energy System

New Type Energy System Research Group / 120

Abstract: "Accelerating the planning and construction of a new type energy system" is a new formulation and judgment in the report of the 20th National Congress of the Communist Party of China, which points out the direction for the high-quality development of China's energy industry. This paper combs out the policy requirements and evolution process of promoting the energy revolution in China since the 18th National Congress of the Communist Party of China, analyzes the connotation and characteristics of the new type energy system in the context of Chinese path to modernization, and analyzes the problems and challenges faced by Henan in building a new energy system in combination with the foundation of Henan's new energy system construction and the long-term outlook for Henan's energy development. For orderly planning and construction of a new energy system, Henan needs to shoulder the mission of ensuring energy safety and supply, promote the optimized combination of traditional energy and new energy, accelerate the construction of a new power system, strengthen technological innovation to stimulate the energy industry, deepen institutional reform to improve energy governance efficiency, and contribute Henan's strength to the construction of new type energy system.

Keywords: New Type Energy System; Energy Industry; Energy Security

B.10 Reflections and Suggestions on Accelerating the Construction of Clean Energy in Rural Areas of Henan Province

Chen Shuyu, Yang Qinchen, Li Peng and Li Huixuan / 133

Abstract: The development of clean energy is an important part of the construction of the new energy system. Rural areas contain abundant clean energy, and accelerating the construction of clean energy in rural areas is of great significance for promoting the construction of the new energy system and rural revitalization. Henan is a typical agricultural province. This article summarizes the policy background and important significance of rural clean energy construction. Based on the current situation of rural clean energy development in Henan and the experience of distributed photovoltaic development, it summarizes the three major relationships that need to be addressed urgently in the process of promoting rural clean energy construction in Henan, namely "the relationship between development pace and speed", "the relationship between development mode and rights and responsibilities" and "the relationship between system operation and internal and external factors", proposed countermeasures and suggestions in terms of scale control, operational methods, market mechanisms, policy guarantees, and form expansion, in order to provide reference for accelerating the construction of clean energy in rural areas of Henan and have a demonstration effect on other provinces in the country.

Keywords: Clean Energy; New Type Energy System; Rural Revitalization; Distributed Photovoltaic; Henan Province

B.11 Construction and Application Analysis of the "Electricity-Energy-Carbon" Model for Henan Carbon Emission Monitoring Platform

Wang Han, Wang Yuanyuan and Han Ding / 145

Abstract: General Secretary Xi Jinping emphasized in the 20th National Congress report that we should actively and steadily push forward carbon peaking and carbon neutrality, improve the total amount and intensity control of energy consumption, and gradually shift to a total carbon emissions and intensity "double control" system. Timely and objective understanding of carbon emissions is a prerequisite for establishing a "dual control" system for carbon emissions and achieving the "dual carbon" goals. This article focuses on the slow timeliness of current carbon emission monitoring, and relies on the Henan Energy Big Data Center to leverage the advantages of high accuracy, strong real-time, and comprehensive coverage of electricity data. It innovatively constructs the "electric-energy-carbon" model, achieving monthly carbon emission monitoring and analysis for the first time across the province, by industry, and by city. It also reviews the trend of carbon emission changes since 2005, providing the government with a comprehensive understanding of the carbon emission laws of the province, regions, and industries, and providing new tools and perspectives for scientific decision-making.

Keywords: Carbon Emissions; Monitoring Analysis; "Electric-Energy-Carbon" Model; Henan Province

Contents

B.12 Construction of Henan Energy Big Data Product Authentic Right Pricing System

Li Qiuyan, Song Dawei and Wang Yuanyuan / 156

Abstract: The energy industry is an important industrial sector in the data element market. Leveraging the amplification, superposition, and multiplication effects of data elements to promote the digital transformation of energy is one of the important contents of the construction of a new energy system. At present, the data element market is forming a "four in one" development pattern that includes data trading entities, data trading methods, data trading centers, and data trading supervision. However, it faces difficulties in data authentic right, valuation, and pricing. This article takes Henan energy big data products as the object, analyzes the challenges in authentic right, valuation, and pricing, proposes a data rights division system with three rights separation, a comprehensive cost benefit market data product value evaluation method, and a two-step dynamic pricing model for data products. Based on this, the technical framework system for rights confirmation and pricing of energy big data products is explored and constructed, to provide reference for market-oriented trading of energy data products in accordance with the law and regulations.

Keywords: Energy Big Data; Data Element Market; Data Authentication and Value Evaluation

B.13 Prospects for the Exploration and Development of Lithium Mineral Resources in Henan Province

Yuan Shuai, Yin Shuo / 174

Abstract: In the context of the construction of the dual carbon target, lithium resources, as an energy metal in the new era, are considered to be the strategic metal with the largest global demand and play a crucial role in building a new energy system. This article briefly introduces the geological background and distribution of lithium resources at home and abroad, conducts research on the mineralization laws and resource exploration directions of lithium resources in Henan Province, analyzes the opportunities and challenges faced by Henan Province in the future development and utilization of lithium resources. Henan Province should continue to promote geological research on lithium resource exploration, comprehensive utilization of lithium resources, and research and application of energy storage related technologies, promote the coordinated development of the entire "lithium ore energy storage" industry chain, create a full energy storage industry chain, cultivate leading enterprises in the energy storage industry, and accelerate the cultivation of new economic growth points.

Keywords: Lithium Mineral Resources; New Energy System; New Energy ; Henan Province

Ⅳ New Type Power Systems

B.14 Reflections on the Path of Building a Modern Smart Distribution Network in Rural Areas of Henan Province

Yang Qinchen, Yang Meng, Zhang Hongkai and Zhao Yang / 185

Abstract: The new power system is a key content and important carrier for building a new energy system, and rural distribution networks have become the main battlefield for the construction of the new power system. This article analyzes the "three evolutions" of the current rural distribution network in terms of power grid form, power grid capacity, and functional positioning, based on the actual situation in Henan Province. It elaborates on the characteristics and connotations of the construction of modern smart distribution networks in rural areas, and proposes the construction goals, implementation paths, and relevant suggestions for the modern smart distribution network in rural areas of Henan Province. The aim is to provide new ideas, methods, and paths for the construction of new rural power systems.

Keywords: Smart Distribution Network; New Type Power Systems; New Energy; Henan Province

B.15 Analysis and Development Suggestions on the Output Characteristics of Distributed Photovoltaics in Henan Province　　　　*Jia Yibo, Li Qiuyan and Bu Feifei* / 195

Abstract: In recent years, the rapid development of distributed photovoltaics in Henan Province has had a significant impact on net load characteristics, power supply and demand balance, peak shaving, and consumption pressure of whole province. To comprehensively evaluate the impact of distributed photovoltaic development on electricity load, this article is based on the 15-minutes-output data of low-voltage distributed photovoltaic in 2023, and analyzes the output characteristics of distributed photovoltaic in different regions and time periods. It is compared with the output characteristics of centralized photovoltaic power generation, and combined with meteorological factors such as temperature and humidity, big data technology is used to calculate the effective supply capacity of distributed photovoltaic in Henan Province. Related analysis shows that during the critical period of ensuring supply in summer, the positive peak effect of distributed photovoltaic is more obvious, but the monthly output fluctuates significantly; During the peak period of winter and afternoon during the peak season, the distributed photovoltaic output is relatively average; During the low load period in spring, the distributed photovoltaic output is high, increasing the pressure on system peak shaving. To this end, Henan needs to continue to make efforts in improving the system's absorption capacity, resisting extreme weather impacts, and promoting the healthy and sustainable development of distributed photovoltaics.

Keywords: Distributed Photovoltaic; Output Characteristics; Effective Supply

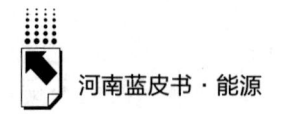

B.16 Evaluation and analysis of the Effective Supply Capacity of New Energy Storage in Henan Province

Deng Zhenli, Yang Meng and Li Hujun / 215

Abstract: Energy storage is an important technology and basic equipment for building a new type of power system. Since the 13th Five Year Plan, with the rapid development of new energy, the scale of the new energy storage market has steadily expanded. Energy storage plays a dual role in ensuring supply and promoting consumption. In order to refine the evaluation of the effective supply guarantee capacity of new energy storage in Henan Province, this article predicts the power demand, power scale and structure, development of new energy storage, and scale of external power input in the middle and later stages of the 14th Five Year Plan in Henan Province. Through conducting minute level production simulation of the power system, the charging and discharging space and effective supply guarantee capacity of new energy storage in the province were calculated and evaluated. To promote the effective use of new energy storage, the province still needs to continue to make efforts in scale, diversification, and market-oriented development, serving the power supply guarantee and new power system construction in Henan Province.

Keywords: New Energy Storage; Power Supply Guarantee; Valid Supply Guarantee; Henan Province

B.17 Research on the Development of Electric Vehicle Charging Facilities in Henan Province

Huangfu Xiaowen, Yu Haozheng, Xu Changqing and Ma Jie / 228

Abstract: Since 2023, the Central Committee of the Communist Party of China and the State Council have repeatedly deployed to promote the development of new energy vehicles in rural areas and charging infrastructure, and issued a series of policies to promote the development of charging facilities. The development of new energy vehicle charging facilities is facing new historical opportunities. In order to meet the power supply guarantee of the charging facility network system in Henan Province, this article analyzes the current development status of new energy vehicles and charging facilities, predicts their future development trends and charging load demands, and proposes six typical models of collaborative development between charging facilities and the power grid based on the construction process of distributed power sources and new power systems. From the perspective of power grid development, it proposes to actively carry out charging facility planning, supporting distribution network planning, standard system, technical innovation, pilot projects, and optimization of management platform functions optimization.

Keywords: Electric Vehicles; Charging Facilities; Coordinated Development; Henan Province

B.18 Research and Development Suggestions on Flood Control and Disaster Resistance Ability of Henan Power Grid

Yang Min, Chen Weishen and Wang Xiaoyu / 246

Abstract: In recent years, extreme weather in China has become more frequent, with a wide range of impacts and strong extremes. The "7·20" extremely heavy rainstorm in Henan Province in 2021 and the typhoon "Doksuri" in 2023 have led to extreme rainfall processes such as rainstorm and heavy rainstorm in many parts of the province, posing a severe challenge to the power grid safety belt. Based on the natural environment, flood disasters, and precipitation characteristics of Henan Province, this article analyzes the impact and challenges of extreme rainfall on the safety of Henan power grid. It elaborates on key measures to improve the flood prevention and disaster resistance capacity of Henan power grid from four dimensions: application platform, technical regulations, emergency mechanism, and facility construction. And it puts forward relevant suggestions to provide some ideas for improving the flood prevention and disaster resistance capacity of Henan power grid.

Keywords: Flood Prevention and Disaster Relief; Extreme Weather; Grid Security; Henan Province

V　Investigation and Research

B.19 Investigation and Development Suggestions of Distributed Photovoltaic Development in Henan Province

Research Group on Distributed Photovoltaic / 259

Abstract: In recent years, benefiting from policy support and technological progress, the distributed power supply based on rooftop photovoltaic has shown an explosive growth trend in Henan, and the new scale continues to lead the country, which has promoted Henan's new energy development to the forefront of the country. With the rapid development of distributed photovoltaics in the province, the deep-seated contradictions in the development of the industry have gradually become prominent, and the healthy and sustainable development is facing challenges. The main responsibility of the mainstream development model is not clear, the rights and responsibilities are not equal, and the large-scale development has caused the power grid to absorb and access. Problems such as increased pressure have become increasingly prominent and have received much attention. Based on the new situation of the development of Henan distributed industry, the research group carried out research and analysis on the development influencing factors and grid-connected situation, further examined the development status, development path, development mode and existing problems of the industry, and put forward countermeasures and suggestions to promote the healthy and sustainable development of Henan distributed photovoltaic industry from the aspects of guiding service, coordinated development, grid-connected standard and utilization mode.

Keywords: Distributed Photovoltaic; Renewable Energy; Energy Structure; Henan Province

B.20 Designs and Policy Suggestions of the Implementation Effectiveness of the Time-of-Use Electricity Price Policy in Henan Province

Research Group of Time-of-Use Electricity Price / 276

Abstract: Utilizing the signal function of time-of-use electricity prices, guiding users to cut peak and fill valley, alleviating the contradiction between power supply and demand, and promoting the consumption of new energy have increasingly attracted attention from all parties. In recent years, the power load of Henan Power Grid has reached a new high level, and the new scale of distributed photovoltaics has led the country, facing dual pressures of "ensuring supply and promoting consumption". This article summarizes the time-of-use electricity price policies in Henan and typical provinces in China. It analyzes the effectiveness of the current time-of-use electricity price implementation in Henan, designs an optimization plan for time-of-use electricity price based on the net load curve, and proposes suggestions for improving electricity price policies, such as improving the mechanism for guiding peak and valley profits and losses, optimizing peak and valley coefficients and peak duration, and establishing a dynamic adjustment mechanism.

Keywords: Time-of-Use Electricity Price; Net Load; Power Supply Guarantee; New Energy Consumption; Henan Province

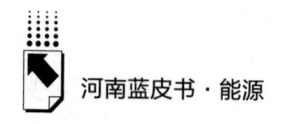

B.21 Investigation of Electricity Consumption and Load Adjustability Capacity of Key Industrial Chains in Henan Province *Liu Junhui, Chen Xing and Xie Anbang* / 295

Abstract: Since the "14th Five-Year Plan", Henan has insisted on taking the high-quality development of the manufacturing industry as the main direction of attack, implemented key chain reshaping projects, coordinated traditional industries, emerging industries and future industries, actively cultivated 28 trillion-level key industrial chains, vigorously improved the modernization level of the industrial chain, and provided solid industrial support for the manufacturing industry to establish a strong province. In order to study and judge the development trend of Henan's industrial chain, analyze the characteristics of electricity consumption in the industrial chain, and better serve the power supply guarantee, this paper systematically sorts out the development policies of Henan's industrial chain based on the "policy perspective, industrial perspective, and supply guarantee perspective", investigates and analyzes the development layout of key industrial chains and the industry competition situation, uses power big data innovation to build an industrial chain electricity consumption index model to serve electricity consumption monitoring, evaluates and measures the "invitation response ability" and "adaptive adjustment ability" of the industrial chain, and puts forward countermeasures and suggestions to promote the high-quality development of the industrial chain.

Keywords: Industrial Chain; Electricity Characteristics; Load Adjustablity Capacity; Invitation Responsiveness; Adaptive Adjustment Capabilities

B.22 Research on the Construction of New Physical Energy Storage in China and Suggestions for the Development of Henan

Zhou Xinhua, Li Xiang, Wang Chen and Kong Zhizeng / 306

Abstract: The new power system is facing profound changes. New energy sources such as wind power and photovoltaics continue to develop on a large scale. Energy storage is widely concerned by the industry because it can realize energy transfer in time and space dimensions. In recent years, the domestic energy storage policy system has been gradually improved, the industry has developed rapidly, and the project construction has been accelerating. Various energy storage technologies have competed on the same stage, and have gained broad development space in their respective market segments, showing a comprehensive and diversified development trend of technology research and development, pilot demonstration, application scenarios, and business models. This paper introduces the characteristics and development advantages of new physical energy storage technology, combs the resources and development status of new physical energy storage in Henan Province, analyzes the opportunities and challenges faced by new physical energy storage in Henan Province, investigates the demonstration and application of new physical energy storage projects in China, and puts forward relevant suggestions for the development of physical energy storage in Henan Province, so as to promote the rapid development of new physical energy storage industry.

Keywords: New Physical Energy Storage; Project Demonstration; Air Energy Storage; Henan Province

社会科学文献出版社

皮书
智库成果出版与传播平台

❖ 皮书定义 ❖

皮书是对中国与世界发展状况和热点问题进行年度监测,以专业的角度、专家的视野和实证研究方法,针对某一领域或区域现状与发展态势展开分析和预测,具备前沿性、原创性、实证性、连续性、时效性等特点的公开出版物,由一系列权威研究报告组成。

❖ 皮书作者 ❖

皮书系列报告作者以国内外一流研究机构、知名高校等重点智库的研究人员为主,多为相关领域一流专家学者,他们的观点代表了当下学界对中国与世界的现实和未来最高水平的解读与分析。

❖ 皮书荣誉 ❖

皮书作为中国社会科学院基础理论研究与应用对策研究融合发展的代表性成果,不仅是哲学社会科学工作者服务中国特色社会主义现代化建设的重要成果,更是助力中国特色新型智库建设、构建中国特色哲学社会科学"三大体系"的重要平台。皮书系列先后被列入"十二五""十三五""十四五"时期国家重点出版物出版专项规划项目;自2013年起,重点皮书被列入中国社会科学院国家哲学社会科学创新工程项目。

皮书网

（网址：www.pishu.cn）

发布皮书研创资讯，传播皮书精彩内容
引领皮书出版潮流，打造皮书服务平台

栏目设置

◆ 关于皮书
何谓皮书、皮书分类、皮书大事记、
皮书荣誉、皮书出版第一人、皮书编辑部

◆ 最新资讯
通知公告、新闻动态、媒体聚焦、
网站专题、视频直播、下载专区

◆ 皮书研创
皮书规范、皮书出版、
皮书研究、研创团队

◆ 皮书评奖评价
指标体系、皮书评价、皮书评奖

所获荣誉

◆ 2008年、2011年、2014年，皮书网均在全国新闻出版业网站荣誉评选中获得"最具商业价值网站"称号；

◆ 2012年，获得"出版业网站百强"称号。

网库合一

2014年，皮书网与皮书数据库端口合一，实现资源共享，搭建智库成果融合创新平台。

皮书网　　　　"皮书说"微信公众号

权威报告·连续出版·独家资源

皮书数据库
ANNUAL REPORT(YEARBOOK) DATABASE

分析解读当下中国发展变迁的高端智库平台

所获荣誉

- 2022年，入选技术赋能"新闻+"推荐案例
- 2020年，入选全国新闻出版深度融合发展创新案例
- 2019年，入选国家新闻出版署数字出版精品遴选推荐计划
- 2016年，入选"十三五"国家重点电子出版物出版规划骨干工程
- 2013年，荣获"中国出版政府奖·网络出版物奖"提名奖

皮书数据库

"社科数托邦"微信公众号

成为用户

登录网址www.pishu.com.cn访问皮书数据库网站或下载皮书数据库APP，通过手机号码验证或邮箱验证即可成为皮书数据库用户。

用户福利

- 已注册用户购书后可免费获赠100元皮书数据库充值卡。刮开充值卡涂层获取充值密码，登录并进入"会员中心"—"在线充值"—"充值卡充值"，充值成功即可购买和查看数据库内容。
- 用户福利最终解释权归社会科学文献出版社所有。

社会科学文献出版社 皮书系列
SOCIAL SCIENCES ACADEMIC PRESS (CHINA)

卡号：315993763454
密码：

数据库服务热线：010-59367265
数据库服务QQ：2475522410
数据库服务邮箱：database@ssap.cn
图书销售热线：010-59367070/7028
图书服务QQ：1265056568
图书服务邮箱：duzhe@ssap.cn

法律声明

"皮书系列"(含蓝皮书、绿皮书、黄皮书)之品牌由社会科学文献出版社最早使用并持续至今,现已被中国图书行业所熟知。"皮书系列"的相关商标已在国家商标管理部门商标局注册,包括但不限于LOGO( )、皮书、Pishu、经济蓝皮书、社会蓝皮书等。"皮书系列"图书的注册商标专用权及封面设计、版式设计的著作权均为社会科学文献出版社所有。未经社会科学文献出版社书面授权许可,任何使用与"皮书系列"图书注册商标、封面设计、版式设计相同或者近似的文字、图形或其组合的行为均系侵权行为。

经作者授权,本书的专有出版权及信息网络传播权等为社会科学文献出版社享有。未经社会科学文献出版社书面授权许可,任何就本书内容的复制、发行或以数字形式进行网络传播的行为均系侵权行为。

社会科学文献出版社将通过法律途径追究上述侵权行为的法律责任,维护自身合法权益。

欢迎社会各界人士对侵犯社会科学文献出版社上述权利的侵权行为进行举报。电话:010-59367121,电子邮箱:fawubu@ssap.cn。

社会科学文献出版社